Jonathan P. Berkey
ジョナサン・バーキー＝著
野元晋＋太田絵里奈＝訳

宗教的アイデンティティーと権威の変遷

# イスラームの形成

*The Formation of Islam:*
*Religion and Society in the Near East, 600-1800*

慶應義塾大学出版会

**The Formation of Islam:**
**Religion and Society in the Near East, 600-1800**

by Jonathan P. Berkey

# 日本語版によせて

我々は皆イスラームの重要性を認識している。それは単純に数の問題、つまり、世界の人口の五分の一がイスラームに帰依しているという事実にとどまらない。ここ数十年の間、イスラームの宗教共同体が我々の政治の行く末を左右していることは、誰の目にも明らかである。

だが残念なことに、ムスリムとそれ以外の人々との関係は、対立によって特徴づけられることが多い。サミュエル・ハンチントンもその有名な評論『文明の衝突』においてそのように認識している。彼によれば、「イスラームは血塗られた境界線を持っている」という。なぜそれが事実なのかというハンチントンの分析は、大いに再考の余地がある。対立という事実はイスラームに固有のものというよりも、イスラーム世界の地理的位置に由来するものであるにもかかわらず、現実として対立が存在しているのは確かである。それはつまり、非ムスリムが支配的な社会に暮らす我々が、イスラームをより深く理解することの重要性を示しているのである。

イスラームを理解するには、その歴史を理解しなければならない。近東における三大一神教の全て——ユダヤ教、キリスト教、イスラーム——は、歴史的過去、少なくとも歴史的過去に関する特定の信条が信仰の諸伝統の根底にあるという意味で、非常に歴史的なのである。だがイスラームと歴史との関係は、ユダヤ教、キリスト教のそれとは少し異なっている。なぜならそれはユダヤ教、キリスト教の数世紀も後になってから歴史上に姿を現したからである。

本書はイスラームの出現とその初期の発展について、歴史研究者たちの現今の理解を広い読者層に提示することを意図している。その中で二つのテーマが挙げられる。一つは、古代末期におけるイスラームの出現は独立した出来事ではなかったということである。むしろそれは当時のユダヤ教、キリスト教における発展との関係、より一般的に言えば、そのほとんどが最終的にはムスリムとなった、近東の人々の歴史と関係づけることでのみ、理解可能なものである。第二のテーマは、その宗教的伝統が明確な信仰となった後も数世紀間にわたり、伸長と発展を続けたということである。実に今日我々が知るイスラームとは、多くの意味において、通常「形成」期として語られる初期の数世紀間よりも、その後の「中期」における発展の産物なのである。

本書はかなり幅広い読者層を念頭に置いている。「現状」の研究を求めている大学院生や研究者のみならず、初期、中期イスラーム史に関して情報量の多く、かつ読みやすい入門書を探している学部生や興味を抱いた一般読者にも資することを目的としている。私がそれを達成できたかどうかは分からないが、そのような読者層に働きかけていく試みは重要であると考えている。この日本語版が読者層をさらに広げてくれることを期待している。

二〇一二年十一月

ノース・カロライナ　デイヴィッドソン大学にて

ジョナサン・p・バーキー

# 序文

本書は、イスラーム独自の伝統が創始者ムハンマド・イブン・アブドゥッラーの死（共通暦六三二年）以後、何世紀もかけてゆっくりと成立していったことを叙述し、理解するための試みとなるものである。本書で行なう分析的なアプローチは（そうであるよう私は望んでいるが）歴史的なものであっても、物語《ナラティヴ》としての歴史を描こうとするものではない。私はここで宗教的なアイデンティティーと権威を主な問いとして設定した。ムスリムであることは何を意味するのかという問いは、私が思うにそれ自体力に満ちた答えを要求するのだ。もしムハンマドがそう問われたのなら、彼の答えは（彼がその真意を理解してくれたならば）九世紀にバグダードで活動した法学者の答えや、または一五世紀のカイロに生きた神秘主義者《スーフィー》のそれとは大分異なったものとなったであろう。歴史的な観点からは、どの答えも他の答えよりよいということはないし、いずれもそれを生み出した大きな歴史的要因の背景に照らし合わさぬかぎり、如何なる価値も持たない。近東には多くの文化があり、これら歴史的要因はいつもイスラーム以外の信仰の伝統をも包括してきたので、私はムスリムのアイデンティティーをユダヤ教徒やキリスト教徒、そしてそれ以外の宗教の信徒のアイデンティティーに成立当初から結びつけてきた複雑な紐帯について語るべく、本書の至るところで試みた。

本書の想定する読者層はとても幅広いもので、それゆえ逆説的になるが、学術書のように、あるいはありきたりの「イスラーム」入門書のように読者諸氏の満足は容易には得られないかもしれない。著者が願うところは本書がイスラームの伝統の起源と展開についての入門書として、学部生と大学院生両方の、また興味を抱く一般の方々の益に供するものとなることである。また同時に、私は本書を専門家の要求にも耐えうるように書いたのである。それゆえに私は読者層の一部というよりは全体に目配りして、文字転写法や脚注の付け方などの編集方針を決定したのである。外国語の（ほとんどがアラビア語だが）専門用語を用いることは手控えなかったが、一方でそれらの諸用語について学問的な著述の基準である発音区別符号《ダイアクリティカル・マークス》のほとんどを省き、簡略な方式で転写した〔なおこの翻訳では標準的な発音区別符号のほとんどを記して転写している〕。またアラビア語に親しみがない人々の便益をはかり、グロッサリーを付した。専門家以外の人々のために、このような処置は見た目上の煩わしさや混乱を取り除くであろうし、また対照的に専門家は、ここで出て来たアラビア語の専門用語などは問題なくわかるはずである。脚注は次のような目的のために用いることにした。つまり情報や着想を得た特定の資料を示すためと、興味をもった読者に対し、本文中では短くふれるにとどまった議論の糸口をつかみ、その道筋を辿るための機会を与えるためである。本書の主題が持つ射程は極めて広いので、すべての関連文献を列挙するのは現実的ではなかった。そこで脚注はさらなる探求への出発点とみなすべきである。（再び）読者層に目を向けて、引用に際しては一次資料よりは二次資料を優先し、可能な箇所では資料を英語で引用するようにつとめた。単純さと馴染み易さを維持するため、本書の全体にわたって日付はイスラーム暦ではなく西暦によった。

　末筆ながら、本書の成立に直接的に、また間接的に携わった方々に謝意を示したい。本書を執筆していた期間を含め、イスラーム世界について真剣に考えて来たこの二〇年もの間、私は既知の、共に学んで来た人々とともに、面識さえ得ていない人々にも様々な学問的恩義を負っているのである。それが誰かは脚注を見れば幾人かは明らかになるであろう。興味をそそられた人々にとっては、そこでイスラーム史の様々なトピックの著作から私の著作に影響を及ぼしている人々の名を見分けるのは容易いことだろう。本書の一部をお読みになったり、問い合わせにお答え下さったり、御提案をされたり、御著作をお送りくださったことで直接的にせよ、また（絶えずというわけではないが）必ずしも意図的ではないにせよ、本書の執筆に際しお力添え下さった方々に謝意をあらわすのは身に余る光栄である。その中にはロバート・バーキー、ソニア・ブレンタイス、デイヴィッド・フランクフルター、マシュー・ゴードン、オレグ・グラバー、エミール・ホマリン、ローレンス・ファイン、キース・ルウィンステイン、クリストファー・メルシャート、ミーガン・レイド、ダニエラ・タルモン＝ヘラー、クリストファー・テイラー、シンシア・ヴィラゴメスといった方々が含まれる。デイヴィッドソン大学のインターライブラリー・ローン担当のジョー・グートカンストはイブン・アッバース〔六二〇頃－八七／八。預言者ムハンマドの著名な教友の一人。ムハンマドの多くの言行を伝承する上で大きな役割を果たし、その学識の深さからクルアーン解釈学を始めとしてイスラーム諸学初期における権威者の一人とされる〕が預言者の言葉を伝承するにあたって中心的人物であったように、本書の執筆にあたって中心的な役割を果たして下さった。見る人が見れば、いかに私が彼に負っているかがおわかりになるだろう。編集の方々について忍耐さに言及することのが良いかは分からないが、ケンブリッジ大学出版会のマリーゴールド・アクランドは忍耐強いというだけでなく、助力を惜しまず励ましても下さった。これは私にとって遥かに重要なことである。多くの人々が本書の原稿を通読してコメントを寄せて下さった。その中にはデイヴィッドソン大学の同僚、ロバート・ウィリアムズやスコット・デナムがいるが、ケンブリッジ大学出版会のために働いた知性鋭敏な匿名の査読者がいた。つまりパトリシア・クローンが本書の原稿に関わったのは始め匿名の査読者としてであったが、ついにはそのお名前が著者にはわかってしまった。私は〔原著の刊行当時〕准教授の身分ではあるが、恥ずかしながら、このお方からはイスラーム史について多くを学んだ。ポール・カッブはチャペルヒル〔ノースカロライナ大学の所在地〕でのセミナーに長時間のドライヴをした際に培った友情以外は、私に何も負っていないが、そのほんの僅かな借りを鷹揚にもその時間と建設的なコメント、さらには尽きることない熱心な態度で返してくれたのである。

そして私の家族の忍耐と理解と支えは、私がこの仕事に精を出していた五年間無くてはならないものであったが、彼らには古い賛美歌を少し変えた節を捧げたい。「やっと終わった！　やっと終わった！　全能の神に感謝、私はやっと終えた！」〔古い黒人霊歌である“Free at last, free at last. Thank God Alminghty, we are free at last”を変えたもの。マーティン・ルーサー・キング牧師がかの演説「私には夢がある」の最後に引用していることでも有名〕

# 目次

# 凡例

(1) 本書はJonathan Porter Berkey, *The Formation of Islam: Religion and Society in the Near East, 600-1800*, Cambridge University Press, 2003の全訳である。なお、巻末に訳者による解説を付した。

(2) 術語および人物名、地名等固有名詞の日本語表記方法は原則として大塚和夫（他）編『岩波イスラーム辞典』（岩波書店、二〇〇二年）に準ずるが、アラビア語・ペルシア語・トルコ語以外の固有名詞の表記については⑾に挙げる辞典類を参照した他、一部慣用読みを優先させた語句もある。

(例) サラーフッディーン→サラディン

(3) 聖書に登場する人物については、原則的に聖書慣用読みを優先する。

(例) イブラーヒーム→アブラハム
　　イスマーイール→イシュマエル

(4) 術語の日本語訳は適宜挿入する。

(5) 術語の原綴（付加記号含む）は文脈に応じて訳者が挿入している。煩雑さを避けるため、原則として人物名および地名の原綴は記さない。

(6) 訳文中の（　）と［　］は原著者が付記した説明文である。

(7) 訳文中の〔　〕は読者の理解を容易にするために訳者が挿入した補足説明である。

(8) 本文中に言及されている人物名については生歿年を、統治者については在位年を、王朝については統治年代を、文脈上の必要性に応じて訳者が挿入している。年号、在位年、生歿年、世紀などについては、原則としてヒジュラ暦は併記しない。

(9) 聖典クルアーンからの引用は、井筒俊彦訳『コーラン』（改版、岩波文庫全三巻、一九六四年）、三田了一訳・注解『聖クルアーン　日亜対訳・注解』（改訂版、日本ムスリム協会、一九八二年）、藤本勝次、伴康哉、池田修訳『コーラン』（中公クラシックス全二巻、二〇〇二年（『世界の名著一五』中央公論社、一九七〇年の再版））を参考に訳者が訳出した。

(10) 聖書からの引用は、新共同訳（日本聖書協会刊）を参考にした。

(11) 本書の翻訳にあたり、参照した主な辞典類は以下の通りである。

日本イスラム協会（他）監修『新イスラム事典』（平凡社、二〇〇二年）

大貫隆（他）編『岩波キリスト教辞典』（岩波書店、二〇〇二年）

廣松渉（他）編『岩波哲学・思想辞典』（岩波書店、一九九八年）

Gibb, H. A. R. et al. (eds.), *The Encyclopaedia of Islam* (Second Edition), Leiden, Brill, 1960-2004.

Yarshater, E. et al. (eds.), *Encyclopaedia Iranica*, London and Boston, Routledge and Kegan Paul, 1982-.

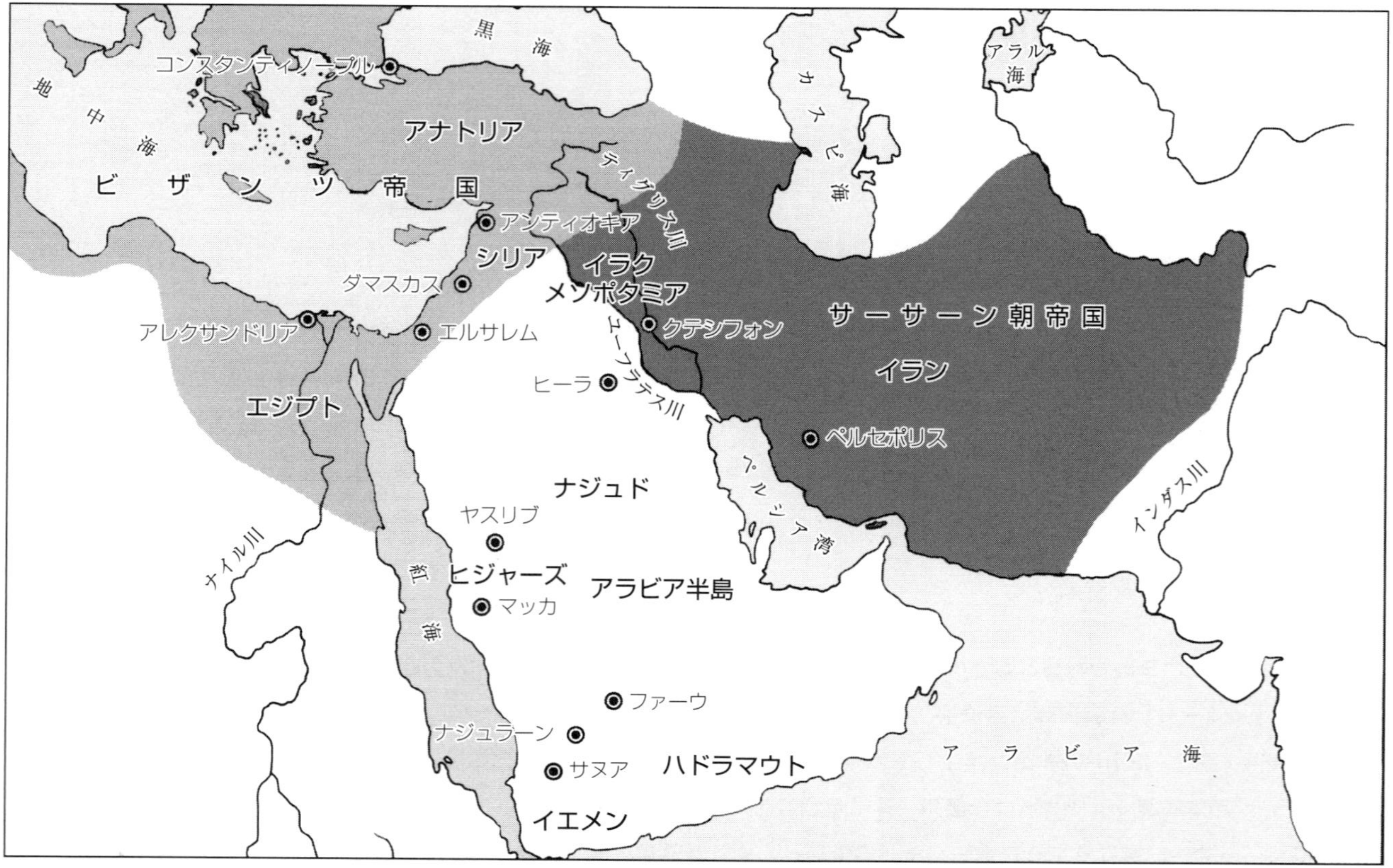
黒海
コンスタンティノープル
地中海
アナトリア
ビザンツ帝国
アンティオキア
ティグリス川
シリア
イラク
ダマスカス
メソポタミア
アレクサンドリア
エルサレム
クテシフォン
サーサーン朝帝国
カスピ海
アラル海
イラン
ヒーラ
ユーフラテス川
エジプト
ペルセポリス
ナジュド
ヤスリブ
ペルシア湾
インダス川
ナイル川
紅海
ヒジャーズ
アラビア半島
マッカ
ファーウ
ナジュラーン
サヌア
ハドラマウト
イエメン
アラビア海

古代末期の近東

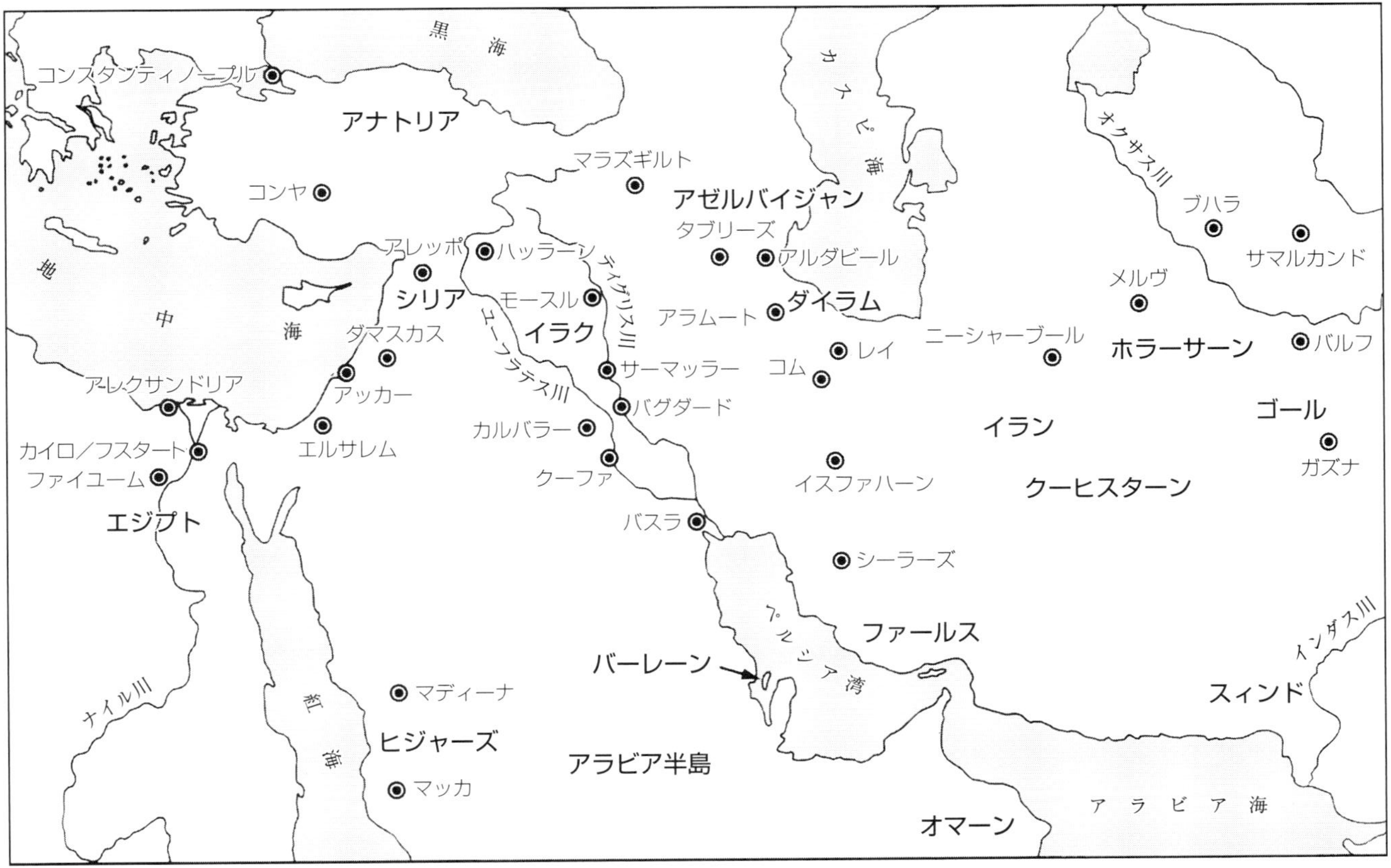
黒海
コンスタンティノープル
アナトリア
コンヤ
マラズギルト
アゼルバイジャン
タブリーズ
アルダビール
カスピ海
オクサス川
ブハラ
サマルカンド
メルヴ
地中海
アレッポ
ハッラーン
シリア
モースル
ダイラム
アラムート
ティグリス川
ユーフラテス川
イラク
ダマスカス
ニーシャープール
ホラーサーン
バルフ
レイ
コム
サーマッラー
アレクサンドリア
アッカー
バグダード
ゴール
エルサレム
カルバラー
イラン
ガズナ
カイロ／フスタート
ファイユーム
クーファ
イスファハーン
クーヒスターン
エジプト
バスラ
シーラーズ
ペルシア湾
ファールス
インダス川
バーレーン
マディーナ
スィンド
ナイル川
紅海
ヒジャーズ
アラビア半島
マッカ
オマーン
アラビア海
中期イスラーム近東

# イスラームの形成——宗教的アイデンティティーと権威の変遷

# 第Ⅰ部　イスラーム以前の近東

# 第1章　序論

西暦七世紀のイスラーム勃興に先立つ一〇〇〇年間は、本書で主に扱う地域できわめて豊かな社会的、文化的な発展が見られた時代である。人間の歴史で一〇〇〇年に及ぶ期間はおそらくどんな場合でも重要であろうが、ことにイスラームに先行する一〇〇〇年間は、近代まで存続した宗教的伝統――それはまたアラビア半島西部でムハンマドが唱えた教えに遡る、かの新しい宗教の背景ともなった――が明確化したことで、格段の重要性をもつ。

マーシャル・ホジソンは、その記念碑的な歴史書『イスラームの冒険』の中で、ドイツの哲学者カール・ヤスパース（一八八三―一九六九）が「軸の時代」〔独：Achsenzeit，英：Axial Age〕と名づけた前八〇〇年から前二〇〇年にわたる時代を、イスラームが出現した世界を創り上げるのに決定的な役割を果したとみなした。[✤1] 軸の時代にはユーラシア地塊一帯で、地域に根ざしていたギリシア・ローマ（または地中海）やインドや中国の特徴的な諸文化間を貿易ネットワークや共通の核となる諸原則が結びつけ、融合していった。これは指導的な宗教家たちの時代であり、これら全地域で老子、仏陀、ギリシアの哲学者たち、ヘブライの預言者たちの教え、インドのウパニシャッドの編纂などの宗教的テクストが生み出された時代であった。だがこのように前二〇〇〇年で時代を区切るのは、本書が扱う宗教的諸伝統の立場から見れば、いささか恣意的である。というのも少なくとも近東では、それに続く数世紀間は、特徴的な宗教的伝統の明確化に際しても決定的な意味があったからである。それは実際には前二〇〇〇年から後六〇〇年の間の時代であった。つまり「ヘレニズム時代」と一般に呼ばれる時代の後半であり、「古代末期」として知られる時代を含む数世紀間である。この間には、ヘレニズムの名のもとにほぼ同一のものとされる、文化的・宗教的諸パターンの拡大が見られ、その衝撃は事実上、近東のあらゆる社会階層に及んだ。またメソポタミアの諸学院でラビ・ユダヤ教がはっきりと表現され、そしてもちろん、イエス〔・キリスト〕の業績があり、それに続く独自のキリスト教信仰の登場が見られた時代であった。

もしもイスラーム勃興に先立つ一〇〇〇年間ほどの時代が「軸的」な性格をもっていたというなら、近東という地域も地理的な意味で「軸的」であった。近東史もしくは世界史の概説は「肥沃な三日月地帯」、つまりエジプトのナイル川からイラクのティグリスとユーフラテス両河に広がる弧を描く地域を「十字路」、三つの大陸の出会いの場として語っており、それは手垢がついているとはいえ真実から遠くない表現である。この地域と、その歴史の展開に重要な役割を果たす周辺の諸領域〔アナトリア、アラビア半島、さらにオクサス〔アム〕川に至るまでのイラン〔的文化圏〕を含む〕において生み出された様々な文化は、完全に自由な形でなかったとしても、生産的なあり方で混じり合ったのである。多くのギリシア人たちは、「夷狄《バーバリアン》」への敵意を心中秘めていたが、自分たちの文明の多くの部分は東方から借りてきたものだと信じていたし、たとえアテナが〔かの賛否両論がある研究書の、論争を仕掛けるフレーズである〕「黒い」女神ではなかったとしても、ギリシア文化は地中海東部沿岸の諸民族にかなりの部分を——例えばフェニキア人にアルファベットを——負うているのは事実である。[2] またアレクサンドロス大王の大征服と、それに続くヘレニズムのエジプト、シリア、メソポタミア、さらに東方諸国への浸透は、「ヘレニズムの重心を明らかに東方へ押しやった」[3]。

だが十字路には障害物がつきものである。イスラーム勃興以前の数世紀間、二つのライヴァル国家が中東を支配していた。一つはコンスタンティノープルを首都に定めたビザンツ帝国で、かつてローマ帝国、またはその版図に属した地域であった。もう一つは、その東の境界を越えて、肥沃な三日月地帯の東半分とそれ以東の地域で三世紀に権力を握ったイラン系のサーサーン朝帝国（二二四―六五一）であった。この二つの国家は激しく対立しており、古代末期のほとんどは戦争状態にあった。しかし、その政治的な敵対関係は文化の意義深い接触を完全に退けるものではなかった。サーサーン朝は、ローマとの葛藤が六世紀に頂点に達していたときにさえ、浴場から徴税システムに至るあらゆる文化をビザンツから絶え間なく借用していたし、その帝王《シャー》ホスロー一世アヌーシールヴァーン（在位五三一―五七九）は、ローマ皇帝ユスティニアヌス一世（在位五二七―五六五）がアテナイのアカデメイアを閉鎖し、そこから追い出した異教徒《ペイガン》〔pagan：以後本書ではこの語は「異教の」、「異教徒」、「異教徒の」と文脈に応じて訳す〕の哲学者たちを喜んで迎えたほどであった。[4] ここで、二大帝国の首都からでなく、ムスリムの大征服という見地から振り返って見ると、十字路としての肥沃な三日月地帯の性格のみならず、周縁地帯での、外部の勢力に対する政治的脆弱さとその結果としての「周囲にあるものを内に引き込み、融解させる渦」という歴史的役割[5]を強調することも大切なこととなる。イスラーム勃興以前の約一〇〇〇年間には、ローマ、サーサーン朝両帝国などのような、自然の境界を越えて影響力を行使した諸国家が近東地域を支配していた。遠隔地で荒涼とした砂漠の半島から七世紀に押し寄せてきたムスリム・アラブが行った大征服は単に、過去の歴史的なパターンの一例にすぎないのである。

この数世紀間の近東社会の中心的性格は都市の商業経済の勃興にあった。むろん、どの前近代社会にも、我々の産業化した、あるいはポスト産業化の世界における都市化のレヴェルに近づいたものなどは何もなく、まず思い起こす価値があるのは、この本が描く宗教的発展は、その人口のうち、農村に居住していた九〇パーセント、いやそれ以上の人々へと希薄化し問題を孕んだ形で影響を及ぼしたということである。とはいえ、中東の諸都市は商人やその他の商業経済に関わる人々によって支配されており、しばしばこれらの人々〔都市の居住者〕の間か、または彼らの要求と不安定な境遇に応えるために、長期にわたり継続し世代を超えて重要となったであろう宗教的発展が形をとったのであった。例を挙げれば、貨幣の使用が広く見られる現象となったのはこの時代であり、イエス伝に見る忘れ難いエピソード二つ――

エルサレムの神殿での両替商との出会い、カエサルのものはカエサルに返せという言葉――に貨幣が関わるのは、確かに偶然ではないのである。

都市の商業経済はこの時代の宗教の発展に決定的な影響を与えた。第一に、地域内と地域間の交易ネットワークは文化上の、または宗教上の偏狭な地方主義を挫くものであった。例えば一つの都市や地方を超えて信奉者を求める伝統の出現を促した。家族や都市の守護神などは、より普遍的にアピールする神々にしだいに取って代わられるか、または同一視されるようになった。同様に、そのような交易ネットワークは、宗教的諸思想がある場所から別の場所へと広がることを助長した。古代末期の幾つかの宗教においては――例えばマニ教や、後にはイスラームなどで――宣教活動が商人たちと緊密に結びついていたことは驚くにはあたらない。第二に、さらに重要なことであるが、都市の商業経済は社会的な不平等を際立たせる傾向をもち、かつ社会的不公正をひどく目立つものとした。それらは、たえず変化する都市生活の性格から悪化していったが、新しい宗教が立ち向かっていったのはまさにその問題であったのである。

ホジソンは、経済的な構造や社会階層についてのより微妙な問題については避けて通ったにせよ、マックス・ヴェーバーの社会学的分析に一般的なやり方で依拠したのであり、その分析法は、ざっと描くことが許されるのなら我々にも有用なものである。というのもヴェーバーの方法はイスラームの起源と本質についてより基本的な問題を教えるものだからである。[6] 仏陀の宗教、ラビの宗教、またその他の宗教には、重要な相違点があるのだが、共通する特徴も多い。つまり不公正、不平等、社会的混乱という背景に抵抗しつつ勃興したという点、個人の良心に向けて語りかける「信仰告白的」な性格をもつという点である。この社会においては識字率がしだいに向上していたため、しばしば聖典がそれらの信仰を告げ伝えたのである。聖典とは神を源泉とすると主張する書物（トーラーとかクルアーンなど）であり、また釈義的な性格がより強い書物（タルムードなど）でもあり、またもちろん、その中間の性格が強いもの（ゾロアスター教のアヴェスターのテクストや、それを組み込んだ現存する諸注解など）でもある。この帰結として、そのような宗教の起源がいかに自然発生的なものであっても（しばしば体制的な伝統への反動として成立したものだが）、しだいに体系的な形をとる傾向があり、それはキリスト教会の公的で位階秩序を成す諸制度となったり、〔ユダヤ教の〕ラビたちのより分権化した「民主的」な権威構造となって現われた。[7] それら諸宗教は不公正なこの世に対して、互いに根本的に異なる解決策を提唱してはいたが、公正さと救いが実現する場として死後の生に、または終末論的な未来にますます目を向けるようになった。このことは、ユダヤ教のような宗教についても言える。ユダヤ教は古代末期のヘレニズムの強大な引力に屈して、ヘブライ語聖書〔旧約聖書〕の核心部分がもつ現世への関心から逸れてしまったのだ。

特筆に値するのは、二つの全体的な流れが古典時代の終わり、また古代末期の世界に活動した諸宗教に見られる点である。第一に、それらは国家、そして「帝国」という政体と緊密に結びつく傾向があったことである。[8] その最も明らかな例はキリスト教である。キリスト教とローマ帝国との同一化はコンスタンティヌス一世〔在位三〇六－三三七〕に始まり、彼の路線を六世紀に継承したユスティニアヌス一世の治世の前に完成した。他方では、ローマの歴史上の好敵手、イランのサーサーン朝帝国とゾロアスター教との結びつきは、停滞もありながら少しずつ緊密化していき、六、七世紀には実質的に完成した。イスラームの大征服に続く数世紀の間にゾロアスター教共同体がほとんど完全に崩壊した原因の一つは、援助者であったサーサーン朝の国家構造がその大征服で破壊されたことにある。イスラームはその初めから問題を孕みながらも、政治的・宗教的権威が緊密に融合した形をとり、そのような状況のもとでもう一度、キリスト教のローマと隔絶するというより古代末期の主要なテーマの一つを継続させたのである。このことはコンスタンティヌス一世が行なったことをより良く行う機会ともなった。[9] ユダヤ教も、その独自性は認められるが、他の宗教と全く異なっているわけではない。ユダヤ教徒の王国や諸公領はそれぞれ孤立してはいたが、様々な時代にそこかしこで生まれてきた。紀元一世紀にはアルメニア、ハルキス〔現在の北シリアの都市キンナスリーンのギリシア名〕、カッパドキア、イトゥライア〔パレスチナ北部〕、アビレネ〔シリア南部の都市〕に、六世紀には南アラビアのヒムヤル族に、八世紀には中央アジアのハザル族にそのような例が見られ、さらには後六六年と一三二年のパレスチナでのユダヤ教徒の蜂起は、政治的権威と宗教的権威が驚くほどに融合した例を示している。[10] またマニ教は古代末期に現れたもう一つの偉大な宗教であり、この地域の国家と永続的な関係の樹立を試みたが、成功には至らなかった。

第二の点は古代末期の宗教が有する普遍主義的な性格と主張に関わるものである。古代末期の宗教の信奉者たち――少なくともおのれの宗教を真剣に信じている者たち――はしだいに自分たちの信仰を、特定の人々や場所ではなく全世界の真理と結びつけるようになった。間違いなくキリスト教の特徴のうちコンスタンティヌスとその後継者たちの心に訴えたのはその普遍主義である。というのもその教えにより皇帝は、おのれを全人類の上に立つ神の代理人――その神はおのれの印〔十字架〕をコンスタンティヌスに示し、その旗印を持って会戦に臨むようにと託した――、または神が用いる道具として提示することができたからである。[11] ローマ国家とキリスト教の合一は、初期ビザンツ国家において成熟したものとなるが、実際には宗教的真理と政治権力との結合の上に打ち立てられたもので、その結合はすでにコンスタンティヌスのキリスト教改宗前の数世紀間に発展した皇帝崇拝のうちに見られたのである。[12] 六世紀初頭に生きたコスマスなるアレクサンドリアの商人は、そのキリスト教的宇宙誌の有名な一節で、ローマ帝国の成立とキリスト生誕がおおよそ時期的に一致することを示すべく〔ヘブライ語聖書の〕ダニエル書の一節を解釈して次のように述べている。

> そのような時期的一致が起こったのはちょうどそのとき全世界の人口調査を命じたアウグストゥスたちの万世一系の家系が皇帝位に即くことを宣せられ、ローマ帝国が、キリストが導入された神の摂理の僕として、キリストがまだ母の胎内にいるときに、その摂理の力をお受けしたからである。……ローマ人たちの帝国は帝国でありつづけるかぎりは、あらゆる他の権力を超越し世の終末まで征服されることはなく、主キリストのご威光に与《あずか》るのである。[13]

またここでもイスラームの勃興と成功はこの古いパターンから逸脱したものではなく、それに従ったといえる。興ったばかりのイスラームがアラブの一神教以上のものであったかといえば疑わしい。もちろん、広大でまごうことなきムスリム国家が存続したことにより、イスラームが最終的に普遍主義的な宗教に変容することは避けられなかったのである。

この地域の社会的なあり方は同様に重要であった。なぜなら、境界線を越える商人たちが真に普遍世界的《エキュメニカル》な見解を深めていたからである。だがより重要なことは、唯一神への信仰は当然真理となるものの範囲を絞り込むことを伴うため、一神教それ自身が普遍主義を生む一因になったにちがいないということである。[14] 多神教的なシステムはその性質上、真理への、あるいは救済への様々な道を、または宗教的な事業の目的となるものを何であれ認めてしまう。だがそれとは対照的に唯一の神に対する信仰は、神格とは唯一の道によって理解でき近づきうるものだという主張にたやすく変ずるものである。また一神教、あるいは少なくとも唯一神に対する信仰という機運は、決してユダヤ教的、キリスト教的な形態にとらわれることなく古代末期の世界に浸透していったのである。多彩で華やかなエジプトの多神教を含む様々な土着の、また民族ごとの宗教は、一神教的な理念の力の影響を受けずにはいられなかった。〔例えば、〕

おお最も威光ある神よ、多くの名でお呼びするお方
自然の偉大なる王、幾年を経ても変わらぬお方
全能なるお方よ、公正なる命令によりて
万物を制御なさるお方、栄えあれゼウスよ、汝には
汝が創り給いし、万地のものどもが呼びかけるのがふさわしいがために

というふうにストア派の哲学者クレアンテス（前二三二歿）の有名な「ゼウス讃歌」は始まる。[15] ギリシア・ローマ世界において一神教的思想が最も顕著に見られるのは哲学者たちであった。しかしホメロスの詩のような明らかに多神教的なテクストや、またそれを基礎とした祭儀的な多神教でさえ、より包括的な神性に対する理解を排除するものではないのだ。そのように理解すれば土着化し人間の形姿をとる神々は、一なる神的な力が単に特定の不完全な形で顕現したものである。[16] この時代のアラビア半島の状況はとても複雑であったが、そのような地中海世界からは遠い周縁地域におい

てさえ、様々な一神教がムハンマドの活動が開始される以前から知られていた。

一神教から明確で、好戦的にもなりうる普遍主義に至るまではほんの一歩である。この点でユダヤ教の例はやや問題ではある。というのもユダヤ的一神教は、ユダヤ教と特定の民族集団との結びつきを連想させるからである。それでも古代末期のユダヤ教には普遍主義化していく傾向が強く現れている。古典古代における地中海世界の寛容な多神教と、一神教的諸宗教のより抑圧的な正統主義との間の、単純なコントラストを強調しすぎてもいけないのだが。また一方で、古代末期の信仰告白型の宗教が本来的にもつ排他的な性格は、徐々に際立っていった。つまり一方に忠誠心を持つことは、他方への帰属意識を自ずと妨げることとなった。だがそうだとしても、後に見るように、新旧の伝統を明確に区分することは必ずしも可能ではなく、困難な作業であった（このことは、また宗教的な混淆主義《シンクレティズム》という、分析上別の問題を残すことになる）。

他者を排除してしまう信仰告白は、各々が独自の宗教的アイデンティティーを持ち、様々な信仰が相争う世界には必要な構成要素である。ここで我々が探求している世界は、ともかく宣教者がおり、他者を改宗させ、そして諸宗教が競争する世界なのだ。より一般的には宗教的な問題については「個人に選択させる」ことになるが、〔新しい信仰への〕改宗と導き入れ《イニシエイション》はこの時代の宗教文学に共通の主題であった。これはエジプトの女神イシス崇拝の秘儀に参入した人の体験を語ったアプレイウス（一二三／一二五―一七〇以降）の説話から、聖アウグスティヌス（三五四―四三〇）が自らカトリック・キリスト教への改宗と宗教的に規律ある生活を語った自伝的物語に至るまで見られることである。古代末期に持ち上がった宗教上の変動のうち最大の要因はキリスト教の勃興であるが、キリスト教と異教との競争は、主にキリスト教の側から作り出されたものである。[17] しかしこの時代は一般的に見れば「不安の時代」[18]であり、我々はアウグスティヌスの『告白』のような作品のうちに、その時代の宗教を重くみる性格を見てとることができるのである。それでは次章から、古代末期の信仰をめぐる競争に加わった諸伝統のアイデンティティーや特性を明らかにしていこう。

# 第2章
# 古代末期の諸宗教

## ユダヤ教

イスラエル民族の宗教は古代末期の宗教形成の母胎としてきわめて大きな役割を果たした。ユダヤ教徒は地中海都市の多くで重要な少数派となり、その宗教は多くの非ユダヤ教徒の宗教生活にも大きく影響した。キリスト教はまずユダヤ教から生まれたのであり、その生みの母との苦い論争によって（それのみによるのではないが）、新しい宗教は自らを定義していったのである。やがて見ていくように、イスラームとユダヤ教の関係も〔ユダヤ教とキリスト教の関係のように〕まさに近いものだった。またより古い〔多神教的な〕異教徒《ペイガン》の伝統も最初に現れた有力な一神教の影響を免れなかった。しかしながら、残存する史料の性格に鑑みれば、イスラームが出現する前後数世紀間におけるユダヤ教史の再構成は困難なものである。その史的物語の多くは、ユダヤ教徒とその信仰に敵意を示す史料から断片を繋ぎ合わせねばならぬものだから。

イスラエルの神は、その礼拝者たちが広く散らばったために、中東と地中海の世界で知れわたった。その拡散の一部は、アッシリア人やバビロニア人のもとで、また二世紀にバル・コクバ（一三五歿）の反乱に続いてローマ人の支配下で行われた、度重なるユダヤ教徒のパレスチナの地からの強制移住〔捕囚〕によるものである。例えば、イスラームの出現の頃にはすでにバビロンのユダヤ共同体は優に一〇〇〇年以上の歴史があった。だがまたかなりの自発的な移住もあり、ことにエジプトのアレクサンドリアや、北シリアのアンティオキアといった繁栄した諸都市へ向かう人々は多かった。すでに前一世紀の初めに『シビュラの託宣』が、ユダヤ教徒たちは当時知られた世界のいたるところに見られるであろうと記しているが、このような見方はヘロデ・アグリッパ一世（在位四一―四四）のローマ皇帝カリグラへのいささか自慢げな手紙の中で繰り返されることになる。彼が述べるところでは、エルサレムは、

> 母なる都なのです、ただユダヤ一国の都でなく、歴史上何回も出ていった植民者のために、〔その移住先となった〕ほとんどの国々の都なのであります。植民者の移住先はエジプト、フェニキア、「窪み」と呼ばれる地域とその他からなるシリアなどの近隣の国々、またパンピュリア、キリキア、またビテュニアやポントゥス地方に至るアジアのほとんど、同じくテッサリア、ボイオティア、マケドニア、アイトリア、アッティカ、アルゴス、コリントス、またペロポネソス半島の最良の地域などのヨーロッパにおよびます。またユダヤ植民者が大勢いるのは大陸の国々のみならず、最も評判の高い島々であるエウボイア、キプロス、クレタでもあります。ユーフラテス川以東の地域については何も申し上げません。ほんの少数の地域を例外として、そのすべての国々には、豊かな土地を持つバビロンとかその他のサトラップ〔ペルシア帝国を構成する州〕などにユダヤ教徒の住民がいるからです。[1]

これら様々な地域に広く離散したユダヤ教徒の共同体は注目に値する。ユダヤ教徒はもちろん、パレスチナに定住したが、しかし、使徒パウロもよくわかっていたように、ギリシア・ローマ世界全体に住み着いたのである。地中海世界

で最も重要なユダヤ共同体の一つはエジプトにあり、少なくとも前六世紀に遡るもので、現在のアスワン付近にあるエレファンティネ島に傭兵駐屯地として成立したものである。エジプトのユダヤ共同体はきわめて多種多様な人々から成っていたが、彼らの多くは先祖と同様に軍人で、プトレマイオス時代を通じてユダヤ兵士共同体はエジプトに定住しつづけていた。またアレクサンドリア在住のユダヤ教徒哲学者フィロン（前二五／二〇—後四五／五〇）は一世紀初めまでにエジプトの全ユダヤ教徒の数は一〇〇万人に達したと推定しているが、彼らはデルタ地方、テーベ、そしてファイユームにある、あらゆる主要都市に住んでいたのである。サマリア人の共同体も前三世紀中頃から、少なくともイスラーム中期〔Middle Period：著者はヨーロッパ中世と区別するために「中期」という語を用いている。詳しくは第18章冒頭の議論を参照〕の中頃まではエジプトじゅうに見られた。だがユダヤ教徒人口が他のどの場所以上に多かったのが、プトレマイオス朝とローマ帝国属州エジプトの首都アレクサンドリアであり、そこで彼らは、独自の自治共同体を作り上げたのである。[2]

ヘロデ・アグリッパ王が自分の臣民に抱いた自負の念は、ヘレニズム時代に地中海世界のユダヤ教徒が他の宗教の信徒と共有した外向的な情熱を反映している。紀元元年とその前の数世紀の特徴となった宗教間に関する対話と試行錯誤に多くのユダヤ教徒が自由に参加したことを、後代生じたことに照らして思い出してもよいだろう。ヘレニズムとは力強い文化的潮流であり、多くのユダヤ教徒を引っ張りこみ追随させたのである。大勢のユダヤ教徒たちがギリシア語の話者となった。このために必要になったヘブライ語聖典〔旧約聖書〕のギリシア語訳は、『七十人訳《セプトゥアギンタ》』として前三世紀に最もヘレニズム的な都市、アレクサンドリアで生み出された。さらにまたユダヤ教徒知識人たち（例えば前述のアレクサンドリアの哲学者フィロンなど）は、自らの伝統と信仰を明らかにし正当化すべく、異教の同僚たちとの交流に精を出したのである。四世紀、パレスチナのユダヤ共同体の指導者はまさにアンティオキアの異教徒の修辞学者リバニオス（三一四—三九三頃）と親しく文通をしていた。その共同体指導者の息子はリバニオスの生徒の弟子であったが、勉学を修了できなかったため、学者リバニオスはユダヤの友人に率直に助言した、「たぶん、いろいろな都会《まち》を見てまわることがご子息のためになりますな。オデュッセウスのためになったようにね」と。[3]

だが多くの異教徒が隣人のユダヤ教徒とその排他的な一神教信仰に対してとった態度には、すでに喧《かまびす》しい「ユダヤ嫌い」の要素が現れており、その緊張の一部は神学的なものであった。ユダヤ教は、神はまったく視覚表現できないと解釈する性質をもつが、多くの異教徒はそのことを理解できなかったか、正しい認識をもてずにいた。ユダヤ教が捉えた神は、神々を認められるや融通無碍に受容する万神殿の中に入れにくいのである（だがそれを試みた人たちもおり、例えばプルタルコスはユダヤ教の神ヤハウェをギリシアの神ディオニュソスと同一視した）。だがその緊張関係には社会的な側面もある。非ユダヤ教徒は、例えば隣人たちからユダヤ教徒を切り離していた、割礼とか安息日に労働しないなどの独特の習慣に当惑することもあり、こういう緊張関係と誤解は、ユダヤ教徒は仲間でない人々への無関心や敵意さえも胸に秘めているという非難に繋がり、またときには反ユダヤの暴力の爆発をも引き起こしたのである。[4]

異教徒や増えつつあったキリスト教徒は敵意を心に抱いていたが、ユダヤ教にはキリスト教へと発展した形に限らずとも、他の宗教の信徒へ訴えかけるものがあった。ユダヤ教徒の歴史家ヨセフス（三八―一〇〇）の記すところでは、皇帝ネロの第二の妻で皇后となったポッパエアはユダヤ教に魅力を感じ、彼らのことを夫の皇帝に執《と》り成《な》したという。[5]ユダヤ的一神教には人を惹きつけるものがあり、またその道徳律には人の敬意を集め、賞賛を受けるにふさわしいものがある。またユダヤ教神学は贖罪を強調したが、その考えにも古代末期の心性に訴えかけるものがあった（し、また様々な「秘儀的」な信仰が人気を博することにも貢献したのである）。またユダヤ教は信徒がかなりの人口数を誇り全地中海世界に及んでいたため、政治的に優位な立場にあった。このことはユダヤ教の後世の状況に照らせば覚えておく価値があり、このことは、パレスチナが存在しバビロニアがかなりのユダヤ教徒人口を擁したことを思えば西南アジアにはまさにあてはまるといえよう。紀元一世紀に当時の北メソポタミアを統治するアディアベネ家が改宗したことは、少なくとも部分的にはユダヤ教徒の政治的に有利な立場を利用しようとしたものと理解できよう。[6]

最後に指摘したことは、ユダヤ教への改宗、改宗の勧誘《プロセリタイゼイション》、さらにユダヤ教的普遍主義という広範囲にわたる難しい問題を示すものである。このことを考えるには、まずは後代の明確な宗教的境界線からは離れて、当時ユダヤ教は他の古代末期に現れた宗教伝統と同じく形成過程にあったことを思い起こすのがよいだろう。ユダヤ教の文学と思想は、神の選民という排他主義の背後に普遍主義へ向かう強い傾向をもっており、それは「第二」イザヤがユダヤ教徒たちを「諸国民の光」と呼んだような聖書の諸節に強く表れている。すべての人が好意をもってこの主題に応えたわけではないが、フィロンのようなもっとギリシア化されたユダヤ教徒の間ではそのような気持ちは強かったし、彼らは異教徒《ペイガン》の隣人たちとともに宗教間の対話に参加し、貢献したのである。ヘレニズム期や古代末期のユダヤ教が、例えばキリスト教ほど活動的な宗教運動を生み出したかは疑わしい。しかし改宗勧誘《プロセリイタイゼイション》はよく知られていたし、また幾人かのラビたちはそれを認めてもいて、彼らの考えは遅くとも四世紀を通じてタルムードで明らかにされている。[7] だが改宗の程度はかなり異なる。一部のラビが改宗者たちに共同体の中で二流の地位を与えたり、また非ユダヤ教徒の割礼禁止などのローマ後期の法律が施行された場合、改宗勧誘の機会は減じたにせよ、（男性の場合には）割礼を含むような完全な改宗はありえたし、珍しいことでもなかった。[8] だが、それほど明確なあり方でなくとも、他人の目には当惑の種ともなる割礼儀礼に代えて沐浴を行ったりして、ユダヤ教やユダヤ共同体と深く関係をもった非ユダヤ教徒もいた。また「神を畏れる者たち」という表現の意味についてはかなり議論されてきたが、その表現は古代の文献や碑文がシナゴーグに深い関係をもったり、すべてではないが一部のユダヤ法に従う非ユダヤ教徒のグループを指すのに用いられている。だがその表現はそれが特別な意味を持つか否か、またはそのグループがユダヤ化した非ユダヤ教徒の特定の階層を形成していたか否かに関わらず、ユダヤ教には非ユダヤ教徒に訴えるものがあったこと、宗派間に相当程度に信仰、価値観、信仰実践面で交流があったことの二つの事実を示すものである。[9]

　またヨセフスはシリアを人口の最も大きな割合をユダヤ教徒が占めていた古代世界の地域であると述べた。しかし四世紀までにはユダヤ教の文化的中心、また恐らくは人口の中心も東方に、つまりメソポタミアに移ったのである。その地のユダヤ共同体はアケメネス（古代ペルシア語ではハカーマニシュ）朝帝国時代に遡るほどに古かったが、古代末期にかなりの成長を遂げた。それはサーサーン朝の皇帝たちがライヴァルの（まさに戦争では敵役であった）ローマ帝国からのユダヤ教徒の移民を奨励したためであり、また〔その地の〕ユダヤ教徒と共通の口語を話していたアラム系の人々の間で改宗が進んでいたためである。推計では当時のイラクのユダヤ教徒人口は三世紀の五〇万人から五〇〇年には二〇〇万人に達した、ただし続く数十年間にキリスト教への改宗の進度が速まり恐らく幾らか減少はしたが。[10] 例えばマホザという都市の居住人口は完全にユダヤ教徒が占めており、ラビがその諸門にはメズーザー（ユダヤ教徒が家の戸口の側柱に掛ける小箱で、そこに短い聖書からの引用句を記した羊皮紙を入れたもの〔その家がユダヤ教徒であるという目印となる〕）が必要かどうか議論するほどであった。バビロニア共同体の規模と威信は、パレスチナの共同体を犠牲にすることで増していった。後者は当然バル・コクバの反乱の結果、エルサレムの市内居住を禁ぜられたとき、ローマ皇帝から後に何度か出される禁止令を受けることになり、また帝国内の反セム的感情の急激な高まりにも苦しんだのである。ラビ・ユダ・バル・エゼキエルはバビロニア共同体の権威と卓越性を次のように宣言することで確証している、「誰であれバビロンからパレスチナへ移住する者は聖書の定めを破ることになる、というのは聖書には「これらのものはバビロンへもち去られ、私が思い起こすその日までそこにあろうと主である神は言われた」［エレミヤ 27.22］とあるからである」[11]。

歴史的な後知恵をもちうる我々の立場から見ても、ラビ・ユダの自信は間違ったものではなかった。イスラーム以前の数世紀にわたるメソポタミアのユダヤ教徒の経験は事実、ユダヤ教がいま知られている形をとる上で（ユダヤ法が形をとったのはイラクのラビ学院であったので）きわめて重要な要素であったし、また近東のユダヤ教徒の経験を近代まで特徴づけた社会的・政治的構造を定義する上でも重要なものであった。ユダヤ教徒はサーサーン朝の為政者たちのもとでかなりの程度の自治権を与えられたが、それは後に生まれる宗教的帰属意識に根ざした自足的共同体の体制を様々に予告するような措置であり、またその体制は中期イスラーム都市の社会構造の形成を進めることになった。サーサーン朝帝国の勃興期にはイラクのユダヤ共同体はダビデの子孫と称する一家系出身の在外首長が統治していた。彼は「ユダヤ隷属民の君主」として働き、サーサーン朝皇帝に対して共同体を代表し、共同体内での徴税、共同体の治安維持、司法権の執行、帝国軍に参加する部隊を召集する許可を与えられたが、その権威はラビたちとの共有であった。ラビたちはバル・コクバの反乱のときにパレスチナからメソポタミアに最初は移住者としてやってきたが、彼らの権威は血統に由《よ》るものでなく、自分たちがモーセに遡る口伝の法を成文の法とともに保ち伝えているのだという主張に基づいていた。四世紀から五世紀までにラビたちが教育と学習の制度的枠組みを作り上げたが、そのために彼らのユダヤ法解釈はイラクのみならず、あらゆる場所の離散共同体《ディアスポラ》で支配的なものとなった。さらにユダヤ法上の諸問題はユダヤ教徒たちに集団としての特徴と独自の帰属意識を与えたが、遅くとも六世紀までにはゲオーニーム（geōnim）〔単数形はガオーン gaōn〕、つまり諸学院の指導者たちが、それらの問題に関する権威ある代弁者となったのである。

さて権威の性質をめぐってサーサーン朝治下のユダヤ共同体内部には奇妙な緊張関係があった。その権威とは世俗的かつ宗教的なものであったが、人間の生活の聖俗いずれの範囲も完全に支配することはなく、事実、その緊張関係は中期の近東における権力制度の特徴となったのである。例えば在外首長はときとしてほとんどサーサーン朝皇帝の廷臣として行動することがあったが、その権威はダビデの子孫という主張を最終的にどう解釈するかにかかっていた。法の権威ある解釈者というラビの役割には同じく政治的な要素もあり、結局はこれで彼らは在外首長との間に葛藤を起こすに至った。この葛藤のもつ様々な要素は完全に明らかではない。しかし在外首長の職はサーサーン朝時代の終わりまでには衰えることになり、ゲオーニームが率いるラビたちがユダヤ共同体の法の権威ある解釈者、解説者として現れるのである[✤12]（このドラマの大詰めはやがて見るように八世紀終わりにカリフ・マンスールのもとで演じられる）。

ラビたちの勝利は、ユダヤ共同体の内的性格にとっても、またその共同体を含んだ広い社会にとっても決定的なものとなった。イラクのユダヤ共同体は社会的な多様性をもち、都市民や学者もいたが、圧倒的に労働者や農民、そして奴隷たちから成っており、このような人々は非ユダヤの諸共同体との相互交流を経験していた。そのことは文化的影響を涵養し、例えばイランの影響がユダヤ神秘主義や、しだいにユダヤ教徒に結びつけられるようになった魔術の分野などに辿ることができる。また結婚とか改宗による社会的な相互浸透も起きた。そのような開かれた社会でなければ、古代末期のユダヤ共同体の大きな成長は理解できないだろう。だがラビたちはユダヤ教徒についてのより正確な定義、つまり宗派間の境界のより明確な設定を要求した。彼らは法と儀礼の純粋さを保つことに腐心し、ユダヤ教徒と非ユダヤ教徒の接触を妨げたのであった。また非ユダヤ教徒もユダヤ教改宗にはしだいに懐疑的になり、かつ異宗派信徒間の結婚に眉をひそめるようになった。[13] 彼らラビたちの勝利と〔それをもたらした〕懸念は時代のしるしであった。異宗派信徒が社会的に混在することへの懸念は、サーサーン朝国家と一体化しつつあったゾロアスター教の祭司たちも共有しており、古代末期に宗教的な帰属意識がその主な諸伝統をめぐり明確化していく歴史の歩みをも反映している。[14]

上記のプロセスが古代末期のほとんどの部分を占め、かつ七世紀になってもユダヤ教や他の宗教にとって未完成だったということはきわめて重要である。まずそのプロセスは各宗教伝統から、それがより明確に自己を定義していたときに発展し、おそらくキリスト教化したローマ帝国の版図で最も先鋭な形をとったのである。プトレマイオス朝とセレウコス朝の皇帝たちや、その異教徒のローマ人の後継者たちのもとで、ユダヤ教徒たちはまずまずの信仰の実践の自由を享受していた。もちろん例外はあった。つまりセレウコス朝のアンティオコス四世エピファネス（在位前一七五―前一六八）の試み（その君主崇拝を強制する試みは前二世紀にマカバイの反乱を引き起こした）や、後六六年から七〇年と一三二年から一三五年にかけてのパレスチナの反乱に対してローマがとった報復措置などがあり、後者は神殿破壊とエルサレムからのユダヤ教徒追放という結果をもたらした。彼らへの暴力が国家当局によらずに都市の暴徒の間で自然発生的に爆発したことは、ユダヤ教への敵意という緊張力が社会に潜在していたことを明かすもので、おそらく（ユダヤ教徒の割礼などの慣習や国家祭礼への参加拒否などのような）ユダヤ的な特殊性への不寛容を示すものであったし、そのような敵意はまたユダヤの一神教や贖罪の教義に惹かれていた人々が抱くセム系びいきの感情にも向けられていた。だが少なくとも公的な社会生活のレヴェルではユダヤ教徒は比較的好意的に受け入れられた共同体ではあった。彼らはたいていの場合、帝国の国家祭儀への参加を要求されることはなかった。そのような彼らの地位をしるしづけるものは、ときどきローマ帝国の迫害に苦しむキリスト教徒が自分を守るためにユダヤ教に改宗したことに表れている。[15] パレスチナはローマの政治秩序に対する強い反対勢力の中心地だったが、そこにおいてさえ、少なくともエルサレムの外ではユダヤ教は合法であり、活動も盛んであった。[16]

上に述べた条件のもと宗教の交流は様々なレヴェルで起こった。例えば四世紀になっても、キリスト教がしだいに勢力を伸ばし、ラビの［他信徒への］敵意も「トーラーを学ぶ異邦人は死刑に値する」と宣言する者が出たほどに[17]激化していたにもかかわらず、一部のユダヤ教徒たちは他信徒を積極的に改宗勧誘していた。キリスト教徒やユダヤ教徒は（また異教徒もそうだったが）「宗教上のコイネー」と呼ばれてきたものを共有していた。つまり、とくに「民間宗教」レヴェルでの（もちろんそれだけではないが）共通の信仰や実践のことであり、具体的には魔術や、また様々な霊的存在、天使や鬼神《デーモン》への信仰などがあげられる。[18] さらに、初期教会は公会議でより明確にキリスト教・ユダヤ教の両教徒の間に線引きしようとしたが、キリスト教徒たちはシナゴーグを訪問したり、ユダヤ教の安息日《サバト》の礼拝や聖典読誦に集まったりし続けていたし、ユダヤ教徒墓地への埋葬も続いていた。独自性をもったキリスト教会とその信仰が現れた後にも、ユダヤ的キリスト教徒の共同体は何十年も、いな何世紀にもわたって存続し、彼らはエルサレムの主教キュリロス（三一五―三八七）など多くの人々を困惑させた。キュリロスは三四八年の説教で、これらの人々はイエス・キリストを拝しつつも、「キリスト教徒」という呼称を拒み、「ユダヤ教徒」の名に固執していると指摘した。[19]

しかし交流はあったにせよ、共同体同士の隔たりはだんだんと大きくなりはじめた。キリスト教徒とユダヤ教徒が一冊の聖典を一見共有していることさえも彼らを互いに引き離していった。というのもキリスト教徒が「新約」と「旧約」の両聖書を認める土台となる神学は、ラビたちの聖典理解、つまり聖典にはともにシナイ山で啓示された成文と口伝の二つがあり、その全体を保持するのは自分たちのみであるという考えとは相容れず、正反対でさえあった。[20] ある程度はラビたちもこのような、キリスト教徒とユダヤ教徒の分離が進むことを歓迎し、それに貢献もしたが、このことは法を精緻化しユダヤ共同体の統制を固めようとする彼らの努力とぴったり合っていたためである。だが、より重要なことは、キリスト教に対してローマ国家がとった態度である。四世紀にコンスタンティヌス一世がキリスト教に改宗したことは帝国を一夜にしてキリスト教化の道具へと変えたわけではなかったが、そのことでローマの国益とキリスト教の信仰を（または少なくともキリスト教の教会のうちのある要素や伝統を）段階的に合一化しはじめた。そして三八〇年には、皇帝テオドシウス一世（在位三七九―三九五）はキリスト教を帝国の国教であると宣言したのである。国家と教会の同一化が強い影響力をもつと最初に察知したのは、組織をもった異教信仰であったが、しだいにユダヤ教徒もその厄介な重圧を感ずるようになった。四〇九年と四三八年には、キリスト教徒を改宗させようとしたユダヤ教徒は死刑に処せられることになった。国家はユダヤ法の実践に干渉しはじめ、結婚や相続などでローマ法に服従させることでユダヤ的帰属意識の法的基礎と異教のローマで享受していた自治権をしだいに掘り崩していった。ユダヤ教への攻撃はその礎石に向けられ、例えばユスティニアヌス一世治下には、国家はユダヤ教シナゴーグでの礼拝を、どの版の聖書を読むかを定めることで規制下に置こうとさえしたのであり、さらに六世紀を通して洗礼が強制された例は増えていった。これらの展開は変わりゆく宗教的風潮が社会的に表面化したもので、その風潮の中でそれぞれの宗教が、我こそは生活のすべてに適用され、制限もできるような、真理の基準を定める権威をもつのだと主張していたのである。ユダヤ教はキリスト教の起源と基盤に近い立場にあったため、キリスト教徒の神学者たちや為政者たちにはことに頭痛の種となったが、彼らがユダヤ教徒たちを分離し統制しようとしたその努力は、おそらくジークムント・フロイトがいう「細部の相違にこだわる自己愛《ナルシズム》」を反映したものだった。そこでユスティニアヌス一世は、ユダヤ的キリスト教徒が復活祭をユダヤの祭日に祝わないようにするため、過越祭《すぎこしさい》（エジプトから脱したことを祝うユダヤ教の最も重要な祭りの一つでほぼ復活祭と同時期に祝われる）を無理やり延期させるべく手を尽くした。また「ユダヤ教徒」という用語はキリスト教徒たちの論争の方法では濫用されるようになり、規範から逸脱した者なら、ユダヤ教徒はもとより異教徒やキリスト教分派信徒など誰でも「ユダヤ教徒」呼ばわりされたのである。[21]

サーサーン朝統治下のユダヤ教徒を叙述したほとんどの例で、彼らの状態は西方の同宗信徒よりはずっと良かったと想定されてきた。例えばピーター・ブラウンは興味をそそる口調で次のように述べている、「皇帝ユスティニアヌスがユダヤ教徒に聖典のどの版が帝国内のシナゴーグでは読むことを許可されるか定めていたときに、サーサーン朝の首都クテシフォンのラビたちは自由にキリスト教の三位一体や処女降誕の教義に対する強力な論陣を張っていたのである」[22]。幾人かのサーサーン朝君主はユダヤ教徒の友として名声を馳せ、その跡をタルムードにとどめている。例えばメソポタミアのユダヤ教徒はローマ皇帝ユリアヌスが侵入したときに協力を拒み、シャープール二世（在位三〇九—三七九）の寵愛を得た。またヤズデギルド一世（在位三九九—四二〇）の妃はユダヤ教徒だったという話の出典は不確かであるが、彼はユダヤ教徒に親しみ聖書にさえ通じていたと評判であった[23]。ユダヤ教はしだいにキリスト教とローマ国家に敵意あるものと決めつけられたので、ユダヤ教徒たちは、後に見るように、自分たちの利害がローマの歴史的好敵手サーサーン朝帝国の利害と一致するとさえ考えることもあった。

だがメソポタミアのユダヤ教徒たちもイスラームの勃興前の数世紀間には宗派間の垣根が高くなってきたことを経験したのである。ユダヤ教は方向性においても実質的にも、サーサーン朝国家とますます同一視されていったゾロアスター教とはまったく異なる存在である。個人の生活や来世への期待感に関わる儀礼の特定の事項については、実践上の相違は当惑を、さらには嫌悪感を起こしかねなかった。その例は結婚（ことにゾロアスター教の近親婚容認）や葬礼（ゾロアスター教徒にとっては大地を汚すユダヤ教の土葬に対して、ユダヤ教徒の目には肉体の復活を危うくするゾロアスター教の風葬）などに表れている[24]。五世紀の後半にイスファハーンで起こった暴力の爆発の背後にはこの類の緊張関係があったのかもしれない。そこではユダヤ教徒が二人のゾロアスター教祭司を襲ったという流言による非難のためにユダヤ教徒人口の半分が虐殺され、その子供たちは拝火神殿に仕える奴隷に身分を落とされたのである。だがサーサーン朝帝国内のユダヤ教徒の地位を悪化させた、より重要なことは政治的な問題であった。ここでもまたユダヤ教徒がいつも政治的には受け身の少数派として行動したわけではないことを強調しておかねばならない。彼らは五世紀末と六世紀初頭のサーサーン朝帝国内のマズダク教運動と関係する混乱の中に巻き込まれてしまった（これについては本章のゾロアスター教についての部分を見よ）。ここから在外首長のマール・ズトラ二世（四九六—五二〇頃）率いる反乱が生じていったが、彼はイラン人に破れて処刑されるまでの七年間、マホザに独立ユダヤ国家を樹立したのである。後に六世紀になって別の反乱が起こったときには、ユダヤ教徒の共同体の幾つかは、負け戦にあったサーサーン朝の皇位要求者を後押ししてまたもや大虐殺《ポグロム》という災厄を被った。ともかくもサーサーン朝時代の末期にはメソポタミアのユダヤ教徒は虐殺と帝国当局による干渉は経験済みであった。時により在外首長が押さえつけられ、ユダヤ教徒の宗教生活の中心にあった教学院は一時的に閉鎖されたのだった。[25]

## キリスト教

古代末期の諸宗教がより明確に自己定義を遂げた歴史的歩みに最も大きく貢献したのはキリスト教の勃興であった。歴史的に言って、キリスト教がその歩みを引き起こしたというのは無意味であるが、それは他者との対話を伴うもので参加者のほとんどがキリスト教徒であった。その対話はいつも友好的なものとはかぎらず、むしろその反対であった。古代末期の宗教文献が特徴とするものの一つに極めて論争的な性格がある。論争は諸伝統が自己を定義する手助けとなったが、また隠れた不安とそれを最初に掻き立てた競争を明るみに出した。[26]

これまで見たようにユダヤ教は、若い宗教であるキリスト教が自分と親を区別しようとするにつれ論争をしかける標的となっていった。ユダヤ教も論争に参加したことは疑いないが、現存するユダヤ教とキリスト教論争の実例はもっぱらキリスト教の側から出ているのだ。キリスト教徒たちは紀元後の世界に合うような独自のアイデンティティーを取り出す必要を感じつづけていた。一世紀から次世紀への変わり目にアンティオキアの主教であったイグナティオス（三五頃—一一〇）は、ユダヤ系キリスト教徒でもないのにユダヤ教の習慣を採り入れた、改宗異邦人したキリスト教徒を非難する手紙を認《したた》めたが、彼の心配は三世紀後にやはりアンティオキアの首位聖職者となったヨアンネス・クリュソストモス（三四七頃—四〇七）〔神学者でギリシア教父の一人。説教が巧みであったことから「金の口」（ギリシア語でクリュソストモス）と呼ばれた。日本ハリストス正教会の呼称は「金口イオアン」〕が共有していた。クリュソストモスの説教は、アンティオキアでは大勢のキリスト教徒がユダヤの祭礼への参加に見られるようにユダヤ教への傾倒を心に秘め、こっそりシナゴーグの礼拝に列席していたことを示唆している。この説教師クリュソストモスはまた、キリスト教徒と自称しつつも割礼を受けた信徒を少なくとも一人知っていると主張している。[27] そのクリュソストモスの説教であるが、現在反セム主義的とされる言葉――例えばユダヤ教徒への「キリスト殺し」というレッテル――を用いた咎《とが》から、レトリックの暴力を非難することはたやすい。しかしそのレトリックは、異なる宗派それぞれがアイデンティティーを確立していった長い道のりから生み出された深い不安を表すものと読むべきである。

多神教的異教《ペイガニズム》もまたキリスト教の攻撃による痛みを感じていた。異教徒は多くの殉教者の存在が証しているように、それまでにキリスト教徒をいつも親切に扱って来たわけではなかったし、宗派間で交わされた論争に加わりもした。ほんの一例を挙げればヒエロクレスによる論難があるが、それはコンスタンティヌス一世も知っていたかもしれないものである。この者は三世紀初頭のディオクレティアヌス帝（在位二八四―三〇五）の大迫害時に皇帝副官の一人であった人物である。ヒエロクレスはキリストを中傷し、その神性の信仰を非難する論考を著わしたが、それは教会史家の（また後にコンスタンティヌスの相談役にもなる）エウセビオス（二六〇頃―三三九）からの長大な反批判を引き出すことになる。[28] だがキリスト教徒の記憶は異教徒による迫害の規模と重要性を強調しすぎたのかもしれない。[29] 確かにいったんローマ皇帝がキリスト教を採用してしまえば、異教徒たちは実際に、四世紀半ばに異教徒皇帝のユリアヌス（在位三六一―三六三）（「背教者ユリアヌス」と呼ばれる）がキリスト教に攻撃を仕掛けはしたが、もはやキリスト教徒の生活や礼拝に深刻な混乱をもたらす立場にはなかったのである。

反対に四世紀初頭以降、迫害する側にまわったのはキリスト教徒であった。コンスタンティヌスの改宗はすぐに異教の衰退をもたらしたわけではなく、むしろキリスト教徒に対する敵意の歯止めとなったのである。コンスタンティヌス自身の宗教政策はある種の矛盾した態度を示しており、歴史家たちはキリスト教に対する彼の個人的、または政治的な傾倒の度合いについてはそれぞれ根本的に異なる結論を出してきている。証拠となる史料は慎重に読めば、コンスタンティヌスの改宗は真摯なものであったが、同時に彼の宗教政策の最も重要な目的は帝国内の平和の促進であったことを示唆している。その平和とは異教徒の前任者ディオクレティアヌス帝が始めた迫害による傷を癒すべきものであり、コンスタンティヌスの統治をご加護の下においた至高神を認める（異教徒を含めた）すべての人々の合意の上に築かれたものなのである。[30] コンスタンティヌスは幾つも異教の神殿を閉鎖したが、あるときには意志堅固なアレクサンドリアの主教アタナシオス（二九五頃―三七三）〔キリストを一被造物とするアレイオス（後出）とその派を批判する論陣を張り、三位一体論の基礎を築き、正統派神学の構築に貢献した〕を（神学とはまったく関係のない理由であったが）追放の処分にしたこともあった。その一方ではまた異教を「過ち」であると公言したり、生け贄《い にえ》を捧げる儀式を「汚れたもの」と述べたり、また自分の手の者たちに偶像を破壊させたり、そこから詰め物を引き出させたりもした。[31] 意図的かどうかはともかく、彼の言葉と行為は他の人々を、とりわけ主教たちと修道士たちを鼓舞し、言葉の上で、または文字どおりに棍棒を執らせたが、ますますそれに力がこもっていったのである。皇帝ユリアヌスのもとで異教徒たちの運命が一時期好転した後、彼の死に続く何年間かのうちにキリスト教徒の異教の儀式と神殿に対する攻撃の頻度と度合いは高まっていった。帝国の立法府は特定の神殿の閉鎖やその設備の撤廃を、また四三五年にはそれらの完全な破壊をそれぞれ命じたのである。だがしばしば法に先んじて〔神殿への〕攻撃を率いたのは主教たちや、ことに農村部では無統制な修道士たちであった。三九一年にアレクサンドリアの有名なセラペウムの破壊へと人々を煽動したのはその都市の主教であった。その動きは五世紀までに最高潮に達した。主教たちはその運動の主導権をとり、しばしば自分たちが引き起こした暴力に掻き立てられた人々の不安感を利用し、神殿への攻撃に続いてそこで礼拝していた異教徒たちの大量改宗が必ず起こるようにした。例えば三九五年から四二〇年にかけてガザの主教を務めたポルフュリオスは、ある異教神殿の破壊活動を指導した後で、恐れをなした異教徒たちが大挙して改宗するのを歓迎し、同僚聖職者の、これは確信よりは恐怖心によるものだという反対意見を退けたのである。[32]

この最後に述べたことは特に重要である。古代末期の異教は知的レヴェル（異教の神学はしだいに一神教的になっていく〕と民間信仰と信仰実践のレヴェルの両方で、多くのものをキリスト教という新しい宗教と共有するようになったが、一方、高まりつつあったキリスト教徒の敵意のレヴェルは驚くほどである。改宗を重視したことはまたもや古代末期の男女にとって宗教的アイデンティティーの重要性がいや増していたことを示唆するものだが、そこにはイスラームが七世紀に受け継いだキリスト教の世界への最大の遺産がある。

キリスト教徒は宗教上のアイデンティティーの問題を他の人々よりこだわりをもって問うたのである。例えば北アフリカ出身の若くして殉教した聖女ペルペトゥア〔二〇三頃歿〕は「私は自分を自分以外の者の名で呼ばない」として、「キリスト教徒」と自称した。[33] それゆえ、キリスト教徒のアイデンティティーの問題が彼ら自身の厄介事となったとはきわめて皮肉なことである。[34] 古代末期という時代の中から成立して来たあらゆる主要な宗教のうち、キリスト教は不幸なことに教義と神学を最も強調する宗教になったのである。キリストの性質に関わる主要な問題点は、皮肉にもキリスト教がコンスタンティヌスの改宗によって勝利を収めたまさにそのときに、アレイオス〔二五六頃―三三六〕〔ラテン名ではアリウス〕をめぐる論争という形をとって現れた。そうしてこれらの諸問題はイスラームの勃興に至るまで教会を苦しめつづけ、たぶん、ムハンマドや彼に従う者たちがキリスト教徒共同体のうちの教義上の混乱と骨肉相食む論争に苛立ちを抱いた一因ともなった。ある一神教が一見勝ち取った大勝利は様々な教義上の問題についての苦い論争を伴うものだったことは偶然ではないかもしれない。近年一人の歴史家が述べたことだが、「多神教は神の問題を〔いわば〕拡散させ、その性質についての論争の影響を〔他の神々という〕幾つかの選択肢を提供して和らげる、ところが一神教は神の問題に焦点を合わせて、その潜在的に無限の多様性をもつ宗教的思考と態度とともにすべての信徒たちを、同一の鋳型に無理やり嵌め込んで論争を掻きたてる傾向があるが、そのような鋳型は遅かれ早かれ壊れてしまうにちがいないものなのだ」。[35] この場では四世紀から五世紀にかけてのキリスト論論争という揺らぐ体系をあげつらうのはふさわしくないが、これら論争の社会的・歴史的重要性は別に検討を要する。[36]

イスラーム勃興前の数世紀間のキリスト論の論争がキリスト教のアイデンティティーと政治的・宗教的権威の結合に

与えた影響を考察するにあたって、エジプトの当時の状況を詳しく見てみよう[37]。二世紀の終わりまでにはキリスト教は国じゅうに地歩を築きつつあったが、多くの要素がその地の住民へのアピールの原因となり、それらには土着のエジプト人、そしてギリシア人やローマ人の居留者の双方が支持していた後期の異教信仰とキリスト教との教義上の類似関係があった。例えばそれらの要素には、彼らの贖罪や秘儀の重要視、また恐らくは（ナイル川の神で死者の王であるオシリスへの民間信仰に見られるような）エジプトの伝統的な不死性への熱中などである。四世紀までには教会はしっかりと確立されており、村落レヴェルまで教会ネットワークを張り巡らし、かつキリスト教の諸文献は土着の人々の言葉であるコプト語で書かれたり訳されたりしてしだいに増えていった。コンスタンティヌスの改宗までには多分、半数のエジプト住民がキリスト教信仰を抱いており、また五世紀初頭までにはその数は恐らく八〇パーセントに達していたであろう[38]。エジプトのキリスト教はナイル渓谷を越えて信仰に大きな影響を与え、その最も明らかな例は修道制に見られるが、そのルーツはエジプトの砂漠にやってきたキリスト教禁欲主義者たち（隠者アントニオス（二五一頃―三五六）のような〔アントニオスはエジプトに生まれ活動した。最初の隠者とも呼ばれ、修道制の祖とされる〕、またパコミオス（二九二頃―三四七）のような人々が関係した共住修道運動にある[39]。だがこれに加えて、エジプトの影響はより捉えがたいものであった。四三一年のエフェソスの世界公会議はマリアを「テオトコス」、つまり「神を生んだ女性」であると宣言したが、そうすることで公会議は「彼女をそれほどに崇拝していたコプトたちの熱情的信仰を承認したのである」[40]とされる。むろん、決してエジプト人のみがマリアへの崇敬の感情を抱いていたわけではなかったが、一方で、マリアを「神を生んだ女性」とする教義を唱えた最初期の教父の一人がアタナシオスであったことは注目に値する。またエフェソスの教義の主たる唱道者はキュリロス（三七〇／八〇―四四四）である。彼ら二人はアレクサンドリアの総主教だったし、さらにマリアの主な中世的イメージ――幼児イエスを抱いている――は図像学的に見ればエジプトでの女神イシスが幼い息子ホルスを抱いた描き方に遡るのである[41]。

結局、「神を生んだ女性」としてのマリアをめぐる論争はキリスト論の問題であることはもちろんであるが、四五一年のカルケドン公会議という教会を苦しめる、さらに大きな危機の先触れとなるものだった。同公会議の決議は、キリストは完全に神であると同時に完全に人でもあり、二つの位格として知られると宣言したが、後に単性論者として世に知られることになる人々の怒りを買うことになった。彼らは単一の性質においてキリストの位格のうちにある完全な神と人との統一を強く主張していたのである。多くのエジプト人が情熱的に単性論的な立場に帰依し、アルメニアとエチオピアの教会、シリアのキリスト教徒の多くも同様の立場をとった。結果として、公会議の決議の結末は、それら地域のほとんどのキリスト教徒と、正統派、または「メルキト派〔帝国派〕」の教会との永続的な教義上の決裂となって現れたのである。しかしこの問題にはより明らかな政治的側面もあった。というのもカルケドン公会議はコンスタンティノープルが帝国東方のキリスト教の首都であることを明確に打ち出し、結果としてアンティオキアや、ことにアレクサンドリアの総主教座の権威を損ねることになったからである。

これらのことは何を意味するのか。この問題〔キリスト論やマリア論〕については論争がなされ、ことにカルケドン派と単性論派の間の亀裂はキリスト教帝国の統一と力を弱め、そして七世紀のムスリムの成功〔アラブの大征服を指す〕への道をならしたか否かについてはよく議論されてきた。紛れもなく単性論的なコプト教会の誕生はエジプトにおける「しだいに強まっていた民族的な潮流の外的な表現とみなさねばならない[42]」というような主張は、せいぜいのところ時代錯誤にすぎないように見える。カルケドン派と単性論派の間の教義上の緊張関係は、一方のギリシア語を話す帝国側のカルケドン派キリスト教徒と、もう一方のコプト語を話す単性論派のエジプト人キリスト教徒の間に抜き差しならぬ敵意があったことを含意するものではないのである。近年の歴史家たちが説得力をもって議論するところでは、神学上の分裂がもつ文化的な含蓄や政治上の暗示的な意味は最小に見積もるべきであり、かつ単性論派がカルケドン公会議の信条へ向けた怒りはエジプトのキリスト教徒が帝国そのものへ敵意を抱いたことを示唆するものではないという[43]。

だがその一方で確かなのは、五世紀の終わり頃までにエジプトとシリアのキリスト教徒と、また〔別の理由によってであるが〕イラクのキリスト教徒も、帝国当局と結びついた教会の教義には反する教義を信奉するようになったことである。彼らが帝国の教会に募らせていた苛立ちと怒りは単性論の信条を告白した人々のキリスト教徒としてのアイデンティティーに深い影響を与えた。アレクサンドリアのメルキト派の総主教はカルケドン公会議の結果を受けて、そのキリスト論の宣言を信仰したが、四五七年に自分がエジプト人の群衆に八つ裂きにされたときに、彼らの怒りがどれほどか身をもって知ることになった。より重要なことには、分裂からエジプト、シリア両地域で主教たち、司祭たち、諸教会からなる二つの相争うネットワークが形成される結果となったのである。そのネットワークの一つは皇帝たちが概して支持していたカルケドン公会議の公式信条に忠実な一派で（もっとも忠実さにはいろいろな程度があり、亀裂を癒す努力がなかったわけではないが）、もう一つは単性論の信条を奉ずるものであった。また単性論派の苛立ちはすぐには治まらなかった。シリアやエジプトの土着のキリスト教徒が組織的に、アラブの侵入者たちに売り渡すようにキリスト教のローマ国家を裏切ったとするのは誤解を引き起こすことであろう。だが一方では、彼らのメルキト派教会当局者との関係をときに特徴づけた敵意は、たぶんシリアやエジプトでアラブに抵抗を試みるローマ国家から活力を奪う一助となったのである。少なくとも、それが七世紀末の上エジプトのコプトの主教ヨアンネスが示唆したことであり、彼は幾つかのエジプトの町でコプト教徒住民がローマ皇帝ヘラクレイオス（在位六一〇―六四一）に向けた怒りは、「正統的信仰に対して彼がエジプト全土にもたらした迫害のゆえに」、アラブの勝利に貢献したものとみなした。[44]

イラクや他のサーサーン朝の諸州でキリスト教徒が直面していた状況はまったく異なる。[45]キリスト教はまず規模が大きなメソポタミアのユダヤ共同体からシリアの東の地域へと浸透していった。三世紀までにはキリスト教はよく確立、組織化し、サーサーン朝国家と関係を深めつつあったゾロアスター教の祭司階級の注意を引くようになった。キリスト教はユダヤ教徒、異教徒、ゾロアスター教徒の減少と引き替えに、イスラーム時代に至るまで引き続き成長していった。そして六世紀の終わりに至るまで、イラクにおける単一では最大の宗教共同体でありつづけた。キリスト教組織と国家との関係と、メソポタミアのユダヤ教のそれらの問題との間には並行関係があるが、それは後のイスラーム時代という視界の有利な場所から見れば、重要な意味を帯びているのである。サーサーン朝帝国におけるキリスト教徒とユダヤ教徒双方の体験は、多様な信仰がひしめく世界では個人の社会的アイデンティティー、また政治的アイデンティティーさえもが主に彼や彼女の宗教的共同体に由来するということを明示しており、イスラーム的中期の状況を予示したのである。[46]その中で教会は、ユダヤ教徒の指導者層の場合と同じく、「キリスト教徒臣民の忠誠心を守る国家の代理人となった」のである。教会は王のために祈るようキリスト教徒を指導したし、国家に反乱を起こした信徒たちを破門さえしたかもしれない。その見返りとして教会上層部はおのれの意志を共同体の成員に押しつける際には国家の助力を期待した。サーサーン朝帝王はもちろん、キリスト教徒ではなかった。だがしかし彼ら帝王たちは、キリスト教徒のローマの君主たちの如く、教会の問題に口を挟み、例えば教会の主教会議を招集したり、または特定の候補者の首座主教《カトリコス》選出を確実にしたりした。[47]

　サーサーン朝帝国におけるキリスト教徒が置かれた社会的・政治的条件とは、西方の同信徒が置かれた状況よりもさらに複雑でさえあった。キリスト教徒はユダヤ教徒と、幾つものゾロアスター教徒の信仰や慣習への——例えば拝火儀礼や近親婚への——内に秘めた嫌悪の情を共有していたが、ゾロアスター教の司祭階級は（彼らは処女性尊重などのキリスト教の理想に衝撃を受けたが）時折、キリスト教徒迫害の波を引き起こした。最悪の爆発はシャープール二世の治世に起こり、シリア語の書『殉教者たちの生涯』に記録されている恐るべき事態を招いたのである。一方で皇帝たちがキリスト教を正式に法で禁ずることは決してなかった。キリスト教徒は軍隊や役所で、ときにはかなり高い地位でサーサーン朝に仕えた。こうしてキリスト教徒はキリストとペルシアの帝王《シャー》の両方に忠誠を誓う立場にあったが、「『神の民』の成員資格とペルシア国家のそれは、別の存在の様態であったので、正常な状況では二つの忠誠心が衝突することはなかった」[48]のである。四世紀以降、問題は主にキリスト教ローマ帝国との緊張と葛藤の時期に起こった。そこで、例えば五六一年のローマ帝国との和平協定ではキリスト教徒は放免の身となり、礼拝の自由と教会建設の許可が与えられている。またホスロー二世パルヴィーズ（在位五九一―六二八）は（一時的に帝位を追われた後に）ビザンツの干渉の結果、復位でき、二人のキリスト教徒女性と結婚もした人物であり、その治世下にキリスト教徒の状況はさらに改善された。だがそれは七世紀初めにローマ、イランの二大国家全体を巻き込んだ大戦争のときにひどく悪化してしまった。

ローマのキリスト教を苦しめたキリスト論の大論争はサーサーン朝の世界にも大きな影響を残した。サーサーン朝治下のキリスト教徒の多数は、ネストリオス派の立場とされる教義に従っていたが、カルケドン派のそれとは異なり、かつは単性論派の主張にも敵意を持っていた。一時コンスタンティノープルの総主教であり、その派に名を与えたネストリオス（三八一頃―四五一頃）〔ラテン名はネストリウス〕によれば、キリストは人性と神性という二つのまったく異なる性質が現れる場なのである。そのため例えばマリアがキリストの母と考えられる一方で、テオトコス、つまり「神を生んだ女性」と称号を贈り名されることは決して無かった。しかしながら、その立場はシリアのヤコブ派教会に結びつくが、単性論派もメソポタミアでは強い独自の存在感があった。状況は重要なメルキト派キリスト教徒の共同体が存在していたために、さらに複雑なものとなった。彼らの存在は、繰り返された戦争のたびごとの征服地域や、境界地域からの住民連行の結果であった。だがこれら宗派の何れも、サーサーン朝がキリスト教国家でなかったため、おのれが「正統派」であるという主張を他宗派に押しつけることは出来なかった。[49] シリアやエジプトと同様に、神学論争の最も重要な結果は、互いに分かれた、独自の共同体ネットワークや組織、教会、修道院、そして学院が成立したことだった。これは宗派間の競争、ことにネストリオス派と単性論派のそれを煽り立てることになった。重要なことだが、アラブ侵入前夜の七世紀初頭には、教会や修道院が大勢に順応しない分子を追放するにつれ、競争は先鋭になっていった。またイラクのキリスト教徒の幾らかは後に宗派間の抗争は自分たちの国をムスリムたちがたやすく征服する手助けになったという結論を下したり、あるいはより神学的な表現によって、神はキリスト教徒たちの分裂への天罰としてアラブたちに大勝利を収めるのを許し給うたのだと決めつけたのである。[50] もう一方ではその競争は激しい改宗勧誘を推し進めた。ことにネストリオス派のキリスト教は中期初頭にはダイナミックな宗教勢力となり、その宣教活動は中央アジア一帯で盛んであり、その勢いは中国にも、少なくとも一三世紀のモンゴルの大征服までは及んでいたのである。[51] だがネストリオス派は主たる政治体制と恒久的な関係を打ち立てるのに失敗し、結局長い目で見ればイスラームが表現した政治的権威と宗教的権威のダイナミックな混合体の軍門に下ることになった。[52]

## ゾロアスター教とマニ教

サーサーン朝帝国の住民たちは、ローマの人々にも増して、イスラームの勃興以前の数世紀間、驚くほどの宗教的多様性のうちに生きていた。ユダヤ教とキリスト教は、すでに見てきたように、サーサーン朝帝国では、主にメソポタミアで大きな存在感を示した。様々な形の異教が事実上いたるところで見られた。イランの地理的な位置はこの帝国の宗教上の混成を形づくるのには重要な要素となった。イランはローマ東端の属州から境界をすぐ越えたところにあるため、同国の迫害を逃れてきたユダヤ教徒たちの天然の避難所となったし、彼らに続いてキリスト教も入ってきた。さらに東の地域では、イランはインドという文化的、宗教的に多様な世界と境界を接していた。また二つの地域のインド＝ヨーロッパ語を話す定住者の間にあった前史的な諸関係を別にしても、貿易上の、また戦略上の必要性は彼らを結びつけ、その傾向はことにサーサーン朝ではインド亜大陸との商業上の繋がりを発展させたために強まったのである。[53]結果として仏教の存在は古代末期のイラン、ことにその東端の諸州で感じられるようになり、この地域を通してその教えは三日月地帯のマニ教徒や他の宗教の信徒に伝えられた。[54]烈々たる信仰をもつ三世紀のゾロアスター教の大祭司長カルティールは、おのれが戦い、討滅しようとした宗教上のライヴァルを石碑に刻もうとしたが、その際にユダヤ教徒、シャーマンたち、キリスト教徒、マニ教徒、そしてインドのブラーフマナ〔バラモン〕たちを列挙したのである。[55]

しかしサーサーン朝領内の主たる宗教といえば、イランの文化と歴史に根ざし、かつは同王朝と親密な繋がりをもっていたゾロアスター教であった。だがその古代末期のゾロアスター教は、ユダヤ教やキリスト教以上に、厳密に定義するのが難しい。はっきりとした特徴をもつゾロアスター教信仰が古代末期に現れつつあったが、そのプロセスは、アラブの侵入のときにも終わっていなかった。問題の一部はテクストによるもので、ゾロアスター教の主要テクストの正確な成立年代を特定するのはたやすいことでなく、かつそれらはいかなる場合でもより古い資料を含んでいるのである。より根本的な問題はゾロアスター教の教義はゆっくりとしか形成されてこなかったということで、それもときには他の宗教的伝統の神学的主張への反論としてなされたのだった。ばらばらの多神教的、一神教的、またことに二元論的要素が広義のゾロアスター教伝統のうちに見つけることができる。古代イラン宗教の多神教はたぶん、多くの一般の人々の規範として継続していったが、ただし祭司たちは多数の神格は偉大な神であるアフラ・マズダー（オフルマズド）〔前者はアヴェスター語形、後者は中世ペルシア語形〕に服属する天使的存在であると解釈する傾向があった。これとは対照的に、サーサーン朝時代にはゾロアスター教伝統の別の思想的流れが、アフラ・マズダーと悪の原理の人格化であるアフリマン〔これは中世ペルシア語形。アヴェスター語でアフラ・マズダーに対する悪の神格はアングラ・マイニュ Angra Mainyu〕の両方を非人格的な無限の時間と空間の神であるズルヴァーンに服属させた。[56] しかしながら、宇宙の秩序を善の神格と悪の神格の闘争の産物として理解する二元論が神学の支配的な傾向であった。そのゾロアスター教二元論は、悪の神格でなく、善の神格が世界の、少なくとも（爬虫類、蛇、それに特定の七種類の植物などの存在は別として）そのほとんどの創造をなしたと主張することで、マニ教のそれから区別されたのである。

イランでも、ローマ帝国に勝るとも劣らず、古代末期では宗教が定義される特徴的なプロセスは、激しい競争や、友好的とは限らない対話が創り出したものだった。ゾロアスター教のテクストに見られる一神教的な部分は、ユダヤ教やキリスト教が加えた論難に対する護教的反論に役立つものではあったかもしれない。[57] しかしイランにおいてはマニ教がたぶん最も深刻な脅威をもたらしたのである。カルティールによる非ゾロアスター教徒の迫害はおそらく幾分かは帝王《シャー》シャープール一世（在位二四一頃―二七三）がその新しい宗教に示した好意に触発されて引き起こされたものである。シャープールは概して寛容な帝王であり、ある時点では「マギ〔つまりゾロアスター教徒〕であれ、ズィンディーク（マニ教徒）であれ、ユダヤ教徒であれ、キリスト教徒であれ、またどんな宗教を奉じる者であれ、その信仰においては妨げを受けること無く、平安な状態におかれるべし」[58]という布告を発したほどである。キリスト教徒は劇的に彼の治世下に増加した。[59]だが帝王《シャー》に魅力的なものと映ったのはマニ教であって、彼は預言者マーニーに謁見を許し、その帝国の版図の内で教えを説く勅許を与え、さらにある人々によればマニ教を国教として採用することを考えていたのかもしれないという。「アヴェスター」として知られるゾロアスター教の聖典テクストの編纂と校合が正確にいつなされたかは議論の的となってきたが、そのテクストはマーニーとその啓示がもたらした挑戦に対する、祭司たちの直接の回答という形をとっていたのかもしれない。[60]

サーサーン朝帝国の状況はローマ帝国とは幾分かは異なっていた。というのもゾロアスター教は民族的な、つまり特徴的にイラン的な宗教という性格を保持していたからである。アラビア半島の遊牧民の間にさえ、幾らかの非イラン人のゾロアスター教への改宗者はいるにはいたが、イラクのような諸民族が混住している地域では、同教は主に支配エリート、つまり上層階級に属し、サーサーン朝国家に仕えるイラン人たちの宗教であった。[61]ゾロアスター教徒の間では、キリスト教徒、ユダヤ教徒、マニ教徒らによって少なくとも帝国の非イラン系住民の間では実行されたような、積極的で一般の人々に対する改宗活動を示すものはほとんどない。[62]だが一方では、ことにサーサーン朝滅亡直前の時期にはイラン系住民の間に増加中のキリスト教への改宗者がいたのであり、これは当時、同朝国家とキリスト教諸教会の関係を緊張させた。

とは言うもののゾロアスター教の宗教生活には普遍主義的な要素がなかったというわけではない。だが、そこに見られる普遍主義は直接に、またローマとキリスト教の場合以上の程度に、宗教と国家との結びつきに由来している。[63]これまで見たように、サーサーン朝帝王のゾロアスター教への強い献身は議論の余地がないものというわけではなかった。五世紀半ばになってヤズデギルド二世（在位四三八―四五七）は、最後にはゾロアスター教の信仰に忠誠を保ったとはいえ、おのれの臣民のあらゆる宗教を詳しく吟味してみた。だが、徐々に主な流れは国家とゾロアスター教の位階秩序の見解と関心事の一致へと向かっていった。一〇世紀のムスリムの歴史家マスウーディー（八九六―九五六）はサーサーン朝の創始者であるアルダシール一世（在位二二四―二四〇）の次のような言葉を引用している。すなわち、「宗教と王権は二人の兄弟である。どちらも片方なしではいられない。宗教は王権の礎《いしずえ》となり、王権は宗教を守るのである」と[64]。またホスロー一世アヌーシールヴァーンについては、ゾロアスター教祭司たちは「宗教の言葉、神々の礼拝と儀礼を実践し」、正統信仰の敵たちに立ち向かった[65]と記憶している。このように古代末期のゾロアスター教における教権と王権の緊密な関係は後のイスラームにおける展開を予期させるという点で重要である。この時期に発展し、表現されていったゾロアスター教の戒律によれば、サーサーン朝の君主は、宗教的なものであれ世俗的なものであれ、いかなる活動においても至高の存在であるとされた。その君主は「小宇宙である人間と大宇宙である神との間を繋ぐ、神に叙任された鎖として奉仕する。帝王を通じてのみ人民は宗教と神と救済に近づくことができる」。だが見たところゾロアスター教の祭司たちは信仰への忠誠が完璧とは言えない帝王たちと付き合わねばならなかったようで、彼らはそこで、宗教的義務として異端的な帝王に異を唱えるため、また罪を犯して「良き宗教」の脅威となる者たちを失脚させるための教義を発展させた。だがそのような逸脱的解釈は別として、ゾロアスター教の教義は王権と宗教の合一を肯定し、信徒たちに聖化された君主への全面的な服従を課したのである[66]。

ゾロアスター教思想における君主の重要性は、精巧かつ（少なくとも理論上は）厳格な社会的位階秩序をまとめるピンのような役割に由来するもので、そのような位階秩序はそれ自体で宇宙の構造を反映したものと信じられていた。イラン社会を根本的に分ける区別は、特定の税を免除され、おのれの階級以外の者との結婚を禁じられた貴族と、一般庶民の間にあった。しかしながらゾロアスター教文献は、もっと複雑で奇妙《バロック》な社会のヴィジョンを練り上げていった。それによれば人間は四つの社会階層に分けられ、いろいろと定義があるが、共通していえることは祭司、武人、耕作者、職人からなるということだ。この四階層モデルは、ゾロアスター教の伝説では原初の元型的な王であるジャムシードが創出したものとされる。それは古代インド思想に特徴的なモデル〔ブラーフマナ、クシャトリヤ、ヴァイシャ、シュードラからなる四種姓〕と何らかの繋がりがあるのは確かであり、サーサーン朝国家のイデオロギー的基礎を成したのである。君主にはこの階層システムを守り、それぞれの階層の統合性を保全する責任があるが、それは、階級同士がその中で互いの仕事を助け合う「公正の輪」〔サーサーン朝の帝王ホスロー一世やアリストテレスに帰せられるある種の警句があり、そこでは王朝、軍隊、財政、そして租税を納める人民などが相互依存し、緊密な「輪」の形を成すことで世界の公正な秩序が維持されると説かれる〕によって、宇宙と社会がともに存続し機能を果たしていくためなのである。このシステムは実践的なレヴェルでは明らかにその頂点にいる者たち、ことに聖職者のヒエラルヒーに奉仕し、その者たちは複雑な教会組織と寄進財産を管理していた。ここからある優れた、またゾロアスター教に共感をもつ研究者は後期サーサーン朝社会を指して、「祭司が重くのしかかった」社会と言った。[67]

とはいえゾロアスター教思想は深い平等主義的な底流を欠いていたわけではなく、それは社会的な階層分割を唱える支配的イデオロギーに反発して現れたのである。その流れは少なくともザラードゥシュト（Zarādusht）と呼ばれる三世紀の宗教指導者にまで遡りうるもので、後期サーサーン朝時代に周期的に表面化したが、最も注目に値するのは帝王《シャー》カヴァード一世（在位四八八―四九六および四九八―五三一）の治下に現われ、五三一年にホスロー一世アヌーシールヴァーンが即位する頃にマズダク（四八八―四九六、四九八／九―五三一）なる人物が起こした反乱による〔運動である〕。「カヴァードの異端主義とマズダクの反乱」の間の、またそれらとザラードゥシュトの教説との正確な繫がりが何だったのかは議論されてきた。[68] ザラードゥシュトはどうやら財産と女性の私的所有を社会的な不正と不調和の根本的原因とみなして、それらへの共同の権利を主張する教えを説いていたようである。またカヴァードは女性への普遍的な権利を主張することで、貴族の血統の純粋性の考えと、彼らの地位と権力の土台を掘り崩そうと試みたが、一方でマズダクも女性と富に誰もが近づく権利、少なくともそれらのラディカルな再分配を要求する農民反乱を起こした。だが彼らの試みはともに失敗に終わった。カヴァードは臣下の貴族たちに廃位され、マズダクの反乱はホスローが即位した頃に鎮圧したが、彼はそのような「良き宗教」への奉仕の故にアヌーシールヴァーン、つまり「不死の魂」なる称号を贈られたのである。このようなザラードゥシュト、カヴァード、そしてマズダクがそれぞれに説いていた教えの詳細と互いの関係について確定的な説を導き出すのは難しい。彼らについての情報はほとんどすべて、敵対的な史料から得られるものだからである。だが彼らは個々人としても、全体としても、イランの支配的な社会秩序とその宗教的な基礎に異議申し立てをしたのであり、それはゾロアスター教の内部から出てきたものであった。我々の観点ではさらに重要なことには、その異議申し立ては中世近東の宗教の発展においては長く持続する遺産となったのである。というのもマズダクの教説の多くは、ムスリム時代の最初の数世紀間はイランの幾つかの分派グループに再び現われて来たのだから。[69]

マズダクとその教えは我々に、サーサーン朝の皇帝治下の、緊張感があり興味をそそる宗教的環境を思い起こさせるが、それはマニ教の場合も同じである。預言者マーニー（二一六―二七四または二七七）自身が生まれたのは、紀元後最初の数世紀間に肥沃な三日月地帯に雨後の筍のごとく現れたユダヤ・キリスト教系の洗礼派集団に帰依した家族であった。青年の頃に天上の存在から一連の啓示を受けた後、マーニーは新しい宗教――彼が呼んだところでは「希望」――を説きはじめた。彼の教説にはキリスト教との表面的な類似性があった――例えば、イエスはマニ教の神話では傑出した役割を演ずる――のだが、マーニーはまた幾らかの（輪廻とかの）インド的な概念や、とりわけイラン的な二元論に依拠していた。マーニーがその著作で発展させた精緻な神話は、二つの原初の力、つまり、ときには父なる神と邪悪なる者というキリスト教の言葉で表現し、またときにはズルヴァーンとアフリマンというゾロアスター教の用語で表現されるが、光と闇、真と偽が創り出したものとして宇宙を提示した。この神話によれば人間の魂が身体にある状態は、アダムの子孫のうちにある神的な火花が暗黒の質料からの解放を待ち望んでいるので、人間には苦しみの状態と考えられる。こうしてマニ教は、真の人間の状態についての知識と生殖の忌避は、最終的な救済への道を整えるというグノーシス的な教義を発展させた。[70]

マニ教の教義と神話の装飾的《バロック》かつ説得力のある豊かさ以外にもなお、我々はマーニーの教えとそれがもたらしたものには注目する必要がある。初めはマーニーの宗教活動は、はっきりとイラン的な文脈で行われた。彼は何回もシャープール一世に御前講義をし、一書を献じ、かつは伝説によれば帝王《シャー》の弟を改宗させたという。またサーサーン朝宮廷で彼はかのゾロアスター教の祭司カルティィールと出会い、対立するに至る。二人はそれぞれ国家権力をおのれの宗教に利用しようという大望を抱いていたのである。だが、勝ったのはカルティールであった。二七六年にバフラーム一世（在位二七三―二七六）の下で、カルティールの強い促しでマーニーは逮捕され、とうとう獄死してしまった。

だがもう一方では、マーニーとその追随者たちは最初からより大きな目標を定めていた。古代末期の、イスラームをも含めたあらゆる宗教の中で、マニ教は最も明確に普遍主義的であった。その普遍主義はすでに、かの預言者（マーニー）が自ら意識していた混淆主義《シンクレティズム》に明らかである。マーニーは次のように宣言している、「ときには叡智と偉大な行為は時代ごとに、人類に神の使徒たちによってもたらされる。それで、ある時代には叡智と偉大な行為は仏陀という使徒によってインドにもたらされ、別の時代にはザラードゥスト［ゾロアスター］によってペルシアに、また別の時代にはイエスによって西方へともたらされた。そしてこの私、マーニー、バビロンの地における真の神の使いという形をとって、啓示は下され、預言は現れた」。マーニーは自分のメッセージを、過去に神から下されたあらゆる啓示の完成であると宣したのである。「川が他の川に合流し別の強い流れを作るように、古い様々な書物は私の聖典のうちに加えられ、それらは以前の諸世代にはなかったような、偉大な真理を作り上げたのだ」。マニ教の布教師たちはイラン帝国の国境をはるかに越えてその教えを広めていった。それがどれほどにアピールしたかは、コプト語、トルコ語、中国語を含む、マニ教文献の翻訳を今に伝える様々な言語から推し量れよう。よく知られたように、ローマ帝国ではマニ教は潜勢的な宗教勢力であって、ときには聖アウグスティヌスにも強力な誘引力となった。かのヒッポの司教（アウグスティヌスの母は敬虔《けいけん》なキリスト教徒であったが、彼自身は青年時代マニ教の信徒となる。だが後にキリスト教徒となり、やがて北アフリカの都市ヒッポの司教となった）は後年マニ教信仰に対して、三世紀の異教徒《ペイガン》哲学者、リュコポリスのアレクサンドロスがしたように、反駁の論陣を張った。[✤71] その布教師は中世に至るまで中央アジアで盛んに活動し、一時は八世紀末から九世紀初頭にかけて、マーニーの信仰はウイグル・トルコ族の王国における公式の宗教になったのである。

しかしながら、遂には、その普遍主義とアピールにもかかわらず、マニ教は失敗した。そうなった理由の一つは、その宗教が、古代末期から近代にかけて中東を支配した大帝国のうちのどれとも恒常的に結びつきをもたなかったということがある。[72]マニ教のアピールが限られたものになったのは、信徒に厳格な要求が課されたためである。マニ教の共同体は「選良」と「聴聞者」という二つのグループに分かれていた。前者は極端に制限のある生活を送り、害を為し魂を陥れるような行為、つまり肉食とか、ことに性交と生殖活動からは守られていた。「聴聞者」たちは「選良」の厳格な禁欲主義に服することはなかったが、その一方では救済を、完全な、すぐに得られるものとして期待することはできなかった。ムスリムの著述家イブン・ナディーム（九三二／三六―九三七頃?―九九〇／九五／九八）によれば、「選良」の魂は死に際して、その起源である「光の庭園」へと戻るが、「聴聞者」たちは「夢でひどいものを見て、泥の中に跳び込んだ人のように世界の内に」留まると思うであろうし、それは彼の光と霊が救われ、「選良」に従い、その「移行期の」不確かさの長い時期が終わって己の上衣を着るまで続くであろう」ということである。[73]これによってマニ教の社会的な側面は、他の古代末期の普遍主義を唱える宗教と、ことにイスラームと対立することになる。イスラームではクルアーンは神の慈悲を主張することで、たとえ最も詰まらぬ者でも従うことができる救済の道を提供しているのである。このレヴェルではマニ教は、イスラームに対抗できず、またユダヤ教、キリスト教、ゾロアスター教と異なり、ついには完全に絶えてしまった。だがもう一方ではマニ教の失敗は、七世紀と八世紀の近東のイスラームの征服者の目にさえも、すぐには明らかにならなかった。マニ教は、やがて見るように、初期のムスリムの一部にさえアピールするものであった。そして初期のムスリムの論争家たちがおのれのラディカルな一神教をイラン系の二元論に対して擁護したときに、彼らの注意のほとんどを惹きつけたのは、サーサーン朝国家と結びついたゾロアスター教というよりは、心を強く揺さぶるマーニーの神話と混淆的《シンクレティック》な教えであった。[74]

### 異教《ペイガニズム》

異教は古代末期の最古の宗教伝統である。だが「異教」という用語の使用には、幾つもの理由から歴史家を気まずい《アンコンフォータブル》思いにさせる向きがある。まず、それはほとんど限りなく多様な歴史的信仰や実践を示すべく用いられるが、それらの多くは異教の現れとされる他の信仰とはいかなる意味においても結びつかない。ある見地では〔一つの決まった形の〕異教などというものはなかったが、様々な形の「異教」というものはあったし、それらの多くは地域の、また民族の共同体に深く根ざしたものであった。結果として、ある歴史家が最近、注意深く述べたように、「そのようなカテゴリーを受け入れると、そのカテゴリー自体を不正確なものにしてしまう」[75]のである。また次に言えることだが、その用語がもつ、論争を呼ぶ重層的意味合いは私たちを誤った方向へと向かわせるのだ。「異教徒《ペイガン》」という言葉自体は（もとは農村に住む人、もしくは無頼人を指したが）キリスト教徒たちが自分たちの宗教以外の信仰を奉ずる人、とりわけ古代の祭儀宗教を奉ずる人——彼らは地中海地方の都市がほとんどキリスト教化した後も農村地帯に細々と残存していた——を呼ぶために濫用した用語なのである。「異教」という用語には、アテナとかアポロンへの生け贄を捧げるギリシア人や、種々の動物の姿を纏った多くの神々を礼拝するエジプト人というイメージを想起させる傾向がある。疑いもなく、多神教《ポリセイズム》と様々な地域に土着化した神々への信仰と礼拝はおそらく古代末期を通じて、ことに一般の人々の間や農村的環境にあっては、異教的経験の一側面であった。しかし異教は、正確にいえば古代末期の異教の一部はホメロスやラムセスの宗教からは遠く離れてしまい、多くの点で、それを駆逐したキリスト教やイスラームの伝統とかなりのものを共有するようになった。

古代世界に生まれ相互に結びついた宗教的諸伝統と祭儀を特定するため、歴史家たちは用語上の曖昧さを認めつつも、「異教」という言葉に戻らざるをえない。それら宗教的伝統と祭儀は、自己意識を新たにもったキリスト教徒、ユダヤ教徒、ゾロアスター教徒の共同体と、また後にはムスリムの共同体と競争状態に入ったのである。そこでキリスト教のより明確な宗教的アイデンティティーに対抗して、リバニオスやローマ皇帝ユリアヌスなどの四世紀の異教徒たちは、自分たちは新しい宗教にさらに取って代わるものを、つまりもっと古い代替物を示さなければならないと思っていた。古代末期から中世初頭の異教擁護者たちの献身ぶりが反映するのは消え行く信仰への郷愁に満ちた憧れだけではない。

つまりその広がり、洗練、また普遍主義的な視点により、新しい一神教の偉業とヴィジョンの基礎を固め、また先駆けとなった伝統の真価を見出したことをも反映しているのだ。「人の住む世界を安定させ、都市を繁栄させた者は、異教徒の傑出した者たちや王たちでなければ誰であったのか」とサービア教徒のサービト・イブン・クッラ（八二六—九〇一）〔アッバース朝下のバグダードで活躍した偉大な数学者、天文学者、医学者〕は問うている。続けて「誰が秘密の学問を啓示されたのか？　託宣をお下しになり未来をお知らせになった神格が御姿を顕されたのは、最も有名な異教徒たちにでなかったとすれば、誰だったというのか？　……彼ら著名な異教徒は世界を正しい振る舞いと叡智で満たしたが、それらは美徳の主たる部分である。異教がもたらしたものなくしては、大地は空っぽになり貧しくなってしまい、欠乏という大いなる衣の中に包み込まれてしまうだろう」とも問い、語った。[76]

　世界的に見れば、まず否定できないのは、異教が新興の一神教の諸伝統との争いの状態にはまり込んでいたことであり、第二に異教は古代末期に世俗的には下り坂にあったことも確かである。一神教との競争の証拠はいたるところで目につくもので、例えばキリスト教を奉ずるローマ皇帝が異教の祭儀を社会の周辺部に追いやるとか、または抑圧することを狙った法律とか、あるいはキリスト教の聖人を「魔術師」や「鬼神《デーモン》」（この背後には、しばしば異教徒の聖者や地域に根づいた異教の神格の存在が見て取れる）と戦う者として描く民間説話などに見出されるのである。当時の異教の衰退を窺わせるものは、単に三世紀と七世紀の間のある時点で近東の住民の大部分が形式上、新しい信仰のいずれかに帰依していたという明白な事実だけではない。エジプトはその一例であり、その地での異教の衰退を示すものとして、神殿やその他の礼拝の場所や機会に行われる活動が衰えていったことが挙げられる。エジプトでは教団組織をとった異教は、すでにキリスト教が急速に広がるだいぶ前の四世紀の時点で問題を抱えていたが、これはキリスト教の拡大に起因するものではなく、恐らくは逆にその一因となったものである。女神イシスに関わる重要な祭りであるアメイシア祭は、確認される限り二五七年に最後に祝われたのだが、これはエジプト人の大部分がたとえ名目的にせよキリスト教に帰依するよりはだいぶ前のことである。この前にさえ、エジプトの神殿は何世紀もの間、建設、保存、装飾には欠くことのできない帝国当局からの財政援助を受けることができず、衰退しはじめていた。エジプトでは、祭司たちが明らかにエジプトの言葉を古代象形文字で読み書きする能力を失った事実がさらに状況を悪化させた。彼らは自らの異教的な宗教伝統から切り離された状態に置かれたのだ。上エジプトのフィラエという遠隔地の神殿を除いては、三世紀半ば以降、古代の神聖文字、または民衆文字の碑文は事実上見られなくなった[77]。

だが異教の闘いと衰退の物語はまだ終わらず、宗教上のアイデンティティーと発展の微妙な差異のある物語を覆い隠しかねない。異教がある時点で、エジプトやシリアやどこであれ住民が皆、形式上はユダヤ教徒やキリスト教徒、あるいは（後に）ムスリムとして自己認識するようになったという意味で「死んだ」のだというのなら、異教の実際の死とは長い間続いた出来事であって、イスラームが勃興したときにも決して終わっていなかった。異教的伝統が残存していた証拠は近東中に豊富に見られる。例えば最初期から東方キリスト教の最も重要な中心地の一つであったシリアのエデッサは、その信仰への強い帰依ゆえに異教徒皇帝ユリアヌスも避けたほどの都市であったが、そこでは六世紀の終わりでもいまだに異教の祭儀と供儀が行われていた[78]。イラクでは異教の組織的な祭儀宗教は、キリスト教の主教や修道士たちと熱狂的なゾロアスター教の祭司たち双方の敵意と迫害を受けて苦しんだのだが、異教の敵たちは六四〇年代から六五〇年代にムスリム・アラブが歴史の舞台に現れた頃にもまだ迫害の手を緩めなかったのである。ネストリオス派のある首座主教はムスリムの征服後まだほどない頃（かなりの数の地域住民がイスラームに改宗するだいぶ前のことでもあるが）、ベート・アラマイェ地区（下イラク）では異教徒の数がキリスト教徒よりも多いと愚痴をこぼしていた。またイラクで人間供儀が行われたという報告はたぶん慎重に扱うべきではあるが、その祭儀が八世紀に至るまで続いていたとされることは目を惹く[79]。エジプトでもまた、異教は神殿の衰退を乗り越え生き残った。キリスト教への活発な抵抗活動は、アレクサンドリアの哲学者たちと農村地帯双方に見られたのである。ある歴史家は五世紀に上エジプトの大半に深い心の傷を残した、完全なる宗教戦争を描写しているが、当時その地の農村全体ではキリスト教の影響は見られなかった。七世紀初頭になってやっと、主教たちは異教神殿が破壊され、偶像崇拝者たちが洗礼を受けたことを認めた[80]。ビザンツ帝国の心臓部においてさえも、首都コンスタンティノープルからほど遠からぬ西北小アジアで、あるキリスト教宣教師は六世紀半ばに何千人もの異教徒を改宗させ、その神殿を破壊したか教会へと転用したと申し立てている。ここでも同じように、形式的にキリスト教に改宗した人々は、多かれ少なかれこっそりと古来の神殿や祭壇を保持していたのだろうし、そこを夜な夜な訪れては夜陰に乗じてキリスト教以前の祭儀を行っていたのかもしれない。またビザンツの年代記記者テオファネス（七六〇頃—八一八）によれば、七一七年アラブ軍がペルガモンの町を包囲したときに、住民たちは自棄《やけ》になり魔術師とそのぎょっとさせる救済策にすがったという。彼に促されて人々は「臨月の女を連れてきてその体を引き裂いた。そして胎児を引き出して、鍋の中で煮た後に、戦う意志のある者たちは皆、おのれの右腕をこの厭うべき捧げ物の中に浸した」。だが、年代記記者は嫌悪の情に満ちて記しているが、この犠牲も甲斐なく「彼らは敵に引き渡された」のである。この話は事実ではなかったかもしれないが、年代記記者がさもあったかのように記したことが重要なのである。[81]

以上述べたことは単に異教が孤立した形で遺物のように生き延びていたという問題ではない。第一に、異教の問題は宗教と宗教的アイデンティティーが様々なレヴェルで体験されるということを思い起こさせるものである。例えばエジプトの農村における、ある異教徒の宗教的アイデンティティーは主要な神話に結びつき、それを基盤としていたのであるが、その神話とは古代エジプトの文学や、財政難にあえぐ神殿の祭儀の中で継承されてきた。だがそのアイデンティティーを創り出したものは差し迫った必要性（例えば病の治癒とか十分な収穫を確保するとか）でもあったし、その要求を満たしたのは単に比較的遠方の神殿の神官でなく、地域の聖者とか社《やしろ》とか物語とかであり、また地域の実力者が定めるか、執り行うかしていた宗教的な実践行為であった——それらは宗教的な権威が宿る場であり、神殿と結合していたより公的な制度のネットワークが解体してしまった後も生き延びることができた。[82]

次に、異教の信仰実践、価値観、未来への期待感は様々なやり方で、新しい宗教の時代における霊的生活《スピリチュアル・ライフ》や考えの枠組みの中に、主張を強めていった。例えばエジプトでは魔法とか託宣などが常に、異教やその地域的表出においてある重要な役割を果たしていたが、この伝統とそれらが掻き立てた未来への期待感はコプト・キリスト教という特徴的な信仰の形を作り上げたのだ。すなわちコプト文学ではしばしば聖人は呪い療法者とか千里眼とかの、つまり超能力を揮う者の役割を演じている。五世紀初頭のパラディオスによる『ラウソスの物語』のうち、聖者マカリオスを扱う一つの物語は示唆的だが、それは古代末期の資料が伝える物語の一典型でもあるからだ。あるエジプト人の男が（おそらくは異教徒の）呪い師に、惚れ込んだ女の気を惹くか、さもなければ女の夫に妻を追い出すよう仕向けるために、その力を求めて近づいた。そこで呪い師は魔法の呪文で、女が馬の形に変わってしまうようにした。夫はもちろんうろたえてキリスト教の聖人マカリオスの助けを求める。まずマカリオスはこの有様に苛立ちを隠さず、夫に向かって文句を言うことには、「お前たちは馬だ。お前たちは馬の目をしているから。お前の妻は人間の女で、思い違いをしている男の目に映る場合を除いてまったく変わっていないのだ」。だが同時にマカリオスは実際には逆の手順をとってみせた。つまり彼は「水を祝福して、それを彼女の露出した肌に頭から浴びせて、ちゃんと女に見えるようにした」、そして予防のために彼女に聖餐式に規則正しく与《あずか》ることを課したのである。[83]

　右のパラディオスが伝える話が示唆するように、民衆の心のうちではキリスト教と異教の間の競争はだいたいが力比べとして映った。だが民間信仰として表出する心性構造の深いレヴェルにあっては、その変化は当然、もっとゆっくりと進んでいった。そのレヴェルでは異教徒はキリスト教徒、ユダヤ教徒、他の宗教の信徒とある種の前提となる考え、つまり不可視の世界についての信心とそれに結びついた実践行為を共有していたのであり、我々は（多かれ少なかれ）それらを「宗教的なもの」として捉えるのである。具体的には、鬼神《デーモン》へ向けられた信心であったり、ある霊的な才能に恵まれた人々が鬼神に対抗し抑える能力への信心であったのかもしれない。一例を挙げれば、メソポタミアで七世紀初頭にあるキリスト教助祭の義理の妹が義兄の気を惹こうとして異教の呪い師たちに助けを求めたことがある。呪い師たちの指示に従って、彼女は全身油を浴びて、「彼のうちに溶鉱炉の燃える火のごとく、彼女への愛の炎を燃え広がらせた」のだが、その愛の炎は聖者が手ずから油で助祭を清めることでようやく消し止められたのだ。[84] このように、たとえユダヤ教のラビたちやキリスト教の司祭たちが魔術師たちや彼らの顧客を不信と恐怖の念をもって見ていたとしても、「魔術圏」というものは、古代末期では男性にも女性にも、はっきりと「宗教圏」から区別されていたようには見えなかったのである。[85]また宗教組織の権威筋が魔術というものに不安に感じていたのはある意味で正しかった。キリスト教徒、ユダヤ教徒、その他の宗教信徒に共通の魔術的なものは古代世界の異教に多くを負っていたのである。とはつまり異教《ペイガン》の男女の神々はしばしば、その活動を魔術師が抑え制御しようとした鬼神や精霊に姿を変えて生き延びたからである。例えばユダヤ教の呪文が記されたメソポタミア出土の碗が幾つか残っているが、それらは鬼神たちの邪悪な力が及ぶのを跳ね返そうとしたもので、そのうちにはイシュタル――その地域の有力な女神の名である――が確認できる。[86]またもちろん古代メソポタミア宗教の占星術への熱中は、中世のムスリム、キリスト教徒、ユダヤ教徒たちの間で、長く生きながらえた。

レトリック上の敵意やそれに伴う暴力の高まりや迫害に伴う形式的な信仰告白の強調に反して――これらはイスラームが受け継いだ世界に深い痕跡を残しはしたが――、宗教伝統間の対話は古代の終焉期を通じて継続した。異教は十分に対話に参加し、それを通じて実質的かつ巧妙な方法で、後世の人々の宗教生活に貢献したのである。だがキリスト教のような他の宗教も主教たちなどが主張するよりは風通しがよかった。幾つかの例では、異教はヘレニズムの形をとって未来への活路を見出している。最近の研究は古代末期の近東でヘレニズム化した都市と非ギリシア的な（例えばシリアの、またはコプトの）農村地帯との隔たりを最小に見積もる傾向があり、またいかにヘレニズムが社会のあらゆる層に浸透し、共通の文化的な日常言語をもたらしたかを強調してきた。[87]異教とヘレニズムとの結びつきは、「ヘレニスモス（Hellenismos）」〔「ヘレニズム」のギリシア語形〕は古代末期のテクストでは「異教」そのものを意味するという事実に反映されており、この点は異教徒皇帝〔「背教者」〕ユリアヌスがすすんでギリシア語話者のキリスト教徒に思い起こさせたことだ。[88]そこで異教とキリスト教の間の宗教上の相違は驚くべき類似点によって和らげられた。キリスト教徒には三位一体論があるが、異教徒たちの一部にも同様の信仰があった。例えばシリアのハウラーンでは、その一柱が「神人」を意味することで有名な三柱一組の神々を崇拝する人々がいた。[89] 聖性とはある種の人々を普通の一群の人々から区別する超自然的な資質だが、キリスト教徒の聖人のもつ性質であり、また少なくとも弟子たちの記憶のかぎりでは古代末期の哲学者たちの一部がもち合わせていた性質でもあった。[90] ある長大な五世紀のエジプトの詩にはディオニュソスについて「我らの主バッコスは、死せる人間たちの涙に終わりをもたらさんとして、涙を流し給う」とあるが、それは「ギリシア異教の詩ではキリスト教時代以前には書かれなかったであろう」一行なのである。[91] 他方、キリスト教徒の墳墓にある、ギリシア神話からの情景を描いたフレスコ画や、熱心なキリスト教徒であった皇帝テオドシウス二世（在位四〇八—四五〇）をアキレウス、アガメムノン、オデュッセウスに譬《たと》えた讃辞は、キリスト教徒の芸術家や著述家、大衆の受け手たちが、異教時代の過去の文化遺産に対してまったく寛いだ気持ちでいたことを物語っている。[92] この影響の正確な方向性は必ずしも重要な問題ではない。重要なことは古代末期の長期にわたった宗教的な対話が様々な宗教的伝統と関わっていたということであり、異教は包囲網の中にはあったが、まだ臨終の言葉は口にしていなかったということである。

# 第3章
# イスラーム以前のアラビア

肥沃な三日月地帯の南側には、その名を住民であるアラブから取った半島が広がっている。アラビアはムスリム史料が物語るように預言者ムハンマドが生涯を送った舞台であり、そのため近東の歴史の展開に興味を抱く人々の特別な注目を集めている。だがまずは二つ警告を心に留めておくべきである。第一にアラビアとその住民および文化との結びつき、また他方ではアラビアとイスラームとの結びつきはそれぞれ問題を孕むものである。現在我々が「イスラーム」と認識する宗教的伝統はアラビア的な文脈で始まったのだろうし、まさにそれが様々な理由からその宗教の発展の中心でありつづけた――例えばその理由として、聖典クルアーンが半島の住民の言語であるアラビア語で書かれているという事実、または後にムスリムがムハンマドとその教友たちに、「正しい」イスラーム的生活を定めるにあたり付与した重要性などがある。だがイスラームの伝承が伝えているように、イスラームとはアラビア半島が「生み出したもの」と考えるのは妥当であろうか？　確かにイスラーム世界の人口と文化の重心は急速にアラビア半島から他所へと移ってしまったのである。また、たとえアラビアが誕生の地という認識が重要であるとしても、それは正確にはどのようなことなのか？　例えばアラビアは、六世紀ないしは七世紀に近東の他地域のより大きな文化的・宗教的パターンにどの程度統合されていたのだろうか？　アラビアはイスラームが始まった場所であろうが、異論の余地はあるにせよ恐らく、その次に起こったイスラーム・アイデンティティーの明確化により決定的な役割を果たしたのは、最も人口が稠密であったエジプトからイランに至る近東の他地域の文化と伝統であった。

また第二には、前イスラーム時代のアラビア社会の再構成にいま、利用しうる史料は大きな確信を与えるものではない。ムスリムたちはその時代をジャーヒリーヤ（Jahiliyah）、つまりクルアーンの啓示以前の「無明の時代」と呼んでいる。この呼称は、神学的というより歴史的な観点から、ムスリムたちが考えるのとはまったく違った理由のためではあるにせよ、ふさわしいものである。前イスラーム期とムハンマドの生涯が展開した時代に関するムスリム史料の大多数は、比較的後の時代のもので、それらが述べ伝えようとしている出来事より一世紀半か、さらに以後に書かれたものである（それらはもちろん、少なくとも部分的には、より早い時期に口承で流布していた資料に基づいている）。最近では、伝統的な前イスラーム期およびイスラーム初期のアラビア半島社会像に――その多くがそのような後代のムスリム史料に依拠したものであるが――深刻な疑いを投げかけている学者も少なくない。ムスリム史料について問題となることは、つまるところ、それらは後代起こった論争に決着をつけ、イスラーム版の救済史《ハイルスゲシヒテ》を後から正当化するために、ムスリムたちが繋ぎ合わせて利用したものであり、歴史的に正確であるものというより、後代のムスリムたちが回想したいものを反映しているということである。[✤1] 後の章では史料の問題を詳しく論ずるが、今の時点で読者諸氏にご理解いただきたいのは、イスラームの起源について通常なされている叙述は史料的価値が疑わしい文献の上に成立しているということである。

これらの警告を頭に置いた上で我々は、イスラーム登場の数十年前のアラビアにおける宗教的な諸条件とその社会的・政治的背景について、あるいは少なくとも史料のこれら諸条件の描き方について何を語りうるのだろうか？　そこはユダヤ教、キリスト教、ゾロアスター教、マニ教、そして残存した異教《ペイガニズム》が信徒を求め、かつ権威を得ようと相争っていたエジプト、肥沃な三日月地帯、イランなどとは大いに異なる世界であった。半島の多くの部分が砂漠からなるという否定できない事実は、ことにベドウィン〔遊牧民〕が支配する地域で、他の地域とは根底から異なる社会的かつ政治的原動力を生み出した。その地域はローマとかサーサーン朝帝国などの中央集権化した領域国家が手を及ぼしうる明らかな勢力圏の外にあり、また幾らかの限られた場所を別にすれば、その土地生え抜きの、永続的な政治制度の伝統を欠いてもいた。この世界では、社会的アイデンティティーは（真のものであれ架空のものであれ）親族関係に基づくパターンの上に乗っていた。同じように、その地では政治的権威が集中していたのは、親族グループ、つまり特定の家系の成員――戦功を挙げたり祭儀の場所を管理したりすることで、ある種の「高貴性」（シャラフ＝sharaf）を獲得した者たち――、さらに諸部族や氏族が一時的に結んだ同盟関係であって、個人や制度ではなかった。ことに尊敬を受けていた人物はハカム（hakam）という仲裁者として、その指導の下に個人や部族のライヴァル間の反目を解消すべく合意を通じて選ばれ、一時的に限られた権威を授けられたのである。また社会を繋ぎとめるのにより効果があったのは血の復讐であって、それは遊牧生活の無秩序性を現実的な抑制の下に置き、その地方特有の暴力を制限した。[2]

確かなのは、アラビアのすべてが砂漠でなく、すべてのアラブがベドウィンではなかったということである。アラビア半島の環境は実際に多様であり、近東の北方地域と同じほど、性格的に多様な社会を生み出した。少なくともアラビアの一角は、肥沃な三日月地帯の文明と劣らぬほどの農業に依拠する都市化した文明を支えたのである。現代のイエメンにあたる半島の南西の一部はアラビア・フェリクス（Arabia Felix）、「豊潤な」または「幸福なアラビア」であり、（半島の他の地域とは異なり）かなりの降雨があり植物が繁茂する土地であった。イスラーム勃興以前の数世紀間は、そのような環境的条件と農業・交易経済は（地中海からインドと東アフリカ双方へ抜ける航海ルート上の戦略的ポイントに位置していたが）、中部アラビアよりも、近東の他の地域に類する物質文化や政治的伝統を支えたのだった。またその宗教的状況は半島におけるすべての地域とは、際立って異なっていた。アラビア全体では、真の遊牧民は全人口の一部にすぎず、イエメンの外にさえ多かれ少なかれ定住集落は見ることができた。その集落のうちの幾つかは大きく、その中にイスラーム共同体が最初に形成されたヤスリブという農業オアシスもあり、ムハンマドが誕生し前半生を過ごしたマッカ〔メッカ〕といった、より農業生産が限られた中心的都市もあった。だがそこにおいてさえ、ベドウィンと定住地域の住民は経済と文化という二つの絆で、ことに独特なパターンの親族紐帯によって結ばれていた。[3] 預言者のスィーラ（sīra＝伝記）は幼い頃のムハンマドがベドウィン女性の乳母に預けられたとしているが、この物語は、文字通り本当であるかどうかはともかく、アラビア半島の多様な社会グループを結びつける共生の関係を示しているのである。[4]

もしも以上のことが前イスラーム期のアラビアの大部分における社会的・政治的条件を叙述しているとすれば、そこでは明らかには「宗教」は、北方の定住化が進みししだいに都市化していった社会で意味するものとは異なるものだったようである。そこでは数多くの神々が存在していた。だが後に見るように、一神教でさえイスラーム到来のだいぶ前にアラビアに足跡を残していた。アラブは近東の他地域の住民と同じく、超自然的な存在に満たされた世界に住んでおり、それらの存在にはもちろん神々がいたが、雑多などこにでもいる精霊（ジン＝jinn）の姿をとるものもいた。だがその社会の道徳上の秩序は、超自然的な起源の枠組みよりは、その困難な環境下で送る社会生活上の必要性から生じる関係に依拠することが多かった。古代末期にあった、宗教的アイデンティティーを公に表明することへのこだわりはベドウィンにとって、認識できたとしても、理解不可能に見えたにちがいない。宗教とは抽象的な教義や原理というよりは、例えば神が見失った駱駝《ラクダ》などを探すのを助けてくれるのか、というような直接的で現実的なものであった（このような「実際的な」懸念は、もちろん、近東のより「洗練された」地域のほとんどの人々の宗教的経験には相容れぬものではなかった）。さらに、宗教上の権威と政治上の権威の同一視《アイデンティフィケイション》は、肥沃な三日月地帯とアラビア北部の定住的かつ都市的な地域の社会ではしだいに強まっていたが、半島中央部の国家を欠いた状態では考えも及ばぬことだった。

前イスラーム期のアラビアで支配的な宗教伝統は多神教的であり続けたが、それについて確実に知ることができるものはほとんどない。アラビアの宗教の特性と起源については宗教史家の間で多くの議論がなされてきた。例えばそれは「原始的な」形のセム的宗教なのか、または肥沃な三日月地帯のより洗練された伝統が頽落した形の信仰なのかという問題である（後者はムスリムの伝承に対応しており、それによればムハンマドの役割はアブラハムに結びつく原初的な一神教を復興することであった）。またアラブの間では聖石信仰が行われていた跡があるが、ムハンマドの時代までには様々な神のほとんどは顔と人格をもつようになっていた。何百ものアラビアの神々はムスリム史料から知られるが、そのうち最も目立つ存在はアラブが「アッラーの娘たち」――マナート（Manāt）、アッラート Allāt）、ウッザー（al-ʿUzzā）――と同一視した女神たちであった。それらは三柱一組《トリニティー》をなし、後代のムスリムの伝承によればムハンマドの出身部族クライシュでは特別な地位を与えられ、イスラーム到来の頃にはその同盟者として位置づけられ、かつはクルアーンでも特に（曖昧な形ではあるが）言及されているのである。[5] それら特定の神々の背後に、アラブはたぶんアッラーもいることに気づいてはいただろう。ある人々にとってアッラーはおそらくセム系の神エル（El）に結びつくような、はるか彼方の創造神にあたっていたのであろう。また西洋の学者の中には、（これもある意味、イスラームにおける伝統的な記述に似ているが）アッラーは、より特殊化し地域化した神々がその領分を浸食していく「暇な神《デウス・オティオスス》」にあたると示唆する人たちもいる。[6] アッラーは、イスラームにおける伝統ではマッカのカアバ神殿に結びついているにもかかわらず、見たところ宗教祭儀ではほとんど役割を演じてはいない。当時の宗教生活は、形を変えてイスラームの中に残った犠牲の儀式とか神殿への巡礼など数多くの慣習を中心に営まれていた。そこでしばしば、それら神殿のうち最も重要なものはマッカのカアバを中心にしたものであったと、またそれは広く前イスラーム期のアラブの間で共通の巡礼祭儀の目的地であったと推測されてきた。イスラームの伝統的な物語によれば、この祭儀はムハンマドが属していたクライシュ族が執り仕切っていたのであり、彼らはその役割ゆえに前イスラーム期のアラブの間で特別の、特権的な地位を得ていたのだという。だが最近、伝統的なイスラーム起源譚の多くにおいて重要な部分をなすこの物語さえも歴史的にその信憑性は疑わしいと指摘されたのである。[7]

　実は前イスラーム期のアラビアの宗教に関して、自信をもって多くを語ることは難しいのである。だが状況は完全に絶望的なものではないかもしれない。我々がイスラームの勃興を理解せねばならないとすれば、アラブが置かれた特定の状況を超えて、近東という、また古代末期の文化的かつ宗教的なパターンという、より広大な世界にある彼らの位置を考慮することで何か言うことができるかもしれない。

実際に半島のアラブを近東の国家や宗教に結びつける繋がりは広範囲にわたっていた。西洋の学界が主として論じて来たところでは、その最も重要な繋がりは商業に基づくものであった。それによればアラブは、ことにムハンマド自身の部族であるクライシュ族は、ローマ世界と東方を繋ぐ中継貿易で重要な役割を果たしてきた。その中継貿易の宗教的重要性とは第一に、それが社会的な変化をもたらし、マッカはクルアーンの啓示の背景をなす場所であるが、そこにおける緊張関係を生み出したことであり、第二には商業的な接触はこれまでも広範囲に及ぶ文化的・宗教的交換活動を可能としたということである。[8] この理解も、多くの伝統的な叙述と同様にいまや受け入れがたいものである。[9] しかしながら、イスラームに至るまでのアラビア宗教史は、古代末期における近東の宗教という、より大きな物語に結びついており、七世紀のムスリムによる大征服はアラビアと近東の他地域の繋がりが文化的、宗教的、政治的に緊密化していった、さらに長い過程の一部をなすと見ることができる。[10]

アラブと近東他地域との接触は、ことにヘレニズムおよびローマ支配期の近東で強く、また密であった。[11] 肥沃な三日月地帯を古代末期以前から満たしていたヘレニズムは、イエメンからメソポタミア、また近東北部の要所に至る古代の貿易ルートを跨ぐかっこうで、アラビア半島内陸のファーウにまで達していたが、そこは現在の地理ではサウディ・アラビアの近代都市リヤードの七〇〇キロ南西に、また重要な都市ナジュラーンの一八〇キロ北東に位置している。ここでは考古学的な証拠は「まったくアラブ的な社会」にありながら強いヘレニズムの痕跡を示し、その中には顕著なヘレニズム趣味の壁画やギリシア化したエジプトの神ハルポクラテスとかおそらくはミネルウァであろう彫像が見られる。[12] さらに北へ向かえば、肥沃な三日月地帯との境界沿いでは、内陸アラブと、主にアラム語の話者であったシリアの住民との間の人間や思想の交流は何世紀にもわたり、日常生活の一部であった。そのような交流は宗教的な事柄に触れることもあり、それはローマ帝国が広くキリスト教化した後にはより自覚的なものとなった。キュロスのテオドレトス（四五八頃歿）主教は、柱頭行者シメオン（三九〇頃—四五九）の生涯を物語りつつ、アラブが「一時に二〇〇人も三〇〇人も、時には一〇〇〇人もの集団で」彼を訪れ、聖人の敬虔さに感動して、彼らの「祖先の過ち」を捨て、偶像を打ち砕き、礼拝していた「アフロディテ」の「性的狂騒」——アフロディテとはアラブの女神アッラートかウッザーだろう——を放棄したと記している。[13] 定住地域から砂漠を行き来する人々の動きはもちろん、潜在的な不安定性を作り出し、またローマ人たちはあの手この手で境界のすぐ向こう側にいる、大勢のアラブをコントロールしようとした。アウグストゥスからユスティニアヌスの時代に至るまで何度も行われたローマの軍事遠征は、帝国が恒常的な軍事的・政治的地歩を築くことは決してなかったにせよ、南アラビアにまで及んだのである。シリアから南へアカバ湾にかけての線上にローマの城塞が点在しているが、これはローマ人がアラブのもたらす潜在的な軍事的脅威に懸念を抱いていたこと、またアラブはいつの日かシリアから得るものは新しい宗教的な思想や形態にとどまらないと危惧していた——後に実現したことを見れば予言的であった——ことの証左となるものだ。[14] ローマ人が用いたもう一つの戦術はアラブの何部族かを帝国軍との「連合の相手」、また同盟者として組み込むというものだったが、実際には文化的な交流のレヴェルを高め、アラブの間にキリスト教を広めるのに一役買った。[15] 彼らのうちで主役を務めたのはガッサーン族で、六世紀にはビザンツ領シリアと、部族民のアラビアとイランと同盟していた同様のアラブ王国（ラフム王国）との間にある緩衝地域の王国を支配していた。

ガッサーン朝の例はその詳細を見ておく価値がある。彼らの経験は、アラビアが近東圏とその政治と宗教の関係性に引き込まれた複雑な歴史的条件を反映している。地理的かつ文化的にいって、ガッサーン朝はローマとアラビアという二つの世界に跨っていた。例えば、ガッサーン朝の支配者はアラブであり、彼らはベドウィンたちと、前イスラーム期のアラビア文化に顕著であった詩歌への熱狂を共有しており、かの有名なアラブの詩人で頌歌も書いたハッサーン・イブン・サービト（六七三頃歿？）もその時期にガッサーン朝を訪れ王たちに詩歌を吟じた一人であった。しかし遅くとも六世紀前半までにはガッサーン朝はキリスト教徒になってもいた。彼らは六世紀中にはアラビアのキリスト教の主要拠点となっていたナジュラーンなどの都市への宣教を活発に支援するなど、アラビア半島の南方にかけてキリスト教化に貢献したのであった。[16]その一方、彼らのキリスト教は単性論派のそれであり、彼らをカルケドン派信仰の帝国に結びつけていたのはエジプト人やシリア人が感じたのと同様の愛憎相半ば《アンビヴァレンス》する想いを伴う紐帯であった。ガッサーン朝はローマの同盟者であって、アラビアとサーサーン朝との境界におけるローマの利益のために働いてきた。だがビザンツ人が抱いていた単性論への疑いは、六世紀後半に彼らをしてガッサーン朝の二人の王を逮捕するに至らしめ、ために帝国と服属するアラブ系同盟者との繋がりは、七世紀初頭の荒廃をもたらしたサーサーン朝の侵入の前夜には、ひどく緊張したものになった。[17]緊張はさらに募り、ムスリムの大征服間際には、テオファネスによればパレスチナにいたあるローマ人士官は俸給を求めるアラブの兵士の訴えを退け、彼らを追い出し「犬ども」と呼んで侮辱したのである。[18]

もっと一般的に言えば、前イスラーム期のアラビアにおけるキリスト教の状況は緊張を孕んだものだった。キリスト教徒のローマ皇帝はアラブを自分たちの勢力下に引き込もうと意識的に努力していた。コンスタンティウス二世（在位三三七—三六一）は例えば、四世紀半ばに主教テオフィルス・インドゥスを南アラビア人の改宗のために派遣した。彼の宣教活動は成功を収めなかったが、この派遣という出来事自体、〔当時〕アラビアは宗教的、戦略的、交易上の利害が交錯する場であるという理解があったことをすでに示唆している。つまりその地域は、一部はローマ商人の活動を通してローマ人に知られていたし、テオフィルスの使節も、その地域へのサーサーン朝の関心が投げかけた戦略上の脅威をコンスタンティウスが重く見たことに幾分かは鼓舞されていた。[19]ローマのアラビアへの関心は古代末期の終焉期を通じて継続したのである。ムスリム歴史家のタバリー（八三九—九二三）の話はこのような関心を示す興味深い例の一つを伝えており、ビザンツの職人たち、石工やモザイク画家たちが大理石やコンスタンティノープルから輸送されたモザイクを使って、イエメンの町サヌアでの教会建設を手助けしたという。[20]そのような様々の例は、アラビアが古代末期の終わりには宗教上の競合関係が大きく渦巻く場であったこと、またその競合ではローマ人たちは最善を尽くして戦っていたことを示している。しかし概して、アラブは意識的に、帝国と緊密に結びついたキリスト教信仰の形態（つまりカルケドン派）を避けていたように思われる。東アラビアではキリスト教は例えばヤマーマのオアシスや——そこからムハンマドのライヴァル、ムサイリマが現れたが——、バヌー・ハニーファ〔ハニーファ族〕などの諸部族の間に地歩を占めていた。アラビア半島でのキリスト教は、主にサーサーン朝イラクとの境界上にある重要なアラブの入植地、ヒーラ（al-Ḥīrah）から将来され、それは傾向としてはネストリオス派的なものであった。[21] これとは対照的であるが、ガッサーン族とナジュラーンでは単性論派のキリスト教が有力であった。他のアラブのグループもキリスト教化されたのかもしれないが、それはただ部分的か不完全なものにとどまった。このことはクルアーンそれ自体に反映されているのであろう。クルアーンは「おおマルヤム〔マリア〕の子イーサー〔イエス〕よ、お前は『私と我が母親をアッラーに次ぐ神と認めよ』と人々に言ったのか」（第五章：一一六節）と述べており、アラブの中には三位一体は神とイエスとマリアから成ると理解している人たちがいたと示唆している。ムハンマド自身がキリスト教の三位一体論をこのように理解していたかどうかはともかく、アラブにはキリスト教の教義の内容については、せいぜいのところ、ひどく希釈化した概念しかもっていなかった者たちがいたのである。[22]

さらにその状況を複雑にしたのは、キリスト教はアラビア半島に利害関係をもつ、唯一の近東宗教ではなかったということである。そこには重要なユダヤ教の共同体があり、おそらくより大きく、ずっとよく組織されていた。その共同体成立の伝説はヤスリブのユダヤ教徒部族の起源については、すでにヒジャーズに定着していたと伝えられるアマレク人を排除するためにモーセが遣わした祭司部族とか、ローマによる第二神殿破壊を逃れて来たユダヤ教徒たちに帰し、またイエメンのユダヤ共同体の起源をソロモンとシェバの女王が結ばれたことに帰している。歴史的に見て、ユダヤ教徒が一世紀から二世紀のパレスチナにおける反乱鎮圧の後にアラビアに逃れて来たこと、また彼らの数が改宗勧誘や自発的改宗によって、個人単位であれ、（アラビア的文脈ではより普通のことだが）親族集団全体によってであれ、増加したというのはありえたことである。[23] 四世紀の中頃までには、コンスタンティウスが遣わした使節テオフィルスが記しているが、南アラビアには大きなユダヤ教徒の共同体が成立していた。イスラームの勃興期までには、ユダヤ教徒たちは元の出身がどうであれ、まったくアラブ化して居住地のアラブ社会に統合されていたのである。つまり彼らはアラビア語を（ときに特殊なユダヤ・アラビア語の方言であったりしたが）話し、アラビア語名をもっていた。また商人、学者、ベドウィン、職人など様々な生業に就いて生活していた。ユダヤ教徒はまた詩人たちを輩出したが、彼らは完全に伝統的なベドウィンのスタイルで頌詩を作っていたのである。[24]

キリスト教はもちろんのこと、ユダヤ教共同体の手によってもアラビアは近東の宗教的発展の舞台へと引きずり込まれたのである。アラビアのユダヤ教徒はアラブ化されたが、近東のいたるところにいる信仰上の兄弟たちとの交流が断たれることはなかった。クルアーンはまたラッバーニーユーン（rabbāniyūn）とかアフバール（aḥbār）〔いずれも「教師」、「学者」の意味。クルアーン第五章四四節、六三節参照〕といった術語を用いるが、それらは西アラビアにはある種のラビたちの組織が存在していたことを恐らく示唆しており、たぶん、パレスチナやイラクで形を成していった古代末期のユダヤ教との繋がりをも示している。さらにまた、ミシュナー（mishnā：二〇〇年頃に編纂されたユダヤ法伝承の集成）自体が近東のラビたちの側でもアラビアのユダヤ教徒たちが置かれた状況と問題に気づいていたことを示している。[25] アラビアの一部のユダヤ教徒にとっては、政治的な繋がりはイランとのものであった。六世紀後半には、砂漠のアラブたちとの関係を統括するサーサーン朝の役人がヤスリブのユダヤ教徒主要部族の成員を一人選んで、そのオアシスにおける代理人として、税金もしくは貢納を集めることを請け負わせた例がある。[26]

アラビアにおけるユダヤ教とキリスト教の活動はローマとサーサーン朝両帝国間の抗争や古代末期の近東の様々な宗教的伝統間の競合関係という背景に照らして見てみる必要がある。これに関して特に示唆に富む例は南アラビアのヒムヤル王国の君主ズー・ヌワース（在位四八七―五二五）のそれである。彼は六世紀初めにユダヤ教に改宗し、伝えられたところでは、ことにナジュラーンでは、その地のユダヤ教会堂《シナゴーグ》が焼かれたことに報復するなどキリスト教徒への攻撃と迫害を指揮した。彼のユダヤ教信仰は興味深いものである。というのもまずそのことが示唆することは、同地域においてユダヤ教への改宗勧誘《プロセリイタイゼイション》が行われていた可能性とイランとの繋がりからである。なぜならあるシリア語資料によれば、ズー・ヌワースの母親はサーサーン朝帝国領内のメソポタミアのニシビス出身であったという。また彼によるナジュラーンやその他の場所でのキリスト教徒の迫害は、キリスト教徒がいるという政治的意味を懸念したことに促されたものである。そこのキリスト教徒は、単性論派であったが、ビザンツ皇帝との繋がりを保っていたからである。ともあれ、そのキリスト教徒迫害は皇帝ユスティニアヌスをしてアクスムのエチオピア王国の君主――彼も〔またもや単性論派であったが〕キリスト教徒であった――を促して南アラビアに介入させた。そしてエチオピア遠征軍はズー・ヌワースを撃破し、戦死させ、半世紀もの間その地を占領した。重要なことはその占領はサーサーン朝が六世紀後半に力づくで終結させるまで続いたということである。[27]

イランの諸宗教もまたアラビアにおのれの存在感を誇示した。ゾロアスター教がアラブによく知られていたのは、サーサーン朝軍がペルシア湾と南アラビアに駐屯していたためであり、またナジュドの鉱山にイラン人植民者が建立した二つの寺院や、イラクとヒジャーズの間の商業的、政治的な繋がりのためであった。それに一部のアラブは、少なくともアラビア半島の北東部に住むタミーム部族はこのイランの民族宗教に改宗しさえしている。[28]様々な初期の史料においては、クライシュ族の中で「ザンダカ」（Zandaqa）〔マニ教などイラン的二元論を指す〕に帰依した人物への言及が見られ、少なくとも何人かのマッカ市民がある種のイラン的二元論の宗教を受け入れたことを示していると考えられる。「ザンダカ」という言葉はアラビア語へ中世ペルシア語〔四世紀から七世紀のサーサーン朝時代に使われていたペルシア語。パフラヴィー語ともいう〕から入ってきたが、そこ〔後者〕ではマニ教のことを意味するのである。「ザンダカ」をこの文脈では「マズダク教」と訳す別の解釈もあるにせよ、[29]マニ教徒がマッカに住んでいた可能性は高い。より一般的に言えば、最も顕著な例として「フィルダウス」（firdaws：パラダイス）に見られるように、アラビアではイラン的な宗教概念がクルアーンにおけるペルシア語からの借用語の形で人口に膾炙《かいしゃ》していたのは明白である。これらからすると七世紀の大征服以降、広範囲に及ぶイラン文明のイスラームへの影響は実際にはアラブにおけるずっと古い潮流が継続したものなのかもしれない。[30]

このように様々な経路から、アラブたちは古代末期の近東を特徴づける諸宗教と政治勢力が争い合う坩堝《るつぼ》の中に引き込まれていった。ローマとサーサーン朝という二大帝国の勢力、あるいはキリスト教、ユダヤ教、ゾロアスター教がアラビア半島に浸透したことは一時的なものであったし、またその意味するところと結果は曖昧模糊としている。例えばアラビア系ユダヤ教徒であることには何の意味があるのか？　ズー・ヌワースにとって、そのことは明らかにキリスト教とローマとの抗争を伴うものであり、またおそらくは、サーサーン朝と利害関係を合わせることをも含意していたのである。同朝自体が古代末期には最も活気のある、最大のユダヤ教共同体を擁する国だったのだ。アラブのキリスト教徒にとっても、状況は同じく混乱したものであった。彼らの宗教的アイデンティティーは外部のキリスト教勢力との同盟関係に結びついたかもしれないが、他方でこれらキリスト教徒のアラブ人の間で単性論とネストリオス主義が優勢であったことは、彼らがその地域で支配的であったキリスト教勢力、つまりローマの利害とおのれの同一視を制限したにちがいない[31]。

ハニーフィーヤ（ḥanīfiyya）〔アラブにおいて独自に展開したとされる一神教〕の問題もこの曖昧な背景に照らして考えねばならない。初期のアラビア語史料はクルアーンも含めて、フナファー（ḥunafāʾ：単数形ハニーフ ḥanīf。彼らが実践する宗教がハニーフィーヤ）と言われる人々に言及し、彼らがユダヤ教でもキリスト教でもないものの、アブラハム〔アラビア語ではイブラーヒーム〕に一般に結びつけられる一神教信仰を公言していたことを示唆している。イスラームの伝承によればムハンマド自身は自分の使命を、アラブの間で時とともに変質し忘れられた一神教的信仰の復興にあると見ていた。このようなフナファーがどれほど重要であったかについて盛んに議論されてきたが、今の我々の目的にとっては、次の二点が刮目《かつもく》に値する。第一に、もしもある種の漠然とした一神教（つまり特にユダヤ教とかキリスト教というわけではなく）を信じていた人々がいたとすれば、彼らの存在は、ムハンマドの同時代に自ら預言者であると主張していたアラビア半島の人々と並んで、アラビア社会における宗教的状況の沸騰や混乱の程度を反映しているのであろう。換言すれば、ムハンマドが説いた宗教的なメッセージはその源が何であれ、すでに進行中の宗教的発展への応答であった。第二点目はこの現象をいささか異なった形で解釈するものである。フナファーの教義や信仰実践の正確な形態について言えば、それらは非常に曖昧なものではあるが、たぶん信仰者たちが「アブラハムの宗教」(dīn Ibrāhīm)とみなしたものの信奉を含んでいるのだ。それは〔具体的には〕カアバ神殿の聖性を重んずること(これもアブラハムに結びつけられる)、または割礼といった「アブラハム的な」信仰実践のことである。ある研究者たちは、フナファーは一部のアラブのユダヤ教やキリスト教から独立した一神教信仰をもつことへの憧れや、その民族的または政治的感情の問題を反映していると示唆してきた。[32]そのような解釈は不可能ではないが、いささか目的論的なもので、最終的な結果――つまり初期の諸宗教とは別個の、ことにアラビア的な一神教としてのイスラーム――が初めから存在していたか、少なくとも予見されていたことを想定している。その時代と土地という文脈においては、アブラハムとの繋がりはむしろ、アラブたちに近東の他の宗教的伝統との結びつきをもたらすものであった。というのも、アラブはその息子イシュマエル〔アラビア語ではイスマーイール〕を通してかのヘブライ人の父祖〔アブラハム〕の子孫になるのだという考え方は近東の他の民族はもちろん、アラブにも広く流布していたのであり、その繋がりはムハンマドが説いた新しい宗教的メッセージに信用を与えたのであるから。[33]この光に照らして見れば、ハニーフィーヤという現象は、イスラームの起源はアラビア的な歴史環境にあってさえも優れて近東全体を包括する広大な宗教的パターンの一部であったことをいま一度示唆するものなのかもしれない。

# 第4章
# 七世紀初頭

七世紀のイスラーム国家とその後の帝国の勃興に関する、歴史の叙述がおしなべて強調することは、その例を見ない性格、つまりムスリムのアラブが突如登場したこと、予想外の彼らの成功などである——まさしくそれをマーシャル・ホジソンは「偉大なる文明の中で、並ぶものなき文化的連続性の断絶」と呼んだ。[1] ムスリムの成功を説明する諸モデルは——少なくとも、アラブを駆り立てた人口動態的（demographic）、経済的、または宗教的要因について、アラブ自身には焦点を当てないモデルのことだが——六世紀末から七世紀初頭にかけての近東の混沌とした様々な展開の中にその原因を探ろうとする傾向がある。ここにはもちろん、後の結果に合わせる形で過去に原因を求める安易な目的論に陥る危険性、さらに近東の諸文明はムスリムの征服前夜には致命的に弱体化していた危機の最中にあり征服（また同様のもの）はほとんど不可避となったと仮定する危険性がある。注意深い歴史家はそのような劇的な展開を見る見方を、魅力的だとしても避けるものだ。もう一方では、実際に七世紀初頭の近東の状況は大きなエネルギーに満ちた、不安定なものであった。より広い見地から見れば、この状況はムスリムによる征服の不可避性を示すものではなく、むしろこれらの出来事は、アラブが肥沃な三日月地帯を中心とした文化圏に引き込まれていき、ムスリムとしてその発展に貢献した長期に及ぶ過程の一段階にどれだけ特徴を与えたかを示している。

ムスリムの征服以前の最も瞠目すべき出来事はローマとサーサーン朝両帝国が激しく干戈《かんか》を交えたことである。ホスロー二世（在位五九一―六二八）はキュロスとクセルクセスのもとでイランが近東全体で行使した支配権を再興しようとしたようで、それにほぼ成功を収め、六二〇年にサーサーン朝軍はシリア、エジプト、そしてボスポラス海峡に至るまで小アジア半島を占領した。だが最後にビザンツ帝国を救ったのは皇帝ヘラクレイオスが敵の背後を突いて勝利したことであった。ヘラクレイオスはアジア諸州とエジプトを回復し、イランに侵入して、ダスタギルドの王宮を略奪した。この出来事は生活を掻き乱された非戦闘員の人々には悪夢であったが、それが反映したものはその時代の明らかな混乱であった。そのような軍事的な不安定はローマ、サーサーン朝両帝国の政治的不安定を伴い、ヘラクレイオスは無能な軍人で暴君的なフォーカス帝（在位六〇二―六一〇）に対するクーデターによって権力の座に就いたのであるし、一方サーサーン朝では、ローマによるダスタギルドの荒廃をもたらした略奪は六二八年におけるホスロー二世暗殺の原因となったのである。[2] より深いレヴェルでは、近東社会の、ことにローマの諸属州における基盤は、政治的、軍事的な事件とは別の内的問題によって蝕《むしば》まれていった。歴史的、とりわけ考古学的な証拠資料は六世紀の初頭または中葉のある時点では、アンティオキア、アレッポ、ラタキアなどの諸都市は経済的に衰退し、人口も減少したこと、また古代末期に都市生活の繁栄を支えた市民の公共空間と生活が狭小化していったことを示唆している。そのような衰退は、ローマの南方砂漠の辺境地帯の防衛線にも影響を与え、そこでは要塞は打ち棄てられ（幾つかの場合には独住の修道士たちが占拠したが）、国境防御の任務はローマ当局と一時的な同盟関係にあった（例えばガッサーン族のような）遊牧ないしは半遊牧の諸部族に委ねられた。これはアラビア半島の視点で見れば、特に次世代への胎動を秘めた展開であった。[3]

この状況を背景に古代末期の宗教世界を特徴づけていた諸展開はより鮮やかに浮かび上がっていった。例えばユダヤ教徒とキリスト教徒の論争は、ことにローマとイランの抗争という文脈の中でより熱を帯びていった。そこでユダヤ教徒の多くは、キリスト教ローマのいや増す敵意に苛立ちを覚えつつ、イランにおける同胞たちの概してより望ましい状況を見据えて、シリアやその他いたるところでサーサーン朝の侵入を歓迎したのである。例えばアンティオキアのユダヤ教徒反乱は、その都市がイラン帝王《シャー》の軍門に下る原因となった。またイラン人たちはエルサレムを占領した際、数年後には突如抑圧することになったのだが、その都市の行政権をユダヤ教徒たちに授けたのである。ヘラクレイオスがシリアのローマ支配を回復させたときは、ユダヤ教徒は、自分たちは政治的な復讐に燃える体制に組み込まれたことを思い知った。ローマ皇帝ヘラクレイオスによる六三二年のユダヤ教徒を完全に強制改宗させる試みは不首尾に終わったが、劇的ではなかったにせよ、その同じ年のムハンマドの死後に急速に進んだアラブの征服と同じほど、古代末期独特の様々な宗教的アイデンティティーを決定づけるプロセスが頂点に達したことを表している。このことはローマの社会と政治体制が、特定の普遍的な権威を主張する宗教的伝統にどの程度自らを同一視していたかということを強調しているのである。

ある意味でこの時代、宗教の領域がすべてに及ぶほど、ことに個人の――社会的、政治的、文化的な――アイデンティティーを飲み込むまでに拡大したのである。キリスト教以前の古典文化は、もちろん西方より東方で生き残ったが、それはしだいにキリスト教の衣を纏うものとなっていった。その例として聖処女マリアに捧げられた南部シリアのある教会で見つけられたアフロディテ（アラブでは女神ウッザー）の像がある[4]。六世紀末から七世紀にかけてローマ諸都市に残存していた市民生活は主教または総主教によって監督されるようになり、ムスリム・アラブと諸都市の降伏交渉をしたのは彼らであった。このような世界では個人はローマ人というより、ましてやシリア人とかエジプト人というよりも、ユダヤ教徒またはキリスト教徒などとして（または後にはムスリムとして）自己認識していた。ムスリム・アラブが受け継いだのは様々な宗教的アイデンティティーのモザイク以外のなにものでもなく、その一片一片はそれぞれ独自の伝統によって染められていた。それ自体、サーサーン朝治下のメソポタミアに以前から存在していた状況に似ており、ムスリムの征服はそのようなメソポタミアのモデルを近東じゅうに確実に拡大させ、かつはそれに明確なムスリム的形態をとらせたのである。[5]

そのため七世紀の近東の住民のほとんどは自分たちの宗教と真剣に向かい合ったのである。ここから、黙示的な恐れと期待感のために、彼らが直面した状況はことに深刻なものであった。古代末期に成立したほとんどの宗教伝統では千年王国思想とメシア思想が蔓延していたが、これがその時代の政治的、軍事的な混沌状況のうちで高まったことは疑うべくもない。[6] これらの思潮はキリスト教には当然のものと思われるのだが、ゾロアスター教にも影響を与えたのである。[7] とりわけ、近東のユダヤ教徒は神の介入とメシアによる救済を待ちわびており、彼らにとって重要なのは、メシア思想とは政治的要素を宗教的なものへとすっかり融合させるということであった。古代末期のユダヤ教ではメシアとは明白に政治的意味をもつ者であり、〔前二世紀のギリシア系のセレウコス朝に対する〕マカバイ戦争や、〔二世紀のローマ支配に対する〕バル・コクバの反乱という比較的近い過去の記憶は間近に迫る解放への期待を持続させたにちがいない。七世紀初頭のサーサーン朝の侵入は、パレスチナやシリアのユダヤ教徒の間にメシア思想の炎を掻き立て、さらに多彩な黙示文学を彼らの間に生み出した。イスラームが勃興してくる頃にアラビア半島で知られていたユダヤ教もまた、メシア思想が浸透していたものだった。ユダヤ教とは、平たく言えば、宗教という酵母で発酵したきつい酒のようなものであった。ムハンマド自身もヤスリブで預言者の地位もしくはメシア的な役割をもつと主張するユダヤ教徒と出会ったのかもしれない。[8] 実際に、七世紀と八世紀の近東における様々なグループや人々は——ユダヤ教徒であってもそうでなくても——、ユダヤ教メシア思想の文脈でムスリム・アラブの出現を理解していたのである。[9] ユダヤ教と出現しつつあったイスラームの関係が正確にはどのようなものであれ、かの新しい宗教は、ユダヤ教メシア思想という背景に、またより広く言えば、古代末期の終わりの近東を性格づけた宗教的な混乱という背景に照らすことで初めて理解できるものである。

# 第Ⅱ部　イスラームの出現（600—750年）

# 第5章
# さまざまな研究方法《アプローチ》と問題

「イスラーム」という用語は、他の比較可能な領域における歴史的抽象概念と同様、きわめて複雑でたえずその規模を発展させてきたある現象を指すものである。言うまでもないが、我々が複雑な有機的組織を描写する際、単純な用語に安易に頼ってしまう傾向があるということを考慮しても、それが繰り返されているのは不幸なことである。イスラームは預言者ムハンマドが六三二年に亡くなった時点、あるいはそれがアラビアの祖国を飛び出した数年後に完成したわけでなく、また数十年後、支配者たちが「ムスリム」を自称することが恒常的になった段階においてさえも、まだ形成の途上にあった。七世紀と八世紀を通じ、とりわけイスラームのアイデンティティーと宗教的権威の基本形態が姿を現してゆく物語《ストーリー》は、古代末期の近東を特徴づける宗教的アイデンティティーが明確化していく過程の連続として読み解くことができる。アラビア砂漠から熱狂的な一神教徒たちが突如出現したことで、それよりも古い信仰をもつ者たちは、ライヴァルに対して自らを規定する輪郭をより正確に提示することを余儀なくされた。だが、イスラーム自体、別の宗教伝統との対話の過程を通じて自らを形成してきたこともまた事実である。仮にイスラームの「出現」とか「興隆」などという言葉が、狼狽するビザンツ帝国やサーサーン朝帝国軍の前にアラブの戦士たちが突然姿を現したというような意味を含んでいるのであれば、そのような言い回しは誤解を招くものである。より安全な言い方をするのであれば、イスラームは六三二年の預言者の死後、数十年間の「不明瞭な胎動の時代」[1]を経て、徐々にぼんやりとその「姿を現した」のである。

ここで、留意しておくべき点が二つある。まず第一に、ムハンマドから八世紀半ばのアッバース朝による革命までの時代は、後世のイスラーム的観点から見れば、様々な意味を孕んだ事件が数多く生じた時代であった。この時代の同時代史料が欠落しているにもかかわらず、古典期、中期イスラームの歴史的叙述《ナラティヴ》は、慣例的に、預言者の生涯、四人の「正しく導かれた」後継者たち〔共同体から選出されたいわゆる「正統カリフ」のこと〕による統治、そしてムスリムの統治者による最初の王朝であるウマイヤ朝が確立された一世紀半の間にかなりの紙幅が割かれている。アッバース家の人間が権力を掌握するまでの間に、イスラーム的であると認識される伝統、社会、そして政体が出現した。第Ⅱ部においては、少なくとも後世の人々によってイスラーム的であるとみなされる事件や人物に言及することになるが、我々は規模と割合に対する感覚を保たなければならないということを、二点目として挙げておこう。八世紀の半ば頃、非アラブ民族のイスラームに対する改宗は急激に進んだが、少なくともアラビア半島の外では、ムスリムは依然として近東住民の中のマイノリティーであったのである。

イスラーム史の最初の数十年間を再構成するというのは、とりわけ扱いの難しい問題である。当然、これらの年月に生じた事件はムスリムにとって根底となるものであるし、それら事件を再構成する叙述はイスラームを構築してきた制度や観念を補強するものである。例えば、スンナ派とシーア派は、主にこの形成期に生じた重要事件の再構成と解釈を通じて自己規定を行っているが、これはより広範な傾向の最も顕著な例であるにすぎない。すべてとはいわないまでも、ほとんどのムスリムにとって問題となる人物と事件は、現代まで継続する議論に対し、象徴的な語彙を与えるものである。しかしながら歴史家にとっての問題とは、これらの事件を再構成するために利用する史料の信憑性にある。九世紀の文学者イブン・クタイバ（八八九歿）は、預言者の教友であるフザイファ・イブン・ヤマン（六五六歿）が悪びれることなく次のことを認めていると述べている。「我々はアラブの人間だ。つまり、我々が報告を行う際、日付を遡ることもあれば遅らせることもある。また好き勝手に付け足すこともあれば差し引くこともある。だが、嘘をつこうとしているわけではない」[2]。現実には、無意識下の傾向に対するこの魅力的な認識をはるかに超える難しさがある。イスラーム最初期について現存する最古のアラビア語史料は、初期に口頭によって伝承された題材に基づいてはいるものの、それが描写する事件の一世紀以上も後の時代に記されたものである。近年のある研究の中で簡潔に述べられているとおり、「利用可能なイスラームの文献が現存していないために」[3]、ムスリム時代が始まって以降一世紀間の「イスラーム」がどのようなものであったのかを窺うことは困難である。これらのテクストが実際に我々が今日目にする形態で記されるようになるまでの間に規範となる伝統はすでにほぼ完成し、様々な競合する党派がムスリム社会の内部で発達していた。結果としてこれらの史料は最初期のムスリムたちと同様に後世の態度や関心をも反映せざるをえなくなり、またそれらの態度や関心が史料に記述される人々や事件に投影されてしまうことも避けがたいのである。このような史料批判の問題はキリスト教の福音書研究に従事する者にも付きまとう問題だが、最初期のイスラーム史の記録においても全般的にいえることである。

この問題はかなり長い間認識されてきたが、伝統的なアラブの文献史料がそもそも事件の叙述として信頼するに足るかという程度については、近年激しい議論の的となっている。そして興味を抱いた読者を歴史的、また歴史記述《ヒストリオグラフィー》上の問題に対するより詳細な検証へと誘う研究も幾つか刊行されている[4]。だがその核心はイスラームのアイデンティティーとイスラーム的権威の諸形態の出現に関する問題と直接に関係しているから、ここで簡潔に紹介しておく必要があるだろう。

一九七七年に出版された「不信心者による不信心者のための」研究書『ハガリズム――イスラーム世界の創出』の中で、パトリシア・クローンとマイケル・クックは、イスラームの起源に関する通常の叙述を再構成する基礎となったイスラームの文献伝統が「確定的な歴史内容を含んでいない」のではないかと推測している。[5] 部分的には、彼らの推測は、現存する最初期のムスリム側の史料が比較的後の時代のものであり、何が生じたかというよりも、後代のムスリムが事件として記憶しておきたい事柄を反映しているという、周知の事実に基づいている。これは、イグナーツ・ゴルトツィーハーによるハディース（すなわちムハンマドと彼の教友たちの行為と言葉を記録したとされる「伝承」）のパイオニア的研究以後、少なくとも西洋の研究者にとって、主題でありつづけている論点である。ゴルトツィーハーは研究を通じ、題材の信憑性の度合いが常に議論の的となっていたにもかかわらず、多くのハディースが後世の偽造であることを示した。このことは、イスラームの起源を扱った叙述のある特定の側面に関する、後代の限定的だがより厳密な議論によって説明されるかもしれない。クローンは、後世のムスリム聴衆にとって不明瞭なクルアーンの章句を説明するための伝承によって、いかにしてその叙述が生み出されたかを指摘している。言い換えると、クルアーンと註釈上の問題は、それらを説明するために利用された物語《ストーリー》をある意味作り上げた、ということになる。[6]

問題はクルアーンのテクストそのものを含む不確定性によって複雑化している。イスラームの伝承は、ムハンマドの二〇数年に及ぶ預言者としての活動のなかで啓示された章句で構成されるクルアーンがどのように集成されたかをつぶさに報告している。少なくともスンナ派の間で最もよく知られているのは、この集成のプロセスが開始されたのはムハンマド没後のムスリム共同体を率いた二代目のカリフ、ウマル一世（在位六三四―六四四）の時代であり、クルアーンのテクストを確立したのは、三代目のカリフ、ウスマーン（在位六四四―六五六）に帰せられるということである。だが、史料の中には、クルアーンの集成をウマイヤ朝のカリフであるアブドゥルマリク（在位六八五―七〇五）やその副官であるハッジャージュ・イブン・ユースフ（七一四歿）ら、後代の別の人物に帰すという、一般的な理解とは相容れない記述が見られる。エルサレムの岩のドームに刻まれている章句のような、最初期のクルアーンのテクストが現存するからといって、伝統的に受け入れられた記述（の史実性）が完全に保証されるものではない。というのも、それらは公認テクスト（ウスマーン欽定版）とはわずかに異なっているのである。とかくそれらがそこに存在するとしても、「当然、これらの題材が登場する当時の文学形式について、何ら示唆するものではない」[7]のである。

他の研究者たちは、ムスリム側の史料に対してははるかに懐疑的でない態度をとっている。彼らは様々な史料が記述された年代について、後代ではなく初期のものとする見解を受け入れた。またその新しい宗教が、より精密な歴史に対する感覚の発達と、初期の段階から事件の記録を保存するという、後世の人々に対するムスリム共同体としての義務を自覚させたとしている。[8]ムスリム共同体内部に当初から矛盾ないしは敵対する見解が存在し、また文献史料に基づく叙述を損わず補完する文書としての証拠がほとんど現存していないことは事実である――これは叙述を研究上の枠組みとして受け入れるための基盤なのだが。しかし、体系的かつ慎重な最近の研究は、幾つかの要素において「伝統的な起源物語」の少なくとも概要については、史料間に「明白な合意」があることを見出したのである。[9]その一方で、例えば、クルアーンは預言者の死後二〇〇年以上が経過するまでその最終的形態をとらなかったとかいうような、さらに極端な懐疑的主張は無視したとしても、彼らの議論は今日の研究に対して有意義なヒントを幾つか与えてくれる。まず、イスラーム的アイデンティティーの形成過程は長期にわたるもので、一様ではなかったということである。我々がいま明らかにイスラーム的伝統であると認識できるもののいずれも、七世紀末、あるいは八世紀初頭という比較的後の時代まで統一されてはいなかった。二点目としては、イスラームの起源はアラビア半島西部にあるにもかかわらず、それがムハンマドに追随したアラブ人と、シリアやイラクに存在していた宗教および文化との邂逅によって生み出されたということである。つまり、イスラームは古代の重要な文化的・宗教的発展の幾つかを中断したというより、継承したものであったと言い換えることができよう。[10]

# 第6章
# イスラーム共同体の起源

イスラームの宗教的・文化的伝統は、ムハンマド・イブン・アブドゥッラーの遺産として認識されるようになった。イスラームの起源に関するムスリムの叙述に拠れば、ムハンマドはアラビア半島西部の都市マッカに居住していた。これらの史料では、七世紀初頭の数十年を通じ、ムハンマドは預言者としての活動を開始し、唯一神への信仰を説き、彼に下された神の啓示を支持者たちに語ったとされる。彼が暮らす異教徒社会の指導者たちの怒りを招いたことで、ムハンマドとその支持者たちによる小規模な集団は六二二年、マッカ北方約二〇〇マイルに位置するヤスリブのオアシスへと逃れた。ムスリムの伝承において、この事件は「ヒジュラ」（hijra）として知られ、ヒジュラ暦の元年となった。マディーナ（「預言者の町」を意味する「マディーナ・アン＝ナビー」より）としても知られるヤスリブにおいて、ムハンマドは初めてムスリムの「ウンマ」（umma）、すなわち共同体を樹立した。晩年の一〇年間を通じてムハンマドは啓示を受けつづけ、六三二年に彼が亡くなって以降、今日我々が知るクルアーンに結集された。そして事実上アラビア半島全域の住民が段階的にイスラームを受容し、彼のウンマの政治的主権を認めるようになった。

このように、ムスリムの伝統において、信仰の起源はアラブ的文脈の中に明確に位置づけられている。だがそのような位置づけは、イスラームの起源に対するはるかに重要な疑問を隠蔽してしまうのである。つまり、イスラームとはそれが最初に姿を現したアラブ社会に負うところが多いのか、それとも預言者の没後の数年間に関心を向けられた、より広範な近東的文脈に多くを負っているのか、ということである。もちろんアラブ的起源は近東的アイデンティティーを排除するものではないし、後者にしても仮に前者がなければイスラームも存在しえなかったという事実を曖昧にすべきではないから、このような疑問の答えは〔片方を立てればもう片方の価値が無になるというような〕「差し引きゼロ」という単純なものではない。イスラームは二重の意味で継続しているといえる。一つはムハンマドが誕生した西方アラブ的文脈と、その地に近東の一神教が細々と存在していたという独特な過去、そしてもう一つはそれが取って代わったビザンツ帝国、サーサーン朝帝国の広範な宗教的・政治的伝統を完全に吸収したという普遍世界的な未来においてである。イスラーム最初期の一五〇年を語る物語とは、ある一つの共同体がいかに別の共同体に徐々に取って代わったかという物語なのである。

至極当然のことながら、ムスリムたちは「イスラーム的事件」の独自性を強調している。だが歴史家である以上は、アラビア半島と七世紀半ばになって改宗したアラブ人の手に落ちた近東の諸地域双方における発展の背景に照らし合わせてイスラームの興隆を捉えなければならない。実際、そうすることで、彼らアラブ人たちは互いを良き仲間であるとみなした。一〇世紀のムスリムの歴史家であるマスウーディーは、イスラーム文明がアラブによって征服された人々、または彼らが接触をもつようになった人々の有する先行の諸文化から多くを継承していると理解している。一例を挙げれば、ペルシア人の政治手腕、ギリシア人やインド人の科学、哲学などがそうである。[✤1]だが前イスラーム期の人々とその諸文化による貢献は、そのような周知の例よりもさらに深く根づいたものであった。例えば、後に言及するエルサレムの岩のドームは、明確なイスラーム的アイデンティティーの具体化における重要な段階を示すものであるが、ビザンツ的な建築様式が多分に取り入れられており、実際にビザンツの職人の助力を得て建設されたものであった。宗派的アイデンティティーに基づいて共同体生活のある側面を秩序づけ、運営する半自治体的な共同体組織などの中期イスラーム社会における特徴の幾つかは、前イスラーム期の近東にすでに存在していた制度や、〔それを受容可能かどうかを判断する〕意識に起源をもっている。

　初期のイスラームと古くから存在する近東の宗教的伝統間の文化交換は、複雑な形態をとった。ひと昔前の西洋の研究者たちは「ムハンマドがユダヤ人から得たものは何であったか？」[2]というような疑問を立てたが、このようなムスリム側が借り受けるだけという一方通行的な捉え方は単純だろう。我々はユダヤ教、キリスト教、ゾロアスター教内部の発展においてイスラームがどのように貢献したのか、後に検討していくことになる。さらに、ムスリムは以前から存在する宗教的伝統から思想や実践、あるいは制度を、創造性に満ちた精神をもって採用した。例えばムスリムは前イスラーム期の芸術や建築分野における語彙を多く取り入れ、明らかにイスラーム的なある視覚言語、つまり宗教的領域において、シンプルでありながら紛うことなくイスラーム的な人工物《アーティファクト》、すなわちモスクを造り出す際に、それらの語彙を用いたのである。[3]

　だが重要なのは、イスラームが興ったのは、他宗教の伝統に基づく思想、制度、そして様々な価値観が満ち満ちていた近東という地であったという点である。比較宗教学の観点からこの主題に近づこうとする歴史学者は、新しい信仰とその実践、テクスト、語彙がもつ古代近東の諸宗教との類似点をどうしても強調してしまいがちである。むろん、その新しい宗教はとりわけユダヤ教やキリスト教との対話に長く従事したが、それ以外の伝統もまたその痕跡を残している。例えば、ムハンマドが昇天し、神と対面するという物語は、ゾロアスター教やマニ教のテクストにおいても類似する話が確認される。これはムスリムの物語が実際にそれを借用したかどうかにかかわらず、イスラームと近東における他の宗教的伝統を結びつける、いわばトポスとなっている。[4]

　すでに前章で確認したように、ユダヤ教、キリスト教の双方は、六世紀末までにアラビア半島において大きな存在感を示すようになった。ムハンマドをはじめとする六〇〇年頃のマッカのアラブ人が古い一神教の信仰について何を知りえたのか、その実態については不確かな点が多いが、預言者の生涯に関する伝承やクルアーンによれば、ある程度の認識があったことが窺える。確かに、ムハンマドの知識は完璧なものではなかった。これまで見てきたように、ある時点におけるクルアーンは、キリスト教の三位一体論という教義がイエスと同様にマリアの神格化も含むものであるという理解を示唆していると見られる。だがムハンマド、またより重視すべきは彼の聴衆が、マッカのユダヤ教、キリスト教住民からにしろ、ヒジャーズの外で商業活動を行う過程で出会う人々からにしろ、何らかを吸収していたのは明らかである。それゆえにクルアーンには「レファレンス的」性格、つまり、聖書に登場する預言者たちの物語について、その基礎となりながら、なおかつ言及されていない物語に対するある程度の知識を前提としつつ、それとなく示唆していく傾向が見られるのである。[5] したがって、聖典の性格こそが比較宗教学の視点に基づくアプローチを促しているのだといえる。

イスラームと、とりわけシリア、イラク、エジプトに暮らすキリスト教徒によって理解され実践されたキリスト教との間には、ある儀礼、概念において強い類似性が見られる。すでに先の章で見てきたように、彼らの信仰形態は、半島のアラブ人にとって最も馴染みのあるものであった。[6] 例えば、クルアーンがマリア（イエスはしばしばイブン・マルヤム、「マリアの息子」として言及されている）に対して払う特別な敬意は、ある東方教会に属するキリスト教徒のマリア論を彷彿させるものである。その一方で、よく引用される、マリアが三位一体論の一要素を構成しているという観念を嘲るクルアーンの章句は、ネストリオス派キリスト教徒の一部が、マリアを「神の母」であるとするエフェソス公会議で正統とされた教義に対して起こした論争を反映している可能性もある。[7] クルアーンにおける終末論はキリスト教文学を彷彿させるものであり、クルアーンには見られないイスラームの物語〔例えば、ハディースや預言者伝などの伝承文学〕における終末論ではなおさらそうである。クルアーンに頻出するよく知られたイメージ、すなわち復活の日を知らせるラッパの音、審判の時が近づきつつあるものの、それがいつであるかは知りえないという警告、そしてクルアーンにおける天国の非常に豪華で物質的な描写、これらのすべてが近東のキリスト教徒にとって、まったく馴染みのないものではなかったろう。[8] 実際、復活を指すクルアーンの「キヤーマ」（qiyāma）という単語は、シリアのキリスト教から借用したものと考えられている。[9]

だが、最も強力かつ興味をそそるのは、イスラームとユダヤ教の関係である。ヤスリブ／マディーナに相当な数のユダヤ教徒が存在したこと、そして彼らと預言者との複雑で結果として不幸な関係は、イスラームの起源に関する叙述の大部分において、主要な要素を構成している。これらの記述に見られる二つのユダヤ部族のオアシスからの追放や三番目の部族（クライザ族）における男性の虐殺などのエピソードを通じ、通常ユダヤ人はムハンマドの偉業を引き立たせる役割を演じており、両者の関係の悪化は、イスラームのアイデンティティーをより明確に表現するための触媒として機能した。したがって、例えばマディーナにおけるユダヤ人の間でムハンマドの宗教と政治的主張に対する疑念と敵意が増したことは、ムスリムが公的な礼拝において顔を向ける方角であるキブラを変更する背景となったといわれている。初期の段階では、ムハンマドは信徒たちにエルサレムに向かって礼拝を行うよう指導していたが、クルアーンの最終版における第二章一四二節から一四四節で、神は信徒にマッカのカアバ神殿に向かうよう指示している。また、クルアーンは古い一神教であるユダヤ教の信徒に対しても、キリスト教徒と同様に、さらに敵対的な態度をとるよう信徒たちに求めた。「アッラーも、終末の日をも信じようとしない者たち、またアッラーと使徒から禁じられたことを守らず、啓典を受けていながら真理の宗教を認めない者たちに対しては、彼らが進んで貢税を納め、屈服するまで戦え。」（第九章二九節）。

しかしながら実際は、ユダヤ教と初期イスラームの関係をめぐる物語ははるかに複雑なものであった。発展するムスリム・ウンマ（共同体）の政治的形態とムハンマドの指導権の輪郭を描く諸協定の記録である「マディーナ憲章」において示されるユダヤ人の地位が両義的なものであることはよく知られている。そこでは、彼らは「信徒と一つの共同体」を形成するとあるにもかかわらず、彼らは「彼らの宗教をもち、ムスリムはムスリムの宗教をもつ」とされている。そしてこの両義性は、クライザ族の虐殺以降も継続していたと考えられる。[10] この暴力的行為はおそらくは組織的なユダヤ教徒によるムハンマドへの政治的反発を挫くものであったが、そのことによってマディーナにおけるユダヤ教徒が姿を消したわけではなかったし、ムスリムが居住していた、あるいはまもなく居住することになる他の地域においても同様であった。カリフ・ウマルが死の床にあった預言者の命令に従ってヒジャーズのユダヤ教徒を追放したことは、預言者の生涯以前に始まり、七世紀を過ぎてなお継続する、アラビア半島西部におけるユダヤ勢力の減退という過程の中で劇的な転機となったことはほぼ確実である。[11] そしてマディーナのユダヤ部族の一部を追放し、虐殺したことは、たとえそれが事実であったとしても、ユダヤ教とイスラームの創造的《クリエイティヴ》な相互作用をめぐる複雑な物語の終わりを示すものではないのである。

その物語には、新しい信仰が古い宗教の造り出したものを借り入れたということ以上の意味がある。我々が「ユダヤ教的」として認識する観念や物語は、おそらく古代末期のアラビア半島において、一般的に考えられているよりも広く流布していたものだろう。そしてその地におけるユダヤ教、キリスト教、初期のイスラーム、さらには前イスラーム期のアラビアにおける「異教的」伝統についてそれぞれの境界を見定める作業は、決してたやすいものではない。ムハンマドと彼の教友たちがエルサレムを排除し、マッカとカアバ神殿に対して新たに空間的方向づけを行ったことは、表面的にはユダヤ教から明確に距離をおいたことを反映しているように思われるが、必ずしもそうとはいえない。というのも、イスラーム伝統の構造とその理解に見られる特定の要素は、ユダヤ教の伝統と実践に密接に結びついていることが明らかとなったからである。[12] ムハンマドが自らの宗教的使命を自覚した環境、またそれを表現した諸形態は、アラビア半島におけるユダヤ教徒の経験をも形成した、預言者的・メシア信仰的期待感に満ちたものであった。イスラームという新たな宗教の土台を打ち立てたまさにその瞬間、ムハンマドは預言者を自称する他のアラブたち（ハニーファ族のムサイリマなど）や、（ムハンマドが行ったように）外套を羽織り、（ムハンマドと同様）恍惚状態になって呪文を唱え、神の使徒であることを主張したマディーナのユダヤ人少年とも対峙することとなった。この少年の主張に対して、ムハンマドは反駁することができなかったか、直接的に反駁することを避けたようである。[13]

イスラームとは、要するに、同時代のユダヤ教徒の宗教的期待感をも映した観念、物語、考え方に満ちた宗教的基盤から現れたのだといえる。ユダヤ教と後にイスラームとして認識されるものとの緊密な関係が、預言者の死後、アラブがアラビア半島北部にかけての土地を征服し、文化的に併合しはじめる時期においても継続していたことは、伝統的なムスリムの記述からも確認される。したがって、六三四年のクリスマスにエルサレムの総主教ソフロニオス（五六〇—六三八）が説教を行った際、数マイル先に野営しているアラブ人兵士たちを、アブラハムの内妻（ハガル）とその息子（イシュマエル）にちなんで「ハガルの子孫」、「イシュマエルの子孫」として言及し、キリスト教徒がヘブライ聖書を通じて親しんでいた救済史の枠組みの中に彼らを位置づけたということは驚くことではないし、その系譜はほとんどのアラブ人の間においても受け入れられている。また、シリアのキリスト教徒たちが数十年にわたって彼らの新しい支配者を言及する際にこれらの用語を用いていたのも当然のことであった[14]。言い換えれば、イスラームの起源を語る際、他の近東の一神教信仰、とりわけユダヤ教との創造的な相互作用の形態を考慮に入れずに理解することはできないのである。さらに、ユダヤ教として、また、イスラームとして認識される伝統間の重要なコミュニケイションのための経路は、数十年にわたり損なわれることはなかった。この点については、クルアーン註釈学とイスラーイーリーヤート（isrā'īlīyāt）〔聖書の登場人物に関する伝承群で、イスラエル時代起源、あるいはユダヤ教起源とされる〕として知られる伝承が初期においてどのように用いられたのかを論じる際、簡単に言及することにしよう。

だがこのことによって、ムハンマドが誕生し、その生涯を過ごしたアラブ的環境の重要性が否定されるわけではない。初期の東洋学者《オリエンタリスト》たちの世代においては、このアラブ的環境や、特にベドウィンの文化や価値観から受けた影響が強調された。彼らにとって、イスラームとは主として「遊牧的・セム的精神[15]」の表出であった。だが、二〇世紀半ばまでに、西洋の歴史家たちの展望は変化する。彼らはしだいにイスラームが都市に起源をもつことを強調し、マッカ社会の商業的性格を主張、クルアーンのメッセージや預言者の生涯を、自己主張を始めた国際志向のアラブ人中産階級の需要と関心に応えたものとして理解するようになった[16]。このような整理の方法は、すでに棄却されている民族的アイデンティティーやカテゴリーをめぐる仮説（「セム民族」とセム的文化）、あるいは社会的・経済的発展の安易なモデルに依拠したものので、これら二つの見方とも結論を急ぎすぎた感は否めないが、アラブ的文脈はやはり重要である。アラブ部族のアイデンティティーをはじめとする諸問題は、初期ムスリムの政治史・社会史を形成しつづけた。そして、仮にマッカが繁栄した都市ではなく、ムハンマドの同時代人が一部で言われているようなブルジョワ的個人主義者であったとしても、新しい信仰の発展とそれに付随するすべて（当然、アラブによる近東の征服を含めて）は、半島の住民が北部のより都市化された社会で支配的であった社会的・宗教的形態の中に引き込まれていくという、より広範で長期にわたる過程の一部として捉えなければならないのである。

アラブ的環境が及ぼした影響は、様々な方面から窺うことができる。最も顕著な例は、アラビア語によって啓示され、ムスリムの伝承では七世紀初期のアラビア半島における特定の歴史的環境に応えたものとして理解されてきたクルアーンである。このことはクルアーンのテクストが提示する言語学上、註釈上の難解さを否定するものではなく、また、クルアーンそのものを近東における他の啓典や宗教的伝統と結びつける言語的・観念的要素を無視するものでもない。[17] またそれは、イスラームの註釈における伝統――すでに見てきたように、おそらくそれは聖典の不明瞭な節を説明するための物語を生み出したであろう――を無批判に受け入れるものでもない。実際、クルアーンのテクストを精査する上で、アラブ的枠組みを強調することにより、イスラームにおいて主流を占める見解とは反する結論が導かれることがある。例を挙げれば、クルアーンにおいてムハンマドが「ウンミー」（ummī）の預言者として描写されている箇所は、伝統的には彼が非識学者であったことを意味すると解釈されている（そしてそのことはクルアーンの神秘的性格を証明しているといわれている）。だがそれに対して西洋の註釈者のなかには、ムハンマドが啓典を与えられていない人々、すなわち、自らの啓示を与えられていなかったアラブ人にとっての預言者であったことを意味すると理解する人々もいる。[18] ともあれ、クルアーンはアラブ的文脈に新しい伝統を固定するための一つの礎を与えたといえる。クルアーンそのものの起源がどこにあろうと、イスラームのクルアーンに対する註釈は、クルアーンとは七世紀初頭のアラビア半島西部において啓示されたものであるとし、それゆえ伝統はクルアーンがどのように理解されるべきかという答えをアラビア半島に求めているのである。

アラブ的文脈を特徴づける諸見解と意識は、明示的にしろ非明示的にしろ、最終的にはイスラームが克服を目指すものである。例として、部族的アイデンティティーの問題を取り上げてみよう。前イスラーム期のアラビア半島において、個人の社会的地位はまず第一に、その人物を家族、氏族、部族が重複しあうネットワークへと結びつける、血族的紐帯に拠っていた。当然クルアーンには、信仰に基づく紐帯のために血縁に基づく紐帯を拒絶し、信仰に基づく集団に対する個人の帰依による結びつきが支配的となる状態が（多かれ少なかれ）普及するよう命じる章句がある。しかし、最初期のムスリムたちはアラブ民族であり、また特定のアラブ部族の構成員であった。そして彼らの子孫たちも、数世代にわたってその民族的・血縁集団的忠誠心を新しい宗教のもつ主張と並行して、あるいは競合させながら保ちつづけていた。部族的・血族的集団に対する忠誠心とヒエラルヒーの緊張関係、持続性の双方を完璧に捉えているハディースがある。ムハンマドは「イスラームにおいて最も優れた人々は、ジャーヒリーヤ［前イスラーム期を指す］において最も優れた人々である、もし彼らが宗教的導きを受けてさえいれば」と述べたといわれている。[19] あるいは、架空のものかどうかは別として、カリフ・ウマルがアラブ民族に対して行ったとされる「自らの系譜を思い出すように、そして定住して部族をもたない（遊牧生活から離れ、部族的な生活様式を失った）ナバテア人のようにはならないように」という有名な忠告を思い起こせば十分であろう。アラブの征服を可能とした様々な要因の一つには、ムハンマドが創立した国家の本質によって生み出された圧力があった。その国家とは、あるレヴェルにおいては部族主義の否定というよりも超部族的な連合に等しく、アラブ民族にとってまったく馴染みのないものではなかった。ある歴史家はそれを「部族国家は生き延びるために征服せねばならない」[20] と評している。この文脈において、アブラハムがアッラーの信仰者の原型《プロトタイプ》であるとするムスリムの伝承は、二重の意味で重要である。なぜならそれは（唯一神のみが存在するという）神学的でありかつ系譜的な判断基準をアラブ人に与えるものだからである（近東における他の民族と同様、ほとんどのアラブ民族の間でも、イシユマエルを通じてアブラハムが彼らの共通の祖先であるという理解は受け入れられている)。「マディーナ憲章」をはじめ史料に現れるムハンマドのウンマの政治的構造は、伝統的なアラブの習慣と価値観に多くを負うものであったが、これは驚くべきことではない。ムハンマドは、彼の伝える宗教的メッセージに対して同輩であるマッカの市民がしだいに困惑し、敵対するようになったことでマッカを立ち退いたが、その契機となったのは、ヤスリブの部族間における持続的不和であった。それを調停しようとしたムハンマドは仲裁者(ハカム=ḥakam)と呼ばれたが、伝統的にこの地位はその保持者に対して非常に限定的ではあるが、権威を与えるものであった。この資格のもとムハンマドは、当時のアラブ民族にとって馴染み深く、かつ血縁集団の関係が政治の大半を動かしていた社会における必要性に応じた方法で、永続的な伝統と政治権力組織をほぼ変えることなくその役目を果たした。この超部族的連合が、そこで引き起こされる殺人や血讐(血縁者による仇討ち)――この問題はその構成員たちが暮らす部族社会においてはきわめて重要であった――などのある決定的な問題を「慣習的」(マアルーフ=maʿrūf)な方法で処理することを選択したことは重要である。[21]

その一方で、当然のことではあるが、結果としてイスラームはアラブ的・部族的文脈からは決別することとなった。その過程において、イスラームは多くの前イスラーム的価値観、見解、制度(部族的忠誠心や政治的主導権に対する非常に限定的な概念など)を抑制、最小化し、またあるいはその再定義(マッカのカアバ神殿への巡礼と信仰など)を行った。これらの変更の幾つかは、エジプト、シリア、イラクなどに対するアラブの征服の後、イスラームと古くから存在する宗教的伝統との邂逅を通じて生じたが、それはムハンマド自身のメッセージと生涯において少なくとも潜在していた要素や概念に基づいたものであった。イスラームの出現がマッカにおける社会的危機、すなわち伝統的な部族主義的秩序を脅かす、洗練された国際交易によって生み出された苛烈な唯物主義と根なし草的な個人主義によって引き起こされた危機に呼応していたと言えば、事態を誇張することになるかもしれない。[22] そのような視座は、伝統的な教義や説明が不適当であると感じ、熟慮した結果、個人の選択によって改宗が行われたというような、宗教に関するある概念を仮定するものである。またその宗教的概念は、おそらくは近東北部の社会においてはしだいに一般的となっていたが、部族的文脈を特徴づけるものとはなりえなかった。預言者の友人で協力者であったウマルをはじめとする個人の改宗をイスラームの伝統が強調しているのはもっともなことで、ウマル自身も自らの主張の真実性を確信していたことは明らかだが、大部分のアラブ人は部族による決定という媒介を通じて新しい宗教に改宗したにちがいない。だが、ムハンマドは本質的に異なったアプローチへの土台を作り上げた。例えば、クルアーンは正義、天罰、慈悲に関する抽象的観念によって規定された道徳観を言明しているが、それがユダヤ教やキリスト教から採用したものであろうとなかろうと、ムスリムには近東に居住する他の住民と交流するためのヴォキャブラリーが与えられたのである。そしてもし最初にムハンマドが伝統的な仲裁者としての役割を果たしたのであれば、彼はまた神の使徒としての立場を主張したのであり、その主張を受け入れることは新たな共同体におけるアイデンティティーと預言者自身の権威の基礎を成した。新たな共同体に参加するには、伝統的な部族関係に基づくアイデンティティーではなく、ムハンマドの宗教的メッセージに依拠するアイデンティティーに対して責任を負うことが当初から求められた。ムハンマドはその生涯を閉じるまでの間、(最初期のムスリムの史料に記述されているように) アラブ民族の大半がかつて知りえなかったような、ほぼ半島全体を統合する広大な版図を手中に収め、権力を大幅に集中化した政体を統率していた。端的に言えば、ムハンマドが様々な意味において伝統的なアラブ的人物であり、彼の生涯はその伝統的な文脈においてのみ理解されるにもかかわらず、彼のメッセージはユダヤ教、キリスト教、そして近東のその他の宗教とイスラームとの邂逅によって特徴づけられる、激しい相克関係への道を開いたのであり、それを通じてイスラームは古代末期文明の後継者となったのである。

# 第7章

# 近東における初期イスラーム

六三二年、予期せぬムハンマドの死によって、彼の共同体は混乱に陥った。共同体の存続がいかに困難であったかは、この段階において宗教的なアイデンティティーがまだ完全に形成されていなかった点、少なくともその共同体に加わった者の多くにとって固い忠誠を誓うためのアイデンティティーが欠如していた点からも想像に難くない。その中で幾つもの緊張関係が明るみに出たが、おそらくムハンマド死後の指導権をめぐる問題ほど、後代まで続き、何がムスリムであるのかを定義する上で決定的となる問題はないだろう。したがって、この領域に言及することは、歴史家にとっては特に危険なのである。スンナ派による説明に従えば、ムハンマドの友人で義父のアブー・バクル（カリフ在位六三二―六三四）は、マディーナのムスリムがマッカの教友たちからなるムハンマドに近い集団から分離し、自らの共同体を打ち立てることを阻止したとされる。その後彼は満場一致の喝采によって預言者の後継者である最初のカリフに任命された。これに対し、シーア派は異なった回想を行っている。彼らは、ムハンマドが生前に従弟のアリー（カリフ在位六五六―六六一）を後継者として認識していたという物語を強調している。当然、スンナ派、シーア派両者の回想は、実際には後世の宗派集団や政治的党派の中で形成された期待感を反映したものである。[1]

ムハンマドが生前に共同体の組織や指導権に関する取り決めを行っていなかったということはほぼ確かなようである。預言者が特定の人物を後継者として指名する伝承は多々存在するが、多くの人々が言うように、それらの伝承に一貫性がないということはさておき、それだけの数が存在しているということ自体が、彼がこの重大な問題に関して何ら決定を下していなかった（少なくとも公には明らかにしていなかった）ことを示しているといえる。[2] スンナ派の伝承は、ムハンマドの死後最初の数十年を黄金期として記憶に留めている。この時代は、預言者の権威はなくともその精神性を受け継ぐ「正しく導かれた」カリフによって統治が行われた時代であったとされる。その説明によれば、まずムハンマドの親しい友人で腹心でもあったアブー・バクルがカリフとしてその後継者となった。アブー・バクルの後継となったのも預言者の教友たちであり、それぞれ共同体の指導者たちの合意によって選出された。まずはウマルが、次にウスマーンが、最後にムハンマドの従弟で義理の息子であったアリーが選ばれたとされる。しかし、この見解が最終的な形態をとったのは、かなり後の時代になってからであった。例えば、アリーが「正しく導かれた」カリフの一人であるという位置づけは、スンナ派の思想において九世紀、ないしは一〇世紀になるまで固定化されてはいなかった。さらに、スンナ派側の史料に記述されているように、彼らの就任や治世における実状は、混乱の最中にあった政体を映し出していることも忘れてはならない。アブー・バクルは策略を通じてようやく権力を掌握したのであり、ウマルとウスマーンはともに暗殺された。アリーはウスマーンに死をもたらした反逆者たちによって権力の座に担ぎ上げられたが、ウスマーンの縁者であるムアーウィヤ・ブン・アビー・スフヤーン（ウマイヤ朝カリフ、在位六六一—六八〇）と長い内戦を戦い、最終的には暗殺された。伝承の中では、この一連の事件は共同体最初の「フィトナ」（fitna：「試練」や「誘惑」を意味する）、すなわち「内戦」として記憶されている。

きわめて当然のことであるが、初期イスラームに関する二次文献の多くがこの指導権の問題を扱っている。ここでその議論を総括することは到底できないが、宗教的アイデンティティーと権威の問題にも関わる主要なテーマの幾つかを取り上げ、検討していくことにしよう。まず、後に「イスラーム的政体」として認識されるあり方の発展に、部族的要素が依然として重要かつ不安定化させる役割を果たしていたということが挙げられる。預言者の死に続き、共同体は「回帰」、より重要な意味としては「背教」を意味する「リッダ」（ridda）と呼ばれる戦争によって激震することとなった。アブー・バクルの指導権の下にあったウンマと、ムハンマドの死によって部族連合が中断し、連合への忠誠が無効となったとみなした部族との戦いが繰り広げられた。スンナ派の伝承は、これをムスリム国家の本質が明らかとなる瞬間として捉えている。ムスリム側の勝利には、統一国家を保持し、イスラームとアラブとの一体性を強固にしたという二重の功績が帰せられている。だがそれと同様に重要なのは、リッダ戦争を通じて反乱を起こし、鎮圧され、後に肥沃な三日月地帯への侵攻に参加することとなったそれらの諸部族を許すという決断を、（アブー・バクルの排除政策を覆して）ウマルが下したことである。ウマルの決断によって、敗北したアラブ人はムスリムとして再び政体に組み込まれることとなったが、それは同時に、ウンマが部族の参加を必要としたことに加え、少なくとも部族がその構成員としてのアイデンティティーを保ちつづけることを暗に認めたということでもあった。[3] ウスマーンのカリフ位の下、「部族的要素」はウンマを今度はその中核から揺さぶりつづけた。カリフ・ウスマーンがクライシュ族の中でも自らの出身部族であるウマイヤ族の構成員を重用する政策を採ったことはよく知られている。ウマイヤ族は前イスラーム期のマッカ社会において、ある種の貴族的地位にあった。だが、その大多数は預言者が死ぬ直前まで執念深く敵対しつづけたため、その政策は一部のムスリムにとって前イスラーム期、マッカの貴族階級が優位であった状態に回帰しているように捉えられた。そしてそのことは共同体内で多くの人々を疎外し、ウスマーンの暗殺を招く緊張状態を引き起こしたのであった。[4]

しかしながらこれらの緊張状態は、ムハンマドの教えによって新しく互いに競合する力が生み出されたことの結果であった。七世紀後半、あるいはそれ以降の「イスラーム」的アイデンティティーの不確定さは、本書が焦点を当てる主題の一つである。それにもかかわらず、ムハンマドとその後継者たちによって率いられた運動は宗教的なもの、より正確に言うならば重要な宗教的性質を帯びているものとして、それが（カテゴリー上の明確性を求める人々の観点から見れば）輪郭の鋭いものではなかったとしても、相当な影響力を行使したのであった。ムハンマドによって説かれた一神教は、前イスラーム期アラビア半島における多神教からの脱却を命じ（アラビア半島の多神教はアッラーの存在を認知してはいたものの、他の神への帰依を許さないという嫉妬深い要求については認識していなかった）、近東のユダヤ教やキリスト教との対話のための手段を提供したという二つの意味においてまず重要性が認められるが[5]、さらに重要なのは、ウマルがディーワーン（dīwān）を創設したことに端的に示されるように、ムハンマドの宗教的メッセージには社会的・政治的な含蓄があったということであった。ディーワーンは本来、軍事遠征から得られた戦利品の国家による分配を受ける人々のリストであったが、そこにおける序列は部族的なアイデンティティーに基づくものではなく、サービカ（sābiqa）、つまり新たな政体に対する貢献度に基づく「優先権」によって決定された。

新しい宗教の求める義務は、部族的秩序における義務と必ずしも矛盾するものではなかった。それどころか、同時に機能することすらできたのである。六四〇年代、五〇年代に近東において展開したアラブの征服に対して、歴史家は様々な説明を行ってきた。ある者はアラビア半島の部族に特有の様々な社会的・環境的要因を強調し、またある者は新しい宗教に対するアラブ人の情熱を指摘した[6]。だが、ここでもこの問いに対する答えはニュアンスのあるもので、二つの答えのうち、片方だけが成立するというものではないのである。イスラーム史の初期段階において、部族的要素は紛れもなく重要な役割を果たしたが、その役割はその後もしばらくは継続していた。アラビア半島における部族的政治には、隊商や敵対部族、あるいは定住民の（比較的無防備な）共同体を襲撃することで戦利品を獲得する慣行、ガズウ（ghazw）が含まれていた。周知のごとく、アラブの征服はこのガズウという古い慣行の延長や方向の転換として始まったものであった。半島のアラブ民族を単一国家に統合した後、共同体の指導者たちはこの部族的義務のはけ口を求め、シリアやイラクの豊かで、かつ弱体化した社会をその対象とした。だが、ムハンマドによって説かれた一神教は、その独自の義務を促すものであった。すなわち、クルアーンとは過度に潔癖な文書ではなく、信徒に対してジハード（jihād）〔神の道における努力。「聖戦」とも訳される〕を勧めているのである。「信仰なき人々の言いなりになってはならぬ。

逆に彼らを相手に、勇敢に闘え」（第二五章五二節）、「［啓示を与えられているにもかかわらず］アッラーも最後《いやはて》の日も信じようとしない人々に対しては……あくまで戦い続けるがよい」（第九章二九節）などの章句は、もとはマッカの異教徒やマディーナのユダヤ人など、ムハンマドの地元における敵対者に向けられていたかもしれないが、新たな敵が出現すると、その方向性は転換されることとなった。同時代人からすれば、敬虔さと略奪品に対する欲望は相容れないものではなかった。クルアーン読誦者たちに対し、戦争を前にアラブ兵士を鼓舞し、激励するために「戦利品章」（第八章）、つまり戦争による略奪品を主として扱ったクルアーンの章を朗誦するよう指示が下された。伝承によれば、この慣習には預言者による先例があるとされる。アラブ人ムスリムによる征服のもつ複雑な性格は、歴史家タバリーによるアラブ人武将サアド・ブン・アビー・ワッカース（六七〇頃歿）が行った兵士に対する説教の記述の中でうまく捉えられている。彼は転換点となる六三五年のペルシアとの戦争に備える兵士たちに向かって、次のように語ったとされる。

この土地は諸君が相続すべき財産であり、諸君に対する主からの約束である。神は諸君がそれを手に入れることを、三年前にお許しになった。諸君はそれを味わい、口にし、その土地の人々を殺し、彼らから税を徴収し、捕虜としてきた。……諸君はアラブの首領であり、名士であり、すべての部族から選ばれし人々、そして後ろに控える人々の誇りである。もしこの世を放棄し、来世を熱望するのであれば、神は諸君に現世と来世の双方を与えるであろう。[7]

彼らを鼓舞したものが何であったにせよ、アラブの征服はイラク、シリア、エジプトの住民に衝撃を与えたにちがいない。数世紀にわたって砂漠の遊牧民は肥沃な三日月地帯の定住地に出入りを繰り返しており、当然その存在は彼らの耳にも入っていた。また、すでに見てきたように、大征服前の世紀、ビザンツ帝国とサーサーン朝はガッサーン朝やラフム朝などのアラブ国家との間に主従関係を維持していた。これらの国家は帝国に属する諸州といかなる政府にも属さない部族、そして荒涼とした半島との緩衝地として機能した。だが、ダマスカスやクテシフォンの住民は、ヨルダンのヤルムークの戦い（六三六年）においてビザンツ帝国がアラブに敗北したり、イラクのカーディスィーヤの戦い（六三六年、もしくは六三七年）でアラブがサーサーン朝の軍隊に大勝利を収めるとはまったく予期していなかったし、これらの州が新たなアラブ国家によって恒久的に占領、統治されるという可能性についても予見してはいなかった。

近東住民の混乱は長期にわたったが、それは明確なムスリムとしてのアイデンティティーが徐々に形成されていったことの証左でもある。同時代の非ムスリムによる史料は、近東に居住する非アラブ民が、これら予期せぬ支配者を彼らの言葉で理解するための努力を続けていたことを示唆している。[8] 一例を挙げると、シリアのキリスト教徒たちはアラブの征服者たちを「サラセン人」、「ハガル人」、「イシュマエル人」、はては「アマレク人」などとして認識していた。預言者の死から一世紀の後、最後の教父であるダマスカスのヨアンネス（七四九歿）もこれらの用語を用いてムスリムを表しており、さらにムハンマドの宗教的観念が、部分的には彼がキリスト教で異端とされたアレイオス派〔アリウス派〕を支持する修道士と邂逅した結果であることを示唆した。[9] 七世紀のビザンツ側の史料は、アラブ人の新しい信仰よりもユダヤ教にその議論の矛先を向けている。それは単にビザンツ帝国における議論の伝統が不活発であり、憎まれ役のユダヤ教徒がより深刻な宗教的脅威を呈しているという認識がくすぶっていることを反映したものかもしれないが、他方、イスラームを生み出した宗教的基盤の中でユダヤ教の影響がそれだけ圧倒的であったことを示しているともいえる。遠く離れたビザンツ帝国内の同胞よりアラブ人や彼らの信仰に通じていたと見られる、古代シリア語で叙述を行ったキリスト教徒たちも、イスラームという現象を当初はユダヤ教の枠組みの中で捉えていたようで、岩のドームの建設を古代神殿の再建として描写したり、ムハンマドと彼の支持者たちがユダヤ法を受け入れたと主張したりしている。六八〇年代に北イラクの修道院で叙述を行っていたある修道士は、ムハンマドについて、アラブ人に「古代の法」、つまりトーラーを指導した「案内人」として言及している。[10]

近東の住民にとって、アラブ人とはあくまでアラブ人なのであった。リッダ戦争とアラブが近東の大半を突如として征服したことに続き、新しい宗教はアラブの人々の間で一神教としてより明確に認識されるようになった。アラブ人が彼らの宗教を新たな被征服民に対して強要しなかったことはよく知られているが、実際、当初は非アラブ人による改宗を思いとどまらせていた。ウマルをはじめとするカリフは自らを第一にアラブの指導者として認識し、また、彼らの一神教的信条を新しい政治的アイデンティティーにおける宗教面での構成要素として捉えていたようである。例を挙げると、彼は一部のキリスト教アラブ部族が信仰を保持する権利を認めていた一方で、他の非ムスリムに課される屈辱的な人頭税（ジズヤ＝jizya）を彼らに課すことはなかった。また、キリスト教アラブ人であるイヤード族がビザンツ帝国に逃げ込もうとした際も、ウマルは皇帝に彼らを帰還させるよう書状を通じて要請し、もし応じなければ、アラブの支配下にいる非アラブのキリスト教徒を追放すると脅迫した。[11] 同様に、七世紀中葉から後半にかけての古代シリア語による史料では、ムハンマドが預言者という宗教的な用語よりもアラブ人の王というような政治的な用語で言及されていることにも注目したい。[12]

ムハンマドと彼の宗教が結果としてそれ以上のものとなったことが判明するのは、当然後の時代になってからである。ムスリムの宗教的なアイデンティティーの鋭角化は七世紀後半から八世紀初頭にかけて進展したが、それはちょうどムスリム国家が本質的には「アラブ王国」であった時期だと言われている。この明確な宗教的アイデンティティーの形成とアラブ人が支配する帝国の統一という現象は、実態としては半島のアラブ人が近東において支配的であった社会的・文化的形態に組み込まれていく長期的プロセスが頂点に達したことと同義であったといえるだろう。

# 第8章
# ウマイヤ朝

六一一年のアリーの暗殺と、彼のライヴァルであった、ウスマーンの親戚にしてシリアのアラブ人総督ムアーウィヤによるカリフ位の樹立は、一般にはウマイヤ朝の出現として捉えられている。これはある一つの家系（ウマイヤ族）に明確な支配権が据えられた最初のイスラーム国家であった。六八〇年にはムアーウィヤ一世の後を彼の息子であるヤズィード一世（在位六八〇―六八三）が継ぎ、ウマイヤ家の傍系支族の構成員がそれに続いた。しかし、実際の政治情勢はより複雑なものであった。その複雑性はイスラームが姿を現す過程を反映しており、またその複雑性こそがその過程の中心にあったと位置づけることができる。三代目の正統カリフであるウスマーンは自らの部族の構成員を相次いで重要な行政上のポストに就任させ、その一族を重用することに憤慨したムスリムの間で相当な反発を引き起こした。なぜなら、ウマイヤ家の人間の多くはイスラームへの改宗が遅く、それも不本意の改宗であったからである。ウスマーンの政策は、息子たちの一人にカリフ位を継がせるための試みであったとも考えられる。[1] それが事実であれば、ウマイヤ家の王朝的政策は、アリーの体制を単なる空白期間とすれば、ムアーウィヤの治世よりも前に開始されていたと理解することも可能である。その一方、「国家」としてのウマイヤ朝が確立したのはしばらく後のことで、広く認知されてもいなかった。ムアーウィヤがヤズィードを後継者として指名したことに対してアラブ人の間で激しい反発が生じ、結果的には失敗に終わるものの、アリー家の人間を担いだ反乱が勃発した。アリーの息子のフサイン（六二五―六八〇）によって率いられた反乱は、六八〇年のカルバラーの悲劇に帰結したが、より重要なのは、同じくアリーの息子であるムハンマド・イブン・ハナフィーヤ（七〇〇頃歿）の名において六八五年から六八七年にかけてイラクで引き起こされた反乱である。だがこれらはウマイヤ朝が対峙する諸問題の中では些細なものであった。当時、はるかに重要であったのは、最も著名な初期ムスリムの一人（、クライシュ族アブドゥルウッザー家のズバイル・イブン・アウワームとアブー・バクルの娘アスマー）の息子であるアブドゥッラー・イブン・ズバイル（六二四―六九二）によって率いられた反乱である。六八一年から六九二年にかけ、彼はヤズィードとその後継者たちの権威を承認することを拒絶し、ヒジャーズに自らのカリフ国家を打ち立てた。この反乱は決して一時的な成功ではなく、イブン・ズバイルの権威はある段階ではアラビア半島を越えてエジプト、イラク、そしておそらくはイランにまでも伸長していた。ウマイヤ朝に対する支持は、彼らの権力基盤であったシリアにおいてすら一様ではなかった。なぜなら、そこに定住した一部のアラブ部族がイブン・ズバイルのカリフ位を認めたからである。これらの政治的混乱は、すべて、これまで我々が検討してきた諸問題と関係するものである。まず指摘しておかなければならないのは、この段階におけるイスラームの諸制度は、いまだアラブ的アイデンティティーに根ざしたものであったということである。ウマイヤ家とイブン・ズバイル、そしてアリーの子孫たちの間で繰り広げられた政治闘争は、単純にクライシュ部族の中でどの一族が新しい政体を指導する権利をもつのかという根底的な問いを含んでいたのである。そして第二には、統一的なイスラーム政体を前提として議論を進めるには、この段階ではまだ時期尚早だということである。つまり、「信徒たちの長」という地位を主張する人物がシリアやイラク、アラビア半島の各地に存在し、カリフ権威の実態も曖昧として立証されていない状況下で、イスラームのウンマを統治するための組織は、いまだ明確に定義づけられてはいなかったのである。[2]

ウマイヤ朝におけるウンマがアラブ的性格を有していたことは紛れもない事実であり、そのことは様々な方面から窺い知ることができる。例えば、この段階において非アラブ民族が徐々に新しい宗教に改宗していったことは周知の事実であるが、彼らは改宗を導いたムスリムであるアラブ民族の「被保護者《クライアント》」（マウラー＝mawlā、複数形はマワーリー＝mawālī）となることによって、初めて改宗が可能であった。この要求は、非部族民を依然として部族的な要素を多分に残す社会に組み込む必要性から生じたもので、例えば、改宗者がムスリムのアラブ人に対して身体的に危害を加えた際に、慣例に則って代償を支払う人物と関係を結ぶことなどが行われた。[3] これら非アラブ・ムスリムが経験した社会的差別、また、七世紀の末にシリアにおけるウマイヤ朝の行政言語がギリシア語からアラビア語に置き換わったことも、ウマイヤ朝政体のアラブ的性格を証明しているといえる。

だが、政体のアラブ的アイデンティティーは決して静的なものではなく、徐々に集権化され帝国としての形状を帯びていく、変容する国家の動力に呼応し、革新を遂げた。まず、そこには小規模ながらも数を拡大していく非アラブの改宗者がおり、これらマワーリーは急速に軍、政府、行政機構、そして宗教諸学の分野においても重要な役割を果たすようになった。二点目として、大勢のアラブ民族が軍事活動を展開した父祖の征服した土地に定住したことによって、ムスリム社会の基盤もまた徐々に変化していったことが挙げられる。ウマイヤ朝の政策と軍構造は際立ったアラブ的感性をもっていた。例えば、総督たちは、前イスラーム期のアラブ貴族階級に由来する特権階級（アシュラーフ＝ashrāf）を通じて定住した部族民を統治し、前イスラーム期における年長者たちの非公式な討議に似通った形式で彼らと会見した。[4] しかし、部族的なアイデンティティーとは流動的なものであり、徐々に社会的、あるいは政治的目的によって操作される一連の概念となった。家系（およびそれに伴う同盟関係）は、政治的情勢の要求に応じて作り上げられ、また変更が加えられた。カイスやヤマンなどの大規模な部族集団は暴力的闘争を繰り広げ、後期ウマイヤ朝国家の勢力と正統性を徐々に弱めていく結果となった。それぞれの部族はアラブ部族主義的な言語で表現される、帝国の軍事的党派がもたらす権益を競い合い、事実上の連合体を打ち立てた。[5] ウマイヤ朝国家とその変容する性質に横たわるアラブ性については、カリフやウマイヤ朝宮廷の指導的人物によってシリアの定住地周縁部に建設された宮殿に、その完璧な例を見出すことができる。他方、彼らが都市の生活から離れて地方を選択したということは、ウマイヤ朝国家における政治的現実を反映するものでもある。つまり、ムスリム軍の主力を占めた遊牧的・半遊牧的な部族民の首長やその眷族たちにムスリムのアラブ人司令官たちが面会するには、都市部においていまだ圧倒的多数を占めるキリスト教徒の居住地よりは、地方のほうがたやすかったのである。また、手の込んだ寝室や屋内に台所が見られないなどの建築的特徴も、都市の貴族階級よりも砂漠の生活様式に結びついた嗜好や生活様式が持続していたことを示していると考えられる。他方、建物には前イスラーム期近東の様々な様式や慣習が取り入れられている。例えば、複合入浴施設はローマ時代の都市生活に特徴的なものであった。宮殿を装飾した壁絵、床のモザイク、彫刻などの芸術に見られる図像《イコノグラフィー》も、ローマ的、あるいはイラン的（そして明らかに非アラブ的な）モティーフを自在に用いている。具体的には、幾何学模様や植物を題材としたデザインがそうである。そして舞踏、音楽、軽業は、ビザンツ帝国やサーサーン朝の王侯のような衣装を纏った人々によって演じられていた。✤6

これらローマやイランの王侯的イメージは、さらなる発展、つまり、ムスリム政体の帝国化を反映していると考えられる。ウマイヤ朝統治下において、政体はアラブ的でありつづけたが、そのアラブの指導者たちは、彼らが挑み（ローマ帝国）、また取って代わった（サーサーン朝）、近東の諸帝国が用いたイディオムで話すことを学ばねばならなかった。彼らの成功は、岩のドームの内部を装飾する宝石や王冠、その他の帝国の権威と富を示す象徴やカリフ宮廷の儀礼などのウマイヤ朝期における芸術から窺い知ることができる。✤7 八世紀の初めにカリフ・ワリード一世（在位七〇五—七一五）がビザンツ帝国皇帝に対して胡椒二万ポンドを進呈したが、この王侯趣味な贈り物は、同時に彼が近東の帝国的言語に精通していることをも示したのであった。しかしながらウマイヤ朝はその成功によって、高い代償を支払うことを余儀なくされた。彼らがアリーのカリフ位に取って代わったことで、シーア派における伝統が彼らに敵対的立場をとったのは当然の成り行きであったが、スンナ派からも同様に反発を招いた。ウマイヤ朝は不信仰で、（幾分矛盾するが）人として、また職能としても彼らに帰属しない宗教的役割を簒奪したとして、イスラーム文献およびそれに依拠した近代における二次的研究文献の双方において提示されてきた。敬虔なカリフ・ウマル・イブン・アブドゥルアズィーズ（ウマル二世、在位七一七―七二〇）を除き、彼らは政体と新しい宗教を堕落させ、預言者が定め最初の四人の「正しく導かれた」カリフたちが踏襲した道を廃止し、カリフ位をムルク（muluk）、すなわち「世俗的王政」に変えたという非難を受けている[8]。

後者の非難は単に政治的であるだけでなく、イスラームにおける宗教的権威の実態をめぐるスンナ派の議論の中核でもあった。ムハンマドのもつ卓絶した宗教的権威は、彼の死後、つまり「預言者の封印」以降は存在しないため、カリフ権威の本来的な性格は限定されたものであったと言われている。初代カリフのアブー・バクルは謙虚にもハリーファ・ラスール・アッラー（khalifat rasūl allāh）、「神の使徒の代理人」という限定的な称号を名乗ることを選んだ。だが、ハリーファ・アッラー（khalifat allāh）、つまり「神の代理人」という壮大な称号を不敬にも帯びることによって、その職能を帝国的なものに変容させたのは堕落したウマイヤ朝の人間であった。これによって彼らは、宗教者たちの合意を通じて表される、本来、神とその共同体にのみ授けられる宗教的権威を我が物にしようとしたとされている。

このような叙述は、後代になってから出現した宗教的権威の捉え方や正確な宗教的・政治的体制を、ウマイヤ朝に対して誤って投影してしまうという問題を孕んでいる。ウマイヤ朝がカリフの職掌を政治的諸事と同様、宗教における権威の中心としても捉えていたことは明らかである。だが、何が「イスラーム」を意味するのかという問いに対する正確な定義が欠けていた当時、彼らの主張や行動が大西洋から中央アジアまでを版図に収めた八世紀初期の国家の変容に応じたものではなく、受容されていた形態から逸脱したものと特徴づけることは困難である。ウマイヤ朝のカリフたちが実際に裁判官（カーディー＝qāḍī）や神の法の代弁者、つまり「宗教的」諸問題の最高権威者として振る舞い、また多くのムスリムが彼らとその職掌を、何がムスリムであるかを理解するための拠り所としていたことを示唆する例は枚挙に暇がない。例えば、物議を醸したイラク総督のハッジャージュ・イブン・ユースフ（六六一―七一四）は（最も公平な権威者であったとは言いがたい人物であるが)、次のような信仰告白を行っていたと記録されている。

アッラーのほかに神はなし、並ぶものなき御方、ムハンマドはその御方の僕であり使徒である。そして彼〔ハッジャージュ〕は〔ウマイヤ朝カリフの〕ワリード・イブン・アブドゥルマリク〔ワリード一世〕以外の者に服従しなかった。これに基づいて彼は生き、死に、そして復活するであろう。[9]

また、ウマイヤ朝カリフたちの少なくともその幾人かは、「神の代理人」としてイスラーム伝統の明確化に多大なる貢献を行った。例えば、硬貨、パピルス、刻印などの文書記録の中で、神の預言者ムハンマドがムスリムのアイデンティティーの形成者であるという言及がはっきりと、また一貫してなされているのは、七世紀最期の二〇年間においてのみである。初期の史料では神と来るべき審判をはじめとする宗教的な主題に最大限の関心が注がれているが、預言者個人や彼の歴史的役割に対しては、さほどの関心は払われていなかった。しかし、ウマイヤ朝時代において、ムスリムは他の一神教徒たちとの間に明確な区別を設けるようになり、そのなかでムハンマドは重要な役割を帯びるようになった。すなわち、彼こそがムスリムの行動規範であり、諸々の預言者によって担われた啓示の系譜を最終的に「封印」したという役割である。[10] 決定的な転機となったのは、後の歴史から想像されるように、敬虔であったとされるウマル・イブン・アブドゥルアズィーズの治世ではなく、その叔父のアブドゥルマリクの時代であった。アブドゥルマリクは、ムスリムのアラブ人を分断し、征服せんとする脅威と直面した。彼の政策や功績は、新たに統一された、イスラームの自意識に基づく政体を主張するものとして読み解くべきである。イラクにおけるシーア派の反乱やヒジャーズのイブン・ズバイルの乱など、アブドゥルマリクはウンマの統一性を脅かす直接の脅威に立ち向かわねばならなかった。そして後者の乱が最終的に鎮圧された年(六九二年/ヒジュラ暦七三年)が、後世のアラブの年代記作者たちの間で「統一の年」として知られているということは重要である。[11] 概念的な観点から見ても、アブドゥルマリクの政策はムスリムの生活の枠組みをより厳密に定義づけることとなった。最も重要な例は通貨改革である。特筆すべきなのは、そこでいかなる肖像画も用いられることなく、「アッラーのほかに神はなし」という文言とクルアーンの章句が記されるのみという、装飾を排した新たな信仰の表現が見られる点であった。アブドゥルマリクの関心は明らかに、当時イスラーム帝国内で流通していたビザンツ帝国のデナリウス銀貨に代わることに向けられていた。それはキリストと皇帝が勝ち誇った姿で描かれ、アラブに対してあからさまな宗教的・政治的挑戦を突きつけていたのである。伝統的な説明ではこれらの新しい通貨があらゆる肖像に対するイスラームの内在的な反対姿勢を反映しているとされていたが、ここでも本末を転倒していると言わざるをえない。なぜならそのような姿勢は形成の過程においてのみ見出されるものなのである。これらの通貨は肖像に対する明確なイスラーム的態度の表明、ひいてはイスラーム的アイデンティティーの表明への一歩を示したものであったと位置づけることができよう。[12]

宗派間の対立という文脈において、明確なイスラーム的伝統の表明に対するアブドゥルマリクの最も顕著な貢献は、ムスリムの間で高貴な聖域として言及される、神殿の丘でなされたものである。エルサレムが異なる宗教的諸伝統間の争いの舞台となっていることは周知の事実であり、この神殿が位置するのはまさに一触即発の地域であった。ここはかつて古代神殿があった場所で、伝説ではアブラハムがイサクを犠牲にせんとした場所とも言われていることからも、ユダヤ教におけるその重要性は明らかである。そして実際にアラブによる征服前のわずかな期間に、ローマ軍を打ち破ってシリア諸州を占領したサーサーン朝によって、ユダヤ人によるエルサレム統治が一時的に回復された。ネヘミヤと名乗るユダヤ人の指導者が、古代の聖域に結びつく、犠牲を捧げる形態での礼拝を短期間ながら復活させ、ユダヤ人の関心と期待は再びこの神殿の領域に注がれることとなった。[13] むろんキリスト教徒たちは別の遺構、特にキリストが埋葬され、復活した場所と考えられている聖墳墓教会に対して大きな関心を向けていたが、この神殿の位置する地域を軽視していたわけではなかった。考古学的考証に基づくと、ローマ帝国はアラブの征服以前の数年間、この神殿に対して格別の関心を払っていたようである。[14] イスラームの伝承によれば、カアバに向かって礼拝せよという啓示が下されるまでの初期段階において、アラブの一神教徒たちはこの都市の方角に向けて礼拝を行っていたというが、彼らがエルサレム、特に古代神殿に隣接する地域のもつ象徴的な力を即座に認識したのは、きわめて自然な成り行きであった。アラブがこの都市を征服した際の叙述には、降伏文書への署名と総主教ソフロニオスを伴ったカリフ・ウマルによる凱旋が描かれている。幾多の伝説的記述がなされている中で、カリフが神殿の丘に対して一方ならぬ関心を寄せていたことが窺える。これらの叙述は出所の疑わしいものだが、六七〇年頃、フランク王国から巡礼に訪れたアルクルフが神殿の丘に簡素な木造のモスクがあることに言及していることから、少なくともムアーウィヤの時代までにそのモスクが存在していたことは確かである。だがこの神殿の位置する地域を新しい信仰のために充てたのは、他ならぬアブドゥルマリクであった。

岩のドームとして知られるモニュメントは、ユダヤ教の伝承においてきわめて重要な地点にあり、また聖墳墓教会の地を見下ろすという、その都市の地勢図において優位な位置を占めている。その建造物がはたしていつ建てられたのかをめぐっては、数多の議論がなされているが、最も綿密な研究によれば、六九二年とそれに続く数年間に建設されたという。言い換えれば、アブドゥルマリクがイスラーム国家の統一を達成し、明確なイスラーム的様式に基づく貨幣鋳造計画に着手した、まさにその時であった。[15] より大きな問題となるのは、それがいかなる目的で建設されたかということである。後代のムスリムの叙述家たちは、岩のドームの建設が決定された背景として、マッカがイブン・ズバイルの支配下にあった時代に巡礼の代替地を創設するための試みがあったと認識しているが、おそらくこれはアブドゥルマリク、もしくはその他の人物が故意に不信仰とみなされる行動をとったということではなく、成熟を遂げた伝統から見たウマイヤ朝に対する敵意を汲み取ったものだろう。[16] 実際にはすでに確立された慣行から共同体の目を逸らすための試みなどではなかった。ドームはイスラームが七世紀の末までに明確な形態を帯びてくる過程を映し出しており、その建築全体が近東の一神教的文脈におけるアラブの信仰のアイデンティティーとその優越性を声高に宣言しているのである。ユダヤ人が見れば、そのモニュメントは古代神殿の位置した場所を占拠しているばかりでなく、アブラハムにゆかりの土地をアラブ人が専有しているのであり、それによってクルアーンがその族長アブラハムを最初のムスリムとして捉え直したことを建築的に表現するものであった。またそれはキリスト教に対しても恣意的で辛辣な脅威となった。その都市において物理的な存在感を放っているのみならず、その形状（天井のないモスクではなく、ビザンツ式の聖骨箱の形状をしているが、これはエルサレムを含む諸地域のキリスト教殉教者記念堂や教会によく見られる形状である）や、壁面を装飾するクルアーンの刻文（おそらくは最も初期の現存するクルアーンのテキストであろう）においても同様である。曰く、「言え、『これぞ、アッラー、唯一なる御方。自存され、子もなく、親もなく、比べ得る者なき御方』」（第一一二章）。また、さらに辛辣な文言として、

啓典の民よ、宗教上のことで法を越えてはならぬ。またアッラーについて真実以外を語ってはならぬ。マルヤムの子である救世主《メシア》・イーサーは、アッラーの使徒に過ぎない。マルヤムに授けられたアッラーの御言葉であり、霊力である。されば、アッラーとその使徒たちを信じよ。「三（位）」などと言ってはならない。控えよ。それが汝らのためである。誠にアッラーは唯一の神であられる。アッラーに讃えあれ。神に何で息子があろうか。（第四章一七一節）[17]

ユダヤ教徒、キリスト教徒双方にとってのエルサレムの重要性を考慮すると、新しい宗教がアイデンティティーを表明するにあたり、その地が発展の素地を提供したことは想像に難くない。それはイスラームの開始を告げたとは言わないまでも、一三世紀を経た後もはっきりと知覚できる、重要な指標を示すものである。そのアイデンティティーが近東における他の一神教的伝統から切り離すことのできないものであったということは、環境的要因から、またその後の相互関係からも示されている。いまやそのアイデンティティーはユダヤ教やキリスト教のそれとは別個のものとなった。しかし、明確な自己規定を行うにつれ、イスラームは内部分裂の圧力に晒されるようになるのであった。

# 第9章
# 諸宗派の始まり

イスラームにおける分派研究の伝統は古く、かつ多様な発展を遂げている。預言者自身、彼の共同体は最終的には七三（あるいは七二ともされ、正確な数は報告によって異なる）の宗派に分裂する、と言明したという。異なる宗教集団について、またそれらと正統なイスラームと認識されるものとの関係を区分する上で、神学者たちは大量の論考を記した。一般にイスラームは宗教的事柄に関して決定的な意見を表明するための組織的な権威を有していないため、イスラームにおいて正統と認められる範囲がそれを見る者の概念によって変化するのは自然なことである。西洋におけるキリスト教の伝統で用いられる「異端《ヘレシー》」とか「正統《オーソドクシー》」（前者は後者なしでは存在しえない）という用語は、イスラーム的文脈においては誤解を生む可能性がある。他方で、イスラーム的伝統の有する柔軟性は、ムスリムが（彼らの見解において）誤ったイスラームの役割を主張する人々に対し、激しい批判を行うことを妨げるものではなかった。[✤1] 権威ある組織的構造が欠如していたということが、宗教的アイデンティティーに関わる諸問題をめぐる対立をより先鋭化、激化させたのである。これまで検討してきたように、このような対立は、新しい宗教であるイスラームが先立つ近東の一神教とは別個のアイデンティティーを確立しつつあった最初の一世紀半における歴史の中心に位置づけることができる。ウマイヤ朝は異端ではなかったし、取り立てて邪悪なムスリムの集団でもなかったが、彼らによる統治の下でイスラーム的アイデンティティーが集約しはじめたのと同様に、緊張関係や分裂が生じるようになり、結果としてイスラームにおける宗派が形成されるに至った。そしてここでも、分派的集団が形成されていく決定打となったのは、指導権をめぐる問題であった。新しい宗教は預言者ムハンマドの果たした独自の歴史的役割の理解を通じて確立していったが、指導権をめぐる問題は異なる観点を包含するものであった。その問題を単純化して言えば、「預言者の後継者」としてふさわしいのは誰か、そして共同体はいかに彼らの権威の本質を理解するべきか、ということであった。

八世紀前半までの間、ウマイヤ朝カリフに対する激しく、広範囲に及ぶ反発が沸き起こった。アブドゥッラー・イブン・ムアーウィヤの反乱に示されるように、その反発のほとんどが、明確な目的を欠いたものであった。イブン・ムアーウィヤ（アリー・イブン・アビー・ターリブの兄であるジャアファルの子孫であり、ウマイヤ朝カリフとの関係はない）は、クーファに続き、イランで反乱を率いた。反乱は七七四年に始まり、結果的には失敗に終わったが、一時的にせよ、彼は様々な集団や利害を異にする人々からの援助を受けていた。その中にはのちにハワーリジュ派（後述）と同じくシーア派として認識される人々、アッバース家の支持者のみならずウマイヤ家からの離反者、また非アラブの改宗者（マワーリー＝mawālī）と同様に不満を抱いていたアラブ人も含まれていた。さらには後に分派学者たちが「ジャナーヒーヤ」と呼んだ過激派集団の姿もあった（ジャナーヒーヤは、イブン・ムアーウィヤが実は神の化身であり、その暗殺は見せかけで実際には死んでおらず、イスファハーン近辺に潜伏しており、いつの日か意気揚々と帰還するという思想をもつとされている）。[✤2]

必ずしもすべての抵抗が明らかに宗教的な本質をもっていたわけではなかった。イスラーム国家は、いまだ主としてアラブ国家であった。ウマイヤ朝は行政言語としてアラビア語を採用するなど、国家のアラブ性をより先鋭化させるための様々な政策を講じた。その結果、末期のウマイヤ朝を苦しめたカイス族とヤマン族の闘争に見られるように、内部分裂が部族的な連帯や競合を意味するアサビーヤ（ʿaṣabiyya）という言葉で表されていたことは驚くに値しない。これまで、これら一見部族的連帯に見えるものが実際に反映しているものは何かという議論がなされてきた。だが、それが真の部族的連帯を示していようとも、あるいは単にある集団における政治的・軍事的利益に適ったものであろうとも、彼らの兄弟殺しのような（アラブ部族間の）対立の中に、一貫したイデオロギー上の見解や宗教的諸問題の存在を感じ取るのは困難である。[3]

しかしながら、実際には数多くのイデオロギーをめぐる対立が生じ、そのほとんどはムスリム社会において勢力と影響力を拡大する党派の見解と利害に結びついたものだった。彼らにとって最大の重要事項であったのは、宗教的諸問題とそれにまつわる利害関係であった。西洋の歴史家たちはこの広範で不定形な集団のことを「敬虔志向的」、「一般的な宗教運動」などと様々に呼んできた。[4] この集団の社会的・知的ルーツは様々であり、イスラームのウンマが直面した問題について、またその適切な解決方法について彼らが導きはじめた結論も様々であった。この集団に関わっていたのは、ウスマーンをイスラームに背いたとして殺害した反徒たちに同調した人々、ムハンマドの家系、特に彼の従弟にして義理の息子であるアリーの子孫に特別な敬意を払っていた人々であった。また、イブン・ズバイルのカリフ位を支援したアラブの保守層、ムスリムとしての同胞集団《フラタニティー》に社会的に組み込まれることを求める非アラブの改宗者たちに共感した者も含まれていた。彼らを統合するものが何であれ、それはイスラーム的用語を用いてある政治的・社会的理想を主張するための単なる機会にすぎなかった。つまり、七世紀後半と八世紀前半におけるイスラーム的アイデンティティーの結晶化がなければ、その機会が完全に実感されることはなかったはずで、これについてウマイヤ朝は少なくとも部分的には責任能力を果たしえたのであるから、この点では、ウマイヤ朝はイスラームに対抗するものではなかった。むしろ、彼らはその形成を可能としたのである。だが、彼らが支配者一族を構成していたことで、敬虔な人々から怒りの矛先が向けられる結果となったのであった。

彼らが様々な見解を抱いていたことに鑑みれば、この集団の中でただ一人として典型的であるとみなすことはできないが、ハサン・バスリー（七二八歿）という人物の生涯から、少なくとも彼らの間に普及していた概念、また彼らを苦しめた緊張の一端を辿ることができる。ハサンについてはかなり後代のムスリムの伝承において頻繁に言及されるが、歴史的観点から見れば謎に満ちた人物である。敬虔な説教師であり学者であった彼は、カリフ・ウマル・イブン・アブドゥルアズィーズ治世のバスラというイラクの街で短期間カーディーを務めた。ハサンは、ムスリムであるということはすなわちクルアーンに言及されている諸原則に断固として従うことであると説いた。ハサン自身、マディーナのペルシア系解放自由民として生まれるという複雑な背景をもっており、彼の見解はイスラームが確固たる信仰の伝統として明確化した社会を反映したものであった。そしてその社会においてアラブ的諸要素が依然として存続していたにもかかわらず、イスラームの伝統は、ユダヤ教とキリスト教のもつ普遍主義の新たな担い手となるべく名乗りを上げた。フランス人学者のルイ・マシニョンが述べているような、「歴史上初のスンナ派宣言」をハサンから読み取ることは無理があるようにも思える。というのも、明確なスンナ派イスラームとは、誕生したばかりの党派主義に対する一つの返答であったからである。しかし、岩のドームが建築的に示しているような発展のイデオロギー的表明を彼の思想の中に見て取ることは十分に可能である。また、ハサンは自覚的イスラームがウマイヤ朝そのものに対して抱くようになった圧力を示してもいる。彼の禁欲主義はおそらくは古代末期のキリスト教に特徴的であった世俗的財産や快楽に対する軽蔑を反映し、またある意味ではその影響も受けていた。だが、その直接的な動機となったのは、後のウマイヤ朝カリフたちの中に富や虚飾に走る者が現れたことである。そのことは預言者を模範にせんとする大勢の敬虔な人々を失望させた。彼は、服従を要求するという支配者の権利は重大な罪を犯すことによって無効となるという見解を退け、多くの敬虔なムスリムが突き動かされていた公然の反抗という選択肢を明確に否定し、後世のイスラーム政治思想を貫く静観主義的風潮の先駆けとなった。それは社会的不正を〔最終的には〕神が救済することを期待した、禁欲的方法に基づく苦行だった。だが、同時に彼は非難に値する振る舞いとみなすものについて、ウマイヤ朝とその統治者たちを批判する自らの権利、さらには義務を主張し、その責務を説教によって果たしたのである。これにより、彼は確立したムスリム体制に対

する宗教的不満が拡大する気運の一端を担うこととなった。✤5

分派学者によれば、ハワーリジュ派（アラビア語でハワーリジュ（khawārij）とは、「外に出た者」を指す）は宗教的対立によって現れた、明確に定義づけられた最初の党派集団とされているが、彼らを例にとることにより、我々が強調してきた初期イスラームのアイデンティティーとその実態に関わる幾つかのテーマがより明瞭となるだろう。ハワーリジュ派として認識されている最初のムスリムは、ウスマーン暗殺後のウマイヤ朝の指導者であるムアーウィヤとアリーの論争の中で、アリーの軍から離脱した人々であった。史料によれば、これらハワーリジュ派は、仲裁によって論争を収拾するという提案をアリーが受け入れたことに反対したとされている。それはウスマーンが重罪を犯している以上、ムアーウィヤが親族の死に対して報復を行うことは法的に無効であると確信してのことだった。これら不満分子と七世紀末から八世紀初頭にかけて具体化したハワーリジュ派諸派に関わった人々との正確な関係が何であれ、ハワーリジュ派の出現は、イスラームの宗教的アイデンティティーの形成において、政治的指導権という問題がその中心にあったことを再び思い起こさせる。というのも、彼らの反対の出発点は、ウスマーンと彼に続くカリフたちの振る舞いに対する非難であったからである。より重要なのは、数々の血なまぐさい反乱によって示されるウマイヤ朝の支配に対する彼らの抵抗が、イスラームそのものの具体化を反映していることである。ハワーリジュ派を動かしたのは、宗教的諸原理をより高い次元に昇華させることであった。彼らの信条としては、例えば、重大な罪を犯した個人をムスリム共同体および救済の約束から排除する、カリフはクルアーンの指示と教義に従って統治することが求められる、また、部族的な区分を問わず神の意志に喜んで従う者にカリフ位就任の資格を認める、などが挙げられる。このように、ハワーリジュ派は自覚的なイスラーム・アイデンティティーの出現を反映していると同時に、その原動力となった。一九世紀のある東洋学者の少々ドラマティックな言葉を借りれば、彼らは「イスラームの真の息子たち」であった。したがって、いまだアラブによって支配されているムスリム社会、とりわけイランにおいて、ハワーリジュ派が非アラブ・ムスリムを即座に惹きつけたことは驚くには値しない。✤6

イスラーム最初の一世紀半におけるハワーリジュ派の反乱は、繰り返し発生しているにもかかわらず、大きな影響を及ぼすには至らなかった。アリーの軍から離脱した反徒たちは、六五八年七月、イラクのナフラワーンにおいてアリーによって全滅させられたが、この勝利は結果的にカリフ自身の命を犠牲にすることとなった。アリーはこの戦いで父と兄弟を失った妻に駆り立てられた暗殺者によって殺害されたのである。より深刻な脅威は、ハワーリジュ派の指導者であるナジュダ・イブン・アーミル（六九二歿）という人物によって呈されたものであった。彼は七世紀の後半、一時の間、アラビア半島東部、イエメン、ハドラマウトの広範な領土を支配し、ウマイヤ朝のアブドゥルマリクとヒジャーズに本拠地を置くイブン・ズバイル双方の統治を脅かした。ハワーリジュ派は後代の分派学者によってアズラク派として認識されているが、これは彼らの指導者であるイブン・アズラク（六八五歿）にちなんだものである。彼らは新しい宗教に対する純化主義的思想のもと、七世紀の後半、南部イラクとイランにおいて、恐怖政治を布いた。イブン・アズラクは、ムスリムを自認していながら彼らとともに「出ていかない」人々から略奪をしたり、彼らを殺害したりすることは法に適っていると考えた。それゆえ、彼の見解に則れば、堕落した体制に妥協し、神の意志に従うことへの献身が不十分であることを示した段階で、ムスリムであることをやめたに等しかった。ほとんどのハワーリジュ派諸集団はこのような過激主義を避けていたが、アズラク派が彼らの教義を表現するために用いた言語は、今日では明らかにイスラーム的なタームとされているという点で、注目に値する。例えば、ムスリムが堕落した共同体を「抜け出し」、去るという行為を、彼らはヒジュラ（hijra）として表現した。この用語はイスラーム時代の開始を示す、ムハンマドと教友たちがマッカからヤスリブへと逃れた事件を表すものでもある。別の言葉で言えば、ハワーリジュ派にとってヒジュラとは単なる歴史的事件ではなく、ムスリムとして行うべき行動のモデルであった。ハワーリジュ派の引き起こした現象は、ムスリムとしてのアイデンティティーが完全に自覚的なものとなる過程における、もう一つの段階を示したものであった。また別の観点では、ムスリムの分派学者たちが確認したように、ハワーリジュ派の諸派が乱立していたということは、最初の一世紀半の間、そのアイデンティティーが相当な流動性をもっていたことを示しているといえる。

最終的にシーア派は宗派として深刻な脅威を呈するようになるが、成熟するまでにはかなり長い時間を要した。当初から、預言者の従弟にして義理の息子であるアリーがムハンマド死後の共同体における主導権を主張することを支持する人々の「党派」（アラビア語でシーア＝Shīʿa）があったと考えられる。彼らの〔主導権をめぐる〕選択は、預言者がその晩年、ガディール・フンムと呼ばれる場所で、アリーを後継者として選んだという後代の記述に記録されている。しかしながら、この党派の支持者は明らかに限定的であった。アリーが結果として、またほぼ偶発的に預言者の後継者となる以前において幾度も後継者への選出を逃してきたということは、彼こそ選ばれるべきとする主張に対する反発があったことを示唆している。息子のフサインはウマイヤ朝に対する有名な反乱を率いたが、イラクのカルバラーにおいて、彼とその党派の構成員がウマイヤ朝軍によって全滅させられるという悲劇に終わった。この不名誉な結果は、部分的には彼が実質七〇人程度の支持しか集めることができなかったという事実に起因している。八世紀から九世紀にかけて整えられたシーア派の基本原理は、ムハンマド死後の共同体の指導権がアリーとその子孫を通じて受け継がれるべきだという信念にある。つまり、共同体は合意を通じて選出される預言者の「後継者」（カリフ）だけではなく、預言者の子孫の中から神によって選ばれた指導者、すなわちイマームによっても統治されるべきだと考えられている。権力は預言者の一族の間で保持されるべきという前提をムハンマドが期待していた、またクルアーンもそれを反映しているとして記録を読み解くことは可能であるが、[7] 当時のムスリムのほとんどがこの主張を受け入れていたと結論づけるのは困難である。

　なぜそれが困難であるか、その一因は、誰が「預言者の一族」に含まれるかが確定していなかったことにある。七世紀の末までに、一部のムスリムの間で、指導権は「お家の人々」（アラビア語でアフル・アル＝バイト＝ahl al-bayt）の構成員がもつ特権であると考えられるようになった。この用語そのものはクルアーンに見られるが、そこでの意味は両義的なものである。前イスラーム期における用法では、この表現は部族の中で指導的立場にある家系を意味していた。イスラーム的文脈では、もちろんそれはムハンマドの家系を指している。しかし、そこで鍵となったのは、いかにしてこの家系を定義するかということであり、預言者が男子の子孫を残さなかったことで、問題はより先鋭化した。この用語の意味が不明確であったため、多くの人間がその権利を主張することとなった。例えばウマイヤ家は、預言者の傍系にあたり、前イスラーム期においてはクライシュ族の中で最も高貴であると広く認知されていた家系であった。[8] しかしながら、「お家の人々」という用語はしだいにムハンマドにより近い親族（ハーシム家）、特に彼の従弟で義理の息子であるアリーを通じた子孫に絞られ、より厳密な意味で用いられるようになった。このプロセスは七世紀後半から八世紀にかけて進展したが、それが苦難に満ちたものであったことはシーア派の出現を導き、またウマイヤ朝が終焉を迎える劇的事件の背景ともなったのであった。

その転機といえるのは六八〇年のカルバラーの悲劇、すなわちアリーの息子であるフサインがその地で殉教したことである。事件としてみれば小規模なものであったが、その重要性は計り知れない。カルバラーでの事件は、フサインの救援に向かえなかったことを恥じるムスリムによる悔悟の運動に拍車をかけた。数年の間に、カルバラーにおける悲劇的な事件に対する怒りは、敵であるウマイヤ朝に対し、殺害された預言者一族のための復讐というスローガンを生み出し、政治的な色彩を帯びるようになった。それにもかかわらず、これらの感情によって触発された最も重要な反乱の一つが、ムハンマド・イブン・ハナフィーヤのために起こされたものであるという事実は興味深い。なぜなら彼はアリーの息子ではあるけれども、ムハンマドの娘ファーティマ（六三三歿）ではなく、別の妻との間の息子であり、預言者の子孫ではないからである。これは一見すると違和感を覚えるが、アラブ社会においては父方の家系が重要視されるという事実、また、この反乱が始まった六八五年の段階で、ムハンマドの従弟の息子たちのなかでムハンマド・イブン・ハナフィーヤが最も年長であったという事実によって説明できるだろう。[9] だがそのことはまた、アリーの明確な「党派」が具体化しつつあるなかで、アリーと彼の息子であるフサインから預言者へと遡及する、直系かつ独占的な家系を通じてイマーム（指導者）の系譜を辿るという、後にシーア派として知られる教義形態の確立は、まだしばらく先であったということを表してもいる。

ムハンマド・イブン・ハナフィーヤは彼を奉じて起こされたこの反乱に加わっておらず、それを承認してすらいなかったかもしれない。むしろ、その指導者は、ムフタール・イブン・アビー・ウバイド（六二二―六八七）という人物であった。この反乱はクーファを中心に引き起こされ、クーファが奪還され、ムフタールが殺害されるまでの二年間にわたって続いた。それを鎮圧したのがウマイヤ朝軍ではなく、イブン・ズバイルに忠誠を誓う部隊であったことは注目に値する。しかしながらさらに重要なのはそのタイミングで、七世紀の末、固定的ではないにしろ明確なイスラームのアイデンティティーが出現した一連の発展と危機の中でムフタールの反乱が生じたと捉えるべきである。ムフタールはマワーリーに訴え、彼らの支持を得たが、このことの重要性は完全に明らかにはされていない。ムフタール軍においてマワーリーが際立っていたということが、この反乱と初期のシーア派が特に非アラブ、あるいはペルシア的色彩を当初から帯びていたことを示しているとかつては論じられていたが、この結論はさほど根拠のあるものではない。というのも、ムフタールはアラブ人であり、運動の指導者たちも、むろんイブン・ハナフィーヤ自身もまたアラブ人であったからである。また、この反乱がイスラームにおける民族の平等という一般原則のために起こされたという証左もない。ただ、この運動が明らかに黙示的含蓄に基づいて展開されたということは確かである。例えば、ムフタールはイブン・ハナフィーヤを「マフディー」（Mahdī）と呼んだが、おそらくそれは、この含みのある用語がイスラーム的文脈の中でメシア的人物を示すために用いられた、最初の例であった。このことは幾つかの理由で重要である。まず、続く半世紀を通じて展開したイスラーム運動の中で流布していた至福千年説に基づく期待感が挙げられる。これはアッバース朝カリフ位の樹立という結果をもたらした一連の軍事行動の中で頂点を迎えた。また、その新しい宗教が古代末期の近東における他の宗教的伝統のモティーフ、固着観念《オブセッション》をどの程度採用しはじめたかを示すものでもある。この点において興味深いのは、ムフタールの反乱をメシア的タームで観察していたのはムスリムだけではなかったことである。同時代を生きたシリアのキリスト教徒であるヨーハンナーン・バル・ペンカーイェーが記した年代記は、六八〇年代のイラクで起きた諸事件を終末論的視点から捉え、この反乱で特に非アラブ系兵士が際立っていたことを「イシュマエルの子孫の滅亡」として観察している。[10]

ムフタールに関連する特定の党派集団は、通常、分派学者の間ではカイサーン派として認識されているが、彼らはそれをグラート（ghulāt）、すなわち「極端派」と名づけた様々な党派の中に位置づけた。後世のスンナ派およびシーア派の著述家たちは、カイサーン派を含むグラートをアリーの家系を支持する人々の中でも急進主義者として描写している。なぜなら、彼らは後世広く受け入れられたムスリムの神学的立場に反する教義を採用したとされているからである。しかしながらこのような厳格な分類は、ここでも、はるかに後の時代になって強固となった党派的アイデンティティーを投影したものと捉えるべきであろう。グラートに関する情報のほとんどが彼らに敵対的な史料からのみ得られるため、必然的に慎重な検討を要する。ムフタールらが提唱したとされる教義は、後世に形成されたスンナ派や十二イマーム派の観点から見て、はじめて奇妙に映るのである。ムフタール、カイサーン派、そしてより一般的に言えばグラートは、新しい宗教であるイスラームがその明確な歴史的アイデンティティーを自覚しはじめた時期の教義的な揺らぎを代弁しているのであり、また、新たにムスリムとなった人々にとって多種多様な宗教思想——その多くは過去の近東における諸伝統から取り入れられたものであったが——がいかに魅力的であったかということも表しているのである。例えばカイサーン派は、前イスラーム的信仰や実践の記憶をもつアラブ人と、本質的に異なる宗教伝統をもつ改宗者によって構成されており、彼らの教義はその双方の伝統を取り入れたものであった。彼らのラジュア（raj'a）（「帰還」「再臨」の意味）という教義は、英雄的人物が蘇ることを主張するもので、前イスラーム期のアラブの信仰にその前例を見出すことができるが、後代、隠れイマームの「再来」というシーア派の教義に結実したことは確かであろう。七世紀後半から八世紀初頭において、他界したアリー家の指導者たちが再臨することを期待する動きがすでに見られた。例えば、イブン・ハナフィーヤは七〇〇年（七〇三年、七〇五年ともいわれ、定かではない）に亡くなったとされているが、実はマディーナ近郊の丘で生存しており、二頭の獅子に守られ、蜜と水が湧き出る二つの泉により糧を得ていると考えられた。[11] 分派学者によれば、ムフタールは兵士たちを鼓舞するため、アリーの所有品とされる椅子を戦場に運ばせ、アリーの椅子と

〔十戒の刻まれた石版が収められたとされる〕旧約聖書の約櫃を対比させたという。ここで最も刮目に値するのは、ムフタールがガブリエルの訪問と啓示を受けたとする記録である。このことは、預言の扉が無条件に閉ざされたことを意味する、ムハンマドが預言者たちの「封印」であるというきわめて重要な教義が、その時点では形成過程にあり、この教義が広く受け入れられる以前には、神と人間との間に預言による接触が継続していることをムスリムが期待しえた、ということに気づかせてくれる✤12。

# 第10章　初期イスラームにおける非ムスリム

むろん、初期のカリフたちが統治し、また争った地域における多数派住民は非ムスリムであった。イスラームは剣によって拡大したというよくある固定観念や、非ムスリムに対して課せられた重い人頭税（ジズヤ）や耕作税〔おそらく著者はここで地租（アラビア語でハラージュ＝kharāj）を指している〕を免れるために近東の住民が早急に新しい信仰に改宗したという古い仮説は、最初のアラブの大征服に続く一、二世紀においてユダヤ教、キリスト教、ゾロアスター教、その他の信徒たちの置かれた複雑な状況に対し、根本的に誤ったイメージを植えつけてしまっている。実際、ムスリム国家において一神教徒たちが保護（ズィンマ＝dhimma）協定のもとに暮らしたズィンミー共同体として知られるものは、多くの場合、幾つもの世代を超えて継続したのであった。当然、最終的にはほとんどの地域においてムスリムが多数派を占めるようになったものの、その改宗のプロセスは時間を要し、また一様ではなかった。改宗が進行する実際の速度は、それぞれの地域の状況や、特定の信仰とイスラーム政体との関係しだいなのであった。

当初、アラブの征服者たちと征服された地域住民との関係は、完全に友好的なものでなかったとしても、後の世紀においてしばしば彼らの特徴とされた、慢性的な緊張関係とは無縁であったようである。九世紀の著名な歴史家であるバラーズリー（八九二歿）がシリアの都市ヒムスの住民について残した有名な記述によれば、ヘラクレイオス帝がその都市を奪還せんと脅迫した際、キリスト教徒、ユダヤ教徒の双方がビザンツ帝国による支配よりもムスリムによる統治を望み、アラブの兵士たちに対して留まるよう訴えたといい、また、ローマ軍が撃破された際には、ムスリムたちの帰還を音楽と踊りで歓迎したという。[1] 征服者たちに対するシリア人の熱狂は、この事件よりも二世紀以上後に生きたムスリム史家の希望的観測を投影しているのかもしれないが、ユダヤ教徒とキリスト教ローマ帝国との間に生じた敵対関係はむろんのこと、アラブの征服より数十年も前にエジプト、シリアに土着のキリスト教徒とローマ帝国体制側のメルキト派教会当局との関係を悪化させた緊張状態を考慮するに、ある種の安堵感があったとしても驚くには値しない。その上、少なくとも一部の非ムスリム共同体が前イスラーム期に始まった成長と発展の軌道を辿りつづけたことを示す証拠は数多く存在する。イラクにおいて、キリスト教、ユダヤ教共同体双方がサーサーン朝国家との交流を通じて発展させてきた宗教的、法的組織はその一例である。これらは共同体が有する自治の程度を示すものであるが、征服後も継続していた。当初は幾分躊躇はあったものの、ムスリムたちは自らと非ムスリム共同体との関係の基盤としてそれらを受け入れた。[2] そこでのネストリオス派キリスト教徒の共同体は、当初、アラブがサーサーン朝国家を打倒したことの恩恵を被り、新たな修道院を建設し、非キリスト教徒、ゾロアスター教徒を改宗させることによって、信徒数を増やしたのであった。

最新の研究は、イスラームの勃興を広範な近東の宗教史の中で理解しようとする傾向にあり、それゆえ、征服以前と以後の時代に継続性があることを強調しているが、同時にその継続性がいかに複雑であったかも認識している。つまり、非ムスリムの諸集団はイスラームという宗教が現れたことによって形を与えられ、同様に彼ら自身もそれに影響を与えたという見解である。これは意図的であるにしろないにしろ、ムスリムと非ムスリム間に明確な区別があると最初から安易に推定してしまう見方を修正するものである。そのような誤りとは言わないまでも、少なくとも不完全な視座を生み出した要因は様々であるが、歴史文献学的な問題として見れば、西洋学界において、学問分野の境界がもたらす弊害が挙げられるかもしれない。すなわち、アラビア語やイスラームを学ぶ学生と、前イスラーム近東の言語と宗教を学ぶ学生とを分離する傾向があるのである。それはもちろんアラブの大征服が青天の霹靂《へきれき》であったこと、また、同時代の誰の目にも明らかであった、彼らの引き起こした大規模な政治的混乱を反映してもいる。さらに、現存している史料は、何がムスリム的で何がムスリム的ではないのかという、ある種の既成概念による知的隔離化《ゲットー》を推し進めてしまう性質を持っている。そもそも、ムスリムの伝統において、後代における発展を初期の権威に投影して理解するという傾向が一般的に見られる。例えば、非ムスリムとイスラーム政体との関係における諸条件の概要を述べる文書で最も有名なのは、「ウマルの協定」という名で知られる、二代目のカリフとシリアのキリスト教徒たちの間に交わされた交渉の末の居住形態に関するものであるが、実際にはいま我々が目にする形態でイスラーム時代最初の数十年まで遡ることは不可能なのである。より一般的に言えば、初期を扱ったアラビア語史料は、非ムスリムと彼らが送っていたはずの複雑でニュアンスに富んだ生活に関しては相対的に無関心であり、そこでは、古代末期の近東における豊かな社会的・宗教的舞台や、柱の上で幾年も過ごしたシリアの禁欲者たち〔柱頭行者シメオンら〕のような精彩を放った人物について、ほとんど取り上げられることはないのである。✤3

アラブの征服に続く数十年間、近東の非ムスリム住民に何が起こったのかという問題は、我々がすでに見てきた古代末期の近東史の特徴となるモティーフであり、イスラームの緩やかな出現に寄与した宗教的アイデンティティーが決定するという壮大な物語として、別章で論じることにしよう。ここでまさに古代末期とイスラーム初期における真の継続性を見出すことができるのである。先の章において辿ってきたように、ある独立したムスリム・アイデンティティーが非常に段階的に表現されていったことを把握せずには、七世紀後半から八世紀初頭における非ムスリムの状況と経験を正しく理解することはできない。ダマスカスのヨアンネスは、部分的には、キリスト教における異端であるアレイオス主義の発展形態としてイスラームを描写しようとした。しかしながら、彼が筆を執った時代、すなわち八世紀中頃までに、当時の人々がイスラームを独立した伝統として理解するに足る理由があった。つまり、すでに岩のドームはエルサレムの地勢において重要な地点を占め、ハサン・バスリーは、イスラームに特有とは言わないまでも、明確なイスラーム的用語を用いて支配権力を批判していたのである。

アラブの征服から最初の一世紀半は、イスラームにとってそうであったように、中世ユダヤ教の形成においても決定的な時期であったはずである。大雑把に言ってしまえば、この時期はムスリムの統治下に暮らすユダヤ教徒にとって、都合の良いものであった。特にパレスチナのユダヤ教共同体は、ビザンツ帝国の支配による混乱、困難をきわめた最後の数十年間から回復し、イスラーム初期、正統カリフの時代において、多数のユダヤ教徒がエルサレムに帰還したのであった。[4]アラブ軍の征服のための駐屯地として築かれたイラク南部のバスラやクーファなどの新興都市においても、ユダヤ教徒は早急にその存在感を示し（彼らの一部はおそらくはヒジャーズからの避難民であった）、深く根を下ろしている。トゥデラのラビ・ベンヤミン（一一三〇—七三）（スペインのユダヤ教徒）が一二世紀の中頃にクーファに到着した際には、地元のユダヤ教徒たちがネブカドネザルの宮廷で亡くなったユダヤ人の王として崇敬している人物のものとされる、精妙に設えられた墓に案内されている。[5]

イスラーム初期のユダヤ教が幸先の良いスタートを切ったにもかかわらず、いまだそこに形成途上の「未確定の存在」があると感じている人々もいる。[6]中世ユダヤ教に特徴的な幾つもの点が明確になってきたものの、ユダヤ教共同体内部における傾向や近東の非ユダヤ教徒との関係はいまだ定まっていない。サーサーン朝最後の数十年からムスリムのアラブによる最初の統治までの時期、イラクにおいて、ラビ、また、ラビを養成する主要な学院の長であったゲオーニームの権威の明確化がなされた。五九〇年頃から失墜していた「捕囚の長」（exilarch）（離散したユダヤ教徒共同体の指導者）という職も、アラブの征服者たちによって復権したが、ムスリムによる統治の最初の数世紀を通じ、しだいに儀礼的なものとなった。ガオーンとラビに対して共同体の実質的な権威が授与されるようになるプロセスは、成文正典の正式な解釈とその口伝形態の独占をラビが主張したことに由来するが、これはサーサーン朝の後期からすでに始まっていたことだった。この発展は、近東のユダヤ教共同体にとっても、ムスリム・アラブによる政府と彼らが統治するその他の宗教共同体間の関係のあり方においても、非常に重要なものであった。対内的には、ユダヤ教内部において党派が発展していく素地となった。そしてより重要なのは、共同体内部で一定の自治と権威を行使した宗教的指導者と組織を通じて非ムスリムの住民を統治するという方法が、最終的にはかつてのサーサーン朝帝国の版図を超えて拡大したことである。近東のユダヤ教徒をアラブが征服したことの最も大きな衝撃とは、本質的に異なる共同体を、単一の政治的・文化的システムによる統治の下に統合したことにあるのだろう。それはローマ帝国およびサーサーン朝帝国による支配の下に暮らしたユダヤ人の経験とは、根本的に異なるものであった。少なくとも一時の間、近東のユダヤ人——世界じゅうのユダヤ人の九割を占めていた——は、単一の統治制度を知り、その下で活動することになったのである。

　したがって、ラビにとってのイスラーム初期時代とは、ムスリムであるアラブの征服者たちがコントロールする政治的枠組みの中で、限定的にせよ独立したラビの道徳的・宗教的権威によって制限され、擁護された堅固なアイデンティティーを用いて、巨大な共同体を作り出すために好都合な時期であったといえる。しかし、このような見方やラビの権威を危ういものとする、持続的な危険性が幾つか認められる。第一に挙げられるのは、ユダヤ教そのものから発生したもの、すなわちユダヤ教の歴史観に潜在するメシアニズムである。ユダヤ教のメシアニズムは、初期イスラームの文脈において、単なる奇妙な歴史ではなかった。実際、この時期のユダヤ教徒が将来的な政権樹立を絶望視していなかったことを思わせるという意味で重要である。強大なユダヤ国家（例えば、アラビア半島南部におけるズー・ヌワースの王国など）は前例のないものではなく、七世紀中頃からコーカサス地方の支配権をめぐりアラブと争ったハザル族（の少なくともその王と支配層）が八世紀後半のある段階でユダヤ教に改宗した際、再び現実のものとなった。近東の一部のユダヤ教徒にとっては、政治的可能性はかすかな希望などではなかった。イスラーム以前と以後双方の時代において、ユダヤ教徒による反乱はパレスチナ、イラク、イランなどいたるところで勃発している。より一般には、ローマ帝国とサーサーン朝帝国によって繰り広げられた長期にわたる激しい抗争によって、またその後アラビア半島においてユダヤ教的な預言者崇敬が出現したことによって、メシア待望論はより強烈なものとなった。アラブによる征服のほんの数年後、メシアの到来を告げたあるユダヤ人がイラク南部において反乱を率いたが、クーファからのアラブ軍勢によって鎮圧された。[7] 実際、ユダヤ教のメシアニズムが最も大きな影響を行使したのは、イラクとイランにおいてであった。八世紀、メシアニズムはその地のムスリム、特にウマイヤ朝体制に激しく抵抗したアリーの同志たちが抱いた同様の終末論的期待感に呼応した。その最も色彩豊かな表明は、ウマイヤ朝支配最後の数十年の間にアブー・イーサー・イスファハーニーという人物によって率いられた反乱に見て取れる。この人物は自らが天に昇って神に会い、頭を「打たれた」（語源学的には、アラビア語の「メシア」という単語と関連性がある）ことをとりわけ主張した。アブー・イーサーの複雑で幾分曖昧な教義は、ユダヤ教徒と同様、キリスト教徒（アブー・イーサーとは「イエスの父」を意味する）、ムハンマドの支持者たちのもつメシア待望論を利用したか、あるいはそれを高めるために整備されたようである。彼の反乱は失敗に終わるものの、運動そのものは、イーサーウィーヤとして知られるユダヤ教の一派として、またシーア派の過激派集団に影響を与えることで、数世紀にわたって継続した。[8]

　ラビと同様、後代のイスラームの伝統においても、当然ながらアブー・イーサーのような運動は警戒された。ユダヤ教のメシアニズム、特にそれがイスラーム地域の東部において噴出したということは脅威として認識され、そのことは「キリストの敵《アンティ・キリスト》はペルシアのショールをまとったイスファハーンの七万人ものユダヤ人によって支持される」という、印象深い警告のハディースによって示されている。しかし、アブー・イーサーの例はまた別の可能性を示してもいる。つまり、ラビや後代のムスリム学者たちによって恐れられた、おそらくはより強大であり、かつより拡散する脅威、つまり、近東宗教史の混乱期にあたるこの時期に、ムスリムとユダヤ教の伝統の間で創造的な相互作用が行われるという、きわめて現実的な可能性であった。アブー・イーサーの計画の中には、（史料に信憑性があるのであれば）このユダヤ教徒の指導者が新たにムスリムとなった人々の歓心を買おうと試みたことを示唆する例が幾つか見られる。彼がムハンマドは（少なくとも彼の民族であるアラブの人々に対しては）真の預言者であると説教していたと言われていることもその一例で、アブー・イーサーの名がイスラームの創始者と同じとする史料すら存在するのである。ムスリム側にとっても、ユダヤ教〔特にユダヤ教におけるメシアニズム〕と初期のシーア派運動との関係において懸案となる事項が浮上した。むろん、特定の人物や観念について「ユダヤ」と呼ぶことは、ある意味でその名誉を失わせる行為であったから、史料においてそのような関連づけが行われている場合、それらは本来の関係ではなく、後世の議論を反映していると考えるべきである。だがその証拠とは持続的かつ魅力的なものである。例えば、ムフタールの支持者たちからイスラームに改宗したイエメンのユダヤ人とされるアブドゥッラー・イブン・サバア〔六〇〇―六七〇〕を通じ、シーア派のグラートと結びついた教義をめぐる言説〔アリーのムハンマドに対する位置づけはアーロン〔もしくはヨシュア〕のモーセに対するそれと同じである、また、アリーは死亡したのではなく、真理と正義の王国を樹立するために再来するという主張など〕が挙げられる。より一般的に言えば、ユダヤ教のメシアニズムと、後にスンナ派と呼ばれる人々にも知られ、シーア派初期からその特徴であった至福千年説における待望論との間には、言語、イメージ、構造において、密接な関係が認められるのである。[9]

しかしながら、本当に重要なのは、相互作用や融合のチャンネルが急進主義者や至福千年説を強調する人々だけに限定されていなかったという点で、イスラーム最初の一世紀において、ユダヤ教とイスラームの間に相当なテクストや観念の交換が行われていたことを示唆する証拠がある。ユダヤ教徒の改宗者であるカアブ・アフバール〔六五二／三歿〕は、イスラーイーリーヤート〔isrāʾīliyyāt〕として知られることになるヘブライ人の預言者に関する伝説や宗教的伝承を紹介したとされる人物として、イスラームの伝承においてしばしば引き合いに出される。だが実際は、共同体における宗教生活を形成する役割を果たした人々を含めたとしても、ユダヤ教徒やユダヤ教の伝承と緊密な接触をもった初期のムスリムたちはきわめて少数であった。ムハンマドの主要な教友たちや、彼の発言や行動に関する物語を後世の人々に伝承した「権威の鎖」〔イスナード＝isnād〕に頻繁に登場する人々は、「トーラー」〔ユダヤ教の伝承や啓典全般の意味で用いられているのだろう〕に関する豊富な知識をもちあわせていたとされている。例を挙げれば、アブー・フライラ〔六〇三―六八一〕やペルシア人の改宗者サルマーン・ファーリスィー〔六五五／六歿〕がおり、預言者の従弟であるアリー自身もそうである。イブン・アッバース（六八七頃歿）はおそらくハディースの最も重要な伝承者であるが、しばしば「ヒブル・アル＝ウンマ」（hibr al-umma）、すなわち「［ムスリム］共同体のラビ」と呼ばれている。ある報告によれば、ムハンマド自身が彼の養子であるザイド・イブン・サービト（六一〇頃―六六〇頃）に対し、ヤフーディーヤ（al-yahūdiyya）を彼らと彼らの教典を知るために学習するよう指示したという。ヤフーディーヤとは、アラブ系ユダヤ人の間で一般的に用いられたアラビア語の一方言なのだろう。テクストの交換は新しい宗教がアラビア半島の外に飛び出した後も継続して行われていた。そこでいわゆるイスラーイーリーヤートというヘブライ起源の説話群がムスリムの歴史的なイマジネイションにおいて、またクルアーンの註釈においても深大な影響を与えたのである。ところが発展を遂げたイスラームの伝統はイスラーイーリーヤートに不信の念を抱くようになり、カアブ・アフバールのような最もそれらに緊密に結びついていた人物に対しても、疑いの眼差しを向けるようになった。しかしながら、このような態度は、後世、すなわちイスラームの信仰が他宗教に対してより明確に定義されるようになったイスラーム史のある段階で生じたものであり、初期においては、アイディアの交換はより自由に行われていた。実際の交換のメカニズムを解明することが困難であるからといって、このような対話が一方的なものであったと考えるべきではない。それは単にムスリムがユダヤ教徒（もしくはキリスト教徒）からテクストや観念を借用したということではなかった。これら三つの信仰を奉じる個々人が、神によって与えられたと自らが信じる聖典の理解を形づくる上で、説話や伝統における共通項をクリエイティヴに取り入れたということなのである。[10]

キリスト教徒にとってのアラブの征服とは、ユダヤ教徒以上に、先行する数世紀を通じて発展した共同体、政治形態に衝撃的決裂をもたらす結果となったようだ。イスラーム帝国の中核となったエジプト、シリア、イラクの諸地域が古代末期にキリスト教の発展において果たした重要性は、いくら誇張しても誇張しすぎることはないだろう。禁欲主義と修道生活の伝統が最初に形成されたのは主にエジプトとシリアであった。イラクのネストリオス派教会は、アラブによる侵攻時、最も勢いのあるキリスト教共同体の一つであった。七世紀初頭までに、おそらくそれはその地における最大規模の宗教共同体であり、その構成員は異教徒、ゾロアスター教徒、ユダヤ教徒が改宗することによって増加した。しかしながらそれらの地域はいまやムスリムを自称するアラブ人によって統治されるようになり、その状況は、程度の差こそあれ、永続的なものとなるのであった。

実際には、アラブ統治下において近東のキリスト教徒たちが被った経験とそれに対する反応は複雑なものであった。彼らは地中海のローマ教会とその統治から即座に、また完全に切り離されることはなかった。例えば、ウマイヤ朝による統治期を通じ、五名ものシリア人がローマ教皇の位に上りつめている。ローマ側から見たアラブの征服は、キリスト論における差異という厄介で継続的な問題の枠外で起きた事象ではなかった。七世紀を通じ、皇帝と評議会はカルケドン派と単性論派のキリスト論の相違を埋める神学的妥協点を模索した。この努力がなされたのは、少なくとも部分的には、アラブによって占領されてしまった地域における（その占領が一時的であることを願っていた）キリスト教徒をローマとの関係上に繋ぎ止めておくためであった。

近東のキリスト教徒は新たなアラブ支配者たちに対して疎かったというわけではないが、新たな体制が自らにとって何を意味するのかをめぐっては混乱していたようである。キリスト教徒共同体の幾つかは、古代末期に確立された成長の軌道を辿りつづけていた。例えば、イラクにおいて、征服は教会施設の略奪や多数の修道士・聖職者の殺害をはじめとする必然的な混乱を招いたが、キリスト教共同体が回復するにはそれほど時間はかからなかった。特にネストリオス派教会は精力的であった。征服活動後も修道院が新たに建設され、ユダヤ教徒やゾロアスター教徒のキリスト教への改宗により、その勢いは継続した。続く数世紀の間、ネストリオス派教会は（最終的には成功しなかったものの）イラン、アフガニスタン、中央アジアなどの東方地域への広範な伝道活動を展開したのである。これは中世初頭のキリスト教史において、十分に理解されていない局面の一つであろう。したがって、アラブによる征服後、ネストリオス派側史料の数々が、新しい統治者が唯一にして真の神を信仰していることを認め、教会、修道院、聖職者とキリスト教共同体内部における彼らの特権について敬意を払っていると好意的に言及していることは、驚くには値しない。パレスチナにおいても、総主教ソフロニオスが「サラセン人」が教会を破壊し、修道院を略奪したと記すなど、教会員たちが不満を訴えているにもかかわらず、アラブの征服とそれに続く時代においても新たな教会の建設が行われており、また、七世紀後半から八世紀前半の修道院文化が体制における変化によって妨げられることなく隆盛したことを示す考古学的証左が存在するのである。[11]

我々にとっては明白で疑う余地のないように映るもの――例えば、近東からローマの政治的権威が永久に消滅したこと――も、当時においてはそう理解されていなかったかもしれない。サーサーン朝の侵攻に対してローマ軍が一時的に撤退したことは、アラブによる侵入のたった数十年前の出来事であった。これはエジプトやシリアのキリスト教徒にとってローマの権威がすでに限定的なもので、彼らの宗教的アイデンティティーは帝国のそれと不可分に結びついてはいないということを示唆しているとも理解できるが、他方で、その軍勢がペルシアの撤退に続いて戻ってきたように、彼らが再び戻ってくる可能性もあった。キリスト教徒はユダヤ教徒や新たなムスリムとともに、当時熱を帯びていた至福千年説に加わった。多数のキリスト教徒、特に単性論派のキリスト教徒が、終末論的時代を導く触媒としてアラブの征服を理解するようになったことは当然の流れであった。この見解に従えば、神は無用心なキリスト教徒に対して彼らの罪、すなわちローマ教会の望まれないキリスト論を押しつけようとする政策や試みを罰するために「イシュマエル人」を解き放ったのであった。しかし、七世紀の末までに、キリスト教共同体はふさわしい懲罰を受けており、ビザンツ帝国の皇帝がアラブ人を「約束の地」から追い立て、「ヤスリブの砂漠」で彼らを攻撃し、神の復讐者としての役割を果たすであろうとする終末論的見方が現れた。この見解の出所は不明で、それを示すテクストはカルケドン派のキリスト教徒、すなわちメルキト派教会のキリスト論と教会制度の権威に忠実な人物によって編纂された可能性があるが、テクストは古代シリア語で流通し、シリアとイラクのキリスト教徒の間で普及していたと推定される。もしこのテクストが、言われているとおり六九〇年から六九一年の間に編纂されたものであるとすれば、我々はその中にアブドゥルマリクの改革や岩のドームの建設と結びついてより鋭い輪郭を与えられたムスリムのアイデンティティーに対するキリスト教徒側の反応を見て取ることができる。そしてそれが事実であるならば、ビザンツ皇帝に贖《あがな》いという役割を帰することは非常に示唆的である。[12]

当然ながら、終末はやってこなかったし、ローマ軍も戻らなかった。それゆえ、近東のキリスト教徒たちは最終的にはムスリム・アラブと和解せざるをえなかった。征服後、地元のキリスト教共同体は自らの才覚に頼るしかなく、例えば、シリアとエジプトのギリシア語話者エリートの多くは、帝国に残された領土へと逃れていった。アラビア語話者であるベドウィンとシリア語話者であるシリアとイラクの農民たちの間で何世紀にもわたる交流があったことは、両者の言語学的な類似性に加え、彼らがアラブによる統治を受動的ながら受け入れるよう促しただろうが、アラブによってギリシア語話者エリートが殺害されたり、姿を消したことも受容の一因となったのであった。キリスト教共同体は存続したものの、いかに母語であるコプト語やシリア語が日常のコミュニケイションの道具として急速に失われていったのかという問題は、特に征服された地域におけるアラブ人の存在が人口統計から見て小規模であったことを考慮すると、注目に値する。近東において存続したメルキト派教会ですら、適応せざるをえなかった。八世紀の末までに、カルケドン派教会に属する近東のキリスト教著述家たちはある種のアラブ文学を発展させたが、そこにはクルアーンの与えた言語学的・神学的影響が顕著に現れている。そしてそれは、アラビア語話者であるムスリムとの直接的な論争に向けられたというよりも、キリスト教徒たちの宗教的アイデンティティーを補強することを意図したものであった。[13]

前述以外の宗教伝統を奉じる人々が新たなアラブ人支配者によって被った経験もまた複雑なものであったが、我々にとってはさらに不明瞭な点が多い。異教徒の伝統はアラブが征服した土地の大半において、アラブが到来する以前から世俗社会においてはすでに衰退していた。しかしながら、その痕跡は即座に失われるものではなかった。最終的にイスラーム法は啓典を与えられた一神教徒とそれ以外を明確に区分するようになり、前者を許容する一方で、後者に対しては改宗か死かを迫った。だがそのような明快な区分は、イスラーム最初の世紀において異教徒が経験した事象を必ずしも特徴づけるものではない。

第一に、複数の異教徒による共同体がイスラームの征服以降も損なわれることなく続いており、なかには数世紀も存続するものもあった。その最たる例が、北部メソポタミアの都市ハッラーンの「サービア教徒」と呼ばれる人々による共同体で、彼らがその宗教伝統に固執していたことから、教父たちはその地をヘレノポリス、すなわち「異教徒の街」と呼んでいた。その都市は六四〇年にアラブによって平和的に占領され、ウマイヤ朝末期にはマルワーン二世（在位七四四―七五〇）のもと、短期間ではあるが帝都として機能した。ハッラーンの人々の宗教伝統は、星辰への信仰が中心であった。ある報告によれば、彼らは水星の神〔メルクリウス、またはヘルメス〕に似るとされた人物の身体を油と硼《ほう》酸ナトリウムの混合物に保存し、毎年水星が頂点に達する時期になると、彼の頭部の位置を変えた。〔イブン・ナディームによれば、この混合液に身体を浸すことにより関節が緩み、頭部を切断することなく自由に回すことができたという。（*Fihrist* 2:753-4）〕その際、彼の魂は「何が起きているかを語り、問いかけに返答する」とされた。しかし、その都市には哲学を専攻する学院も存在し、そのメンバーたちは供儀を伴う信仰や寺院での儀礼、その信者たちを避けていた。一〇世紀の書物商、目録作成者であったイブン・ナディームの記録で有名なのが、ハッラーンの異教徒たちが九世紀初頭にアッバース朝カリフ・マアムーン（在位八一三―八三三）による審問を受け、改宗か死かの選択を迫られたというエピソードである。一部の者は屈服し、キリスト教、またはイスラームに改宗したが、それ以外の者はクルアーン中に「最後の（審判の）日」を信じる集団として言及されている曖昧な単語を利用し（例えば二章六二節など）、自らが「サービア教徒」であることを主張することによって窮地を脱することに成功したのであった。いずれにしても、歴史家のマスウーディーが学院を訪れたのは一〇世紀中頃のことで、最後の寺院が閉鎖されたのは一一世紀であった。学院、寺院ともに、イスラームの到来後も長期にわたり存続していたのである。✣14

マニ教はというと、その洗練された魅力的な神学思想から、イスラームに対するより深刻な脅威として捉えられていた。イスラーム最初の一世紀におけるその歴史はほとんど知られていないが、彼らが明確な二元論を打ち出しているにもかかわらず、宗派としては存続していた。問題を複雑にしている点の一つは、一般にマニ教を意味するザンダカ

（zandaqa。その信仰者はズィンディーク＝zindiq）という用語が、自由思想や不信仰を示すものとしてより広く用いられるようになったことである。しかし、イブン・ナディームの証言に則れば、マニ教の共同体は「長」を有する成熟した構造と、教義をめぐる党派の分裂を経験した内的ダイナミズムを備えていた。その伝統もまた初期のイスラーム社会において、少なくとも一部のエリートにとっては相当な魅力を備えていたようである。著名な政府書記官であり文学者のイブン・ムカッファア（七二〇—七五六）は、マニ教に対する弁明書を記し、その変幻自在の宇宙論《コスモロジー》を擁護し、イスラーム、その他の一神教伝統における信仰絶対主義《フィーディズム》を攻撃したとされている。実際に彼が筆を執ったか否かは別として、その論考が彼に帰せられたということは、廷臣、作家、神学者たちのマニ教に対する共感を示す数多くの報告と併せ、このエリート主義の信仰が持続的な魅力をもっていたことを示し、またそれがイスラームに呈した危険性をも示唆するものである。つまり、公にはムスリムであるとされた人物が、預言に基づく一神教に害をなす信仰を保持していたこともありえたのである（ウマイヤ朝のカリフ・ワリード一世がマニ教徒であったとする史料も複数存在する）。アッバース朝初期において、マニ教は激しい弾圧と迫害を経験した。最終的には消滅したものの、中央アジアと中国において刺激的な展開を見せ、後代のムスリム、特にシーア派に対して、哲学的・神学的思索という希薄化した形態で影響を与えつづけたと考えられる[15]。

ゾロアスター教は新たなムスリムにとって、独特の脅威となった。つまり、ゾロアスター教はユダヤ教やキリスト教と異なり、預言に基づく過去をイスラームと共有していないのである。ゾロアスター教の根底には明確な二元論があるにもかかわらず、一神教であり啓典を有するとみなしてよいのであろうか？　クルアーンにはイランの国教を信仰する人々に関する言及が一箇所見られるが（第二二章一七節）、わずかな言及にとどまっており、ムスリムにとっての聖なる書がゾロアスター教をユダヤ教やキリスト教のもつ性格や地位、あるいは否定され、見下された多神教のそれと比較可能であるとみなしていたかどうかははっきりしない。後世のイスラーム法がゾロアスター教に特化した疑念を鮮明に呈しているにもかかわらず、最終的にゾロアスター教徒はズィンミーとして受け入れられた。結果的にはゾロアスター教徒がユダヤ教徒やキリスト教徒と同等の権利や地位を付与されることはなかった。ゾロアスター教徒はモスクに入場することを禁じられたが、この命令は少なくとも初期イスラームにおいてはユダヤ教徒やキリスト教徒には適用されていなかった。また彼らの身体によって汚されるとの理由で、ムスリムの浴場に入場することも拒否された。[16]

ゾロアスター教徒は、当初イスラーム側に非ムスリムの伝統に対する明確な政策が欠けていたことによって大いに助けられた。ここでも、アラブの征服者たちは非ムスリムである新しい臣民たちに対して降伏《カピチュレイション》〔降伏と引き替えに、生命・財産・宗教の自由を認めることを指す〕の条約を結んだのであった。その形態は様々で、原住民が服従し、アラブが彼らの保護に同意した諸条件も、地域によって異なるものが用いられた。イラクはサーサーン朝帝国の政治的中心であったが、ゾロアスター教組織は王政と王家の付属機関であるとみなされ、相当な破壊と財産没収を受けた。だがそれ以外の地域においては、少なくとも当初、混乱はより限定的なものであった。ペルシア帝国文化圏の最東端に位置するスィースターンでは、六七一年、アラブの統治者がゾロアスター教の著名な聖職者たちを処刑し、聖火を消そうとしていることを妨げようと、地元のムスリムたちが仲裁を行ったが、それは、降伏《カピチュレイション》と保護の契約を反古《ほご》にしてしまうという理由による行動であった。[17]

かつてはゾロアスター教がサーサーン朝帝国と密接に結びついていたために、アラブの征服によって急速に衰退してしまったと理解されていたが、実際には、ゾロアスター教が土着の少数派信仰になっていくプロセスは長期的で、複雑なものであった。まず初めに、アラブの征服以前、すでに国家宗教から（特にキリスト教へ）の改宗がゾロアスター教の権威にとって深刻な問題となっていたこと、そしてキリスト教への改宗はアラブの征服以後も継続していたということを指摘しておかなければならない。より広範な観点に戻れば、イスラーム最初の数世紀は古代末期から継続しているものなのである。二点目として、ゾロアスター教は改宗のプロセスに加え、ムスリムであるアラブ民族がイランに定住したことを通じて置き換えられていった。このことは本質的に長期にわたる事柄で、アラブ民族のイランへの移住はアッバース朝期においても継続した。ついに古代イランの宗教伝統はその故郷からほぼ消滅してしまい、今日では小規模なマイノリティーとなっている。この点において、ゾロアスター教のイスラームとの邂逅は、近東のユダヤ教やキリスト教のそれとはまったく異なるものであった。初期の征服活動、またその直後において、征服者の信仰をイランの人たちが受容した事例は数多く見受けられ、例えばハムラーにおいてアラブに降伏し、彼らの主張を受け入れたサーサーン軍の一師団（彼らの一部はカーディスィーヤの決戦以前に受容している）が、タミーム部族の庇護民（マワーリー）となったことなどがそうである。しかし一般的には、かつてのサーサーン朝帝国の領土における改宗の速度は当初ゆっくりとしたものであり、最も早かったのは、おそらく、アラブの軍勢が駐留した都市の植民地であっただろう。さらに、農村のイラン人改宗者たちが改宗後にムスリムが支配する都市へと移住した可能性もある。というのも、ゾロアスター教共同体にとってゾロアスター教を棄教することは、ある種の社会的な死を意味したからである。ゾロアスター教は徐々に地方と結びつくようになったが、そのことは長い目で見ればイスラームに対して不利に働いたのは明らかである。ともかく、ウマイヤ朝の末期になってもゾロアスター教は壊滅状態には至らず、都市部においてすら、ムスリム共同体は住民の中で小規模なマイノリティーにすぎなかったのであった。[18]

# 第11章

# アッバース朝革命

これまで強調してきたように、ウマイヤ朝のカリフたちは後代のイスラーム伝統の中で幾分不公平に扱われてきた。彼らは一部のムスリムから不敬な簒奪者として退けられた。彼らの統治に対する根深い不満を示す証左は八世紀中頃までに確認される。その断層線〔地学用語では断層面と地表面とが交わる線、ここではハンチントンの『文明の衝突』における議論を受けて、諸集団の接触する最前線を指す〕は様々で、また重複するものであった。非アラブの改宗者たちは、数の上では限定的であったものの、ムスリム社会と軍においてしだいに大きな構成要素となり、自らが社会的に劣った立場に置かれていることに憤りを感じていた。イラクのアラブ民族やより僻地に定住した人々が、ウマイヤ朝を支える核となったシリアの軍人たちによって支配されることに苛立っていたということも、局地的な不満の原因であった。アラブ・エリート間の対立も危機的なレヴェルにまで達しており、特定の部族集団に属する幾つもの党派が権力や国家の富を狙って争った。特に、カイスとヤマンの広範な部族連合間の暴力は、〔シリアという〕地域固有の問題となり、ウマイヤ朝国家そのものを疲弊させる結果となった。カリフ・ワリード二世（在位七四三―七四四）の暗殺を促したのはヤマン部族の一集団であり、カイス部族のための血なまぐさい報復活動が最後のウマイヤ朝カリフ・マルワーン二世によって展開された。[1]

とりわけ八世紀の中頃というのは、諸観念、価値観、期待感に関連する領域が大きく揺り動かされた時代であった。近東の住民たちは、至福千年説に刺激され、彼らの政治・宗教界をいかに秩序立てるかをめぐって、分裂を生み出した闘争の過程を目の当たりにし、またそれに加わった。ハワーリジュ派の衝撃は永続こそしなかったものの、根絶させられることはなく、暴力的な反乱を繰り返し引き起こした。特にウマイヤ朝末期のイラクで生じたハワーリジュ派による一連の反乱は、アッバース家がイランから進攻するためのお膳立てをしたともいえる。より一般的に言えば、社会的・政治的思想においてクルアーンの宗教的なメッセージを最も重要と位置づける原理と期待感を打ち出したハワーリジュ派は、イスラーム共同体全体における基準を定めることに貢献したのであった。例えば、ハワーリジュ派がカリフに備わっているべき公正さを強調したことは、最初期から共同体の注意を統治者となる人物と役割に向けさせることとなった。アズラク派が個人に対して（アズラク派の基準に沿った）真のムスリムであるかを見分けるための「質疑」（イスティウラード＝istiʿrāḍ）を行い、その基準に達していない者を殺害するという異様な方針を採っていたという事実は、少なくともムスリムであるとは何を意味するのかという問題をはっきりと提示したのであった。シーア派の期待感もまた、ウマイヤ朝がその終焉に向かって急き立てられていくのにしたがって、より焦点を絞られていくこととなった。これから検討していくが、このことはアッバース朝権力の勃興において重要な役割を果たすことになる。八世紀の中頃、ムスリムと同じく、ユダヤ教徒やキリスト教徒の抱いていた終末論的期待感は、来る年が抜本的変化をもたらすであろうという感覚を高め、さらに、ある信仰の信者たちのもつ期待感が別の信仰の信者たちの期待感を煽ることもあった。例を挙げれば、アッバース朝がムスリムたちの至福千年に対する夢を助長し、利用する一方で、同時代のユダヤ教のテクストでは、メシアが到来する前触れとして、アッバース朝のカリフであるマンスール（在位七五四―七七五）を終末の日が接近する際のイシュマエル人の統治者として捉えていたことがそうである。[2]

アッバース家とはいったい誰を指し、彼らの「革命」の実態とはどのようなものだったのであろうか？　ここで前置きとして一言述べておかなければならないのは、アッバース家の展開した運動をめぐる物語《ナラティヴ》とその意味を再構成することは、史料の性質上困難だということである。というのも、たいていの場合、これらの史料はかなり後代になってから記されたもので、後の世代の視点を反映しているからである。より厳密には、それらはアッバース家が権力を握ることとなった諸事件から数年後になって、彼らの擁護者たちが展開したイデオロギーを反映しているといってよい。このことが重要なのは、アッバース朝がイデオロギーをめぐって打ち出した主張の性質が、時代を経るにつれて根本的に変化しているからである。アッバース家運動は、八世紀中頃に生じた宗教的動乱に対する――数多く存在した中の一つの――直接的返答であった。だが、その成功こそが政治的・宗教的地図に変化をもたらし、続くアッバース朝のカリフとその支援者たちは、彼らの統治を正統とするための新たな理論を構築することによって、変化した状況に適応したのであった。したがって、アッバース朝の主張に沿った物語や主張の展開を再構成することは、結果として歴史考古学における実習に相当する行為、つまり文学的遺物の「層序学」を通じ、変容するアッバース朝国家の性質を辿るという試みなのである。だがこの作業こそが、イスラームの宗教的アイデンティティーと権威の発展を理解する上で基軸となるものである。[3]

アッバース家はその名を預言者ムハンマドの父方の叔父であるアッバースに由来する。しかし、預言者死去の際に最年長であった男性親族の子孫であることを根拠とする指導権の主張は、彼らがカリフ位に上りつめた数十年後になって初めてなされたものであった。彼らが権力を掌握する結果となった反乱に先立つ数十年の間、彼らが行っていた主張はまったく異なるものであり、八世紀中頃のムスリムの宗教的アイデンティティーがいかに混乱した状態であったかを雄弁に物語っている。秘密裡に展開したアッバース家の運動は、おそらく最も著名な初期のハディース伝承者の一人で、預言者の従弟であったアブドゥッラー・イブン・アッバースの息子のアリーから始まったと考えられる。彼と息子のムハンマドはヨルダンのフマイマに住居を構え、ダマスカスのウマイヤ朝宮廷をしばしば訪問することを通じ、ムハンマドはムハンマド・イブン・ハナフィーヤの息子であるアブー・ハーシム（七一六歿）と親しく交わるようになった。ムハンマド・イブン・ハナフィーヤといえば、それより数十年も前に、ムフタールが反乱を率いた際に担がれた人物であった（実際、アッバース家とイブン・ハナフィーヤ家との関係は、両家がヒジャーズに居住していた、もっと早い段階で始まっていた可能性がある）。当時存命であったムフタールの支持者の一部は、アブー・ハーシムを父親亡き後の指導者、つまりイマームであると認め、アブー・ハーシムはアリーの息子であるムハンマドを彼らに引き合わせたのであった。アッバース朝の主張を説明し、正当化する後代のテクストに基づけば、アブー・ハーシムには息子がなく、アリーの息子のムハンマドを彼の後継者として認め、「任命」――シーア派の用法では含蓄の多い用語であるが――したという。このようにしてアッバース家はウマイヤ朝に対する水面下での反対運動（通常ハーシム家運動として認識される）を率いるようになったが、それは預言者一族、特にアリー系の子孫が統治すべきという信条に基づく支持を根底として生まれたものであった。

もちろん、アッバース家は預言者にとっては傍系にすぎないから、一見したところ、このことは奇妙に映る。アリーの家系を支持する人々が、いかにして彼らの主張に賛同したのかという問題を考えるにあたり、幾つかの点に注意を払っておかなければならない。最初の点は、アッバース家がリーダーシップを発揮した運動が、初期においてはきわめて小規模であったことである。その中心はクーファにあったが、そこでの支持者たちはほんの三〇人程度にすぎなかった。したがって、彼らが広範な支持者を集めたことは、特にホラーサーンにおける、苦難に満ちた宣教活動の賜物であった。より重要なのは、運動としてのシーア派が預言者の直系子孫の指導権を認めることを通じて形成されていく一方で、「お家の人々」――つまり、預言者に連なる系譜を有することで特権を付与される人々――という概念に対する理解は、後世のように固定的かつ独占的なものではなかったのである。実際、シーア派に対して自らとその主張をより厳密に規定するよう拍車をかけた要因の一つは、アッバース家運動の現象そのものであった。おそらく最も決定的であったのは、アッバース家運動が秘密裡に進行したことであり、その支持者や派遣された「宣教者」たちは、彼らが誰のために骨を折っているのか、具体的な人物名を主張することはなく、単に「ムハンマドの家系から選ばれた者」に対する支持を集めようとした。これはより普遍的な訴求力をもつことを意図したもので、特にアリーとファーティマを通じたムハンマドの子孫を求めるムスリムが増加していたため、彼らの共感を呼ぶことを意図した曖昧なフレーズであった。

　アッバース家の運動が秘密裡に組織化され、最終的には公然の反乱となっていく物語《ナラティヴ》は、アッバース家の部下であったアブー・ムスリム（七五五歿）の指導の下にホラーサーンで始まり、アッバース家に権力を与えたというものであるが、その内容について論じることは本書の目的から外れており、参考資料に挙げた文献の中で詳細な言及がなされているため、興味を抱かれた読者はそちらを参照されたい。だが幾つかの点、特に宗教的なアイデンティティーと権威というテーマに関連する問題については、これから取り上げることにしよう。最初に指摘するのは、アッバース家が権力を掌握する結果へと繋がった激的な変動が、八世紀中頃の宗教的動乱によって生まれたものであったという点であり、このことは最も重要である。それはムスリムが活動したイスラーム社会と宗教的宇宙双方の構造と方向性における、広範かつ系統的な発展を反映したものであった。つまりそれは、単にある家系が別の家系に取って代わったというクーデタではなかったのである。八世紀の中頃までに、「イスラーム」は紛れもなく独立した存在となっており、アッバース家は自らの主張を明確なイスラーム的イディオムを用いて正当化しなければならなかった。彼らの行った努力は、幾つかの不確定要素と実験的要素を曝け出すこととなった。例えば、彼らの運動は、当時まだ焦点の定まっていなかったシーア派の期待感から発したと考えられるが、結果的にアッバース家は彼らの統治を別の手段で宗教的に正当化し、それによりシーア派の主張を不要としたのである。しかし、問題となったのは、宗教的な形態において彼らの主張を表明しなければならなかったということであった。例を挙げれば、彼らの即位を示すために、支持者たちはダウラ（dawla）という用語を用いた。直訳では、この用語は時間の経過や運命の変化などの文脈で「転換する」ことを意味し、拡大的に解釈すれば、堕落したウマイヤ朝による過去と根本的に決別したこと、そして預言者と原初のイスラーム共同体に結びついた理想的なイスラーム的秩序の回復という「回帰する」ことをも意味した。[4] これはイスラームがこの時点で完全に形成されたことを指すのではなく、むしろその逆であり、我々が典型的「イスラーム」であると捉える事象の大多数が実際には後世における産物であったということは、本章に続く各章を通じて議論していくとしよう。また、ムハンマドと彼の共同体に関する見方《ヴィジョン》はアッバース家とその支持者に影響を与えたが、それはムハンマドが歴史的に体験した諸状況や価値観というよりは、後者自身のそれをより強く反映しているということを否定するものでもない。つまり、その見方というのは歴史的なものではなく、完全に理想化されたものなのである。しかしながら、アッバース朝革命が、二世代前に行われた岩のドーム建設のように、自覚的なイスラーム伝統の発展における重要局面であったことは確かであろう。

二点目は、「革命」そのものの性質に関わるものである。一九世紀後半から二〇世紀初頭にかけて一部の著名な東洋学者によって打ち出された、西洋学界における古い見解によれば、ホラーサーンという東部の州から始まり、サーサーン朝の一州であったイラクへの政治的重心の移動という結果をもたらしたアッバース家の反乱は、アラブの支配に対するイランの国民的反乱として捉えられていた。この見解は近年の研究者たちによってその大部分が否定されている。彼らは、一世紀前の西洋の研究者たちの間で流行していた民族的《エスニック》ナショナリズムの影響を認め、また、八世紀中葉の諸事件を当時予見できなかった結果に基づき過度に目的論的に解釈しているとした。[5] イデオロギーの観点から見れば、その運動は、イランの文化やアイデンティティーを復活させることではなく、アラブの預言者であるムハンマドと結びついた理想的な社会の回復を目指したものであった。アッバース家がイラン出身の多くのマワーリー〔庇護民〕の支援を受けたことは事実であるが、彼らが掲げた目的とは、民族的《エスニック》アイデンティティーではなく、イスラームに基づく社会の組織化であった。反乱に加わったイラン人たちも、完全なるムスリム社会への同化を目指して参加したのであり、それをイラン的な方向に向けさせようとしたわけではなかった。社会学的にも、運動にはアラブ的色彩が色濃く見て取れる。アッバース家の構成員はむろんのこと、運動の指導者たちの大半がアラブであったし、カイスとヤマンの権力闘争は、ホラーサーンに定住したどのアラブ部族が反乱に加わり、あるいはそれに抵抗したかを決定づける主要因となったのであった（アッバース家自体、彼らのアラブ系支持者たちのほとんどがそうであったように、ヤマン部族連合に所属していた）。[6]

だが、この事件をより長期的な視座で捉えた場合、アッバース朝革命の中に、段階的にイスラーム文明に新たな方向づけをし、イスラームの普遍的な精神を深化させ、特によりイラン的伝統の諸要素を熱心に受容していくステップの一つを見出すことは可能である。この全般的傾向は、アッバース朝の反乱以前からすでに見られたもので、建築や芸術、ウマイヤ朝宮廷における儀礼の中にサーサーン朝イランの影響を見て取ることができる。[7] イランそのものについて言えば、ムスリムであるアラブの権力者たちは、何年にもわたり、特に税を徴収する上で中央政府の調停役としてイランに土着の貴族階級や地元の官僚に依存していたが、彼らの中でイスラームに改宗したのは一部にすぎなかった。言い方を変えれば、アッバース朝カリフに仕えたイブン・ムカッファアやバルマク家をはじめとするイラン人が行使した権力と影響力は、アッバース朝以前の慣行に強く根ざしたものであった。アッバース家の呼びかけに応じて最初に立ち上がった州はイランのホラーサーンであったが、そこでは、アッバース家の旗印のもとに結集したムスリム・アラブと並び、アッバース家の軍に加わったマワーリーをはじめ、強いイラン的要素が確認できる。イデオロギー的レヴェルで考えるなら、アッバース家の計画に見られるある点が、特にイランの宗教的伝統から生まれた一部の集団を惹きつけた可能性を指摘できよう。ムスリムの歴史家たちや分派学者たちの言説を信用するならば、マズダクの教えに従い（三七―三八頁を見よ）、イスラーム初期の数世紀においてはホッラム教として知られる、自らをシーア派の分派であると称したイラン人たちが、（最終的には幻滅し、距離をおくことになったが、）アッバース家に権力を授与する結果となる運動に加わったのであった。[8] 同時代の観察者たちはどれほどイラン人がアッバース家支持者の軍勢に浸透しているかを述べており、アッバース家の勝利を被保護民であるイラン人ムスリムの勝利として（それに警戒心をもつかもたないかはその人物の視点によるが）捉えている事例もある。[9]

我々はホッラム教の例から、アッバース家運動とシーア派との関係という大きな問題へと立ち戻ってきた。この問題はきわめて複雑であり、現代の歴史家たちの間で活発に議論されてきたテーマであるから、ここではその要点だけを述べることにしよう。[10] 問題がさらに複雑なのは、これまで強調してきたとおり、我々が知りうることのほとんどが後世の偏見に満ちた史料から得られたものであるためで、それがどの程度偏向しているかを計ることは困難なのである。あえて手短にアッバース家運動とシーア派間の関係を述べるなら、以下のようになる。

少なくともハーシム家の一部で指導権を獲得したアッバース家は、ウマイヤ朝後期の宗教的背景に大きなインパクトを与えた初期のシーア派内部における動揺と、実質的に運命を共にすることとなった。シーア派の党派的アイデンティティーがこの段階においても定まっていなかったことは注意を要する。このことを如実に示すのは以下に挙げる二点で、いずれも重要である。最初の点は、指導権をめぐる問題である。指導権は「お家の人々」に帰属して然《しか》るべきだと考えるムスリムたちは、しだいにアリーを通じたムハンマドの子孫に着目するようになった。後に十二イマーム派と結びつくようになる見解――つまり、ムハンマドの宗教的権威は、アリーに始まり、彼とファーティマとの間の息子たち、フサインの息子、孫、その子孫へと続く歴代イマームによって受け継がれているという思想――は、いまだはっきりと確立してはいなかった。二点目は、すでに見てきたように、初期のシーア派諸集団が打ち出した、きわめて多種多様な教義に関するものである。イマームから彼が選んだ後継者へとイマーム位が継承されうるという思想がある一方で、一見すると死去したイマームが、死、あるいは密かに生存していた秘密の場所から再臨するという思想もあり、いずれもハーシム家運動の間で普及していた。これらの教義の一部は、十二イマーム派シーア思想において顕著に展開していくこととなる。それ以外の例としては、特定の個人に神の存在が受肉しうるという思想があり、これはアッバース家の運動に携わった幾つかのシーア派集団においても普及していたが、結果的にはシーア派の主流からは排斥されることとなり、これを支持するムスリムたちは「極端派」、すなわちグラートとして知られた。

アッバース朝がイスラーム共同体の指導者としての地位を確立するために利用したのは、まさにこの複雑かつ発展を続ける宗教的観念と期待感における混乱であった。いったん彼らが権力を握ると、ウンマを統べるための王朝樹立という彼らの野心と、多様な支持者たちの描く未来図の間の緊張関係に対処するために彼らが出した解決策は、シーア派アイデンティティーの明確化において、多分に貢献することとなった。革命が進行する過程における指導権をめぐる問題、また、アッバース家が指導権を握ることにより、アフル・アル゠バイトを支持する人々の一部が抱いていた期待が挫かれたか否かは曖昧なものとなった。なぜなら、アッバース家の候補者は、アリー家の人間どころか預言者の子孫ですらなく、傍系の出身にすぎなかったが、その身元は現実的な理由で伏せられたからである。ハーシム家支持者による蜂起が起こった七四七年においても、それを組織したアッバース家の部下であるアブー・ムスリムは、秘匿された反乱の指導者について、「ムハンマドの家系から選ばれた者」であるとのみ言及した。反乱がホラーサーンに広がり、クーファの街が占拠された七四九年の末になってようやく、アッバース家の一員であるアブー・アッバース（カリフ在位七五〇—七五四）がイマームであると宣言されたのであった。発表が遅れた理由は、重大な局面を迎えつつある中で、一部の支持者たちがアリーの子孫を差し置いて別の人間をイマームとして認知することに難色を示したことであった。その顕著な例は、アッバース家が権力を握って間もない頃に勃発した一連の反乱であり、アリー家の人間による救済を期待していた人々が幻滅したことを反映している。これらの中で最も脅威となったのは、「純潔の魂」のムハンマドと彼の兄弟であるイブラーヒーム（ともに七六二歿）によって七六二年から七六三年にかけて率いられた反乱で、彼らは預言者の従弟であるアリーの年長の息子にしてフサインの兄であったハサン（六二五頃—六七〇頃）の曾孫にあたる人物であった。それが失敗に終わったことは、半世紀にわたるシーア派の活発な政治的抵抗が終焉を迎えたということを意味したが、シーア派そのものがここで命脈を絶たれたわけではなかった。時を同じくして、著名な学者にしてアリーの息子フサインの曾孫のジャアファル・サーディク（七六五歿）が、現在知られているシーア派の礎を静かに固めていたのである。アッバース朝は、彼ら自身が置かれている立場とアリー家支持者たちの抱いた思惑の間に緊張関係があったことで、統治を正当化するための新たな主張を数十年の間に行わざるをえなかった。それは、アブー・ハーシム（この人物はアリーの孫ではあるものの、ムハンマドの子孫ではない）からイマームとしての任命を受けたということではなく、議論の余地はあるにしても、ムハンマドの叔父で彼が死亡した際に最年長であった男性親族として、法的相続人であったアッバース（六五三歿）からの血統を引いているということであった。預言者の子孫ではなく、預言者の属するより広範な一族（ハーシム家）へと指導権をめぐる期待感の焦点が移動するという変化は、特にスンナ派アイデンティティーの形成において決定的なものとなった。少なくともこの点において、スンナ派イスラームとは、シーア派における〔指導権を与えるための〕優先順位《プライオリティー》とその選択に対する反応なのであった。

教義の面では、ウンマの統治者になった後のアッバース朝は、かつての支持者たちの失望に対処したというよりも、一部の支持者が採用した見解に関して自ら厄介払いをしなければならなかった。この点を明らかにするために、有名なラーワンド派の事例について考えてみよう。彼らはホラーサーンに起源を持つ初期シーア派集団の一つで、アッバース家運動の一端を担った人々であった。後世の歴史家や分派学者たちが残した記述によると、ラーワンド派が主張した教義には、輪廻や神の化身を信じるなど、後代知られるようになるイスラームの教えとは相容れない思想が含まれていた。アッバース家の運動が秘密裏の革命であった段階において、彼らがラーワンド派からの支援を当てにしていたのは確かである。しかし、いったん彼らが権力を握ると、ラーワンド派の奇妙な教義は厄介なものとなり、新しいカリフたちはその集団から距離をおこうとした。アッバース朝のカリフ・マンスール（在位七五四―七七五）は即位するやいなや、ラーワンド派の御しがたい集団に直面することとなった。彼らはマンスールを「神」、または「主」（ラッブ＝rabb）であると宣言し、（ムスリムの巡礼者がカアバ神殿において行うように）宮殿を回りはじめた。カリフは彼らの行為を抑圧するため、群衆を暴力的に殺害したのであった。[11]

様々な方法を通じ、アッバース朝は彼らの運動を支えてきた人々の異なる期待感によって生まれた緊張関係を解消しようと模索してきた。もちろん、そのすべてが完璧に成功したわけではなかった。イスラーム最初の世紀における一連の激動の事件の中でムスリムと非ムスリムの間に生み出された急進的な期待感と至福千年説に基づく夢は、そう易々と処理することはできなかった。そしてそれは来る時に向けて、近東住民の宗教的期待感を醸成しつづけたのであった。しかし、ムスリムの内部から見れば、アッバース朝が政治的に成功を収めたことは、スンナ派およびシーア派のイスラームをさらに明確化させるための舞台を整えたといえよう。

# 第Ⅲ部　イスラームの基礎確立（750－1000 年）

# 第12章
# イスラーム的アイデンティティーの諸問題

アッバース朝革命に続く二世紀から三世紀間の歴史叙述の母体となった物語《マスター・ナラティヴ》を特徴づけるものは、革命勢力から専制政体へと、そしてウンマ〔イスラーム共同体〕の分解とそれに伴う四分五裂化へと至るカリフ制の物語であろう。そのウンマとは少なくとも、その中で社会とムスリムの宗教的アイデンティティーが根本的に変化した政治的な枠組みであったといえる。以下に続くのは、そのような時代、アッバース朝初代カリフ・サッファーフ（在位七四九―七五四）の即位から一〇世紀の終わりにかけて起こった政治史上のハイライトの簡単なスケッチである。[1]

七六二年にアッバース朝第二代カリフ・マンスールはイラクに帝国の新首都を打ち建てた。バグダードという首都――マンスールは「平和の都」と呼んだ――が建設されたことは、アッバース朝とアリー家の支持者たちの間に緊張が高まっていたことを反映している。アリー家の支持者たちはことにイラクのムスリム主要入植地であったクーファで強かったが、そこはアッバース朝カリフ最初の首都の役割を果したという事情もあった。様々な点で都市バグダードはこの時代のイスラーム帝国の性格を示す象徴であり、それを首都と定めた当の国家と同じく野心的事業であった。そこでは宮殿や庭園広大な謁見の間など、帝国の威容を誇示する建造物が大部分を占めており、それらを中心に都市整備がなされた。謁見の間にはドーム状の部屋が設《しつら》えられ、カリフの座が中心に据えられていた。この都市に関わるすべて、つまりその空間の配分と装飾、そこでカリフと廷臣たちが繰り広げる儀礼、いにしえのサーサーン朝の首都クテシフォンからほど遠からぬ距離などは、イスラーム文明の性格へイランの影響力が増したことはもちろん、その文明がイスラーム以前の帝国の伝統をものおじせずに吸収したことも示すものとなった。そしてそのすべてが、ビザンツ使節団の九一七年のバグダード訪問を伝える歴史家タバリーの有名な報告を信ずるとすれば、効果を残さずにはいなかったのである。彼らはよく発達した帝国的伝統と儀礼を擁した国家を代表してはいたが、アッバース朝宮廷の壮麗さとカリフの威光に圧倒されてしまったという。[2]

ムスリムの一部は、バグダードをオムファロス（omphalos）、つまり世界の臍《へそ》〔世界の中心〕と考えるようになった。そのためアッバース朝の首都と結びつく文明や文化が後世のイスラーム初期史の叙述に大きな場所を占めたことは驚くには及ばない。それについての民衆の見方では、例えば『千夜一夜物語』のようなテクストにあり、実際に集められたのは何世紀も後であっても、多くの物語において、舞台は第五代アッバース朝カリフ（在位七八六―八〇九）の名をかりて「ハールーン・ラシードの御代《みよ》」に、あたかも富と平和の黄金時代を懐古するように設定されている。そのようなイスラーム的な観点はまた、西洋の歴史家たちにアッバース朝時代を「古典的」時代として捉えさせたのかもしれない。その「古典期」とは、イスラーム文明がアラブの宗教がもつ地域性を超えて、真の世界市民的《コスモポリタン》な世界観を受け入れた時代、また「イスラーム」を後の数世紀間に定義づける様々な規範や産物が目に見える形をとった時代とされた。[3] そのような見方の根拠は一目瞭然である。例えば政治的な観点から見れば、アッバース朝は、少なくとも九世紀中頃までは著しい成功を収めた。またバグダードのような都市には膨大な富の集中が見られ、それは活発な文化生活の物質的な基礎となった。さらに我々にとって最も重要なことは、八世紀末と九世紀には、ムスリム共同体内部で基礎的なテクストと宗教的権威のパターンの確立が見られた――例を挙げれば、諸法学派の初期の形成と、最初の、かつ最も重要なハディース〔預言者の伝承〕集の集成と記録がなされたことである。しかし「古典的」とは強すぎる言葉であり、それが後世に具体化したり、変異したものを評価するためのモデルをこの時期のイスラーム国家が作り出した、という意味合いを含むとすれば、誤解を与えるものである。この時代は成長の、戦いの、また論争の時代であって、当時、ムスリム人口の割合が比較的増大するにつれ、またズィンミー〔非イスラーム教徒〕が恒常的な低い地位に自ら甘んじるようになるにつれ、ムスリムたちがムスリムとは何かをめぐって考え（かつは戦い）、またその戦いがかつてない重要性をもつことになった時代であった。だが実際に後代にイスラームの特徴とされたものは、この章の主題をなす時代に続く数世紀間、つまりイスラーム史の「中期」とされる時代により明確な形をとったのである。

さらにまた、遅くとも九世紀中頃から、アッバース朝中央の行政権力は中央と周辺における新しい事態のため衰え、かつ分解していったが、この新しい事態の幾つかは宗教的なアイデンティティーと信仰実践の発展に深甚な衝撃を与えたのである。また遅くともムウタスィム（在位八三三—八四二）の治世の頃から、国家の軍事力は輸入された奴隷、解放奴隷、傭兵となった部族民を中心とするようになったが、その多くはトルコ系であった。これらのトルコ人や他の民族は、これまでムスリムの軍隊の中核をなしていたアラブ（とまたイラン人）の軍人たちに取って代わったが、軍事的には極めて能力が高かった。しかしながら兵士としての彼らと国家やその指導者との絆は、かつてウンマとその軍隊の間の絆を特徴づけた宗教的かつ民族的な繋がりとは、明らかに対照的なものであった。[4] それゆえこれ以来、宗教的な諸制度と権威の形は、軍事力から、また後には政治権力から生え抜きのムスリム住民を除外するという状況のもとに発展することになる。このことは、批判力をもつ社会的集団である宗教諸学の学者層、つまりウラマー（ʿulamāʾ）〔「学者」アーリム＝ʿālim の複数形、イスラームの宗教諸学を修めた学者、知識人、宗教的指導者を指す〕の形成に大きな影響を与えた。

国家の中央を支えていた軍隊の性格が変わるのとほぼ同じときに、その中央の権力は遠心的な力によって分離していく動きに屈したのである。カリフ体制はイスラームの統一の象徴でありつづけた一方で、イラク以外の属州では実際の政治権力は地方政権の手に握られるようになった。例えばエジプトでは、属州総督としてバグダードから赴任したトルコ系軍人のアフマド・イブン・トゥールーン（在位八六八—八八四）が地方自治政権を打ち立て、それを〔短い間であったが〕息子へと王朝の形で継承させることができた〔トゥールーン朝（八六八—九〇六）。エジプトとシリアを支配〕。この形は——つまり地方政権の実際の権力行使が、影が薄くなったカリフの権威を名目的に認めるという形——一〇世紀以降、少なくとも一二五八年にモンゴルがバグダードのカリフ制を滅ぼすまでは、近東における政治的な体制《アレンジメント》のあり方を特徴づけるものとなった。幾つかの地方政権は宗教上の展開にも深い影響を与えた。様々なイラン系の自治的王朝、例えばサーマーン朝（八七五—九九九）はペルシア文化とペルシア語の復興に励んだが、それらの文化と言語は後にイスラームにおいて、ことにスーフィーの神秘主義では中期の宗教的発展を伝える媒体となった。また一〇世紀中頃にカスピ海南岸のダイラム地方出身のブワイフ朝（九三二—一〇六二）は実際にバグダードを占拠し、形式的にはカリフの地位を認めつつも、イスラーム帝国の中央諸州を一世紀もの間、統治していたのである。その〔後の〕展開は、ブワイフ朝がシーア派であったためいっそう際立ったものとなり、十二イマーム派シーア主義がよりはっきりした教義の形をとっていったのも彼らの庇護下でのことだった。だが政治権力の細分化がイスラームの統一とカリフの究極の権威にとって最大の脅威となったのは、ファーティマ朝（九〇九—一一七一）体制においてであった。ファーティマ朝はイスマーイール・シーア派であり、完全にカリフたちの権威を否定し、自ら最高の宗教的権威と政治的首長権を主張し、競合するイマーム位を打ち立てた。ファーティマ朝はカイロにおのれの首都を建設したが、そのカリフ権はある時期には広い範囲で、つまり北アフリカやマッカ、マディーナの二聖都を含むアラビア半島西部、シリアの一部分、さらに〔インド西北岸の〕スィンドに至るまでの幾つかの地域で権威を認められていたのである。

## イスラーム的伝統の自己表現

前章で見たように、どの時点で明らかにイスラーム的伝統を語ることができるかという点には議論の余地がある。後の世代がイスラーム独自のアイデンティティーと認めるものは、預言者ムハンマドの死の時には、きわめて萌芽的な状態でしかなかった可能性があった。他方、八世紀中頃にはアッバース家は明らかにイスラーム的な根拠から〔ウマイヤ朝に対する〕反乱を率いていたのであり、彼らは七世紀末に岩のドームが築かれた時点ですでに十分進行していたプロセスを推し進めてはいた。だがそうであったとしても、そのプロセスは決して完成しておらず、さらなる展開はアッバース朝が収めた成功の実態によって豊かなものとなったが、かつは複雑化もしたのであった。

　イスラーム的伝統が完全に自己表現していく軌跡は、この時代、ユダヤ教やキリスト教といった姉妹宗教との関係から辿ることができる。前章で見たように、イスラームの初期にはムスリム、ユダヤ教徒、キリスト教徒の間に活発な思想や物語のやりとりがあり、その一例としては、まとめてイスラーイーリーヤートとして知られる前イスラームの預言者たちの物語がある。このようなやりとりは比較的開放的な文化の雰囲気のみならず、その当時の宗教的アイデンティティーの流動性をも示すもので、その流動性はまた文化の伝播に口承的性質があったため促進されたのである。[5] ムスリムたちにはテクストを口承によって伝達する傾向があったことはよく知られており、そのことをよく反映しているのはまさに、最初期のムスリムのテクストがその名で知られている「ハディース」という言葉である。その意味としては「語り物」、「物語」、「報せ」などが挙げられるが、つまるところ「語られた何か」なのである。だが九世紀までには、口承されていたテキストがより明確に成文化された。例えば、この頃に、ムハンマド・イブン・イスマーイール・ブハーリー（八一〇―八七〇）やムスリム・イブン・ハッジャージュ（八一七／二一―八七五）はそれぞれに、「確かな」とか「健全な」ということを意味する『サヒーフ』〔『真正集』〕という題名（つまり所収のハディースは真正のもので権威があることを示す）を持つハディース集成を生み出した。これらは時代を超えてスンナ派ムスリムの間で権威ある、崇敬されるべき聖像にも等しい地位を得たのである。ある部分、このことはスンナ（sunna）、つまりムハンマドの規定的な慣習の重要性が、ムスリムの規範と慣習を明確化するにあたってしだいに増していったことを表している。しかしこれはまた、権威が「刻印されたこと《インスクリプション》」を反映するもので、その結果、宗教諸学や法学の学者であるウラマーがイスラームの伝統を定義し護持する主たる責任を主張しだしたのである。この展開は後に続くセクションで論ずることになろう。それゆえ、驚くにあたらないことだが、これはまたイスラーイーリーヤートがほとんどのウラマーの間で疑わしいという悪評が立った時代であり、それらは娯楽として、また民間説教の集会において語られつづける一方で、イスラーイーリーヤートという言葉自体が否定的な意味合いを帯びていった。[6] このようにしてムスリムたちはおのれの宗教の独立性と、唯一独自のアイデンティティーを主張しはじめたのである。

主要な未解決の〔共同体内部における〕緊張関係の一つは〔イスラームという〕新しい信仰の文化的な方向性をめぐるものである。我々はこれまでいかにしてアラブがもっていた諸問題、例えば部族的アイデンティティーさえもがアッバース朝革命に至るまでイスラーム共同体の政治を形づくりつづけたかを見てきた。アラビア語を意識して啓示された聖典がもつ中心的重要性は、アラブ的な文化上の方向とイスラームの間の結びつきを分かちがたいものとした。幾つかの物の見方では、ことに言語的な観点から言えば、勝利を収めたのはアラビア半島出自のイスラームであった。イスラーム政権はすでにウマイヤ朝のもとで行政語としてアラビア語を使いはじめていたし、近東のほとんどでアラビア語はシリア語とかコプト語などの他の言語を排除したり典礼語に棚上げにしたりして圧迫するなど、その勢いは止まらなかった。アラビア語化とイスラーム化の問題は相互に関係があるが同一のものではなく、全体として見れば、アラブの言語は少なくともイスラーム世界の西部地域では彼らの宗教以上に遠くへかつ早く広まっていった。パレスチナでは八世紀末と九世紀までにはメルキト派教会のキリスト教徒でさえもアラビア語で書き――つまりはその言葉が信徒たちの中で一般に使われていたことを示唆しているが――、かつ古い典礼用のテクストをギリシア語から征服者たちの言葉へと訳していたのである。同様にエジプトでは、コプト語は辺鄙な農村で長い間生き残っていたが、遅くとも一〇世紀までには在地のエジプト人ムスリムたちにはもちろん、キリスト教徒の間でもアラビア語が入ることで衰退していた。[7] 注目すべきことは、大きな規模で生き残った唯一の近東言語（アラビア語の影響をたいそう受けた形ではあるが）は、非アラブの文化的伝統をもつ言語であり、アッバース朝革命以降他のどの言語にも増してイスラームを形づくった言語、つまりペルシア語である。

イスラーム文化がいかに方向づけられたかという問題は、アラブが征服した地域の住民の新しい信仰への改宗問題と緊密に結びついている。この問題について具体的な事実から得られる証拠は興味をそそるものだが限られており、それを組織的に用いる試みは幾つかあったが、議論の的になるものであった。それでもなお、我々は注意深く幾つかのそのような提案を試してみることができよう。第一には、改宗のプロセスはすでにアッバース家が権力を掌握する何十年か前に限られた形で始まっていた。大征服の進行中は、敗北した将兵たち、彼らの家族、またその他の俘虜たちは奴隷にされ、新しい信仰に帰依した後に解放された。またウマイヤ朝時代の後期に改宗者の数は増加したが、これは政府がことにイラクで徴税方法を厳しいものにし、はからずも農耕地からの（非ムスリム）農民たちの逃亡を促したためである。この農民たち（捕まえられて故郷の農村へ送還されずにすんだ人々であるが）は、ムスリム・アラブの移民たちを住まわせ周囲から隔離するために建設された軍営都市に行き着いたが、そこの社会へうまく統合するには改宗が必要であった。改宗のペースはアッバース朝統治の最初の一〇〇年間にようやく早まったが、地域間に大きな相違があった。例えばエジプトやシリアなどはかなりの規模の非ムスリム・マイノリティーを時代が近代に下るまで保持していた。イランでは、改宗の始まりは遅かったものの、より早く進行し、その結果一〇世紀の初めまでには、新宗教イスラームは政治的にはもちろん、人口の上でも優勢となった。第二に、改宗者は異なる様々な社会層から出てきていた。最初はほとんどの改宗者はおそらく——戦争の捕虜、奴隷とか、抑圧的な徴税で自分の農地から追い出された農民たちなどの——下層社会の出身だったであろう。しかし確かに、ムスリムの支配下に入った非アラブ民族の上流階層人士の一部も改宗したのである。その思い浮かべるに十分な例としては、イランの貴族家系でマワーリー出身で文人、かつアッバース朝初期の国家官僚であったイブン・ムカッファアや、何代にもわたりアッバース朝のカリフたちに高官や宰相として仕えたバルマク家が挙げられる。彼らはイスラームに改宗する以前、先祖の少なくとも一人は（仏教の）重要な聖職に就いていた。[8]

最終的には、増加しつつあった非アラブ改宗者は新宗教とそれを中心とした文化を豊かなものとし、当時と続く数世紀の間にイスラームがその形を整えるのに大いに貢献したのである。本章の残りの部分ではそのような貢献の幾つかを明らかにしよう。イスラームが近東のほとんどの地域で多数派の宗教になったのが八世紀であれ九世紀であれ、はたまたさらに後であれ、非アラブの出自をもつムスリムの数はある時点で、本来の征服者の子孫たちの数を凌いだのである。当然状況はしだいに異民族・異信徒間の結婚によって混乱していった。実際には混血は例外というよりはむしろ常習と化していった、それへのいささか強い反発はあったにせよ——マッカのウマイヤ朝知事は、ある非アラブ庇護民の男をアラブ女性と不埒にも結婚した咎《とが》ゆえに鞭打たせ、頭髪と顎髭を剃らせてしまったが、一方アッバース朝時代の随筆家・論争家であったジャーヒズ（七七六／七頃‐八六八／九頃）は、いまだにアラブと非アラブ改宗者の間の結婚をロバやラバと私通するようなものだと喩えていた。だが中東の大部分でアラビア語が収めた大勝利、また近代のアラブの民族的アイデンティティーと呼べるものが収めた大勝利は、イスラームの歴史的な構築に非アラブの人々が多大に貢献したことを覆い隠せるものではない。そのような貢献はアッバース家の権力奪取に続く時代に、改宗者の数が増え、首都が東方に移り、さらにアッバース朝国家が明らかにペルシア系庇護民と、また古いイラン的な帝国の伝統にさえ依拠するにつれて、より目立つようになっていった。[9]

## イスラームは都市的な現象か？

初期のイスラーム文明は根本的に都市的な性格を有しているということは、多くの先行研究が確認している。その議論がもつ魅力の幾分は、それがイスラームを砂漠のアラブ人たちに結びつける、西洋的な型《ステレオタイプ》にはまった考え方に挑戦するものだという事実からきている。そこで歴史家たちは〔都市性の〕例として、男性住民が礼拝と神の讃美のため金曜の昼にマスジド・ジャーミウ（masjid jāmiʿ）（文字どおりには「集会モスク」）に参集するという集団礼拝が、ムスリムの自己定義において果たした重要性を引き合いに出した。エジプトや他の多くのキリスト教徒の禁欲修行者たちは、アナコレーシス（anachoresis）〔ギリシア語で「隠遁」の意味〕といわれる過程において町の誘惑を避け砂漠へと逃れたが、一方ムスリムの法学者たちは田舎から都市へ移住することをヒジュラとして語り、かくして元型《アーキタイパル》としての〔「元型」はユング心理学の用語。ここでは後の人間の行為や思考を規定するような、範型となる歴史的事件を指している〕「脱出」――ムハンマドがマッカでの迫害を避けヤスリブへ逃れたという――を叙述する言葉によって移住の価値を引き上げた。これに関してはムハンマドに帰せられる、「私があなたがたについて恐れるのはミルクである。そこには、泡とクリームの間に悪魔が潜んでいる。人々はそれを好んで飲み、男たちが共に礼拝をする場所を捨て、砂漠に戻ってしまうだろう」というハディースが挙げられる。これはムハンマドとその同時代におけるというより、アッバース朝初期を通じて結晶化した都市の法学者たちの偏向や期待感を反映したものであろう[10]。

イスラーム社会とイスラーム的な態度の形成における都市的傾向については、あまりに多くのことが言われてきた。その都市的傾向の認識とは、ある程度は視覚上の錯覚かもしれない。つまり残存する史料が都市で生み出され、その大部分が都市生活に緊密に結びついた高級文字文化の伝統に由来するための錯覚である。それに加えて、アラビアからより人口稠密な近東諸地域へのイスラームの拡大は、周辺部の遊牧諸民族が定住地域へ周期的に侵入するという、より大きなパターンの一例なのである。これまで見てきたように、アラブの部族的要素は、少なくともアッバース朝革命までは、まだ生成期のイスラーム国家の政治にあっては重要な要素でありつづけた。最終的にはイスラーム的諸概念、価値観、それらの実践の発展には、ある種の非都市的な、ないしは少なくとも大都市的ではない地域が引き続いて重要性をもっていたことを指摘できよう。初期アッバース朝時代の境界地域、ことにイスラームとビザンツの両帝国を隔てていた地域については、特に言及しておかなければならない。境界地域は、「イスラームの家」の国境線を広げるジハード（jihād）を行うことにイデオロギー的な自己正当化を見出していた国家の関心を占めていたのは必然で、また初期アッバース朝の何人かのカリフたちは境界線とそれを広げる責任をことに真剣に受け止めていた。北メソポタミア、シリア、南東アナトリアにわたるこの地域は、もちろん都市がなかったわけではなかったが、バグダードとかダマスカスといったよく知られた大都市からは切り離されていた。またその地域ではアブドゥッラー・イブン・ムバーラク（七九七歿）とか、敬虔な戦士イブラーヒーム・イブン・アドハム（七二八／九―七七七）〔イスラーム初期の禁欲家で様々な伝説が伝えられる〕などといった人物のうちに独自のイスラーム的禁欲主義の伝統が結晶化していったが、その伝統は時とともに神秘的次元をとるようになり、そしてスーフィズムとして知られる宗教運動に影響を与えるようになるだろう。[11]

しかし、イスラームが主に都市的な環境で形成されたこと、より正確には、都市的文脈で発展したイスラームがムスリムを自任する人々の間で規範的性格を帯びるようになったことは、征服開始以後にイスラーム世界（Islamdom）〔アメリカのイスラーム史学者マーシャル・ホジソンによるおそらくChristendom（キリスト教世界）に基づく造語。イスラーム的生活様式および思考様式が社会の形成において、他の宗教的伝統に増して大きな影響力を及ぼしている地域〕の心臓部となった諸地域がもつ文化と都市生活の長い歴史を思えば、驚くにはあたらない。八世紀後半までには、アラブ征服軍のために建設されたクーファやバスラといった軍営地は真の都市となり、アラブの入植者たちはそこで、多くは遊牧民に起源《ルーツ》があり（またはそのように称しており）もとは部族の区分に従って配属されていたにもかかわらず、まぎれもなく都市の住民になっていた。バグダードの建設自体はムスリム・エリートの都市志向を証するものである。非アラブの側での改宗の進展は、結晶化しつつあったイスラームの伝統の都市的性格を強めるように働いたのかもしれない。宗教的アイデンティティーが緊密に社会的地位に結びついていた社会にあっては、まさに改宗という行為は都市への移動を促進したと言えるかもしれないが、それらの都市で改宗者がムスリムとして新生活を生きるべき社会的ネットワークを見出したということも考えられる。[12]

実際、八世紀末や九世紀は、少なくともイラク、東部イランといったイスラーム帝国の心臓部では、かなりの規模での都市の成長が見られた時代であった。バグダードとか後にその北にカリフ・ムタワッキル（在位八四七―八六一）が建設した新首都サーマッラーはアッバース朝が創り出したものであり、ともに主要な中心都市となった（またバグダードは長くそうあり続けた）。バグダードは近隣にあったサーサーン朝の首都クテシフォンの一〇倍以上の規模を誇った。

これら諸都市はイスラーム的価値観や諸制度に揺籃《ようらん》の場所を提供したために、そのヴァイタリティーを正確に捉えることはこの時代の宗教史の理解にはきわめて重要である。[13]

　これはこの時代にはっきりとした形をとりはじめたイスラーム法から、最も明らかに見て取れる。イスラーム的伝統は、その起源の地であるアラビアの文脈とともに歴史的に存続しており、その伝統に初期の原動力を与えたのは部族的な利害関係である。しかしその伝統とは生き物であった。つまり、イスラーム法は、しだいに遠のき理想化された過去によって形成されるのと同様に、その時代に偶然に生じた事態によっても形づくられたということである。例えばイスラーム法は、一個人が別の個人に加えた危害については社会集団全体が責任を負うべきであると主張しているが、その法とは単なる古代の部族的習慣の名残りではなかった。それは新しいムスリム諸都市に明らかであった、社会的な圧力に対する実践的な応答でもあった。そこでは一個人の社会的地位はより大きなグループの、つまり一方では宗教共同体の中で、他方ではムスリム集団のうちでの、成員資格に基づくものであった。そのムスリムによる社会集団はまだ（しだいに架空のものとなりつつあった）部族の系譜をもとに身分を保証されるものであったが、いまや主な機能とは成長を遂げつつあった諸都市において非アラブ改宗者を同化し社会的アイデンティティーを授けるものとなっていたのである。[14]イスラーム法を形づくった法律家や学者たち自身も多くが商人であるか商家の出身であり、それでシャリーア（sharīʿa）〔イスラーム法〕も自然と都市中産階級の趣向と優先事項を反映しているのである。またイスラーム法は固定的な諸規則体というよりは、諸原則が相争う、必ずしも首尾一貫しない伝統を構成するものだから、一般化は絶対に危険である。しかし初期の法律家の諸著作にすぐに見て取れるものは、質素倹約の価値観、つまり規律ある労働倫理、そして――人間の地位がより大きな社会的または宗教的集団の地位に依存する社会が定めた制限の中であるが――個人のプライヴァシーや責任感や自発性なのである。目につく例の一つは『キターブ・アル＝カスブ』（題名の大意は『所得論』）というハナフィー派の法律家シャイバーニー（七五〇―八〇三／五）に帰せられる論考に見えるもので、（正統カリフの）ウマル・イブン・ハッターブの物語を伝えている。カリフ・ウマルは敬虔で懺悔にくれた（そして不活発な）人々の一団を見かけた。彼らは「ムタワッキルーン」（mutawakkilūn）、つまり「悔悟して神に依拠する人々」であると言われたところ、ウマルは、いや彼らは「ムタアッキルーン」（Muta'akkilūn）、つまり「穀つぶしども」だと言い返したのである。✤15

イスラーム法の大部分は商業の精神を鼓舞するように作られている。法学書の広範囲にわたるセクションは販売行為、共同経営《パートナーシップ》、その他の商業の事柄について扱い、商人たちに契約締結にあたってかなりの程度の自由を、基本的なイスラームの原則を破らぬかぎりにおいて認めているのである。例えば一般には、イスラーム法学者たちは葡萄酒などの禁忌とされたものの販売を法的に認可することは避けようとした。彼らは一連の「トリック」（ヒヤル＝hiyal）、つまり法律上の操作を自らの手で発展させてきた。それにより幾つかの商業行為（例えば借金に利息を付けること）に暗黙の容認を与え、ある種の宗教的原則には抵触するが（例えば高利貸しは明確にクルアーンで非難されている）、都市の商業経済の円滑な運営に必要なのであった。さらに重要なことには、法学者たちは論争の解決や商行為の規準を定めるには「慣習」（ウルフ＝'urf）、つまり都市の市場での慣習に訴えるという手段を認識していた。慣習の役割は、裁判権やムフタスィブ（muḥtasib）として知られる役人の活動においてさらに重要であった。ムフタスィブはふつう「市場監督官」と訳されるが、その権威の一部はクルアーンに見られる「善を勧め悪を禁ずる」（第三章一〇四節）という命令、つまりムスリム一般に課せられた宗教的義務に根ざしたものである。しかしより正確に言えば、その役に就いた者は、商取引が公正かつ誠実に行われているかどうかを確かめる責任を負っていたのである。たぶんムフタスィブという役職は前世代の西洋の学者が推測していたのとは異なり、古代や古代末期の世界で市場監督に携わっていたアゴラノモス（agoranomos）に直接の起源をもっていないと思われる。だが、その職が中期イスラーム都市において重要な地位を有していたということは、より一般的に言えば、古代末期とイスラーム的近東の間の宗教的経験の連続性と、イスラーム法揺籃の場としての都市や商業的環境がもつ重要性を証明するものである。✤16

このことのすべては、初期イスラーム諸都市が自由主義《リベラル》的な、かつは自由放任論《リバータリアン》的な性格を持つ、ある種の「ホイッグ党の天国」（英国一七世紀の二大政党の一つ、ホイッグ党が当時果していた役割に基づく表現。もう一方のトーリー党の王権中心主義に対して、ホイッグ党は都市の商工業者を代表し、より議会主義的、自由主義的傾向が強かった」であったことを示唆するものではない。そこには法とか宗教の社会的経験といった織物に織り込められた矛盾しあう諸原則や動機はもちろんのこと、相争う様々な役者たちや諸価値観もあったのである。それらの諸矛盾は、ことにムスリム女性がいかにイスラームの現実を経験したかということによく表れている。初期から中期にわたるイスラーム諸社会における女性の地位と位置とはことに複雑なトピックである。その原因の一つに西洋人がもつ文化的かつ宗教的な猜疑心があり、それによって西洋の観察者が歴史的視点からイスラームを考察し、批判した経緯があり、ここでは適当に扱うことはできない。だがさしあたっては、イスラーム法学がもつ緊張と矛盾、そしてその法理論と社会的実践の間の関係について、女性をとおして見えてくるものがあるだろう。イスラーム法は女性に、法がもつ人間の尊厳への一般的な敬意にふさわしい多くの権利と特権を授けているが、その責任と男性との対等性、権利と特権は、西洋を含む多くの前近代社会の女性が保持していたものを凌いでいるのである。例えば結婚した女性は、彼女自身のものである財産、つまりその夫の自由にできない財産を所有し、相続する権利を有していた。しかし他方では、幾つものそのような権利を弱体化させる社会的慣習はムスリムの価値観に浸透し、法そのもの、ないしは法的原則の一般通念に照らした解釈を通じて、認知され、安定した価値を付与されたのであった。そこで、例えば外部女性器を儀礼として除去することは、イスラーム世界において決して普遍的に行われてはいなかったが、それを実践する近東のムスリムたちはムスリム女性の性的名誉を保護する手段であると説明し、イスラーム法学者の重要な関心事である性的貞潔を守るという名目で正当化して、存続させ広めていったのである。[17]

上述以外で初期イスラーム期社会において都市ブルジョワジーが競い合った他の要素は、カリフと宮廷の、また政府の書記たちがもっていた、帝国的、または貴族的志向性である。イスラーム法はまさに、異邦人の軍事的エリートが近代まで続く政治権力の独占を盤石としたのと同じ時期に形成されたということは覚えておかなければならない。言い換えれば、シャリーアが反映している文化的、かつ社会的な勢力は、実際の統治のメカニズムへ確実に近づくための術をもたなかったのであり、それゆえに政治とは、続く数世紀間にはトルコ系の軍人支配者と土着のムスリム・エリートとの間の絶えざる交渉の謂いとなった。しかし、シャリーアがイスラームのアイデンティティーにおいて持続的に中心的位置を占めていたためであったとすれば、イスラーム文明の諸特性が成立するにあたっての都市の中産階級の貢献は明白であった。スーフィズムは、後世には重要な、おそらくはイスラーム的敬虔さの表現方法における支配的なあり方にさえなったが、法学者たちの価値観と原則について拒絶するか、少なくとも疑いの目で見ていたということは事実である。だが禁欲主義は、たとえブルジョワ的価値観を否定したときでさえ、うっかりとそれらの重要性を再び肯定することがある。そこでスーフィーは商人または裁判官と同じくらい、中期も終り近くの近東都市の情景とは切り離せぬものになったのである。

# 第13章
# 宗教と政治

これまで見てきたように、初期イスラーム社会において指導権の問題は真剣に議論されてきた。それゆえアッバース朝国家が統治者は誰かというアイデンティティーと、正統性をめぐる論争に当初から悩まされたのは驚くにはあたらない。これらの論争には血腥《ちなまぐさ》さがつきものだったが、その責任はある意味でアッバース朝自身にある。彼らは権力奪取の際にウマイヤ家の人々を見つけうるかぎり殺戮したことで不幸な先例を作ったからである。ある程度、暴力は単に諸王朝の間の、また王朝内部の権力をめぐる論争の産物であり、そこには特定のイデオロギー的な重要性はなかった。第二代カリフのマンスールがアッバース家運動の首席宣教員で反乱の主な組織者であったアブー・ムスリムを殺害させたとき、彼は一面では自分の権力にとっては危険な中心人物を取り除いたのにすぎないが、しかしアッバース朝カリフたちとその権威に対して暴力をもって挑戦する行為は深く宗教的な色彩をも帯びたのだった。またウマイヤ家の人々への残虐な扱いも、ある程度はアッバース家を権力へと押し上げた運動の黙示思想的な含み〔終末における正義の実現と悪の滅亡を意味する〕によるものであった。もう一人の指導的な宣教員で献身的な運動家であったアブー・サラマの暗殺は、初代カリフ・サッファーフの教唆によるものだが、それが反映していたことはたぶん、誰が君主たるべきかという問題にのしかかっていた緊張感、また「ムハンマド家からカリフたるべく選ばれた者」はアリー・イブン・アビー・ターリブの子孫ではないことがわかったことへの運動参加者たちの間の不満感である。またアッバース朝の支配に取って代わるウマイヤ家のメンバーがいるということも、少なくとも考えとしてはなくなってはいなかった。新王朝が成立して最初の数年間はシリアで数多くの親ウマイヤ家派の蜂起があったが、これはアッバース朝の「赫々《かくかく》たる勝利」は当初、思うほどは完全なものではなかったことを示唆している。「スフヤーン家」の者（つまりはウマイヤ朝〔初代〕カリフのムアーウィヤ・イブン・アビー・スフヤーンの子孫）がメシアのごとく帰還するという黙示的な期待感が広まったことにより、九世紀に至ってもなおアッバース朝への不信任感が表明されつづけたのであった。[1]

誰が統治するのかという問題以上に〔重要なものとして〕為政者の権威とはいかなるものかという問題があり、この問いについては、アッバース朝の統治を支持する者たちの間でさえ意見の一致を見なかった。そこでカリフたちは、為政者の権威への挑戦は共同体に内戦を引き起こしかねないというムスリムたちの恐怖心を利用したのである。それゆえ、例えばアフマド・イブン・ハンバル（七八〇—八五五）は「ミフナ」（miḥna）〔審問〕（以下の本文を参照）の間はカリフの官憲のもとで苦難を受けたにもかかわらず、次のように宣言した。

ムスリムたちのイマームの一人に対して——ひとたび人民が如何なる仕方であれ、自発的であれ強制的であれ、合意によって彼をカリフとして認めたのならば——叛旗を翻す者は何人たりとも、共同体と絶縁したのであり、神の預言者から受け継いだ伝統的な慣わしの実践から逸脱したのであり……権威〔sulṭān：ここではイマームおよびカリフの権威〕に対して戦うことは許されないし、何人も彼に叛くことは許されない。何人たりともそうすれば、スンナ（sunna＝伝統）と大道から外れ、法を犯した逸脱者となる。[2]

しかし政治的権威と宗教的権威との関係はアッバース朝統治期の最初の数世紀間は大きな論争の的となり、かなりの展開を見せた問題であった。スンナ派とシーア派とそれぞれ呼ばれるようになった宗派間の相違においてこれらの問題は最も重要なものであったが、その相違が明確化したのはまさにこの時代であった。それゆえアッバース朝時代の最初にその相違のはっきりとした表現があると思えば時代錯誤《アナクロニスティック》となろうが、後世の視点から見直せば、その問題を両派の各々に見られた政治的権威と宗教的権威の間の矛盾と表現することができよう。スンナ派イスラームでは政治的権威と宗教的権威の間には必然的な結びつきというものはない。つまり預言は立法上の事業としてはムハンマドで終わり、宗教的権威のうち残ったものは、合意を通して表現するものとしてウラマーに委ねられたのである（もちろん実際には、このような簡潔な記述ではまとめきれないほどに事は複雑であったし、その曖昧さや発展の道筋こそが、これから本章で扱う主題となるのである）。しかしながら実際は、カリフは（そして後の、違う称号をもった統治者たちは）直接的に、かつ間接的に宗教上の諸問題に取り組み、また干渉もした。対照的にシーア派イスラームでは宗教上の諸問題は理論的には緊密に政治的権威に結びついているが、それらを共に与えられているのはイマームという人格なのである。だが現実にはシーア派がイマームに宗教的権威を与えるのは自由であったが、（少なくとも一〇世紀のファーティマ朝〔イスマーイール・シーア派（次章で詳述）が独自に建てたカリフ朝〕の勃興までは）その政治的権威はまったく想像の産物にとどまるものだった。[3]

アッバース朝がカリフの宗教的権威を明確に述べ、かつ永続的なものとするために依拠した資料は数多くある。だがこれまで見たように、ウマイヤ朝カリフ自身も、ムスリムの一部にある神も信ぜぬ放蕩者であるとか世俗君主であるという、とかくの悪評にもかかわらず、伝統形成期の早い時期にイスラームの信仰実践を形づくる上でかなりの影響を及ぼしたのである。ペルシア人の宮廷人士と書記官僚たちの影響のもとで、アッバース朝が依拠した古いサーサーン朝のモデルは、統治者を宗教的権威という建造物の構造に立たせ、神のために正義を執り行うというものであった。だがこれらの努力は大きな抵抗に直面した。決定的な時機は新しい時代の早くに、第二代アッバース朝カリフ・マンスールの治世の時に逸してしまった。当時生成過程にあったイスラーム法のシステムにおいて適用された基準は発展途上の（それゆえに変則的でもあった）スンナもしくは共同体の「信仰実践」を反映していたが、ペルシア人書記で文人のイブン・ムカッファアは、そのシステムにある様々な矛盾をつぶさに見て、カリフに実際に法を成文化して法システムを正式に整備するよう促した。つまりイブン・ムカッファアはカリフに法を定めるという統治者としての大権を、カーディー（qāḍī）〔裁判官〕や初期の法学者の中心性を欠いた権威に委ねるよりは自分で発動してみるよう促してみたのである。この提案がもしも受け入れられてうまく施行されていたら、その成果として、カリフが〔自分に〕服属する宗教位階組織――名目はそうでなくとも実際は司祭団である――を監督することになるのだから、統治制度はずっとサーサーン朝の君主制に近づいたこととなったであろう。[4]

　確かにサーサーン朝のモデルはアッバース朝ではカリフとその職掌のあり方や、公的な場でいかに自己を印象づけるかという問題に大きな影響を及ぼした。ペルシア人の廷臣と官僚たちの影響を受けて、またおびただしく増大した富のため、カリフはしだいに遠く離れた畏怖すべき存在となっていった。宮廷の儀式はカリフの並ぶ者なき威光を強調し、もってその存在を公衆から遠ざけつつも、彼にお目通りが許された人々には服従と追従を文字どおりに表すよう求めたのである。有名な『キターブ・アッ＝タージュ』（『王冠の書』）はときに著名な文学者ジャーヒズに帰せられるもので、九世紀のカリフの宮廷での生活や儀式を記述しており、そこでのイスラームのカリフ像はサーサーン朝の帝王《シャー》を彷彿とさせるものであった。こんなことはムハンマドとその教友たちにはとても認められるものではなかったであろう。

　だがイブン・ムカッファアの提案が不採用となったことは、水面下で進んでいた宗教的権威が政治的権威から解離していた過程を反映している。カリフ・マアムーンが始めたミフナとその最終的な失敗はこの歴史的ドラマの結末を示したものである。「ミフナ」という術語を使って、マアムーンと彼に続くカリフたちはカーディーや宗教人士を審問にかけ、彼らにムウタズィラ神学派と結びつくクルアーン被造説に公に従うよう要求したのである。ミフナについてとりわけ興味深いものはその神学的性格よりも、それが起こした葛藤がカリフの権威と宗教的権威の関係に加えた衝撃である。ミフナが、マアムーンがアッバース朝とシーア派の和解を目指し努力したことと関係があるとすれば、その文脈では宗教思想上の許容範囲を明確化しようという彼の努力は、カリフ職をシーア派イマームの――イマームはマアムーンが自分で公然と帯びた称号でもあった――概念により緊密に結びつけるものであった。しかしカリフが「神の代理人」（khalīfat Allāh）として宗教的な事柄に責任と権威をもつという観念は非シーア派的なルーツをもつものでもある。とはいえ八三〇年代から八四〇年代にかけては、マアムーンと、彼に続くカリフ・ムウタスィムとワースィク（在位八四二―八四七）が、クルアーンは被造物ではなく永遠に存在するという教えに固執する者に対して公的な場での発言を禁じようとした。その試みは抵抗に遭ったが、なかでもいちばん名高いものは人気のある伝承学者であったアフマド・イブン・ハンバルによるもので、彼は投獄と拷問の憂き目に遭った。イブン・ハンバルが英雄的に抵抗し、クルアーンの被造性とその言葉は文字どおり力をもつという主張を押し通したにせよ、鞭打ちが始まったら抵抗を止めてしまったにせよ（この点について諸史料は互いに矛盾している）、その公式教義への反対を分かちあったのは、他の宗教学者たち、ことに権威ある宗教的知識と導きの源泉として、預言者の伝承を信奉する人々（アフル・アル＝ハディース＝ahl al-ḥadīth）（ハディースの徒）であった。イブン・ハンバルのもとに集まった伝承学者たちやその他の宗教諸学者たちはバグダードの民衆の間でかなりの支持を博したのである。反対が収まらない事態に直面して、新カリフのムタワッキルは八四七年に即位すると直ちにミフナを廃止し、最終結果は明らかとなった。ミフナの失敗は、イスラームの宗教的権威をカリフではなくウラマーがその手に握ることによって決定的な勝利を収めたことを示したのである。[5]

ミフナとその結末については、おぼろげにヨーロッパ系の思想と制度を反映したものでなく、政治と宗教的権力のイスラーム的集合体の発展という文脈で、その諸条件で理解することが重要である。それゆえ、マアムーンのミフナの失敗をイスラームがその初期に近代的なもの、つまり「教会と国家の分離」という西洋の教説に近いものを発展させた証拠とみなすべきではない。政治的権威と宗教的権威はムスリム的な文脈における議論では緊密に結びつくが、それは「政治学《ポリティカル・サイエンス》」というものが「イスラームでは神学の一部門か一分枝」をなしているからである。[6]アッバース朝体制がイデオロギー的に根ざしていたのはイスラームを社会と政治の組織の中心に据えるという契約であったため、カリフは不可避的に宗教的な事柄に関心をもつことになった。初期アッバース朝のカリフたちがとった君主号にはどこかメシア主義的な響きがあるが、それらは彼らが自覚的におのれの関心事と役割を、宗教がもつ役割と、または神がもつ役割とさえ同一視していたことを示している。つまりマンスールは「[神によって]勝利を授けられた者」なのであり、またマフディーは「[神によって]正しく導かれた者」となるのである。[7] さらにアッバース朝はこれ見よがしに文字どおりに宗教の衣装で身を飾った。つまり預言者の「外套」（ブルダ＝burda）を大切に保存し、その外套を荘厳な儀礼の際に身に纏《まと》ったのである。ミフナが失敗に終わった後でさえアッバース朝カリフは宗教の分野では重要な役割を演じており、学者を保護したり、宗教的知識（イルム＝ʿilm）の収集や普及を限られた形ではあるが奨励したりしていた。[8]

しかし、イブン・ムカッファアの処刑とミフナの失敗に続いてイスラーム史が辿った道筋は、カリフではなくウラマーを宗教の権威者としたのである。カリフたちがまだ宗教の諸問題に関心を抱いていたのは確かであろう。例えば彼らはハディースを公的に伝承することに積極的であったが、それは宗教諸学の研鑽を積む者にとって最も重要な行為であった。しかしカリフたちのそのような行為も、彼らがシーア派イマームの神的な権威を要求しなくなれば、宗教的伝統を定める手続きは完全にウラマーの管理下に入ったことを暗に認めるのに等しくなった。この手続きをイデオロギー的に主として構成する要素はイジュマー（ijmāʿ）、つまり「合意」の教義であり、この点についてはこの後で取り上げる。歴史的に見ればこれらの展開が最も重要と思われるのは次のことの徴候としてである。つまり、伝統主義者《トラディショナリスト》のウラマー――すなわちクルアーンと特にハディースに記録されたムハンマドの慣行（スンナ＝sunna）に根ざす宗教的知識を熱心に習得し広める人々の謂い――が、宗教の形成に決定的な役割を果たす重要な社会集団として登場したということである。[9] ムタワッキルがミフナを終わらせたという行為は、この事実を劇的な形で承認したものと読み解くことができよう。八四九年に彼は多くの法学者たちやハディース伝承者たち（ムハッディスーン＝muḥaddithūn）を呼び集め、贈り物を与え給付金を分配した後で、彼らに対して、人々の中に入っていき、ムウタズィラ派を非難するハディースを唱えるように指示したのである。[10] 数年後には、伝承学者《トラディショナリスト》たちへの支援は、対立した教説を公の場で唱える者あらば、民衆の中にいる彼らの支援者から命を脅かされんばかりに強くなった[11]（一二世紀末と一三世紀初頭にはカリフの宗教的権威を回復させようとする試みがあった。しかしカリフ・ナースィル（在位一一八〇―一二二五）は初期アッバース朝の頃とはきわめて異なる宗教的環境の中で自分の改革プログラムを実行しようとしたが、このために例えば当時重きをなしていたスーフィー諸派に頼るところが大きかった。だが、事はどうあれ、興奮や期待感にもかかわらず彼の改革運動は無駄に終わったのである）。

カリフが特別な宗教的権威に対する権利の主張を撤回したことが、歴史的状況によってカリフの政治的な権威が奪われたまさにその時期に起こったというのは本当に驚くべきことである。このことは、なにゆえウラマーのうちでも最も伝統主義的な人々が、かのきわめて反伝統主義的なミフナが施行された数年のうちに最も熱心なカリフ制の支持者になったのかを説明する手助けとなろう。ウラマーにとってアッバース朝カリフはもはや何の脅威にもならなかった。それは、カリフたちは自分たちを権力の座に押し上げた革命的なシーア派の熱情を棄て、かつマンスールをその気にさせマアムーンが尊大にも主張した宗教的権威を諦めたからである。反対に彼らは重要な権威を正統化する《レジティマイジング》役割を果たす存在となった。とはつまり、ウラマーは預言者のウンマ――それはしだいに宗教的な導きの源泉と認められ、かつはウラマー自身の活動と意見を通してのみ知られうるものとなった――との連続性を肯定したのである。皮肉なことに、現実的に言えばカリフたちには今やほとんど政治権力はなく、それは中央ではトルコ系の将軍《アミール》たちの手に、地方では総督たちや半独立王朝の手に渡っていた。だが長い目で見れば、ウラマーたちはこのために様々な一群の政治的有力者たちや諸制度、つまり中期のイスラーム世界を支配した軍事体制との妥協を模索せねばならなくなった。

# 第14章
# シーア派

アリーの党派は、ムスリム共同体を説き伏せて自分たちのイマームの権威を首尾よく認めさせることはできなかった。つまりアリーがカリフとして統治した多事多難の治世の後には、原シーア諸派が正統的な共同体の指導者で神の御意志の実行者とした人々、つまり彼の子孫、または傍系の親族などのうち、誰もウンマの忠誠を広く受けることはなかったのである。とはいえ、八世紀末と九世紀はシーア派が宗派としてのより明確なアイデンティティーを獲得したときであり、彼らにとって実り多い時代であった。

アッバース朝の成功は原シーア派がより鮮明におのれの期待感を定義するという結果をもたらした。アッバース家が利用した反体制運動は、「ムハンマドの家系の中から選ばれたる者」に対する、人々に広まりはしたが漠然とした支持に基づいており、原シーア派思想に根ざしていた。だが「選ばれた者」は預言者ムハンマドの直系の子孫ではないことが明らかとなったので、結局のところアッバース朝はより多くを期待した、または少なくとも別の結果を期待した人々の失望感に対処せねばならなくなった。七六二年までアッバース朝は、ムハンマドの孫ハサンの曾孫でナフス・ザキーヤ（「純潔の魂」）と呼ばれるムハンマド・イブン・アブドゥッラーのヒジャーズでの反乱に対して当惑しつつも、自己防衛せざるをえなくなった。その「純潔の魂」ムハンマドは預言者の子孫に属すべき地位と力を簒奪したという理由で、アッバース朝をきっぱりと拒否したのである。ムハンマド・イブン・アブドゥッラーがそのことを次のようにカリフ・マンスールへの挑戦状に認《したた》めている。

私の父方の先祖であるアリーはワスィー（waṣī）［つまりムハンマドの遺産の正式な後継者］でありイマームである。ではアリーの子孫が未だ存命であるのに、なにゆえにあなたがたは彼のウィラーヤ（wilāya）［支配権］を継承できたのか。さらにあなたは、我々のような系譜や尊貴性や地位をもつ人々が、誰もその職を要求しなかったことをよく御存知である。我らは父祖が尊貴の出であるがゆえに、呪われた者たちの、階級から閉め出された者たちの、解放奴隷たちの子孫などではない。バヌー・ハーシム［ムハンマドが所属する家系。ハーシム家］のうち誰も、我々が依拠できるような親族の繋がり、優先権、優越権の絆を持たないのである。[1]

だがここでアッバース朝がアリー家の支援を要求する［根拠の］弱さが露呈したのと同時に、支配王朝の権力〔の強さ〕もはっきりと示された。つまりムハンマド・イブン・アブドゥッラーの反乱は、その兄のイブラーヒームがバスラで起こしたさらに大きな反乱と同じく簡単に鎮圧されてしまったのである。

しかしながらこれらの反乱の失敗は、シーア派の終わりを告げるものではなかった。そもそも彼らを鎮圧することは、イスラーム国家の支配領域内にアリー家を支持する感情を広める結果になった。アリー家の支持はかつてからイラクを、ことにクーファを地盤としていたが――南部イラクは今日までシーア派人口が集中している地域である――、八世紀末と九世紀にはアリー家の運動はいたるところで根を下ろしていったのである。イランとシーア派をほぼ同一のものとする見方はもちろん後の時代に生まれたものとはいえ、すでに八世紀末にコムはアリー家の徒党――彼らのほとんどはアラブでありイラン人ではなかったのだが——との結びつきをもちはじめていたのである。七六二年の反乱の残党は最終的にカスピ海の南東の山岳地帯であるダイラムに落ちていったが、彼らが腰を据えたことから同地のムスリムたちがシーア派的な傾向を持ったのかもしれず、その在地の人々から一〇世紀にはシーア派が発展するのに重要な役割を果たしたブワイフ朝〔九三二―一〇六二〕の大アミール〔将軍君主〕たちが出てくることになった。✣2

さらに重要なことには、まさにこの時期にシーア派はアッバース朝国家から距離をおきはじめ、分派としてのシーア派主義における教義上の基礎を据えたのである。この過程の中心的人物には、ムハンマドの孫フサインの子孫であり、あらゆる学派のムスリムたちに尊敬されていたジャアファル・サーディクがおり、また八世紀末に生きた親アリー家の神学者、ヒシャーム・イブン・ハカム〔七九五／六歿〕がいた。当時、原シーア派的傾向をもつ人々にとっても、ムスリム全体にとっても、指導権は最も煩わしい問題であった。ジャアファルやヒシャームなどの人々が説いたシーア派のイマーム論の教義は、もちろん大変に複雑なものであり、それが十二イマーム派的な〔つまりイマーム派《イマーミー》的な〕〔ここでいう「イマーム派」とは、シーア派中、イマームの権能を重要視する教義を展開し、ジャアファルなどのフサイン系のイマームを奉ずる派を指す。ここから後の十二イマーム派が発生していった〕形でいったんの完成を見るのは、一〇世紀になってからのことである。だが、たとえそうであったにせよ、八世紀が終わるまでには、シーア派独自のムスリム指導権に対する理解は、おそらくそれと見分けがつくものとなっていたであろう。その中核には神はムスリムの各世代にイマームを遣わすであろうという確信があったが、それによればイマームは共同体の正統的指導者として世界の支配権〔ウィラーヤ〕、つまり宗教的権威と、少なくとも理論上は政治的権威を与えられた存在なのである。シーア派イマームは、前任者からの「指名」〔ナッス＝naṣṣ〕を受けて叙任されるのだが、それはちょうどムハンマドが、シーア派が記憶するところでは、その従弟アリーをガディール・フンムで後継者として指名したのと同様のことなのである〔シーア派の伝承ではムハンマドは生涯最後のマッカ巡礼の帰途、ガディール・フンムという池のほとりで一行を前にアリーを後継者に指名したという〕。イマームのもつ多くの特徴はスンナ派神学者たちが描く理想的カリフ像から区別される。例えばイマームはマアスーム〔maʿṣūm〕、つまり罪から自由な存在である。またムハンマド、モーセ、イエスのように新しい律法をもたらさないので、厳密に言えばイマームの権威は預言者的なものではないが、実際には、イマームは宗教と政治両分野で権威をもって発言できるのだ。その信奉者たちから見ればシーア派のイマームたちは神が授けた法の権威ある解釈者の役割を担っていたが、スンナ派によればその役割はしだいに共同体の手に移り、ウラマーの合意を通して表されていった。後代のシーア派の神学的思弁においては、イマーム位は神秘的な性格をもつようになり、様々なあり方で宇宙という構造体の一部をなすものと表現されるようになった。その結果、イマーム職はシーア派にとって「必要不可欠な」制度となった。すなわち〔この世には〕神に代わって権威をもって発言ができる人物、イマームが存在せねば「ならない」のである。[3]

シーア派的なイマーム職の理解は教義上の立場から、ムスリム共同体をなす他派との断絶を暗示するものであったが、それはまた、そのような理解のあり方は初期ムスリム史が辿った現実の否定に基づいていたためでもあった。問題は、シーア派の見方によれば、共同体はまずアブー・バクルの、次いでウマルとウスマーンの権威を認めることで、正道からひどく踏み迷ってしまったことにある——あまつさえそのウマイヤ朝やアッバース朝の後継者をも認めてしまったことは言うまでもない。スンナ派とシーア派のアイデンティティーが生じた力学の場において、この問題が中心的位置を占めていたことは、最も初期の段階で、我々がいまシーア派として認めるであろう人々に最も一般的に与えられた名は「ラーフィディー」(rāfiḍī)とか、集団としては「ラーフィダ」(rāfiḍa)または「ラワーフィド」(rawāfiḍ)であるという事実から明らかである。これらは互いに反する語源をもつ言葉であるが、一般的に理解されるところでは、彼らがアブー・バクルとウマルの指導権を拒否した(アラビア語でrafaḍū)ことを反映しているという。[4]これらラーフィド派の人々、つまり後にはシーア派となった人々にとっては、イマーム位はアフル・アル＝バイト(ahl al-bayt)、つまり「ムハンマドのお家の人々」の一人が保持すべきものであった。初代イマームはむろんアリーであり、アフル・アル＝バイトに追随する者のほとんどは、第二代、第三代のイマームはそれぞれアリーの息子のハサン、フサインであるとみなした。だが問題は誰を彼らの後継者とみなすかということにあった。その曖昧さは、前に見たように預言者の傍系親族のアッバース家に対し、一時期にせよ、ムハンマド家支持者の情熱に乗じて利を得ることを許したのである。また実際にイマーム位の後継についての不確かさが残るかぎり、指導権問題について、預言者の家族に特権を付与する一般的傾向に対して、ある特定のシーア派グループがいかなるイマーム論をもっていたかを正確に語ることは難しい。だがアッバース朝の支配が始まって数世代が経ち、だんだんとそのような曖昧さは雲散霧消していった。中心となる人物はおそらく、多くの原シーア派の人々が正統なイマームであると認めていたジャアファル・サーディクであった。ジャアファルのイマーム位はシーア派の未来を様々な方法で作り上げることになったが、それはまずはアリー一族の党派の期待感をフサインの系統に、つまり息子フサインを通じたアリーの子孫たちに集中させることによるもので、その世代中ではジャアファルが一族の代表者であった。さらにこれに加えてジャアファルは政治の現実をはっきりと受け入れ、かつは――ザイド・シーア派として有名になった人々が立てた原則で、不正なムスリムの支配への抵抗を始める者で預言者家の成員でさえあれば誰でもイマームとして認めるという主張とは異なり――アッバース朝に叛旗を翻えすことなどまったく試みず、また自分の統治権を主張するようなこともなかった。ジャアファルの静観主義は実際に後代のシーア派にモデルを提供し、それによってイマームの権威と、ムスリム共同体の歴史的な出来事が辿った現実の、シーア派によれば悲劇的な道筋を和解させることが可能になったのである。

初期アッバース朝期はシーア派にとって実りの多い時代となった。帝国の中心的大都市《メトロポリス》であるバグダードには、クーファやコムと同じくかなりの数のシーア派住民が住みついたが、彼らは最終的には本来の円形都市の南側に位置するカルフ地区に集中することになった。また最高位の人々の間でアリー家を支持していた者たちが確認される。例えばシーア派神学者ヒシャーム・イブン・ハカムは、有名なバルマク家出身の宰相ヤフヤー・イブン・ハーリド（八〇五歿）のもとにいたイマーム派信徒の廷臣であり、バルマク家自身もシーア派的な傾向をもっていた。またフラート家を含めて、他のシーア派の人々も宰相やその他の高位の行政職に就いてアッバース朝に仕えていた。このようにアッバース朝の宮廷でシーア派とスンナ派両方の考えが広まっていたことが想い起こさせるのは、イスラームの展開において実りの多かったこの時代〔を考える〕には、例えば「シーア派的」という術語は注意深く使うべきであるということ、もしくはそのような言葉はいま意味するよりもより広い範囲のグループを指すものとして用いねばならないということである。こうして九世紀初頭の一時期は、カリフのマアムーンが突然にアリー・リダー（七六五―八一八）を、つまりジャアファル・サーディクの孫を――同時代のシーア派の多くに「お家の人々」の生けるイマームとして認められていた――後継者として指名したときには、アッバース朝とシーア派の間で広がりつつあった溝に橋が渡されるかに見えた。マアムーンがこの動きで意図したことは、ことにアリーはカリフより二〇歳年長であったため正確にははっきりとしない。だがそのことは確かにアッバース朝の側の、自分たちの指導権に対しておもしろくない思いを抱くシーア派の政治的忠誠心を革命のときのように再び利用するか、ともかくも取り込もうとする努力を反映している――これは何はともあれ歴史的な重要局面におけるムスリム社会内部のシーア派運動の強さを証するものなのである。[5]

しかしシーア派のアッバース朝国家との関係は問題含みでありつづけたし、これは〔シーア派の人々にとって〕アリー家の党派であると自認することをいささか危ないこととした。そこでその危険な状況はシーア派の人々にタキーヤ（taqiya）という、迫害に際してはシーア派信仰を隠してもよいとする教えを実践するよう促したのである。マアムーンが政治的同盟によってシーア派イマームと一時的に結んだ親密な関係は、なおも続くシーア派の反抗に直面して冷え込んでしまったのかもしれないが、ともかくもアリー・リダーは、マアムーンが首都で権威を再確立すべく出た旅に随行し、東イランのメルヴからバグダードへの移動の途上、――数多くの史料が証言するところでは、カリフの命令で毒を盛られて――死亡したのである。さて後代のイマームたちの状況はさらに困難なものとなり、預言者の後継者としては十代目、十一代目のイマームになるアリー・ハーディー（八二八―八六八）〔別名：アリー・ナキー〕とその息子のハサン・アスカリー（八四四／七―八七四）は、サーマッラーで事実上の自宅軟禁状態にあった。アッバース朝はイマーム位主張者の潜在的な影響力を殺ぐ方途として、アリー系イマームたちの家族の間で競争心を育て、かつ妊娠を見つけるべく――彼らの子は誰であれ、少なくとも理論的にはカリフ朝への重大な挑戦となりえた――、イマーム家の女性を監視する役割を産婆たちに与えるにいたった。シーア派独自のアイデンティティーが、王朝家系に対する不満が燻《くすぶ》りつづけるにつれて確定していくと、アリー家への献身を公共の場で表現することはしだいに難しく危険になっていった。その緊張のしるしとして、八五〇年にカリフ・ムタワッキルはカルバラーにある第三代イマームのフサイン・イブン・アリーの墓の破壊を命じたことがあるが、それは明らかに、すでにシーア派ムスリムの重要な儀礼であった、信仰に基づく墓の参詣を防ぐためであったように見える。タバリーの記録によれば、当局は破壊の後に墓に詣でたのを見つかった者は誰であれ逮捕すると脅したという。さらにバグダードでは、シーア派のモスクがアッバース朝当局の手の者たちに破壊され、かつその場所に集まった者たちは逮捕され投獄されるという憂き目を見たのである。✤6

九世紀以降、シーア派共同体は、指導的なウラマーを中心に、イマームたちから独立した権威を発展させるプロセスに着手せざるをえなかった。この時期の何人かのイマームは若年であり、さらにはそれぞれ孤立した生活を強いられたため、必然的に彼らとシーア派信徒たちは定期的な接触をもてなくなった。第一〇代と第一一代のイマームは例えば内密に信徒たちと連絡をとりあい、連絡人たちのネットワークを通じて財政的援助を受け取っていたが、そのうちには伝言をもたらし、料理用油脂の容器に金を隠して運んだ者もいた。このような困難な状況がシーア派共同体の内部で宗教的・法的権威に代わる受け皿が出来上がっていくことを促すことになった。その権威の受け手は理論的にはイマームたちに服従するが、ある程度は独立したものでもあり、このために共同体は続く「お隠れ《オカルテイション》」の時代のみならず、この迫害の時も生き延びることができたのだった。✤7

シーア派にとって重要な時期は、このようにして九世紀の終わりに来た。八七三年末に、第一一代イマームのハサン・アスカリーはサーマッラーで監禁状態にあったが、病を得てほどなくして死去した。時に彼はまだ二九歳の若さだったので、跡継ぎはいたのかという問題が生じたのである。この不確かな事態には予想されるかぎりの様々な答えが寄せられた。いわく、ハサンは実は死んでおらず一時的な「お隠れ」に入っているだけだとか、イマーム位はハサンの家人が引き継いだとかというのがあり、ついには、実は彼にはムハンマドという名の息子がおり、その身元と居場所はアッバース朝などの敵による迫害から守るため秘密にされているのだとも言われた。最後の答えが将来にわたって最も通用するということがわかり、その信仰は一〇世紀から一一世紀初頭にかけて十二イマーム派もしくはイマーム派を成立させたが、これが起こったのはことにアッバース朝カリフたちの名目ばかりの統治下、一〇世紀に権力の座についたブワイフ朝の君主・大アミールたちのもとでであった。今日最大の信徒数を誇るシーア教派となったのはこの派なのである。こうして第一二代イマームはハサンの息子のムハンマド・「ムンタザル」(al-Muntaẓar)、つまり「待望の者」とされたのである。彼が失踪し「お隠れ」に入ったことは宇宙的な意義をもった。すなわち、このイマームは、神がムスリム共同体のために立てた計画が最後に完全に実現するに際し、時の終わりに回帰し、宇宙の最後の日々をもたらす者となるのだから。[8]

続く数十年間にわたり十二イマーム派共同体は教義の面ではもちろん、宗派集団としても独自の姿をとりはじめた。例えばシーア派の学者クライニー(九四一歿)がその伝承集成(『十全の書』)を編纂したのはこの時代であり、それはブハーリーやムスリム・イブン・ハッジャージュの伝承集成がスンナ派の法学形成に果たしたことにほぼ比肩しうる、基礎を確立する役割を果たしたのである。九世紀末と一〇世紀にはシーア派の学者たちは不可謬のイマームが姿を消したことを説明しうる教義の構築に乗り出し、かつ彼らは理性の応用についてムウタズィラ派が主張することにいくらか依拠して、イマームの不在中はその意思を学者たちが解釈する権利を正当化しはじめたのである。[9] この動きは以下の両方を決定づけるものとなった。つまり十二イマーム派独自のアイデンティティーの出現と、指導的なウラマーの権威を強調する、同派が後代に作り上げた一連の教義——アーヤトッラー・ホメイニーが二〇世紀にまさしく権威の主張のため用いた「法学者の監督権」の教義を含めて——の両方である。

一〇世紀中頃にブワイフ朝大アミールたちが歴史の舞台に到来したことは、十二イマーム派にとってはとりわけ幸運なこととなった。ブワイフ朝は、もとはザイド・シーア派であったが、アッバース・カリフ朝を排除しなかった。だが彼らはひとたびバグダードで権力を掌握した後は、十二イマーム・シーア派による支持を獲得せんと努めたが、それはブワイフ朝には都合のよいことだったかもしれない。とはつまり、十二イマーム派系統の最後のイマームは彼らがバグダードに到来する七〇年ほど前に姿を消してしまっていたため、「お隠れのイマーム」の主権を認めることはブワイフ朝自身の権威をなんら制限するものではなかったのである。ともかくもブワイフ朝は、十二イマーム派の学者たちを保護し、彼らが独自のアイデンティティーを明確にするのを援助するなどした。彼らはまたシーア派の共同体の力を、シャリーフ・ラディー（九七〇—一〇一六）とシャリーフ・ムルタダー（九六六—一〇四四）兄弟のような指導者にあたる人々に栄誉を与えることで強めた。この兄弟は預言者の家系に属すると主張する人々のナキーブ（naqīb。代表者もしくは監督者）として働いたが、ブワイフ朝は彼らに様々な政治的・外交的役割を求めて頼ったのである。最初の三代の〔正統〕カリフ——つまりシーア派の目から見ればアリーの正統的な立場の簒奪者たち——の公的な場での呪詛は宗教的緊張にみちた雰囲気が生まれる一因になった。ブワイフ朝の大アミール、ムイッズッダウラ（在位九四五—九六七）が九六二年に最初の三代カリフの呪詛をバグバードのモスクの壁に記すよう命令を出すにまで至ったときには、反シーア派の人々は密かにそのスローガンを汚したと伝えられているが、これは宗教的競争心の高まりを明らかにするしるしづけるものだった。シーア派はいまやいろいろなやり方で、特に自分たちが再構成した初期イスラーム史上の大事件を記念する祝祭によって、おのれ自身を他から区別したのである。例えばカルバラーでのフサインの殉教はアーシューラー（ʿĀshūrā。ムハッラム月一〇日）の騒がしい公開の苦行で記念され、また一方、預言者がガディール・フンムで従弟のアリーを後継者として認めた事件はシーア派にとって重要な祝祭となった。

しかし宗教的権威が主たる問題となるのは、それが様々な宗教共同体の自己定義の中心点となるためである。次のような例がある。ムスリムの学者たちは純粋にイスラーム的なるものの確立においては、預言者ムハンマドのスンナ〔規範的慣行〕にこだわり、何からスンナが成るかを決定するにあたってはハディースの優先権を主張し（これは「スンナ派としての」アイデンティティー形成にとって重要なプロセスであるが、そのことは後でもっときちんと論ずる）、かつは真正なハディースの決定に際しては合意（イジュマー＝ijmāʿ）に基づく共同体の権威にこだわるものである。一方、シーア派はスンナとハディースの問題に独自のアプローチをとることでおのれ自身を他者から明確に区別することになった。つまり彼らは、ハディースをスンナ派の伝統が権威ある伝承者と認めた人々ではなく、アリー家の理想をしっかり支持していた人々の伝承を辿ることによって、あるいは〔さらにラディカルに〕すべてのハディースは預言者ムハンマドないしは彼らがイマームとして認めた預言者の子孫に遡らねばならないと主張することで、独自のアプローチをとったのである。かくしてシーア派は権威の在処《ありか》を共同体からイマーム全員へと移し替えることになった。シーア派共同体の独自性は、法的な指導を必要とするものの、適切な〔つまりシーア派の〕学者を見つけられない同派ムスリムたちについて、あるイマームが与えたとされる助言に反映されている。それによれば、信徒たちはスンナ派のファキーフ（faqih＝法学者）の意見を求め、その逆のことを行えばよいのである。✤10

もちろんのことだが、シーア派自身は大同団結していたわけではない。シーア派とはむしろ預言者の一族の誰かを指導者として支援する、曖昧で定義がない運動として始まり、これまで見たように自ら指導者をもって任ずる者が多くいた。この指導権をめぐる〔学問的〕議論のほとんどは、後世の者によって十二イマーム・シーア派とされる一団に焦点を当てたものだった。近代の〔シーア派においては〕十二イマーム派のシーア主義が優勢であるが、初期の数世紀の間は必ずしもそうではなかった。当時、特定のシーア諸派は後代に見るような、組織立ったあり方では存在しなかったのである。多くのアリーの子孫たちや家系の人々は、アリー家の人間が指導権を握るべきだと考える人々の支持を争って得ようとしていた。この教義上の大混戦の中から成立した非十二イマーム・シーア派諸分派の中で最も重要なものはイスマーイール派であった。多くの中期のムスリムたちの目から見れば、イスマーイール派はイスラームの異端そのものと化していた。スンナ派も十二イマーム派も、イスラームの分派学の伝統はイスマーイール派に対してきわめて批判的に、ときとして寸鉄人を刺すほど鋭い攻撃を加えるのに力を注いでおり、適当な史料のほとんどが反イスマーイール派の様々な集まりによって生み出されたことが、同派の歴史を再構成する際の問題の一つとなったのである。状況は他の諸要素によっても複雑化したが、その要素としては呆れるほどに雑多な諸分派のうちに近代まで残存したイスマーイール派の伝統の多様性や、同派が諸事における明白だが不完全な外面的意味（ザーヒル＝ẓāhir）に対して秘密の内面に秘められたもの（バーティン bāṭin）の伝承と理解を強調することなどが挙げられる。その内面に秘められたものとは（比較的後代のスンナ派史料によればだが）奴隷や財産、妻女たちを没収される罰を受けるため、秘儀を伝授された者が未伝授者には明かさぬことを誓ったものなのである。[11]

　イスマーイール派を十二イマーム派から分かち、さらには一つのイスマーイール派グループを他から分ける問題は、アイデンティティーとイマームの権威に関するものであった。イマーム派のアイデンティティーと忠誠心をもつ主流からイスマーイール派が袂《たもと》を分かつ点となったのは、ジャアファル・サーディクの長子イスマーイールをめぐってであった。ただし独自の分派としてのイスマーイール派が現れたのは、彼の死後一世紀かそれ以上経ってからであったが。イスマーイールは幾つもの点で問題の多い人物ではあった。敵意に満ちたスンナ派や十二イマーム派の史料は彼を酒浸りで異端的な者として描いている。さらにまた彼は自分の父親よりも前に死んでいるという。この二つの理由から十二イマーム系のシーア派は彼こそ正統のイマームであるというその支持者の主張を拒絶したのだった。彼の信奉者たちは当然ながらそのようには考えず、一部の人々は実はイスマーイールは死んではおらず、お隠れの状態に入ったのだと説いた。また別の人々はイスマーイールの息子のムハンマド（七三八―七九五／六頃？）を彼、もしくはジャアファルの跡継ぎとして認めた。この一件における歴史家にとって重要なこととは、その混乱それ自体である。すなわちそれは、後のシーア派の人々が認めた連続したイマームたちの系統は、彼らの同時代にはそれほどは明確に定められていなかったことを想い起こさせるものだからだ。

　イスラームの伝統とアイデンティティーが九世紀から一〇世紀にかけて確定したときに、イスマーイール派はそれに対して積極的な挑戦を仕掛けた。イスマーイールの死（ないしはお隠れ）に続く数十年間におけるその信奉者たちの活動の歴史は、彼らと後の完全に出来上がったイスマーイール派系の諸分派との確かな繋がりはあるとしても、辿ることは困難である。だが歴史の記録によれば、九世紀の後半に突然、組織立ったイスマーイール派のグループが現れ、イスマーイール派の目指すものへとウンマの向かう方向を転換させることを目的とし、規律のとれた宣教活動を展開していく。そのイスマーイール派の宣教活動〔ダアワ（daʿwa）。「呼びかけ」、「招集」の意〕が南部イラクで盛んであったのは、歴史的に見てそこにシーア派人口が集中し帝国の中心都市が近かったことを思えば当然なことである。この宣教活動は、スィンド、ホラーサーンとその東方の諸州、さらにアゼルバイジャン、イラン、イラク、イエメン、そして〔最終的に最も大きな効果を上げた〕北アフリカにおいて展開した。その拡大はイスマーイール派運動の目的と野望を反映しているが、それはイスラーム世界の根本的な方向転換を求めるものであった。[12] イスマーイール派シーア主義は幾つかの教義、とりわけ誰をイマームとして認めるかをめぐって分かれ、相争う諸派へと分裂するというはっきりとした傾向を見せた。それにもかかわらず、イスマーイール派は、活発に、かつときには暴力的にイスラームの支配体制に抵抗したのである。イスマーイール派の蜂起と組織的な軍事攻勢は、一〇世紀初頭ではシリアと、ことにイラクで繰り返され、日常茶飯のこととなったほどである。

イスマーイール派が提示したイスラームからの挑戦のなかで、最も深刻なものはファーティマ朝から呈されたものである。九世紀の終わりまではイスマーイール派が一心に待望していたものは、ムハンマド・イブン・イスマーイールがすぐにでも再臨することであった。だがその時点でウバイドゥッラー〔イスマーイール派での呼び名はアブドゥッラー〕という名の宗派の指導者はおのれのイマーム位を主張したのである（在位九〇九―九三四）。ウバイドゥッラーの系図、つまり再臨が待ち望まれたムハンマド・イブン・イスマーイールと彼との関係は論争の的になったが、彼の主張は二重の結果をもたらした。まず、その主張は一部の信徒たちによって拒絶され、〔彼らは〕お隠れの〔かつは待ち望まれた〕イマームであるムハンマド・イブン・イスマーイールに引き続き忠誠を誓ったために、宗派内部に〔これは後にも繰り返されることとなったが〕亀裂をもたらした。次にウバイドゥッラー自身は北アフリカへ移り、そこでは配下の宣教員たちが準備を整えて、彼はいまやアッバース朝に対抗しうるカリフ朝を樹立し、自分は「マフディー」（al-Mahdi）〔神により正しく導かれた者の意〕という、お隠れのイマームが再臨の際に帯びる明らかにメシア的な術語を称号とした。九六九年までにファーティマ朝はエジプトを征服し、その地で新首都のカイロ〔アラビア語での命名全称はアル＝マディーナ・アル＝カーヒラ＝al-Madīnat al-Qāhira、つまり「勝利の都」〕を建設し、そこからムスリムたちを自分たちのイマーム位の権威について説き伏せるべくいたるところで活発な宣伝活動を行ったのである。

だがすべてのイスマーイール派がウバイドゥッラーとファーティマ朝の主張を受け入れたわけではなかった。その中にはカルマト派として知られることになった、イラクやバハレーン、その他の場所で活動していたイスマーイール派の宣教員たちに従う者もいた。カルマト派は一〇世紀初頭に、ペルシア湾岸のバハレーンを拠点とする国家を樹立したが、それは長い間ファーティマ朝とアッバース朝双方にとって深刻な脅威でありつづけた。九二〇年代にはカルマト派はムハンマド・イブン・イスマーイールがすぐにも再臨するという期待感に駆り立てられアッバース朝に攻勢をかけたが、これはほとんどバグダードを攻略するほどのものであった。このカルマト派の挑戦はアッバース朝の正統性の根幹を脅かすものであった。彼らの好んだ標的には、例えばアッバース朝の護衛下にアラビアの諸聖地へと向かう巡礼の旅隊《キャラヴァン》もあった。とうとう九三〇年にはバハレーンのカルマト派は巡礼の時期にマッカを攻略し、何千人ものムスリム巡礼者を殺戮し、崇敬の対象である黒石を持ち去ったが、これが戻ったのはアッバース朝政府がかなりの請け戻し金を出した後の九五一年になってからである。[13]

スンナ派イスラームへのイスマーイール派の挑戦は直截的かつ政治的なものであると同時に、教義的なものでもあった。完全に出来上がったイスマーイール派の伝統というものは大きな多様性をその特徴としている。イスマーイール派がもつ指導権の中心的問題に関する見解は、成熟したスンナ派と十二イマーム派の強大な伝統のうちに簡単に埋没してしまう初期イスラーム思想史の創造的かつ混淆《シンクレティック》的な一段階にあたるのである。イスマーイール派思想が主張した人類史は周期的な性格をもっていた。それによれば、律法を外的な形〔ザーヒル＝ẓāhir〕でもたらす六人の「告知する」〔ナーティク＝nāṭiq〕預言者――アダム、ノア、アブラハム、モーセ、イエス、ムハンマド――が出現するが、それぞれに続くのが「沈黙者」〔サーミト＝ṣāmit〕であり、その者は密かに〔法の〕隠れた内的な意味〔バーティン＝bāṭin〕を、秘伝を受けた者に明かすのである。「沈黙者《サーミト》」の務めは各周期で次々に七人現れるイマームたちが引き継ぐ。〔ムハンマドの時代では〕この系譜はムハンマドの「沈黙者《サーミト》」であるアリーで始まり、その第七代のイマームはムハンマド・イブン・イスマーイールと同一視される。この人物はお隠れの状態に入るも後の再臨に際して第七代の、最後の「告知者《ナーティク》」となると認められ、カーイム（qāʾim：「立ち上がる者」）かつマフディー（mahdī：「正しく導かれた者」）ともいい、神の最終の、かつは最も完全な啓示とご意思をもたらし、そして最後の審判の秋《とき》を啓《ひら》くのである。さて一〇世紀から一一世紀にはイスマーイール派の神学的思弁は、さらに精緻な宇宙論を作り上げるために新プラトン主義的な概念にはっきりと依拠した。より一般的に言えば、最初期のイスマーイール派の思想は包括的で、他宗教の主張をほぼ何でも受容する立場であったため、それはスンナ派が敵意を抱く一因となった。スンナ派はイスマーイール派を「凌駕された諸宗教が言葉巧みに近づいて、最後にはイスラームを破壊して取って代わろうとする努力」に屈してしまったと非難したのである。[14]そのような他の宗教に対する開かれた態度や、ことに新プラトン主義の影響は、おそらく一〇世紀初頭から中期にかけてバスラのイスマーイール派の集まりから発したイフワーン・アッ＝サファー（Ikhwān al-Ṣafāʾ）、つまり「純正兄弟会」の『書簡集』として知られる諸論文の中で働いているのである。またそのことは実際の結果として現れもした。例えばいったん権力の座に就いた後にファーティマ朝カリフたちがとったおおむね寛容な宗教政策がそうである。[15]

結局、イスマーイール派は単に自分たちがウンマの正統な指導者と認めるイマームに現在のカリフを取って代えることを目指すのみならず、むしろイスラーム社会の革命的な変容を目的とした。概してメシア運動は革命的な色合いを帯びるものである。それは社会的・経済的な困窮状態によって、神の意思を実行し世の終末をもたらす使命を帯びた人物がすぐにも到来または再臨するという期待感が高まるためである。九世紀から一〇世紀にかけてのイスマーイール派はこの意味でまったくメシア主義的であった。イスマーイール派の周期的歴史の教義が含意することは、マフディー／カーイムは再臨に際しては預言者の為したことを凌ぐか、ないしは完成するのである。つまりカーイムの出現はムハンマドがもたらした法の廃棄を示すものであり、彼の信徒たちはこの点から、まったくバーティン、つまり内的真理にのみ従って生きることができるであろう。カルマト派のようなイスマーイール派の一部にとって、隠れたイマームの再臨が差し迫っていることは単なる大仰な言葉以上のものがあった。カルマト派をしてかくも過激な歩み、例えば巡礼やムスリムの聖地などへの攻撃などをとらせたのは、メシアの時代や法の廃棄は彼らにかかっているという期待感だったのである。ファーティマ朝は広大で〔自然・人文地理的に〕多様な国家を統治するようになり、イスマーイール派としての教義の面ではそれにある程度順応せねばならなくなった。例えば彼らは、より過激なイスマーイール派の諸グループの特徴でもあった律法廃棄主義の調子を落とし、カーディー〔裁判官〕・ヌウマーン（九七四年歿）がイスマーイール派のシャリーアというべき法体系を発展させるのを支援した。しかし彼らはイスマーイール派イスラームのもつ革命的な力を完全に抑圧することは、次の章で見るようにできなかった。イスマーイール派思想は、イスラームは九世紀から一〇世紀までにはもはや古代末期の宗教的挑戦へ新たに応えるものでも、狭い範囲の外来のエリートを結びつけるイデオロギーでもなくなり、近東の現状を下支えする〔非主流派・反体制派の不満の受け皿をも用意できる〕イデオロギーとなったことに気づかせてくれるのである。

# 第15章
# スンナ派伝統主義の形成

イスラーム共同体《ウンマ》内で分派運動が盛んになるにつれ、独自のスンナ派ムスリム・アイデンティティーが結晶化する状況が整ったが、それは主に分派による分裂の脅威に応えながら形づけられてきたのである。ハワーリジュ派〔または単数形によりハーリジー派〕イスラームは周縁部で残存していたが、この時代には近東の中央部を脅かすものではなかった。同派は九世紀後半の南イラクにおけるアフリカ人奴隷（つまり「ザンジュ＝Zanj」）の反乱で一定の役割を果たした。広大でほとんど人が踏み込めないような湿地で奴隷たちがナトロン（natron）〔炭酸ナトリウム10水和物などを主成分とする鉱物で、天然に産出する。古代エジプト以来、防腐剤、漂白剤、乾燥剤、消毒剤、殺虫剤などとして使用された〕を採取していたというきわめて劣悪な労働条件がこの蜂起を引き起こしたが、それはカリスマ的な煽動家、ムハンマド・イブン・アリー（八八三歿）〔諸資料に基づけばアリー・イブン・ムハンマドが正しいと考えられる〕という名の謎の人物にも負うところが大きかった。ムハンマド〔アリー〕の軍旗に記されたハワーリジュ派のスローガンである「ラー・フクマ・イッラー・リッラー」（Lā ḥukma illā lillāh）、つまり「裁きは神のみが有する」は、かつ彼の名で鋳造された貨幣にも刻まれた。だがムハンマド〔アリー」は日和見主義者であり、どこからであれ手当たりしだいに助けを求めた。一時はアリーの子孫だと称したこともあり、その名をカルマト派の呼称で歴史にとどめたイスマーイール派の指導者ハムダーン・カルマトとの連携を求めたことすらあった。その結果、ザンジュの反乱のイデオロギー的方向性はいささか混乱した。後世から見れば、おそらくザンジュの反乱で最も重要であったのは、九世紀後半というそのタイミングであった。それは活動的なイスマーイール派運動が現れ、最も多くのシーア派の人々が認めたイマームたちがお隠れに入り、実効的な政治の権威の崩壊によってまさにアッバース・カリフ朝の鼎《かなえ》の軽重が問われた時であった。困難は伴ったものの、最後には反乱は鎮圧され、後に分派としてのハワーリジュ主義が現れるのは主として北アフリカとかオマーンといったイスラーム世界の周辺部に限られることになった。[1]

しかしながらより深刻な懸案事項となったのはシーア派であった。我々が現在スンナ派イスラームと呼ぶものはある意味、単に「非シーア派」的なイスラームといえる。アリー家の人々の主張がアッバース朝の頭を悩ませたのはもっともなことだが、必然的に彼らの対応はライヴァルの主張を軽くあしらう傾向をもった。例えばカリフ・ムタワッキルはアリーを非難する者のみと交際したし、アリーをモスクの説教壇で呪詛すべしと命じたほどだった。アリー家の主張に対する反発は、ときにはアッバース朝さえもが不愉快に思うほどの奇妙なやり方で長く続いた。例えばダマスカスではウマイヤ朝のカリフ・ムアーウィヤの墓を参詣の対象にする熱狂的信仰《カルト》があったり、イスファハーンでは一部のムスリムたちが、本当は初代ウマイヤ朝カリフが預言者の地位を保持していたと固く信じていたほどであった。[2]だがこの種のムタワッキルが抱いたアリーの子孫に対する敵意に見える対抗意識は、すぐに雲散霧消してしまった。おそらくそのわけの一つとしては、九世紀の末以降アリー家のイマームたち自身が変容のプロセスの中で姿を消してしまったことが挙げられる。それは彼らが示した脅威を喫緊のものから潜在的なものへ、ついには終末論と結びつくものへと変容させるプロセスである（むろんファーティマ朝はまた別の問題である）。実際のところ、アリー・イブン・アビー・ターリブとその子孫を中心とした預言者の家系への崇敬は、スンナ派ムスリムたちの間でも普通に見られた。たとえスンナ派がアリーの宇宙論的な役割についてのシーア派の理解や、その民衆的表現である特定の祭礼を拒絶していたとしても、そのような崇敬の念は共有されていた。

八世紀から一〇世紀にわたって、スンナ派とシーア派という二つの宗派としての相違が形成されたが、それはイスラーム最初期の諸事件に対する異なる記憶にあり、また宗教的権威の在処《ありか》と性質にも見出せる。初期イスラームの中心的な出来事に対するスンナ派とシーア派の記憶は相容れないものであり、この時期を通じてこれら異なる記憶は相争う儀礼や祭礼のうちに定着していった。例えばシーア派の人々は、一〇世紀にはムハンマドが生涯最後のマッカ巡礼の途上、フンムの池のほとりでアリーを後継者として認めたとされる事件を祝うことで、おのれの宗派的アイデンティティーの表現を学んだのだとする。スンナ派はそれに応える形で、預言者ムハンマドがヒジュラのときアブー・バクルを伴いマッカ近郊の洞窟に難を避けたことを、ムハンマドは自分の従弟ではなく盟友を後継者と考えていたしるしとして祝いはじめることになる。これらの葛藤する歴史の記憶は、宗教的権威について互いにまったく異なる考え方を背景とするものであった。スンナ派の歴史観の中心に、そして登場しつつあった同派のアイデンティティーの中心にあったものは、共同体は全体として物事を正しく扱い、少なくとも大筋では神の意思に従っているというものであった。この観点をはっきりと表現するものとして預言者に帰せられる言葉、すなわち「我が共同体は決して過ちに合意することはないだろう」がある。シーア派は、神の導きの担い手であるムハンマドがアリーを神から霊感を受けた服従すべきイマームに指名したのだと主張するが、一方スンナ派は共同体の合意を受け入れたのである――その合意によって（幾つかの物語では）アブー・バクルがカリフとして、つまり預言者の、少なくとも政治的権威を継ぐ者として選ばれたという。同様に、シーア派は導きを神の任命を受けたイマームに求めるのだが、スンナ派は、ある有名なハディースの中で「預言者の後継者」と位置づけられる学者たち[✤3]、つまりウラマーの合意に依拠するのである。「スンナ派」という名前はアラビア語の「スンナ」（伝統的慣行）に由来するが、その「スンナ」とは「アフル・アッ＝スンナ・ワ・ジャマーア」（Ahl al-sunna wa al-jamāʿa）、つまり「スンナと共同体［または集団］の人々」という言葉にあるように、預言者が示した規範的な実践のことなのである。だがシーア派も自分たちのスンナをもっている。実際にスンナ派をシーア派から分け隔てるものとは、前者がジャマーア（jamāʿa）〔アラビア語で集団もしくは共同体の意味〕、つまり共同体を宗教的権威の在処《ありか》として重んじてきたということであるが、その共同体の意思はイジュマー、つまり合意を通して表現されるのである。

共同体の合意に特別の権威を与えることは、我々をして法や法学の形成という重要な問題へと向かわせる。ここで出発点としてイスラームとは法の宗教であるという一般的な所見を取り上げてもよいだろう。つまり完成しているシャリーアは、イスラームから西洋的な意味での「宗教」以上のもの、すなわち「生活のすべてを包括するあり方」を形づくるのだという意見である。イスラーム法とは、ムスリム世界の宗教的言説ではおそらく最も重要な分野である法学（フィクフ＝fiqh）の所産なのである。その法学とは法典のうちにではなく、何が正しいイスラーム的な振る舞いとなるかについて、法学者たちが意見を表明したテクストにおいて具体化されるものなのだ。別の言い方をすると、それは規則を集めたものではなく、現在「推論に基づく《ディスカーシヴ》システム」と呼ばれているものである。法典というものがないので、ウラマーが認めた様々な意見は、多くの場合互いに大きく食い違い、そこにはかなりの程度の不一致や相違点が見られる。しかしイスラーム法の発展は、別のあり方でイスラーム共同体を統一する力として機能してきたのである。法が守備する範囲は広く、法学者は社会生活でおよそ考えうるほとんどすべての分野のこと、つまりどう礼拝するか、ビジネス関係をどう構築するかなどから、顎髭をどのように刈り込むかという問題にいたるまで意見を表明する。つまり言葉を換えれば、イスラーム法とは単に法廷とか裁判官（カーディー）や、法規範がもつ様々な制度上の仕組みのためだけのものではない。むしろ、それは信仰者たちの生活に親密なあり方で触れるものであり、そのためすべてのムスリムたちが少なくとも初歩的な理解を必要とするものである。彼らは法的テクストを自ら学ぶことでそのような理解を得るかもしれないし、あるいは法学の訓練を積んだ、学識と敬虔さで評判の高いウラマーに相談して理解を得るかもしれない。マーシャル・ホジソンは、イスラーム史を概説するにあたり、その宗教の「日常生活すべてをおのれの型に当てはめようとする熱望」のうちに、イスラーム文明に特徴的な性格と、アッバース朝支配が最初の一、二世紀間に達成した主要な業績を見出したのである。また彼によれば、この時代特有の問題とは、アッバース朝帝国はしだいに拡散していくイスラームのウンマを結びつける法的システムを明確化しなければならない状況にあったことである。つまり、その時代には、当初のアラブ人支配エリートが広大な地域に拡散してしまい、ムスリムの数が改宗によって大きく増え、非アラブが改宗してから時間も経過したため、普遍的なアラブ文化の同質性がもはや頼りとならなくなったのである。[4]

　そしてイスラーム法はイスラーム独自のアイデンティティーを固める上で中心的な役割を果たしたが、それはことに、近東の他の宗教共同体も高度に発達させた法的体系をもっていたためであった。法体系の発達はユダヤ教徒に特に顕著であり、古代末期からムスリムの大征服の直後、ユダヤ教的法モデルはイラクのラビたちの諸学院で高度に発展を遂げており、当時ムスリム法学者たち——その多数がイラク在住であった——が成し遂げたイスラーム法の発展に影響を与えたことは広く認められている。[5] しかしながらムスリムのアイデンティティーとムスリム社会の組織化においてイスラーム法は中核的役割を担ったため、その法は形成までにかなり長い時代を要した上、その過程には中断があり、また論争を伴うものであった。伝統的には、八世紀と九世紀は法が確定化していく時代であったとされている。つまりその時代にはスンナ派における四つの現存の「法学派」（マザーヒブ＝madhāhib、単数形マズハブ＝madhhab。字義どおりには「行くこと」）に名前を与えた学者たち、つまりアブー・ハニーファ（七六七歿）、マーリク・イブン・アナス（七九五歿）、シャーフィイー（八二〇歿）、アフマド・イブン・ハンバル（八五五歿）がまだ存命であったためである。[6] とはいえ、これらの法学派と名祖《なおや》である創立者の同一視は——例えばハナフィー派はアブー・ハニーファと、またハンバル派はイブン・ハンバルと——歴史に即して言えばある種の信仰上の作り話《パイアス・フィクション》である。学派としての明確な姿をとったのは、名祖となった人々自身の仕事というよりは、彼らの直接の弟子たちや、後代の学問上の後裔たちの手によるものなのだ。それらの人々は法的な見解を集めてその膨大な注釈を書き、後世の目から見て学者たちや法学者たちを各々の法学伝統に帰属させた上で、その生涯を記した人名事典を編むに至った。個々の法学者や弟子たちが属する、これら自己を回顧的に捉えるイスラーム法学派の形成過程が実質的に完了したのは、おそらく九世紀末か一〇世紀になってからであろう。[7]

後の世紀には、少なくとも各学派の基本的な正統性は自明のものとなり、既存の四法学派がすべて対等の立場にあるという見解は、スンナ派では受け入れられた原則となった。だがそれら法学派が相互に寛容であるという原則は後代に発展したものである。[8] 発展の初期にあたる一〇世紀と一一世紀には、法学派はときに宗教的かつ社会的な敵対心が激しくぶつかりあう場となっていた。イランの諸都市では様々な法学派を代表する者たちが繰り返して相争い衝突したが、そこでの法学上のアイデンティティーは、様々な社会的、政治的、神学的な相違をめぐる葛藤を覆う隠れ蓑《みの》を提供したのである。例えばニーシャーブールで暴力的な社会的騒擾《そうじょう》が起こった際には「シャーフィイー派」と「ハナフィー派」とされる政治的・神学的党派が相争ったが、それは中期まで続いたのである。またバグダードでは、ハンバル学派は人々に集会の場を与え、ときに暴力的な社会的騒擾を起こす諸組織を生み出し、シーア派から合理主義的神学者までの様々な敵に対抗する運動の母体となったのである。[9]

イスラーム法学と実際の法体系の成立については、そのあらまし《アウトライン》はよく知られており、以下に記すものはそのプロセスを大雑把に見たものである。我々が知るイスラーム法とは、ムスリムの諸集団や裁判官（カーディー）を務めた人々が分立した社会それぞれの法的必要性に応じて、原則を当てはめ裁決を出した雑多なその場限りのシステムとして始まった。初期の数世紀間に適用された法にはかなりの多様性が認められるが、それは異なる地域に住むムスリムたちが当面の問題に対してそれぞれに異なる対応をしていたためであった。またそこで適用された法が、公平性の基本的原則に加えて、イスラーム以前の宗教共同体の法や初期ムスリムの実践慣行に由来していたためでもあった。しかしながらしだいにもっと厳密に明確化されたシステムが成立してきたのである。

特に言及に値する事柄は二つある。第一に、イスラーム法の主たる源泉は、ハディースに反映されたムハンマドの規範的慣行（スンナ）である（クルアーンそれ自体はもちろん、形式的には優先されるが、実践上は法源としてはほんの限定された価値しかもたないことが明らかになった。初期ムスリム共同体においては一部の人々がハディースを除外してクルアーンに、ある種の「原理主義的《ファンダメンタリスト》」または「聖典至上主義的《スクリプチュラリスト》」な重きを置くことを提唱したが、彼らの観点は膨大なハディースとその実践的な価値に抗すべくもなかった)。このような展開が見られた時期の確定については議論が繰り返された。すなわち、普通はシャーフィイーがそれを行った人物とされるが、より遅い時期と考える人々もいる。しかしより保守的なムスリムの見方では、共同体はさらに以前から預言者ムハンマドに対し、規範を定める上で中心的な役割を与えていたとしている。このような信仰に基づく主張はさておき、ここで最も顕著なことは預言者のスンナを主たる法源とする原則が明確に表現され、広く受け入れられるまでに、またそれが他のより広義のスンナの定義に勝る影響力をもつまでには、長い時間がかかったことである。第二に言及すべきは、初期の地域的な学派がしだいに特定の学者と同一のものとされる一連の法学的伝統を生み出したということである。元来はこのような伝統が多数存在していたが、徐々にその数は四つへと減じていった。結局のところ、四つの伝統が生き残り——つまりシャーフィイー派、ハナフィー派、マーリク派、ハンバル派の四学派である——、階層をなす法源もしくは「法の基礎」(ウスール=uṣūl)から法を導き出す学問という立場に落ち着いた。その法源とはクルアーン、スンナ、そして類推的思考つまりキヤース(qiyās)(この法源は誰もが受け入れたわけではなかったにせよ)の三つを選択的に使うこと、そして自他ともに認める宗教的専門家の集団による合意(イジュマー=ijmāʿ)の謂いである。[10]

ごく簡単に言ってしまえば、イスラーム法の起源として語られる物語は以上のようなものであった。ではその形成のプロセスや、それとスンナ派独自のアイデンティティーの表明という、より大きな問題との関係について何が言えるだろうか?

まずイスラーム法は、画一化ではないとしても、統一化を進めるムスリム・アイデンティティーを確立するにあたり、決定的な一歩を踏み出したと言えよう。そのアイデンティティーはムスリムであることの意味を明確化する手段となり、また他方では多様性を増す見解と信仰実践をムスリム共同体内部に適合させるための手段ともなった。イスラーム法は二つの要求、つまり明瞭に定義されたイスラーム的アイデンティティーの必要と、信仰と実践上における既存の多様性を扱う必要のバランスを様々なやり方でとろうとした。このことは法の最も重要な二つの「源泉」を考えてみれば明らかである。求心力（明確なムスリム・アイデンティティーの必要性）と遠心力（実際のムスリムの信仰実践）のバランスをとる一つの方法は、預言者ムハンマドの人物に焦点を当てて、彼の振る舞いに規範的な地位を与えることである。かくしてスンナの原則が成立したが、それは「イスラーム的」というものは預言者のスンナに見出すべきであり、そのスンナはハディースのうちに見出しうるとするものだった。表面上は、この原則は正確な「ムハンマド的」アイデンティティーを特に重んじるもので、真正にイスラーム的と認められうる信仰実践の幅を狭めるように見えるであろう。しかしながら実際には、現実の信仰実践の多様性が、スンナの原則がもつ同質化への傾向に打ち勝ったのである。イグナーツ・ゴルトツィーハーがかつて明らかにしたように、スンナが特権的な地位をもったので、ある信仰実践や考え方を支持するために広くハディース捏造《ねつぞう》が行われるにいたった。[11] いったんハディースがブハーリーやムスリム・イブン・ハッジャージュのような、権威ある地位を得た集成本に書き留められるようになると、遠心力が働く傾向は減じていった。とはいえ多様性の名残は大きかった。例えばアフマド・イブン・ハンバルのハディース集成『ムスナド』は何万もの伝承を収録し、相当な範囲の（ときに相互矛盾する）考えや信仰実践を包含しているのである。

　法源として、また求心力と遠心力のバランスを保つ手段として、実践上のより大きな重要性をもったものは、合意、つまりイジュマーの教義であった。法学者たちはイジュマーを異なるやり方で定義しているが、実際にはその概要は容易に把握できるものだ。イジュマーの教義は法学派のアイデンティティーと権威にはなくてはならぬものであった。理論的には、イジュマーとはスンナ派イスラーム法の四法源の第四のものであった。しかしながら、それは実際にはものを定義づける機能をもつ。このことは、預言者が「我が共同体は過ちに合意することは決してないであろう」と宣言したとされる、あるハディースにおいて表現されている。この教義は強力なもので、例えば、共同体が法のうちにクルアーンの明白な言葉に反するように見える諸原則や信仰実践を定着させるのを後押しするほどであった。例えば、イジュマーの教義は法学者をして、古代末期や中期初頭における近東社会に支配的であった性規範に応えて、姦通への刑罰を受容することを可能ならしめた。つまり、少なくともある条件下での石打ちによる死刑のことであるが、これは意味明確なクルアーンの一節に明らかに反している〔著者は明らかにしていないが、おそらく第二四章二節「姦通を犯した場合は男のほうも女のほうも各々一〇〇回の笞打ちを科す」を指すと思われる〕。そこではより寛容な罰を求めているのである。さらに広い文脈では合意の教義は、ウラマー、ことに法学者たちがイスラーム的伝統に及ぼすべく要求した権威を基礎づけたのである。例えば、法学者たちがある特定の法的問題について見解を異にした場合は、ヒラーフ（khilāf）、つまり「不一致」が生ずることになるが、それはすなわち伝統は意見と信仰実践の多様性を認めていたということである。だが、ひとたびある特定の法学派《マズハブ》の法学者たちが合意を通じてある点について意見が一致すれば、その一致は同学派に従う者たちには拘束力を持つことになる。このような方法で合意という教義は、教育が作った宗教エリートたるウラマーの、いや増していた社会的・文化的な権威というものをさらに強化したのであり、この問題についてはしばらく後に再論しよう。[12]

イスラームの伝統にとってのイジュマーの重要性は、幾ら強調してもしすぎることはないであろう。それは諸法学派を形成し法を定義する過程の中心にあったが、一般的にはスンナ派イスラームの構成要素を決定づける上でも主要な役割を果たしたのである。またしばしば西洋の学者が指摘したように、イスラームには「教会」、つまり制度化した権威の構造体はなく、またイスラーム的文脈では「正統《オーソドクシー》」とか「異端《ヘレシー》」などの術語を使うのは問題である。だからといって、何がムスリムにとって適切な思想や振る舞いとなるのかと問うことは無意味ではない。伝統がそのような問いに答えるべく発展させた主な手段の一つとして合意の教義があり、それはウラマーの、ことに法を生業とする者の権威を理論的に基礎づけるものとなったのだ。合意に反した行いをするとは、まさに伝統から踏み出ることであり、異端者となることを意味した。[13]

イスラーム法の発展の第二の点は、それがより神学的な性格を帯びた一連の問題と重複するという事実から出てきている。というのも神学や法学上の論争が争われる根本の場は同じものだから、これは驚くべきことではない。とはつまり、そこでは〔神学と法学の両分野では〕一方に人間理性があり、他方に啓示と〔預言者によるものを含む〕聖典的な権威があって両者は対峙しており、それぞれの主張が家族生活の定め方から神の属性に至るまで諸事万端にわたり、「イスラーム的」な立場の決定をめぐって相争っているのだ。そこで例えば諸法学派《マザーヒブ》の固定化は、もとは「ハディースの徒」(aṣḥāb al-ḥadīth)、預言者の伝承の至上性を支持する人々と、「個人的見解の徒」(aṣḥāb al-ra'y)、法の明確化についてほぼ制約なく人間理性を広く行使することを主張する人々との間の根本的な不一致から生じたものなのである。そのためにまた、神学の分野でも、論争の極は一方ではアフマド・イブン・ハンバルによって代表され、彼は文字どおりに読めば馬鹿らしい結論に至る事柄についてさえも、聖典の権威を疑わずに受け入れることを求めた——例えばクルアーンが「神の玉座は水の上にあり」と言っていたとすれば、字義どおりに捉えるべきである——が、もう一方の極はムウタズィラ派が代表し、彼らはクルアーンの被造物性を合理主義的に基礎づけんと論陣を張ったのである〔ムウタズィラ派は神の超越性を合理的に論証する立場から、神以外に永遠の存在者はないとして、「クルアーン被造物説」を唱えたが、この説は八二七年よりアッバース朝の公式教義に採用され、八三三年より八四八年まで受容するか否かを問う、ウラマーに対する「審問」が行われた〕。

概して個人がある法学派を支持することと、神学上の立場の間には結びつきなどはなかった。ある人は例えば神学上はムウタズィラ派で、法学ではハナフィー派かシャーフィイー派に従っていたかもしれない。だが二つのいずれの分野でも論争が辿った流れは同じようなものであった。表面的には論争を制した者は妥協をした者であった。法においては、そのような妥協を重ねた結果、諸学派《マザーヒブ》の形が現れたともいえる。そのため、法学者たちは皆、ハディースに反映された預言者のスンナの規範的な価値を認めるようになり、本来は人間理性の行使に格別の重きを置いていたハナフィー派でさえもそうしたのだ(皮肉をこめてハナフィー派の法学者アブー・ユースフ(七三一—七九八)は、類推によって、処女との性交が適法ならば少年とのそれも適法であるとしたという)。そして、もう一方では、アフマド・イブン・ハンバルの信奉者たちは、自分たちがハディースに絶対的に依拠し、またイブン・ハンバル自身が、おのれの法判断が体系的な法学の基礎となることをあからさまに渋ったにもかかわらず、自らの伝統を制度化した法学派の形で保持し広める必要があると考えたのである。[14] 神学の分野では、ムウタズィラ派の理性主義とハンバル派の字義至上主義との間の妥協は、アブルハサン・アシュアリー(八七三/四—九三五/六年)と結びつく思想の学派の形をとった。アシュアリーの考え方は、実際にはその信奉者とされる人々と同様に多種多様であり、ときには相矛盾さえもしていたが、一般的にはアシュアリー派神学は、信仰絶対主義的《フィデイスティック》にクルアーンを読むという神学的立場を支えるためにスコラ的な神学の道具を用いたのだと言えるかもしれない。その神学的解釈の一例を挙げれば、神がその玉座に座っているというクルアーンの言葉がある一方で、神に体があるという指摘がない場合、双方の言葉は文字どおりとらねばならず、隠喩として説明してしまってはならないのである。[15]

とはいうものの、水面下での真の勝者は伝統主義者たちであった。イジュマーはムスリム共同体がイスラームとは何かについて同意するための手段であったが、イデオロギーを定める基準とは伝承における基準であった。どのような立場であれ信仰実践やその他のものであれ、それが依拠する権威は預言者のお手本であった。学問的には伝統主義者の勝利の証左は、慣習上シャーフィイーのものとされる法学システムのうちに見出されるが、それは預言者のハディースに規範となる優越的な役割を与えた。しかしながらその影響が及ぶ範囲はさらに広く、学派は何であれ、その痕跡をあらゆる後代のスンナ派法学者たちの思考に、また同派の神学と政治に残したのである。カリフ・ムタワッキルが下した、合理主義に基づくミフナを中断するという決定が帰結するところは、政治的正統性のために新しい土台を見出す必要が生じたということであった。アッバース朝が、そしてそれに伴ってスンナ派がその正統性の落としどころとしたのは伝統主義だったのである。伝統主義が人気を博していることは、九世紀末、一〇世紀、そして一一世紀のバグダードで群衆が挑発的とみなしたものに暴力で応え、シーア派に属するとされたモスクを破壊し、合理主義神学の教義を公言した説教師を野次り倒した際などに、何度となく明らかになった。しかしながら、分裂を引き起こすような力を秘めていたものの、伝統主義とは根本的に保守的な勢力であった。理論のレヴェルでは伝統主義はビドア（bidʿa）、つまり「逸脱」という、スンナの反対物に対峙した。法学者たちが様々な種類の逸脱を、禁止から容認にいたるまで区別せざるをえないとした一方で、預言者ムハンマドと関係のない信仰実践について原則的に反対することは、イスラーム的言説における重要な要素でありつづけたし、詳しくはこれから見ていくが、以後の数世紀に深甚な影響を及ぼしたのである。また政治的なレヴェルでは、伝統主義は「形成したありのままの姿での」ムスリム共同体の歴史的権威を強調した。そして例えば、シーア派の主張に直面して最初期のカリフたち〔正統カリフのこと〕とその後継者たちの正統性を肯定したのである。この流れからひとたびアッバース朝がシーア派やムウタズィラ派ときっぱりと関係を断った暁には、ハンバル派も含めた伝統主義者たちは彼らの強固な支持者となった。そこでカリフの権威を侵す者は何人といえどもイスラームからの追放に値すると言ったのは、アフマド・イブン・ハンバルその人であった。

広く見られた伝統主義の影響は、我々をウラマーの役割と権威に関する問いに引き戻すのである。理論上は、伝統主義の目指すところはムスリムの信仰実践を統一し、イスラームを人間理性の気まぐれな行いではなく、不変の預言者的もしくは聖典的先例のうちに繋ぎ止めておくことであった。実際は、伝統主義が為したことは権威の領域をウラマーというムスリムの特定グループに、ことに法学者たちに与えたということなのである。スンナを定義したのはムハンマド自身ではなくて、むしろ彼についての記憶であり、またその記憶はある特定のテクスト、つまり幾つかのハディース集成やことに預言者の伝承を用いた様々な法学書を含む一連のテクストに深く埋め込まれたものであった。これらテクストを「定めること」〔これらテクストに権威を与えること〕、また「複製すること」〔権威あるテクストを大量に筆写し広めること〕は、それらが伝承され、注釈を受けることを必要とする。つまりテクストは人間関係の繋がりによる媒介を必要とするのである。またこの人間の関係はウラマーのコントロール下にあった。学者たちはモスクや家などの非公式の教育サークルで、そして宗教や法の知識の伝達に特化して設立された機関で法学を教えていた。彼らが教え学んでいた場がどこであれ、イスラーム法のテクスト上の基礎構造を次の世代へ伝達する責任を担った男性たち（と場合によっては女性たち）は、口承による伝達法を好んだ。つまり、たとえテクストが成文化された後であっても、学生は単にそれを読んで内容を習得することはなかった。むしろ彼はそれを大声で読み上げるか、大声で読み上げられたものを聴くかし、かつそれに注釈を加えたのである。これらすべてを教師のいる前で行い、それによって彼は諸権威者の鎖の中に参入し、自分を本の著者へと、またハディースの場合は預言者自身へと結びつけるのであった。このことが意味するのは、教育のシステムとは知識を伝達するシステムというよりは、知識をもつ諸テクストについての個人的な権威と、社会化〔ウラマー社会における認知〕を伝達するシステムだということである。そのシステムとは柔軟で形式張らない《インフォーマル》ものであったが、また特定の学者たち——彼らは大勢の学生たちや同僚たちの心に尊敬の念を掻き立てた存在であった——の権威を確認する性質をもっていた。[16]

換言すれば、イスラーム法内部で現れる権威の諸パターンは「系譜学的」な性格をもつのだ。我々はそのパターンがムスリムの宗教生活における他の側面にも反映されているのを見るであろう。すなわち宗教的権威とは、おのれの学問上の先祖に基づいて主張されうるものであった。このパターンは諸法学派が特定の学者たち、アブー・ハニーファとかシャーフィイーらの——彼らの名前がその追随者に結びつけられる——記憶を中心として確立した過程の中に探し出すことができる。[17]しばしば、権威を伝達する「系譜学的」なパターンは文字どおりその姿を現すことがあった。このシステムの帰結として、傑出した学者やテクストが有する宗教的権威の伝達者とされた者たちの社会的地位は、幾つかの家系に集中する傾向があった。それは父親たちがその地位を息子たちやその他の家族の成員、そして彼らが最も親しく関係していた学生たちに受け渡すにつれて浮かび上がったのである。すなわちウラマーの社会的権威は学者たちの有力家系を作り上げたのであり、それは王朝〔ウラマー名家〕が一家系の権威の完全性と価値を守るために用いるものであって、〔息子が学者である父親の役職や特権を受け継ぐなどの〕身内贔屓《みうちびいき》や他の社会的なエリート集団と通婚するなどの仕組みを総動員したものだった。[18]

宗教的な権威が個々人のウラマーやその家系に具体化して現れたことは、九世紀から一〇世紀にかけての根本的な社会的・政治的変動という背景に照らして見なければならない。ミフナの失敗とはカリフ制が宗教的事柄に権威を主張することへの失敗であった。言い方を換えれば、カリフたちはウラマーの宗教的な権威に膝を屈したのである。しかしそれと時を同じくして、政治の実効的権力がカリフの手を離れるということが起こった。権力は中央では主にトルコ系からなる軍事エリートへ、地方属州では政治的真空を埋めるべく雨後の筍《たけのこ》のように成立した様々な自治的、または半独立の王権へと移っていったのである。伝統主義的見解が支配的となったことと、宗教エリートであるウラマーの社会的地位と権威が固定化したことは、一部では、イスラームの古い伝統の代弁者であるか、またはそう自認した、権利を奪われた社会的エリートからの、新しい四分五裂化した政治体制や（ある場合は）外来の政治権力に対する応答と読み解くべきであろう。中央ではウラマーの権威はカリフ国家や軍事体制とさしあたり衝突しつづけていたが、これはイブン・ハンバルの伝統主義的な信奉者に率いられた群衆たちに見えるように、彼らの権威が時折突然に、または暴力的に姿を現した一つの理由なのかもしれない。しかし地方属州などどこであろうと、ウラマーの権威は明確な政治的な意味合いを帯びていた。例えば、ウラマーの諸家系はカーディー法廷をコントロールすることで、限界はあったが影響力のある権威を意のままにしており、共同体における彼らの地位は政治的危機に際し、権力を要求する特定の者を一都市全体が支持するよう仕向けることができた。ウラマーの権力とは言葉を換えれば、この時期にムスリム世界を支配しはじめた外来の軍事体制が暴政に陥ることに対し最も効果的なチェック機能を果たしたのである[19]。結果として、これに続く数世紀のイスラーム世界の歴史とは、異邦人による軍事体制と地域のウラマー・エリートが適応しあう歴史となるのであろう。

# 第16章
# 禁欲主義と神秘主義

スーフィズム〔英語 Sufism は、アラビア語で神秘主義者を呼ぶ ṣūfī（スーフィー）による。スーフィーは後出のように荒織りの羊毛の衣服スーフ＝ṣūf を纏った者の意であるが、彼ら自身はその思想や運動、生活様式などをスーフィーから派生した動名詞によりタサウウフ＝taṣawwuf と呼ぶ〕の名で知られるようになった神秘主義的伝統は、イスラーム宗教共同体内の幾つかの要素との間に常に問題を抱えていた。スーフィーとみなされた人々は、しばしば教義的土台と法学者たちが忌み嫌う信仰実践の双方のために、政治権力を担う人々やウラマーの一部、ことに法学者たちの双方と対立したのである。他方、スーフィーたち自身は確信をもって、彼らの原則と主義主張の知的系譜をアリー・ブン・アビー・ターリブや預言者ムハンマドをはじめとする最初期のムスリムたちにまで遡らせてきた。このような主張は確かに信仰上《バイアス》の作り話《フィクション》であるが、クルアーンには禁欲主義など特定の思想への支持表明を読み込める節——それがスーフィー的伝統の裏づけとなるのだが——が幾つか見られる。ともかくも、イスラーム史の中期までにはスーフィズムの存在はムスリム世界全体で知覚されるようになり、最も厳格な法学的伝統を含むイスラームの体制秩序のほぼ全体から篤い帰依を受けたのである。

イスラームと同様に、スーフィズムもかなりの時間をかけて発展していった。スーフィズムとして知られるにいたったものの根源《ルーツ》は、ウンマの最初の二世紀にあった禁欲的で敬虔な人々のサークルに遡ることができる。九世紀までに禁欲主義の精神はイスラーム独自の言葉遣い《イディオム》で表現される神秘主義的思弁と結びつき、スーフィーという言葉は特定の個人やグループを指すようになった。しかしながら、スーフィズムがイスラームにおける独自の運動として後世の人たちが認めることができる形をとったのは、議論の余地はあるものの、一〇世紀から一一世紀になってからのことであった。

スーフィズムの起源をめぐる議論は興味深く、かつ結論の出ない二つの問題によって曖昧なものとなってきた。最初の問題はその運動がイスラーム以前の宗教伝統を起源とするか否かというものだ。かつては、一九世紀末から二〇世紀初頭に広く流布した理論や憶測に基づいて、スーフィズムは異質の、ことにイラン的もしくは「アーリア的」なものを表現し、イスラームという硬直したセム的一神教に接ぎ木されたものだと論じられた。この見解はもちろん現在では完全に否定されている。[✤1] しかしながらスーフィズムはイスラーム全体がそうであったのと同様に、閉鎖された、密室的環境で発達したわけではなく、少なくともその一部が古代末期の近東における広大な宗教的背景に根ざしたことは避けようもなかった。数多くのスーフィーの思想や信仰実践、さらにイスラーム神秘主義の語彙さえもが、はからずもスーフィズムの発展が他の近東の宗教伝統、ことにキリスト教の初期における展開と近しい平行線を辿ったことを示している。その数ある可能性の一つとして、例えば、禁欲主義者たちは暑い近東の気候でも羊毛を身にまとう傾向――イスラーム期でもネストリオス派修道士たちの間で通常見られる信仰実践――があったとされるため、「スーフィー」という術語自体がアラビア語のスーフ、つまり「羊毛」という単語に由来すると考えてもよいだろう。もっと意味深いことには、特定の人物たちが特別な「神の友たち」（アウリヤー（awliyāʾ）、単数形ではワリー（walī）、彼らの神への特別な親しさはワラーヤ（walāya）として知られている）の地位にあるとする概念が挙げられる。これは後代のスーフィズムに特徴的なものであり、古代末期の近東における宗教的情景に顕著な役割を果たした「聖なる人」という観念とその働きに強い類似性をもつのである。初期のスーフィーの物語に、ムスリムの神秘家たちがキリスト教徒の禁欲主義者たちや隠修士たちに出会い、学んだりする話が含まれることは重要である。特定の物語が必ずしも歴史的な事実だったか否かは問題ではなく、その表現技法《トロープ》が歴史的体験に共通するパターンを示唆している可能性があるのである。また他の人々はスーフィーの神秘主義に見られる要素を仏教やヒンドゥー教一元論まで遡らせようと試みてきた。その例としてファナー（fanā）、つまり自我の融滅という教義があるが、それはイスラーム世界の東の辺境にあるホラーサーン出身のペルシア人アブー・ヤズィード・バスターミー（八七四／七殁）のような神秘家の思考や信仰実践において中心的な位置を占めていたものである。もっともこのような起源探求の試みは疑いの目をもって見られていた。

第二の問題点は、スーフィズムとクルアーンそれ自体の関係に関わるものである。イスラーム的外見をもつものであれ、より一般的なものであれ、神秘主義という事業《プロジェクト》に共感を抱く西洋の学者たちは、イスラーム神秘主義は有機的に、いや不可避的に、クルアーンから、また最初期のムスリム共同体から育ってきたとするスーフィーたちの立場を進んで肯定しようとしてきた。そこで、例えばフランスの偉大な学者ルイ・マスィニヨンは次のように結論づけた、「イスラーム神秘主義は、たえず唱えられ、瞑想され、適用されたクルアーンから生まれてきた」と。[2] 彼の観察は何がしかの真実を含んでいるかもしれない。だがクルアーンの伝えることが後世に表現されたスーフィズムの原理原則に完全に整合するという主張は、歴史的見地からではなく神学的にのみ受容や拒絶ができるものなので、ひとまず脇に置くとする。してみると事実であることが確かなのは、クルアーン自体は、その結集、編纂、保存がいかになされたとしても、最初からムスリムたちが修行の一環として「朗誦」してきたということ、そしてそのようなクルアーンの節の、また神に帰せられる多くの名前の朗誦と反復が、後のスーフィズムに中心的な信仰実践の一つとなったということである。とはいえ、そのこと自体が我々にスーフィー運動の歴史的起源について語ることはほとんどない。また「ムハンマドがスーフィズムの霊的系譜という鎖の最初の輪である」というスーフィーの主張[3]は、文字どおりに解すれば自らの歴史に対する自負心と言える。

スーフィズムの歴史的起源は、より広いイスラーム的伝統においては、きわめて強い敬虔な信仰をもって八世紀の危機へ応えたムスリムたちに――実際に後代のスーフィーたちが彼らの先駆者としたハサン・バスリーのような人々に――求めるべきなのである。我々が起源の解明を目指すにあたって考えるべき重要なものは、敬虔な信仰を表現した社会的形式であり、それとウンマ内部の大きな展開との繋がりである。このイスラーム史の比較的初期の段階では、予測されるように、強い信仰やその実践者を描写するために史料において用いられた術語は確定していなかったのだが、常に現れる術語としてはズフド（zuhd）が挙げられる。ときにはこの術語は「禁欲主義」と訳され、柱頭行者聖シメオンとかエジプトの聖アントニオスといったキリスト教の禁欲主義者たちの振る舞いと比較されるのが常であるが、それは幾らか誤解のもとになる。一般的な決まりでは、ズフドは古代末期のエジプト、シリア、小アジアでシメオンや他の行者たちの評判を高めたような極端な苦行を伴うものではなかった。むしろ、それはより一般化した個人の行動における志向性であって、それをもって信仰者は神的なものを求め、現世的な気散じを避けるという信仰の倫理的要求に力強く応答したのである。[4]ズフドに帰依することは必ずしも現世との繋がり、もしくは社会に対する責任の完全な放棄を伴うものではなかった。つまり現世から逃れるため砂漠に退いたり、柱のてっぺんに登る必要はなく、ほとんどの場合は独身不犯《セリベィト》の生活を送らずともよかったのである。例えばこれら敬虔な人々のうち、後にスーフィーの伝統を創始したとされる最も著名な人物たちがビザンツ帝国へのジハードを呼びかける運動に盛んに加わったものだが、その中にはイブラーヒーム・イブン・アドハムやアブドゥッラー・イブン・ムバーラクもいる。しかし努めて富に無関心な態度をとることや現世の快楽を放棄することは初期のスーフィー的伝統における特徴となり、後代の形態においてもズフドはその一部として存続した。スーフィーはしばしば「貧者」を意味するファキール（faqīr）とされ、貧しさを称揚することはスーフィーが範とすべきことどものうち、最も馴染み深いテーマの一つであった。[5]

たとえイスラームの伝統が完全にはキリスト教徒の脱現世主義を受け入れなかったとしても――スーフィーたちは人里離れた修道院の壁の内に籠った隠修士ではなかった――、ズフドの思想の背後では、霊的な衝迫力が思いもつかぬ驚くべきあり方で個人を突き動かしていた。これらスーフィーの伝統に属するとされる初期の人物たちの物語は霊的な偉業の話に満ち満ちており、それらはしばしば禁欲的としか表しえない振る舞いを中心に論じている。そのため、例えばイブラーヒーム・イブン・アドハムは聖戦士であったのかもしれないが、同様に彼は自己否定の行為、つまり幾度もの断食や、何匹もの虱のたかった粗い服を喜んで身に着けたことなどで記憶されたのである。禁欲主義の衝迫力は相当の勢いをもち、形式を整えたスーフィー的伝統の一要素でありつづけたのだ。例えばサフル・トゥスタリー（八一八―八九六）はハサン（・バスリー）やイブラーヒームといった初期の人物よりも神秘思想のより完全な体系を発展させはしたが、現世放棄はまだその宗教生活の多くを占めていたのである。つまりトゥスタリーが様々な方法で行った断食は彼の儀礼実践の中心となったし、また彼は一ディルハム分の大麦だけで一年間生きたことで人々の記憶に残ったのである。[6] このような禁欲主義が嵩じ、それに帰依した霊的な達人たちの間で禁欲の程度をめぐってある種の競争が起こるようになった。この類《たぐい》の物語が好評を博したことから判断すれば、人間に可能なことや法が許す極限を試した世捨て人たちはムスリム民衆を魅惑する誘因力を保ちつづけたのであり、それは四世紀のキリスト教徒たちをシメオンが登った柱やアントニオスが籠った洞窟へと惹きつけた力と同様のものであったといえる。このことからは、イスラームが吸収・同化した古代末期のキリスト教とユダヤ教によく知られた傾向、つまり霊的な力を崇敬の対象・模倣のモデル、もしくは神への執り成しを行う特定の個人や場所に位置づける傾向が浮かび上がる。

　ムスリム禁欲家たちの信仰実践が示しているのは、（歴史上のものであれ伝説上のものであれ）発展途上におけるイスラーム的伝統が、他の近東の諸伝統を生み出したものと同じ歴史的・宗教的な力の産物であったと、いま一度、捉え直す必要があるということである。このような強い敬虔心が共通してとった形態として、例えば、泣くこと、つまり人の罪のため、この世界の罪のため、さらに神の慈悲を拒む人々を待つ苦しみのために涙を注ぐ行為が挙げられる。ハサン・バスリーをはじめとする「泣く人々」、つまりバッカーウーン（al-bakkāʾūn）はクルアーンの中におのれの信仰実践の裏づけを見出していたのである。つまり聖典によれば古代の預言者たちは神の慈悲のしるしに遭遇した際、「みなうち伏し跪き、涙にむせんだものであった」（第一九章五八節）。ついには祈るときや墓場にいるとき、カアバ神殿の訪問の際や、説教やクルアーンの読誦を聞く際などで献身の実践として泣くことは、ムスリム的敬虔の最も一般的な表れの一つとなり、ムスリム「聖者」の伝記における表現法《トロープ》ともなった。人間の脆弱さや罪を犯す性癖を嘆き、迫り来る神の裁きに絶望して嘆くことは、敬虔心を表現するのに有用な方法としてムスリムたちが他の近東の諸宗教信徒たちと共有したものであった。同じ信仰実践はユダヤ教にも見られ、第四エズラ書やタルムードにおいて言及されている。だがとりわけシリア・キリスト教徒の間でも、例えばニネヴェのイサクのように、[7]泣くという行為は普通に見られるものである。クルアーン第一九章五八節を引きつつ、ムスリムたちも預言者と泣くこととの関係を作り上げた。いわゆる「預言者譚」においては、様々な旧約聖書の登場人物の慟哭、例えばおのれの罪を懺悔して涙を流すダビデとか、その名がアラビア語の動詞「泣き叫ぶ」（n/w/h）に語源的に結びつくノアなどの嘆きについて紙幅を割き、詳しく述べている。また、著名な初期ムスリム人士の伝記の幾つかに基づけば、まさに改宗のプロセスが速まったときに（九世紀）、禁欲家と認めうる人物の数が目覚ましく跳ね上がったということがあるが、それはたぶんキリスト教、ユダヤ教、その他の宗教的伝統からの改宗者たちが新しい信仰へ持ち込んだ期待感を反映しているのである。[8]

九世紀から一〇世紀にかけて二つの展開が当時形成期を終えたスーフィズムに基礎を与え、その運動は中期にムスリムの宗教的体験に重要な役割を果たすこととなった。そのうち第一の展開としては、禁欲的伝統に神秘主義的側面が加えられたことが挙げられる。完全なスーフィズム教理の歴史は本書で扱える範囲を超えているが、このとき、宗教を理解する上で神秘主義独自のアプローチが含む多様な要素がイスラームという混成物に加わったのは明らかである。例えば、この時期、ズンヌーン・ミスリー（八五九／六二歿）によって初めてイスラーム的に表現された秘密の直観的な知（イルム（ʿilm）に対立するものでマアリファ（maʿrifa）という）を神の意志を理解する手段として強調したことが挙げられ、または個人の自我の「融滅」（ファナー）という考え、つまりスーフィーの伝統において将来様々な発展を見るもので、アブー・ヤズィード・バスターミーに遡る概念が指摘できよう。ズンヌーンはたびたび古代末期のヘルメス的諸伝統やヘレニズム哲学に結びつけられてきたが、その一方で何人かのスーフィーはズィンディーク、つまり「不信仰者」（「ズインディーク」は元来、マニ教徒を意味した術語だが、より一般化した蔑称として使われるようになった）と非難されるようになった。[9]

第二の展開としてはイスラーム的伝統において神秘体験の日課化への最初の一歩が踏み出されたということがある。スーフィーの「兄弟組織《ブラザーフッド》」、そしてその成員に住居を提供し支援する諸制度が完全な形で成立するのは後代になってからだが、それら二つの制度の礎石が置かれたのは九世紀から一〇世紀、もしくは一一世紀初頭にかけてであった。イスラーム思想固有の形をもった禁欲主義と神秘主義は特定の個人の教えとして始まった。このことと諸法学派が成立していく事情、つまり諸学派はそれぞれ共通の師をもつ弟子たちとして学問的な結びつきを自認する学者たちの集団から成立したことの間には並行関係がある。スーフィズムは諸法学派のように、ある種の「系譜学的」なスタイルを持つのである。法学者たちが知識そのものを弟子たちに教えること以上に、彼ら個々人に特定のテクストについての個人的権威を公的に承認することを重んじていたのと同じく、一人のスーフィーが禁欲的・神秘的修行法に触れ、それに習熟する社会的なプロセスにおいても重視されたのは個人性であった。つまりそこではその道に通暁した者はおのれの師匠を見て模倣し、最後には師匠から彼らの進歩に対する何らかの承認を得ることになる。やがて、このような承認は一般には師匠が弟子に「ヒルカ（khirqa）」、つまり着古された繋ぎ合わせの上着で、世俗の富への無関心を象徴する服を授ける形をとることになった。ただしヒルカのこのような使用は、九世紀にはまだ発達の段階にあったのである。この時点でタリーカ（tariqa）つまり後代のスーフィーたちが包括的な修行法を受け、より大きな共通のアイデンティティーを分かち合ったような教団組織〔中期のタリーカが「教団」としての組織立った形態を有していたかについては近年、研究者間で異論が提示されているため、本書においては原語のまま「タリーカ」と表記することにした〕について語るのは時期尚早なのだが、一一世紀初頭までには幾人かの霊的な師父が弟子の行為を統御する特定の規則を示すようになった。例えば、アブー・サイード・イブン・アビー・ハイル（九六七—一〇四九）は弟子たちの行動を導く一連の規則を公にしたが、彼らに上着をきれいにして、貧者にも歓待の心で接し、共同体として食事を共にし、集団で祈り、クルアーンを読誦するよう求めた。[10]

イスラームの神秘家たちがその技術を実践する舞台についても同様の話を語ることができよう。元来、禁欲主義と神秘主義はいかなる制度体からも独立し、法的知識が伝承されるように、やはり伝承によって盛んになったものである。だが、後の中期時代のスーフィズムの特徴の一つは、スーフィーの活動を支援する建物や寄進財を備えた、ハーンカー（khānqāh）とかリバート（ribāṭ）など様々な名で知られる施設の拡大にあった。その名《な》祖《おや》的な創立者イブン・カッラーム（八〇六―八六九）によりカッラーミーヤ（Karrāmiyya）という名をもつ分派はこの時代のホラーサーンやその他の東部諸州で突出した存在であったが、彼らが祈りと修行の活動中心としてハーンカーを運営し、かつそれらはホラーサーンとトランスオクシアナのマニ教徒たちが運営していた施設をお手本にしていたという証拠がある。カッラーミーヤは多くのスンナ派神学者たちから異端的であると非難され、最後には絶えてしまい、後のスーフィーたちも彼らからは距離をとった。ともかくもまさに一〇世紀の終わりからは、特にスーフィーの諸グループと関係をもつ、ハーンカーやリバートと呼ばれる施設が現れてきた。イブン・アビー・ハイルがおのれの信奉者の宗教体験を特徴づけることとなる集団活動の概略を記していたのとほぼ同じ頃、アブー・イスハーク・カーザルーニー（九六三―一〇三三）は弟子たちに自分が建設したハーンカーで共に暮らし、共に祈るよう求めたのである。[11]

禁欲主義的・神秘主義的伝統の日常日課化は、霊的修行法のプログラムと修行者を収容し支援する諸施設を伴うものであり、伝統自体をある形での制御下に置くことでその存続を保証したのかもしれない。しかし、スーフィーの伝統は本質的には反制度的に働くがために、スーフィズムと法学的イスラームとの間の緊張関係が解消することはなかった。その力は許容可能なムスリム的敬虔の表出や信仰への熱狂――例えばイブラーヒーム・イブン・アドハムのジハードへの献身――をもたらすことができた。スーフィーたちはイスラームの最も有能な改宗勧誘者のうちに位置づけられよう。アブー・イスハーク・カーザルーニーはゾロアスター教の拠点であったイラン南西部のファールス地方で改宗活動に成果を挙げたとされる。しかしスーフィズムがもつ紛糾を起こすような潜在的性質は水面下に留まってはいなかった。スーフィーの貧しさと宮廷の富、またはその利益や価値がシャリーアの中に反映されている（より限定された規模での）都市ブルジョワジーの富との格差は、スーフィズムと他のイスラーム的伝統の様々な構成要素の間に緊張関係を生み出すことになった。教義の面からは、スーフィーの神秘主義はイスラームにおける幾つかの基本的原則に破滅的な効果を与えかねないものであった。例えば、言葉の上でも神学的にも非常に複雑な事柄をきわめて深く探求せずしては、イッティハード（ittiḥād）、つまり愛する者と愛される者との神秘的「合一」の概念は、神とその人間を含む被造物との間の根本的な分離を損なうものと読めてしまうであろう。かくして、有名な神秘家ハッラージュ（九二二年に処刑された）は「アナー・アル＝ハック」（anāʾ l-ḥaqq）、すなわち「我は真存在なり」（アル＝ハック（al-ḥaqq）は神の御名の一つである）などの発言のために身柄を拘束され、殴打され、磔《はりつけ》にされ、ついには四肢を切り離される羽目になったのだ。[12] だがハッラージュが非難されたのは単に教義上の特異性のためではない。実際に当時の人々の中には、入門儀礼を受けずには理解できない神秘的洞察の表現を非難することに躊躇《ちゅうちょ》する者もいた。[13] またその頃、分派的なつながりとか宗教上の権威が問われるといった、より重要な問題があったのである。そこで、例えばハッラージュを批判する者は執拗に、一〇世紀にはバハレーンに国家を打ち立てアッバース朝の権威を脅かしたカルマト派〔イスマーイール派の支派。ファーティマ朝イマームを認めず、アッバース朝に対してシリア、イラクで反乱を繰り返し、九三〇年には聖地マッカを占領、聖域に安置されていた黒石を略奪するなど反律法主義的傾向が強かった〕と彼を結びつけたのである。それは疑いなく政治を悪用するごまかしの論法ではあったが、彼の思想とイスマーイール派の間にある、ある種の根本的な親和性を反映したものかもしれない。一般的な見地から言えば、スーフィズムとシーア派それぞれの起源の間に正確な歴史的繋がりがあるかは解明しがたい問題である。しかしその一方で二つの運動間には異種同士の思想的な相互作用による発展（例えば、両者ともにクルアーンの秘教的解釈――タアウィール（taʾwīl）という――を重視すること）を示唆するものや並行的な類似関係が数多く見られ、そのような繋がりはイブン・ハルドゥーンのような中世ムスリムの観察者には一目瞭然であった。[14] その表明の幾つかをめぐっては、スーフィズムはウラマーの権威に対する脅威となったし、そこでスーフィーたちはしばしば反律法主義、つまりイスラーム法への敵意の咎《とが》で非難を受けた。またもや、ここでもハッラージュの例は大いに参考になる。ムスリムに対するマッカへハッジ（hajj）〔巡礼〕を行うべしという法的要求について、彼は解釈によってはより一般化な内面化された形での「心の」巡礼に含まれうると述べたという。そのような見方が、宗教的権威の在処《ありか》を共同体の合意から個人の神秘的経験へと移し替えることで、法学者たちの仕事は水泡に帰しかねなかったのである。[15]

# 第17章
# 非ムスリム宗派共同体

近東における非ムスリム宗派共同体の目で見ると、アッバース朝革命に続く三世紀間は二つの意味で決定的なものであった。まず、この時代に非ムスリムたちはほとんどの地域で少数派になるまで数を減らしたということがある。次には、非ムスリム共同体とイスラーム国家の関係を統制し、前者の政治的・社会的劣勢を制度的に固定化した慣習や手続きが、イスラーム法の完全な明確化によって規範の形をとったことである。これらの点から見れば、この時代は全体的な没落の時代と特徴づけざるをえないであろう。しかしながら、そういう観点と特徴づけはさらに複雑な現実を隠すものかもしれない。第一に、非ムスリムはそれぞれ異なる仕方でムスリム体制のもとで生活したのである。例えばユダヤ教徒の生活における経験は、特定の共通のパターンがあるにせよ、ゾロアスター教徒のそれとはまったく同じではなかった。さらにまたズィンミー〔被保護民〕の諸共同体は瀕死の状態というものでもなく、多くの場合、新たに支配的となったムスリム文化の挑戦に力強く応えていたのである。

この時代、近東のイスラーム諸社会は深甚なほどに多文化的《マルティカルチュラル》であり、宗派の違いを超えた重要な接触や交渉の機会には事欠かなかった。イスラームとは実際に多くの独特の信仰伝統のうちの一つ（最終的な、最も完成したものではあったが）であるというイスラーム的世界観は、他の諸伝統との対話が何をもたらすかという問いを提示することになったのであろう。場合によって、ムスリム、ユダヤ教徒、キリスト教徒、そして他の宗教の信徒は互いに様々なレヴェルでの対話を求めたのである。哲学者たちの間の交流は最も自由なものであって、キリスト教徒はバグダードをはじめいたるところで古典期の科学や哲学の伝達において際立った役割を果たした。宗教的な学問に従事する者の間では、予想されるように「話し合い」はより論争的になりがちであった。クルアーンにおけるアブラハム、モーセ、その他の預言者たちの物語と、彼らのヘブライ語聖典〔いわゆる旧約聖書〕とキリスト教の福音書における記録との間の類似点（とまた相違点）は、人を不快にさせる比較の形をとって問いを突きつけるのである。これまで見たように、ウラマーはだんだんと、イスラーイーリーヤート〔八一、一二三、一二四頁およびグロッサリーを見よ〕のようなテクストのもつ宗教的知識の資料的価値を疑うようになり、ことに教育のない人々――とはつまりウラマーでない人々――が、いわばカーシェールでない物語〔カーシェールはユダヤ教の規定に即した食べ物のこと。ここでは非「カーシェール」はイスラームの文脈に移されて、ユダヤ起源でクルアーンの支持が得られず、ムスリムの耳に入れるべきでない物語という意味か〕により迷妄に陥ることを案じたのであった。だが論争的であったにせよ、ムスリム、ユダヤ教徒、キリスト教徒の学者たちはバグダード、カイロ、その他いたるところの様々な舞台で、本来比較宗教学の実践であった対話に熱中し、ときにはカリフたちやアミールたちやその宰相たちの御前で、また他の高官たちの面前で意見交換のために、異なる宗教伝統間の長短を（限られた中で）議論するためにさえ、集会を開いたのである。[1]

共通の宗教的経験のレヴェルでは、正確なメカニズムは当然見えてこないものの、諸宗教間でかなりの意見交換が行われた。その幾つかはユダヤ教徒、キリスト教徒、その他の人々のイスラームへの改宗ゆえに起こったものであり、彼ら改宗者たちがかつて帰依していた宗教が作り上げ、伝えてきた考えや関心事や信仰実践を持ち込んだためである。しかし、より重要な原因としては中期イスラーム諸都市における生活がもつ比較的開放的な性格がある。一般的に、非ムスリムは例えば中世ヨーロッパのゲットーの中のユダヤ教徒のように社会の仕組みの上で孤立していたわけではなく、彼らとムスリムの間に宗教的な概念、期待感や信仰実践を表す共通の日常言語が発達した。そこで、例えばエジプトや他の場所のムスリムたちは非ムスリムの隣人たちと、死者は墓の中である意味で生きているという信仰を共有し、生者が死者と引き続き交流していくことを可能ならしめた。そしてその考え方は、古代末期や中期の近東のキリスト教徒たちの間で大きな存在感を示した聖者崇敬を生み出したのである。[2] またムスリムたちは自分たちのものとして、非ムスリムの隣人たちと見分けがつかないような信仰実践を採り入れさえしたであろう。一〇世紀の地理学者ムカッダスィー（九九〇頃歿？）によれば、シリアのムスリムたちは復活祭やクリスマス、その他のキリスト教の祭日の祝い事に参加したが、その理由は一つには、それら祭日が太陽暦に従ってだいたい定期的に巡ってくることが、当然、太陰暦によって毎年だんだんと前倒しになるムスリムの祭日よりも正確に農事上の季節を示す手助けとなるためである。[3] またゲニーザ――すなわちフスタート（カイロ近郊）〔政治都市であるカイロに対して、その近郊にあって商都の役割を果たした〕のユダヤ教徒共同体が生み出し集積した膨大なテクストや文書群の倉庫――にある記録は、魔術、護符、呪文やその他の、共同体の人々が日常生活の中で精霊（ジン＝jinn）の世界を操ろうとする様々な手段について証言をしている。かの有名なマイモニデス（一一三五―一二〇四）〔アラビア名はイブン・マイムーン。中期のユダヤ教において影響力の強い法学者・神学者・哲学者。宗教と哲学を調和させようとした哲学上の主著『迷える者の導き』はユダヤ教世界のみならずキリスト教思想界にも影響を残した〕などのユダヤ教徒学者たちは、しばしばそのような民間宗教の表出に反対しているが、彼らの戦いは負けに終わったようである。彼らの懸念はムスリムのウラマーたちの多くが共有するものであったし、ゲニーザ文書群から浮かび上がる情景はムスリムたちの現実をも反映するものであった。[4]

　ムスリムと非ムスリムの間に対話があり、共有の考えと体験の共通の蓄積はあったが、それはむろん、非ムスリムがイスラーム諸社会において平等な地位に近づくための何らかの手段をもっていたことを意味するものではない。ズィンミーたち、つまりアフル・アッ＝ズィンマ（ahl al-dhimma）、「保護契約下の民」として、彼らはムスリム体制の保護と容認を享受していた。一般的に彼らは都合の良いように自分たちの共同体内部を運営したり、自らの法を成員へ適用したりすることを任せられていたのである。だがそれと引き替えに、彼らは信仰というよりは、公の場での振る舞いに関わる多くの制約に服していた。そこで例えば、いわゆる「ウマルの協定」や、ムスリム法に則りズィンミーたちの地位に説き及ぶ様々な法学書が定めた条件によって、非ムスリムの面目を失わせ、その見分けを容易にするために特定の色の服の着用を要求したのだった——これは強制的な宗派別居住のない世界ではおそらくより重要であったろう。全体としては、そのような制約はひどく厳しいものではなかった。しかし、ある場合には、制約はズィンミーたちの宗教生活を深刻な形で限定してしまうものであった。そうして、例えばウマルの協定の定めるところでは、ムスリムが征服したときにすでに町や地域にあった教会やシナゴーグは存続できるが、その一方でそれらの改修は許されず、また新しい建物を建てることはできなかった。このズィンミーたちの活動に対する制約は法学者が特に深刻に採り上げたものであり、彼らはおのれの法学書で日常的にその禁止を繰り返したのである。他方、その禁止が何度も無視されたのは明らかであり、バグダードやフスタートなどムスリムの征服以降に築かれた諸都市に建つ数多くの教会やシナゴーグ、その他の宗教施設によって証明されている。より直接の悩みの種は、成人で自由人のズィンミー男性が支払いを求められた人頭税で法学者たちがジズヤ（jizya）と呼んだものである。ジズヤの起源は曖昧模糊としている。九、一〇世紀または後の世紀にジズヤとして記述された税は、預言者の時代もしくはイスラーム期の最初の数十年間に課された税とはたぶん異なるものであった。ジズヤの納税は、普通のズィンミーにとって、心理的にも単に支払うことだけでもかなりの負担となるもので、ムスリム政権が当然ながら施行に大きな関心を示した要求であった。そこでジズヤ納税証明書が発行されることが普通となり、それは納税済みの証明として提示を要求されたので、旅行の際にはズィンミーに必携のものとなった。その証明書を作成しそこなえば厳しい罰が待っていたのである。[5]

ズィンミーの共同体にとって最も苦しい問題は、議論の余地はあるにせよ、改宗のそれであった。あいにくと、近東の住民の大部分——彼らは六三二年には（または七五〇年にさえ）ムスリムではなかった——がその宗教的帰属意識を変えていく過程は正確には辿りがたいものがある。おそらくその変化は一〇世紀の終わり頃には起こっていたというのが実情ではあったが。その不確実性は改宗過程の詳細な研究を欠くことからくるのであり、さらにこの問題は残った史料の性質によって深刻になるのである。それら史料は印象に基づく証言を含むが、容易に入手できる、包括的かつ実証的なデータはほとんどない。しかしながら我々は暫定的にせよ、ズィンミー共同体が八世紀から一一世紀初頭にかけて経験した厳しさを増す現実、つまり、イスラームへの改宗進行について、あえて一般的な命題を立てることができよう。[6]

八世紀から九世紀にかけて、強制改宗の例はいまだに比較的まれであったが、初期ムスリム政府の特徴であった非アラブのイスラームへの改宗に対する無関心は霧消した。強制の問題がないところでは、人々は様々な理由から改宗をした。疑いもなく、ある人々は新しい宗教は神の真理をよりしっかり把握しているとの確信のもとにイスラームに惹きつけられた。改宗しようとする個人にとっては、改宗するための実際のステップは他と比較すれば無きに等しかった。「イスラーム」の行為とは、あるレヴェルでは、アッラー以外には神はなくムハンマドはその使徒であるという簡単な教義の告白をするというものだった（男性にとっては、少なくとも理論上は割礼が要求され、これはユダヤ教徒のようにすでに割礼を受けている人々を例外として、かなりの改宗への妨げとなったにちがいない。他方では、実際にどれほど頻繁に割礼が成人の改宗者に課せられたのかと考えることもできよう。その例として、イランの一地方君主で有名なアッバース朝の将軍でもあったアフシーン（八四一歿）が挙げられる。彼はゾロアスター教か、もしくは仏教からの改宗者で、同朝の軍人として仕えたが、背教の嫌疑をかけられた裁判で、自分は割礼を受けていなかったと認め、その施術は健康に有害なのではないかと（故ない訳ではなく?）案じていたのだと弁明したのである）。[7]

しかしながら他の人々にとっては、社会的な懸念は神学的懸念と同様に切迫したものであったし、様々な要因によってイスラーム（islām）〔原義は「絶対的服従」〕の行為へと導いた確信と希望を抱いたのであった。宗教上の結びつき《アフィリエイション》が社会的な地位と経験において重要であったことを考えれば、これは自然なことであった。つまり宗教上の結びつきは、何を着るか、誰と結婚するか、またもちろん個人の地位についてはシャリーア法が適用されるか、あるいはラビ法廷が施行する法が、または他の宗教共同体の法が適用されるかを決定しうるものであった。ひとたびズィンミーたち〔被保護民〕の行動に関する一連の法的制限がシャリーアの中で固まり、またそれらの締め付けが厳しく実行されると、非ムスリムたちはそれをほとんど屈辱以外の何ものでもないと感じ、それゆえ改宗への誘いと受け止めたのである。ある人々は計算高く個人的利益を追求した。何世紀もの間、多くのムスリム政権は非ムスリムの下級役人や官僚に頼っていた。例えばエジプトではコプト教徒は中期後半に至るまで政権の行政機関で重要な役割を果たしていたが、そこで、そういう状況ははたして許されるかという議論が法学者の側で起きた。ことに政権内で高い地位に手が届くほどの人々は、確実に改宗への圧力や、もしくは誘因を感じたのである。実際にイスラームへ改宗した著名な政界や官界の人士は数多く確認されており、代表例としてはウマイヤ朝末期からアッバース朝最初のカリフたちが治めたイラク、イランで帝国知事の秘書であったイブン・ムカッファアがそうであり、また一〇世紀末のエジプトでファーティマ朝カリフの宰相を務めたユダヤ教からの改宗者であるヤアクーブ・イブン・キッリス〔九三〇—九九一〕が挙げられる。

ほとんどの人にとって、社会的に考慮すべき問題はより広い範囲に及ぶものであった。一部の人々、ことに部族の成員にとっては、実際にイスラーム最初期のアラブ部族の幾つかがそうであったように、改宗の決断は集団で行う事柄であった。だが部族の組織や位階制度が問題にならなかったときでさえ、大きな社会集団がもつ勢力や圧力は概して決定的なものとなった。改宗過程が社会の最も広い範囲において進行するのが見て取れることもある。例えばエジプトの農民たちは当時はまだ圧倒的にキリスト教徒が多かったが、八世紀から九世紀の初頭にかけて何度も反乱を起こした。これらの反乱は宗教的抑圧というよりは、極端に重い税金のために起こったのであり、将軍アフシーンを中心としたムスリム当局によって情け容赦なく鎮圧された。反乱の後、コプトの地方共同体は自分たちの社会扶助のネットワークが分断されたことに気づいた。さらに反乱の結果、イスラーム国家の当局はシャリーアの倫理的規制をより厳しく施行するようになった。一五世紀の歴史家マクリーズィー〔一三六四—一四四二〕が打ち出した、反乱とその結末からその時代〔九世紀〕にイスラームがエジプト農村部の多数派宗教になったという見方は、歴史的に見れば早計にすぎよう。つまり、その時代には活力のあるコプト文化は決して消えはしなかったのである。しかし反乱の鎮圧はキリスト教共同体の社会的統合力の基礎を掘り崩すものであり、大半のエジプト人をイスラームへと改宗させる大きな原因となったのである。[8]

この時代には近東はすぐれて世界のユダヤ教徒人口が集まる中心であった。ユダヤ教徒は、他宗教の信徒たちのようにイスラームへと改宗していったが、ユダヤ教のはっきりした民族的な性格は共同体を統合する力となったのかもしれないし、ことによるとイスラーム改宗への誘惑力に対する抵抗を強めたかもしれない。[9] 特にイラクにはユダヤ教徒人口が集中しており、二つの主要な教学アカデミーのうち一つの拠点があり、そこで我々が知るようなユダヤ法が形成されたのである。しかしユダヤ教共同体はいたるところで、（いまだに）アラビア半島の幾つかの地域においてさえ見出されたのである。[10] もっとも、ここからユダヤ教徒はどの場所でも、少なくともイラク以外において、人口の重要な部分を占めていたということにはならない。むろんしっかりしたデータは捉えがたいが、例えばエジプトではこの時期のユダヤ教徒の推計数は四万人を超えるものではないし、実際の数はもっと少なかったであろう。エジプト全体の人口はたぶん、せいぜい三〇〇万か四〇〇万程度で、ユダヤ教徒はその全体の人口のわずかな部分を占めるにすぎなかった。[11] ユダヤ教徒の人口は、少なくともその一部は比較的移動性が強く、アッバース朝の衰退にともないイラクの情勢が不安定化し、かつファーティマ・カリフ朝が隆盛するにつれて、ユダヤ教徒のイラクやパレスチナから西方へ、ことにエジプトへの移動が起こったのである――これはある意味、十字軍とモンゴルが侵入した時代に、住民とムスリム文化の中心の両方がイラクからシリアへ移動したことを予見するものであった。ムスリムの大征服の時点では、ユダヤ教徒はまだ大半が都市在住の共同体というわけではなかった。イラクではユダヤ教徒の大多数が農民であり労働者であった。エジプトでもまたユダヤ教徒の諸共同体は、デルタ地方とか、上エジプトや、ファイユームのオアシスからフスタート（近代のカイロ）の西部や南部に至る、主な都市中心地域から隔たった地にあり、これら非大都市型の共同体がその時代をとおして存続していたことは、ゲニーザ文書によって証明されている。だが近東のユダヤ教徒共同体の性格が変じたのはその数世紀間を通じてであり、ユダヤ教徒たちは都市における手工業や国際的な商業とより固く結びつくようになった。

ゲニーザ文書の記録群はS・D・ゴイテインがその権威ある著書『地中海社会』で徹底的に研究したものだが、そこから現れてくるイメージは、南ヨーロッパ、北アフリカ、近東、南アジアの離散した諸共同体を結ぶ国際貿易によって定義づけられる、緊密に関係する一つのユダヤ教徒の連合体というものである。すべてのユダヤ教徒が富裕な国際商人であったわけではないが、共同出資のネットワークを通して国際商業から得られた利益は（またリスクも）別の職業や社会的地位にあるユダヤ教徒たちへと滴り落ちてきた《トリクルド・ダウン》のである。彼らの商業的成功は、国際的な共同体の連帯感によって可能となり、同時に強められもした。その成功は、ほとんど全中東地域に居留地をもつという、ユダヤ教徒住民の居住範囲の広さにも起因する。これについては一二世紀のラビ、トゥデラのベンヤミンが証言しているが、彼は旅先のシリア、イラク、エジプトで遭遇した無数のユダヤ教徒共同体についての記述を残したのである。また宗教上考慮すべき諸問題がこのような国際的な共同体の連帯感を形成する上で大きな役割を果たした。パレスチナ、そしてことにイラクのタルムード学院とその学院長たち（ゲオーニーム）は様々に異なるユダヤ教徒共同体にイスラームのズィンマの条件下で自治生活を可能とする知的・人的両方の下部構造を提供したが、それは彼らへ寄せられた質問への回答書《レスポンサ》の形や、さらに直接的には裁判官とか、家庭内で宗教生活を監督するその他の宗教者という形をとってなされた。様々な共同体はその見返りとして、学院を財政的に支えたのである。[12]

八世紀中頃から一一世紀の始まりまでの時代にはユダヤ教徒共同体の内部で権威の諸パターンについて重要な展開が見られ、また教派の分裂も起こった。アッバース朝体制の最初の何年かの間にイラクのユダヤ教徒共同体内で指導権をめぐる危機が展開した。ユダヤ教徒たちはアナン・ベン・ダビデをしてその兄弟と在外首長職を争わせたのだが、ガオーン〔学院長〕の共同体は後者を支持していた。そこでアナンはカリフ・マンスールの介入を求め、カリフは彼を投獄することで応じたが、ある話では囚人仲間であるムスリムの法学者（アブー・ハニーファだったかもしれない）の勧告によって処刑から救われたという。この物語は様々の点でおもしろい。それは一つには、カリフがイラクのユダヤ教徒共同体の内部事情に直《じか》に介入することを示しているが、それゆえ、広範囲に及ぶ政治と宗教の関係におけるパターンの指標となるものなのである。つまり非ムスリム宗教共同体は、サーサーン朝の帝王《シャー》たちとその非ゾロアスター教徒臣民の関係に見られるような、ムスリム国家との共生関係に落ち着いたのである。この紐帯は後の数世紀間に、ことにオスマン帝国時代ほどには定式化されていなかったが、ズィンミーたちに付与された自治権は、彼らが生活していたイスラーム体制との関係の変わりゆく要求に左右されるものだった。そこで在外首長（またはキリスト教徒や他のズィンミーたちの宗教上の、また共同体の指導者）が選出されるかどうかは、カリフ、もしくは他のイスラーム為政者の承認しだいであった。また彼らはジズヤの徴収、またはイスラーム法が求める〔非ムスリムの〕節制令の施行に責任を負った。マンスールはユダヤ教徒在外首長に関心を示したが、それは在外首長というものは、厳密には国家の正式な官吏ではなかったとしても、国家とズィンミー共同体が権利と義務について交渉する際の主な窓口となって、宗派の責任を負う者であったためである。その関係は完全に共生的なものであって、ユダヤ教徒（や他のズィンミーの）共同体の長は、中期のエジプトや他のいたるところで見られたように、祝日や国家行事の公式の行列に参加した際には、おのれの共同体の重要性と為政者の恩恵と保護の権利要求について、公に発言をしたものである。アナン・ベン・ダビデの経験の中で注目すべき第二の点で、またユダヤ教共同体内部の展開という観点からより重要なのは、これがカラーイー派の分離の発端を特徴づけるということである。アナンをラビたちの目に不審な人物と思わせたものは、彼がラビの説くタルムード的ユダヤ教の基礎である口伝のトーラーの概念を拒絶したことにある。聖書テクストに排他的に依拠することは、カラーイー派が九世紀から一〇世紀にラビ派共同体に対抗すべくシナゴーグと共同体の機構を備えたユダヤ教一宗派へと発展するにつれて、その際立つ特徴となったものであった[13]。

一般的な見方によれば、イスラーム世界のキリスト教共同体は、中期の始まりにおいて、後戻りのできない、最終的には無力化に至る衰退を経験しはじめたことになる。そこで例えば偉大な東洋学者《オリエンタリスト》、G・E・フォン・グルーネバウムは次のように述べている。「シリア、エジプト、メソポタミアにおけるキリスト教徒の知的活動はキリスト教思想の中心から孤立し、かつ帝国の行政からではないにせよ、ムスリム帝国の政策決定からは排除されたのである。自然的帰結として彼らの知的活動は広範囲の知的諸潮流からも閉め出しをくった」[14]。確かにキリスト教徒は同宗者のイスラーム改宗に苦しんだが、おそらくは前に例示したことのために、ユダヤ教徒よりも高い率で改宗したであろう。また改宗の速度はアッバース朝初期に早まったが、それがイスラーム統治下に暮らすキリスト教徒の心理的態度を作り上げるのを後押ししたという証拠もある。例えば八世紀から九世紀のキリスト教徒著述家たちは、殉教した人々をムスリムの改宗の圧力に屈しなかった堅忍不抜さのゆえに褒め讃える物語を多く生み出したが、それらは概してムスリム史料からは確認できないもので、史実ではないのかもしれない。このような物語が重要であるのは、それはキリスト教徒が感じていたことについて明かしており、とりわけ心揺れる同宗者たちの忠誠心を強める必要性を認識していたためである[15]。またキリスト教徒は、たぶんユダヤ教徒以上に、例えばファーティマ朝カリフ・ハーキム（在位九九六―一〇二一）が課したような、中期の年代記に現れる、周期的に行われるズィンミーに対する契約上の厳しい制約の施行の標的にされてきた。

しかしながら、ここでもまた共同体内部における宗教的高揚、外部社会との適応、調和、また水面下で進む成長さえもが見られた。つまり活発なキリスト教の宣教はイスラームの登場で終わることはなく、アラブの大征服に続く時代にネストリオス派、メルキト派、ヤコブ派の諸教会はみな、真剣に北東イランや中央アジアへの教勢拡大に努力したのであった。キリスト教徒たちがおのれの信仰を理解し表現する形式は、彼らが直面した世界に対応しつつ大きく変化していった。すでに九世紀にはハッラーンのメルキト派主教であったテオドロス・アブー・クッラをはじめとするシリアのキリスト教徒たちはアラビア語で神学や典礼の小冊子を作成していたが、これは初期イスラーム下のキリスト教徒共同体における社会的な、また知的活動上の状況について様々な事柄を示している。これは、古来の宗教的伝統に忠誠を誓い続けた近東住民とイスラームに改宗した住民の双方が、驚くほど急速にアラビア語を採用したことを反映している。キリスト教徒の著述家たちはアラビア語で書いたが、それはつまり、彼らが語りかけた相手がその言葉を話していたからである。またこれは、キリスト教の伝統が知的な面で移行期にあったことをも反映するものともいえる。アブー・クッラのような著述家たちが自分たちの明確なキリスト教的神学の立場を表明するためにムスリムの術語法を採用したのである。そこで例えばキリストはクルアーンにあるラッブ・アル＝アーラミーン（rabb al-ʿālamīn）、つまり「諸世界の主」という〔神の〕通称で同定することもできたのだ。しかしこのことはキリスト教の伝統がイスラームの作り出した新しい環境に適応したことのみならず、新しい宗教の挑戦を察していたことをも示唆している。この時代の多くのキリスト教文献は論争的な性格を帯びているが、その議論を仕掛ける、護教論的な追いつめられた文体は、近東の住民の忠誠を得んがためイスラームと戦う意気軒昂な伝統を曝け出している。論争は文化的説論《ディスコース》の高いレヴェルで戦わされたが、情報豊富な聖者伝はより広い聞き手に向けられたものであった。一例を見てみよう。『エジプト教会総主教史』に収録されている一〇世紀に生きたあるコプト総主教の愉しい物語によれば、彼はファーティマ朝カリフ・ムイッズ（在位九五三―七五）とその宰相イブン・キッリスから山を動かして（マタイ福音書第一七章二〇節参照）キリスト教の信仰の強さを示せというお題を受けて、片目の水運搬夫の助けを借りてムカッタム山というカイロ近郊の丘を一度ならず、三回も持ち上げたのだという。しかしその物語の他の説話は無意識にキリスト教の立場の微妙さと危うさを映し出している。このエピソードの「人気はあった」が救いがたいほど楽天的な別の説話では、この奇跡のためにカリフは改宗し、修道士になるために失踪するのである。『総主教史』に見られるもっと地味な説話の中では、ずっと控えめな勝利を収めたとしている。つまりカリフ・ムイッズは幾つかの荒廃した教会の改築を許可したという[✣16]。

エジプトは中期の初めにイスラーム統治下のキリスト教徒共同体で働いていた複雑な力について有用な事例を示している。まずそれはキリスト教徒の共同体自体が統一されていなかったことを思い起こさせてくれる。人口の面では、いわゆる「コプト」が、単性論的な神学的立場を受け入れたエジプト生え抜きの教会であり、エジプトのキリスト教徒の最大の部分が帰依していると自負しているが、実際にはそれ以外の教会も存在し、ことに特筆すべきはメルキト教会でありビザンツ帝国と結びつく正教会の組織の代表格であった。イスラーム以前の時代に存在した、メルキト派と単性論派の間の緊張関係は、ムスリムの統制下に入っても雲散霧消しなかった。この二つの教会は別個の教会組織と権威の〔位階〕構造を保持し、それぞれの指導者たちはおのれのキリスト教徒の敵役である互いを犠牲にして為政者から有利な地位の保証を受けようとした。またこの時期に復興著しいビザンツ帝国への対応でムスリムが警戒していたことにより強まった、コプトとメルキト派の相互の不信感を考えれば、たぶんエジプト教会とコンスタンティノープル教会はほとんど没交渉であったことは驚くにはあたらない。しかしフォン・グルーネバウムが下した雑駁な結論のようにコプト教徒は完全に孤立していたわけではなく、ムスリム統治圏内に暮らす他のキリスト教徒、ことにシリアの単性論派との繋がりは、組織面でも知的活動面でも維持していた。コプト語はしだいにアラビア語に置き換えられ、後者はキリスト教徒エジプト人ほとんどの日常における意思伝達の手段となっていった。その展開は突然のものではなく、アラビア語化していく進行の程度は場所により異なり、中期の終わりにはコプト語は話し言葉としてはたぶん幾つかの遠隔地で存続していた。だがコプト語は典礼語としてはより長い間存続し、その過程で心理的にコプト・アイデンティティーのしっかりした受け皿となり、〔崇敬の対象である〕聖像的な地位を獲得した。それを使用する教会の聖職者はしばしばテクスト理解のためにアラビア語の「虎の巻」が必要ではあったが。コプト語が存続し、非ムスリム的文化アイデンティティーの指針という新しい意味合いを獲得したことは、コプト教会の修道士たちの活動によるところが大きい。エジプトはもちろん、古代末期における修道院制度の中心的な揺籃の地の一つであったし、多くの修道院はコプト教会が営みつづけていた生活に不可欠の組織としてムスリムの征服を生き延びた。それは写本作成の場であったが、また巡礼の参詣の場所でもあって、そのことはエジプト農村部のキリスト教徒の間でコプトとしてのアイデンティティーを保持し育てる助けとなったのである。[17]

異教徒《ペイガン》やマニ教徒は、広く認められた啓典をもつ一神教徒ではなかったので、新しいムスリム社会の内側に場所を得たユダヤ教徒やキリスト教徒以上に問題を抱え込んだ。史料はここでもまた、実際には状況はより微妙な含みをもつものであったことを示唆している。後に定められた法的な身分では、異教の信仰を実践した者はズィンマ〔啓典の民への保護〕の対象とはならなかったのだが、その信徒はアラブの侵入によって一夜にして消え失せはしなかった。例えば現在のアフガニスタンの一部である、僻遠の山岳地帯グールでは、イスラームはほとんど食い込むことができず、一一世紀初めに至るまで古い異教的な伝統がほぼそのままの形で残っていた。一〇世紀から一一世紀には、その地域はムスリム戦士たちが恒常的に小規模なジハードを仕掛ける基地とした幾つものリバート（ribāṭ＝ジハードのための砦）に取り巻かれており、その戦いの際彼らは人々を奴隷として捕まえ、東イランのムスリム諸都市の市場に供給したのである。その地域をムスリム政権が征服し、一一世紀初頭に組織的な改宗活動が行われるようになったのは、ようやくガズナ朝（九七七―一一八七）の勃興によってであった。[18] だが実際のムスリム統治下にあった地域では、異教信徒は大きな圧力を受けるようになった。これまで見たように、幾つかの共同体があり、とりわけクルアーンで使われている宗派名「サービア教徒」をおのれのものとしたハッラーンの天体崇拝者は、中期まで余命を長らえることができた。アッバース朝宮廷のコスモポリタン的な雰囲気の中で、数学者であり哲学者であったサービア教徒のサービト・イブン・クッラ（八三六―九〇一）は、有名な医者であるフナイン・イブン・イスハーク（八〇九／一〇―八七七）をはじめとするキリスト教徒とともに、古代のギリシア科学をアラビア語文化に移植した翻訳運動において際立つ役割を果たした。このサービトの例は幾つかの点で示唆的である。第一に、彼がバグダードに来たのはハッラーンの異教共同体における教義上の意見不一致のためであり、その反目のため彼は神殿から閉め出され、出入りを禁止されたのである。この一件が示唆しているのは、ハッラーンのサービア教共同体が明確に定められた教義を有していたということである。イブン・ナディームはその『目録の書』の一節で、カリフの支配下にあったサービア教共同体の何人もの「首長」の名を挙げているが、その内容は、彼らの教義上のアイデンティティーがムスリム統治下にあった他のズィンミーたちと似た共同体組織と権威の構造体を伴うものであったことを示唆している。第二には、サービトはバグダードへ移動した後、カリフ・ムウタディド（在位八九二―九〇二）と親しくなり、その子孫は数学と哲学の学者として彼の跡を継いだということ、そして少なくとも彼の孫、サービト・イブン・スィナーンまで（異教徒の）「サービア教徒」を自認したということが挙げられる。ハッラーンでは、サービア教共同体はしだいに先細りとなっていった。またイブン・ナディームによれば、ハッラーンでは多くの人が隠れ異教信徒として細々と影のような宗教生活を送っており、公には自らをムスリムとかキリスト教徒などとしていたが、その地の最後のサービア教神殿はついに一一世紀初頭には閉鎖されたという。[19]

マニ教はムスリム当局にとってはより大きな問題であった。この宗教をめぐって、再びイスラームはイスラーム以前の近東を特徴づける宗教が政治と相互に密接に関わり合うという経験を繰り返すこととなった。それはローマとサーサーン朝の両帝国がこの宗派を抑圧したためである。クルアーンはユダヤ教徒、キリスト教徒、マギ（ゾロアスター教徒）に言及しており、また（曖昧な形であるが）「サービア人《びと》」の宗教にも触れている。だが、マーニーとその信徒については沈黙している。本書の最初のほうで、この宗教は知識人に強く訴えるものをもっていたと記した。かの歴史家タバリーはアッバース朝カリフ・マフディー（在位七七五―七八五）が七七九年から七八〇年にかけて行った、マニ教を根絶するための遠征を報告しているが、それはこの教えがアラブ・イスラーム的秩序に固く結びついていた人々にも魅力であったことを証している。また七八二年から翌年にかけて、アッバース朝体制の高官の子弟が何人も逮捕されている。彼らへの温情溢れる処置――つまり彼らは過ちを告白した後に家族が身柄を預かるということで釈放された――は他の者に下された拷問や死刑などと著しい対照をなすが、それは彼らの高い地位がものを言ったためにちがいない。ところが、その二元論的な慣習を棄てることを拒否した者たちもいた。ある者は預言者の父方の祖父の子孫であり、またカリフの一家の成員であったが、極刑を免れることはできなかった。その者は最初の二代のアッバース朝カリフの従兄弟であり、獄中で死刑執行を待つ間に死んだのだった。一方、あるハーシム家の者は投獄されたが改悛することはなく、カリフ・ムーサー・ハーディー（在位七八五―七八六）の命令で敷き布団の下で窒息死させられたが、それはカリフ即位後の最初の勅命であった。[20] マニ教徒を迫害したのは政治当局者ばかりでなく、反対に、彼らとその二元論的教義はムスリムのウンマの側に完全なる敵意を掻き立てたように思われる。あるときカリフ・マアムーンは、ホラーサーンからバグダードへヤズダーンバフトなるマニ教徒を政治論争に参加させるべく招いた。カリフはその用心深い学者に身柄の安全を保証したが、やがて彼が都市の住民に襲われることを恐れて、その宿舎に護衛を配置する必要を認めたのである。マニ教は民衆の宗教というよりはエリートたちの宗教であったが、その時代のイラク、シリア、イランなどの様々な都市においては、信徒に民衆も含まれていた証拠がある（そこで刮目《かつもく》に値するのは、九世紀パレスチナにおいてキリスト教をイスラームから護るためにアラビア語で書かれた論争書が、キリスト教教義に対するマニ教徒の反論に対する回答を含んでいるということである）[21]。だが時を経るにつれて、彼らの数は先細りとなっていった。イブン・ナディームはムクタディル（在位九〇八―九三二）の治世（一〇世紀初頭）に起こった事件を報告しているが、そのとき「中国の王」がホラーサーンの知事に、彼によるマニ教徒の殺戮をやめさせるべく干渉し、中国でより多数のムスリム住民に報復をすると脅したという。一〇世紀の終わりには、イランの東の辺境部にマニ教徒の居留地は幾つか残っていたが、バグダード自体ではその人数は五人以下になるほどまで減じていた[22]。

長い目で見れば、ゾロアスター教はユダヤ教やキリスト教などよりもアラブの征服から苦難を被っていた。ユダヤ教の共同体は、人数は大いに減じたとしても、イスラーム世界じゅうでその形態を保っていた。一方、コプトやその他キリスト教徒は今日に至るまで、近東では重要な少数派を成している。しかしイランのゾロアスター教共同体は、今日では、零細でまったく衰退したものとなっている。このことは、ゾロアスター教はサーサーン朝帝国と密接に結びついていて、帝国の組織が破壊されると急速に衰えてしまったためと伝統的に説明されており、このような描き方にはある種の真理がある。すなわちゾロアスター教の聖職階級組織《ヒエラルヒー》は帝国の構造に緊密に結びつき、かつ統合されていたので、国家の庇護の喪失はとりわけゾロアスター教の「教会」にとって深刻な財政的打撃となったのである。このことはことにイラクで当たっている。そこではゾロアスター教は支配エリートの宗教であったし、ムスリム・アラブたちは、ゾロアスター教司祭に援助を与えていたサーサーン朝皇族の所有する諸施設や所有地を没収したのである。だが概して言えば、ゾロアスター教徒とその神殿や財産も、征服者がユダヤ教徒やキリスト教徒などと結んでいた降伏条件下に保護されていたのである。前に見たように、イスラーム化の過程は時と所により微妙な差異があり一様でもなかった。そしてゾロアスター教とイスラームを、相互に関わり合うアイデンティティーをめぐる複雑な弁証法のうちに結びつけたのである[23]。

まず言えるのは、前でもすでに指摘したが、ゾロアスター教共同体はすでにムスリムの征服以前に、その信徒が他の宗教へ、特にキリスト教やマニ教へ改宗するという問題で苦しんでいたということである。この点で、またもや古代末期に確立したパターンは、歴史的な大変動を経た勢力関係が働いたことはさておいても、イラクとイランの宗教史を（つまりゾロアスター教の勢力圏を）中期の初めへと導いていったのである。ムスリム・アラブによる征服の後は、その地における改宗を示すグラフ曲線は、他のどの地域よりも右肩上がりであった。イスラームへの改宗は都市部で、つまりアラブ支配下の中心都市において、村落部よりも急激に進行した。しかし南西部イランのファールスなど幾つかの地域は、ゾロアスター教信仰に忠実に留まりつづけた。一〇世紀の地理学者イスタフリーはファールスのことをゾロアスター教徒が数の上で勢力が強い地域であると記し、そこでは彼らは例えば拝火神殿などの信仰を支える組織的構造体、また信仰を表現するための「父祖からの慣習」をそのままに保持していたとしている。重要な点は、改宗のペースはイラン文化が支配的であった地域内でかなり異なっていたということにあり、ファールスなどの地域や、概して西部イランでより遅く、中心都市や北東の辺境地帯でずっと速かったということになる。ホラーサーンと周囲の地域は、例えばニーシャーブール、サマルカンド、バルフ、ブハラといったその都市で生活し、その地が輩出した学者の人数で見てみれば、長期にわたりイスラームにおいて重要な役割を演じており、アッバース朝時代の初期においてもそうであり続けた。イスラームがついに農村地域や西部地域に進出していったのは一〇世紀から一一世紀にかけてであることは、諸都市においてかくも目覚ましく見えた「社会的要因による改宗」のみならず、アブー・イスハーク・カーザルーニー（九六三―一〇三三）といったスーフィー神秘家や説教師による、イラン人をイスラームに改宗させようとする新たな努力の賜物なのである。[24]

シャイフ〔導師〕・カーザルーニーの例からはことに教わることが多い。というのもそれは、ゾロアスター教徒たちがどの程度、イスラームの浸透と圧力に抗していたかを描き出しているからだ。カーザルーニーはおそらく新ムスリムとしての熱心さに燃え立っていた。彼の祖父はゾロアスター教徒であり、イスラームに帰依したのは父親の代になってからであった。ともあれ、彼は故郷の町の人々の改宗に乗り出したが、それに対して彼らは投石と、彼が建てようとしていたモスクへの度重なる攻撃をもって応えた。カーザルーニーはそのような暴力を耐えて、二万四〇〇〇人のゾロアスター教徒（とユダヤ教徒）を改宗させたと讃えられている。[25] カーザルーンにおける抵抗が激しくなったのは、これまでファールス地方の相当数の住民が未改宗であったためである。だがそれはイランの他の地域においてはっきりと表れたパターンをも反映している。例えばスンバーズという名のゾロアスター教徒は、友人でアッバース朝の運動員であるアブー・ムスリムがカリフ・マンスールに殺されたことに復讐するため、人々を煽動して蜂起させた。彼の反乱はあからさまに反アラブ、反ムスリムの色彩を帯びており、スンバーズはマッカに到達しカアバ神殿を破壊することを期していたと言われている。また彼はゾロアスター教徒のみならず、ホッラム教徒（後述を参照）やアッバース朝革命の結果に失望したムスリムたちからも支持を集めたのである。短い間にせよ、この反乱にはイランにおけるムスリムによる統治を脅かすほど深刻なものがあった。彼の軍勢はその数が一〇万人を下らず、さらにスンバーズはダイラムとタバリスターンにおけるゾロアスター教徒の地方君主たちから支持を受けた。[26] 実際にタバリスターンとカスピ海南岸の山岳地帯ではカリフの権威はせいぜい仮に認められている程度で、そこで一連の反乱が起こったが、それは地方の君主たちが、遠方にいるムスリムのカリフが有する権威に対して煽《あお》ったものであった。これらの反乱の争点となったとして、この地域がカリフ政権の政治体制へ統合される（例えば税制など）という幅広い問題が挙げられるが、その一方で宗教的な問題は水面下に深く隠れていたわけでは決してなく、緊張は高まり、ときに暴発し、ムスリム住民の虐殺にいたったこともあった。[27] イスラームによる侵食に対し、ゾロアスター教の側からは非暴力的な抵抗もなされた。八世紀から九世紀にかけてのゾロアスター教文献は、同教の共同体がムスリムによる大きな不可抗力に直面しても、なお生き残ろうと意識的に努力していたことを明らかにしている。例えばゾロアスター教徒の書き手たちは、ムスリム・アラブの大勝利は最終的大変動と正しい秩序の回復の前兆であるという黙示録的な言葉で解釈するため、自分たちの終末論的な物語と教説を利用したのである。ゾロアスター教伝統における他者との境界を定め、かつ護ろうとする努力は直《じか》に、イスラームの

（そしてユダヤ教、キリスト教、そして他の宗教の）主張に反論する文献において、新しい宗教〔イスラーム〕への挑戦という形をとるようになった。[28]

ゾロアスター教はイラン固有のアイデンティティーに依拠し、その文献は同教徒のイスラームへの帰依による棄教を「非イラン人」になることと記す傾向があった。そのために〔イラン人の〕より完全な改宗への道は、ムスリムのエリートがイラン文化と文明の様々な側面を受容したことにより、容易なものとなった（もしくはゾロアスター教側の抵抗はその土台が掘り崩されていった）のである。例を挙げれば、カリフの宮廷儀礼やアッバース朝行政機構においてイラン人官僚が名声を博したことがある。イスラーム自身がもつ過去に関する物語は、きわめて異なる原点をもつイランとイスラーム両者のアイデンティティーを融合しつつ発展していき、それによりイラン人にイスラームをおのれの宗教と考えるよう奨励したのである。また最も顕著な例としてサルマーン・ファーリスィー（?―六五五／六）〔名は「ペルシア人のサルマーン」の意味〕を挙げることができよう。この人物は神秘的知識を伝授された者であり、かつ中期時代のペルシア人神秘家たちによって自分たちを預言者やイスラームの起源に直接結びつける存在として、スーフィー文献の伝統では大いに賞揚された。[29]このような意味で重要性をもつもう一人の人物は最後のサーサーン朝皇帝の娘、皇女であったシャフルバーヌーだが、この女性はある伝説によれば預言者の孫のフサインに嫁ぎ、十二イマーム派のイマームの系譜では四人目にあたるアリー・ザイヌルアービディーンを産んだのである。

イランのイスラーム化の歴史はさらに詳らかではない。その理由はイスラームとゾロアスター教という二項対立をぼかしつつ、前者と古いイラン的要素を融合させた一連の混淆的な宗教運動のためである。後代のムスリム分派学者が用いた術語法によれば、様々なグループが確認でき、その多くはホッラミーヤ（Khurramiyya。またはホッラムディーニーヤ＝Khurramdīniya）〔通称「ホッラム教」〕という一般的な呼称で括られている。ホッラム教は六世紀にゾロアスター教体制の憤怒を掻き立てたマズダク教運動から成立した。教義的には、ホッラム教諸派は宗教のイラン的環境にありふれた思想、つまり二元論、メシア主義、輪廻思想、継続する預言、さらにはおそらく反律法主義などの混ぜ合わせ《ポプリ》をもととしているのである。分派学者が「ホッラム教徒」との名指しした者の多くはホラーサーンでアッバース家の運動員が行った秘密の呼びかけに惹きつけられた。そのうちのある者たちは特に、アッバース家による革命を企てたイラン人運動員であるアブー・ムスリムに従い、彼がカリフ・マンスールのもとで処刑されると、アッバース朝革命から九世紀半ばまでのイランの宗教史を画する一連の反乱が引き起こされた。あまりにも多くの異なる諸派がおり、そのすべてが史料において「ホッラム教徒」と呼ばれているわけではないが、その一方では彼らは前述したような原理原則に依拠する教義上の立場をとった。また彼らはアブー・ムスリムの記憶や、彼がメシア的な回復者として帰還することを期待して、さらに一体となる傾向があった。ホッラム教の刺激を受けた最後の大きな反乱は、イラン人のバーバク（八三八歿）を指導者とし、八一六年または八一七年頃にアゼルバイジャンで起こったものであり、ようやく八三七—八三八年にアフシーン将軍によって鎮圧された。とはいえホッラム教の共同体は一二世紀まで存続していた[30]。

ホッラム教の例は、古代末期に始まりイスラーム期にも存続していた近東の宗教アイデンティティーが解体されていく、緩やかかつ複雑な過程を想い起こさせるものである。この過程がどれほど複雑なものであったかはアブー・ムスリムという人物が指し示している。つまり彼はイラン人マウラー（mawlā）〔被保護民〕で、アッバース家に仕えた運動員で宣教員、ゾロアスター教徒の叛徒スンバーズの協力者であり、かつは（少なくともその死後）様々な「ホッラム教」系の、そして過激シーア派（グラート＝ghulāt）の諸派にとってのメシア的な贖《あがな》い主となったのである。もう一つ興味深い指標はバーバク率いるホッラム教運動が打ち勝てなかった天敵、アフシーンである。アフシーンが、ムスリム国家の功労者であったにもかかわらず、裁判にかけられついには背教の咎《とが》をもって処刑の憂き目にあったことは重要である。その罪科の証拠の一つは割礼を受けなかったということである。歴史家タバリーが伝えるその裁判の顛末からは、この背教の非難を受けた者の宗教的アイデンティティーが混乱していたという印象を受ける。罪の告発は、表向きはムスリムであったアフシーンが、地方君主マーズヤールがタバリスターンにおいて率いた反乱を支持したという事実からきている——マーズヤールはイスラームの根絶とゾロアスター教の優位の回復を求めたようだ。だがこのマーズヤールはまた、裁判ではアフシーンに不利な証言をしている。それによればアフシーンは兄弟を通じてバーバクのホッラム教運動（彼はそれを抑圧する手先となったにもかかわらず）に繋がっており、また「白い宗教」なるものと関係していることをほのめかしたのである。アフシーンの家族はゾロアスター教というよりは、おそらく仏教という宗教的背景をもち、タバリーの報告からは彼は少なくとも幾人かのゾロアスター教司祭たちと緊張関係にあったと思われる。[31] 全体的に見て、アフシーンのエピソードとアブー・ムスリムの記憶が辿った運命からは、宗教的アイデンティティーを解体していく長いプロセスはまだ終わっていなかったということ、そしてそのアイデンティティーは少なくとも辺境地帯では、まだ柔軟でかなりの流動性を帯びやすいものであったという印象を受ける。そしてそれら辺境地帯を占めていたのは改宗者であり、機会便乗的な政治家たちであり、かつは支配的な伝統からは結局閉め出されるような宗教運動であった。その一方で、背教もしくは異端の咎により裁判が行われるということは、宗教的アイデンティティーの感覚が十分に定義されていることを前提としている。たとえ幾らかやり残されたことがあったにせよ、宗教的なアイデンティティーが確定し、かなり強固な力の上で安定したことは――それは近東住民の大多数の改宗によるものであり、かつウラマーが登場し、イジュマーの教義を明確にしたことによる――、アッバース朝革命から始まった時代における重要な宗教上の発展であった。

# 第Ⅳ部　中期のイスラーム（1000－1500 年）

# 第18章
# 中期イスラーム近東

一部の読者はイスラーム史のある時期を表現するために「中世」（medieval）という用語を当てることに抵抗を覚えるかもしれない。この用語はヨーロッパ史からの借用であり、そこでは「中世」（Middle Ages）を意味するわけだが、それに先立つ「古典的な」時代とその後に続く「ルネサンス」と区別して用いられる。ヨーロッパ史において、この用語にはもともとある種の差別的含蓄があった。つまり中世とは、文化、学問が頂点を迎えた古典期とルネサンス期との狭間《はざま》のような時代であった、ということである。もっとも今日の歴史家の大半は、以前考えられていたよりもはるかに「暗黒」ではなかった時代として中世を描いている。ヨーロッパ史の文脈から生まれた用語を抽象化し、それをイスラーム近東というまったく異なる状況に適用することの危うさは明らかである。

その一方で、一一世紀初頭から一五世紀末にかけ、イスラーム社会とその宗教制度に、ある特徴が形成されたということも事実である。これらの世紀を通じて現れた「イスラーム」からは、宗教的権威、〔それに基づく〕連携、関係の様々な形態を確認することができるが、それらは先行する時代とは異なるもので、続くイスラーム諸社会、とりわけオスマン帝国とサファヴィー帝国の基礎を成し、そして突如近代における状況の変化に直面することになったムスリムたちのイスラーム的アイデンティティーを形成したと言える。「中世」という言い回しはどうしてもヨーロッパ史の特性と結びついてしまうため、代わりに我々は一〇〇〇年から一五〇〇年までの五世紀を「中期」（Middle Period）と言及することにしよう。ただし、この表現を形容詞として用いることは容易ではないため、断りを入れなければならないが、そこには何ら軽蔑的含みがないものとして、「中期の」（medieval）という用語を用いることにしたい。[1]

この章で扱う五世紀間の政治史はきわめて複雑であるから、ここでの記述はあくまでその概要にとどめておく。[2] 中期初頭のイスラーム近東は政治的分裂状態にあった。エジプトは一一世紀を通じてシリアの一部やヒジャーズ地方までを支配下に入れたイスマーイール派のファーティマ朝によって統治され、カリフ王朝から分離していた。バグダードとイラン、イラクの大部分はブワイフ朝一族の支配下にあった。すでに述べたように、彼ら自身はシーア派であったものの、形式的にはアッバース朝支配の連続性を分断することはなかった。だが、ある重要な変化が起こりつつあった。アフガニスタンとイラン東部において、マフムード・イブン・サブクタギーン（在位九七七—九九七）という名のトルコ人武将が一〇世紀の末に権力を掌握したことはその一例である。マフムードは自らスンナ派イスラームの擁護者として振舞い、また後世の人々からもそのように評価されているが、アッバース朝カリフの栄誉（実権ではなくとも）を熱心に擁護し、ブワイフ朝が支援していたシーア派に対抗した人物であった。彼の主張はブワイフ朝との対立を招くことになるが、ブワイフ朝権力の主要な拠点であったイランの都市、レイの攻略を皮切りに、スンナ派法学者たちの協力を得たマフムードは、シーア派やその他の「異端」を根絶するための行動に出た。多くのシーア派著名人が裁判にかけられ、処刑、追放されたのである。マフムードと同時代のアッバース朝カリフ・カーディル（在位九九一—一〇三一）はスンナ派を擁護し、その輪郭をより狭く厳密に定義することに努めた。だが、カリフとしての実権を回復するにはとうてい至らず、宗教間の緊張をより激烈化させる結果となった。

一一世紀中頃までにブワイフ朝を滅ぼしたセルジューク・トルコ（一〇三八—一一九四）が、続く中期イスラーム史において果たした影響は計り知れない。セルジューク家は一〇世紀後半にスーフィーの布教活動によってイスラームに改宗した、中央アジア出身のトルコ系部族連合の中の有力家系であり、イラン東部に興った様々な王朝の傭兵としてイスラーム世界に進出していた。その一人であるトゥグリル・ベク（在位一〇三八―六三）は、一一世紀初頭までにニーシャーブールをはじめとする諸都市を征服し、カリフから「スルターン」の称号を得て、自らの帝国を打ち立てた。一〇五五年、彼はブワイフ家をバグダードから駆逐し、彼とその後継であるアルプ・アルスラン（在位一〇六四―七二）、マリクシャー（在位一〇七二―九二）の治世を通じ、かのペルシア人宰相ニザームルムルク（一〇九二歿）の巧みな手腕もさることながら、セルジューク朝はイラク、イランの大部分、シリアの一部を含む中央イスラーム世界にある程度の政治的安定をもたらしたのである。だがそれも束の間のことで、セルジューク朝西部では十字軍国家がシリアに成立し、生き残った王子たちはアタベク（atabeg：大雑把に言えば、軍事的扶育役や後見人を指す）に権力を奪われるなど、一二世紀初頭までに政治権力は再び分裂することになる。

続く世紀、近東の西部地域に興った政治体制の大半は、その政治的・宗教的形態において、セルジューク朝の後継国家であったといえる。肥沃な三日月地帯では、幾人かのアタベクが自らの王朝を打ち建てようとした。最もよく知られているのはザンギー（在位一一二七―四六）（トルコ系イスラーム王朝のザンギー朝（一一二七―一二五一）の創設者イマードゥッディーン・ザンギー）である。彼はセルジューク朝スルターンによって北メソポタミアのモースルの知事に任命され、スルターンの二人の息子のアタベクを務めたトルコ兵であった。ザンギーの嫡子、ヌールッディーンは、十字軍との戦いに有効な手立てを見出した最初のムスリム君主であった。ヌールッディーンの後継者であり彼の副官、さらにはライヴァルでもあったサラーフッディーン・アイユービー（在位一一六九―九三。西洋ではサラディンとして知られる）はファーティマ朝カリフ国家を消滅させ、エジプトにスンナ派体制を復活させた。彼の後継者たちは総称してアイユーブ朝（一一六九―一二五〇）の名で知られ、カイロ、ダマスカス、その他の都市からエジプトと肥沃な三日月地帯の西部一帯を統治したが、マムルークとして知られる兵士の一団に取って代わられることとなる。

マムルーク政権（一二五〇―一五一七）は一五一六年から一七年にオスマン帝国（一二九九―一九二二）によって征服されるまで、近東における最も強大な勢力であった。それはイスラーム史全体から見ても最も魅力的な王朝の一つであり、とりわけ宗教の発展に少なからぬ影響を与えた、中期近東固有の政治手続きに横たわる様々な緊張を体現しているといえる。マムルークとは、エジプトのアイユーブ朝において実質上最後のスルターン、サーリフ（在位一二四〇―四九）の主力軍隊であった、奴隷（マムルーク＝mamlūkという用語は「所有された個人」を表す）軍人を指す。奴隷軍人（彼らはしきたりとして一定期間で解放されたため、より厳密には奴隷出身の兵士をいう）は数世紀にわたり軍事面での中核を担っていたが、サーリフのマムルークたちは自らの王朝を打ち建てた。二世紀半にわたり、その体制は原則として血縁に拠らず、新たなマムルーク兵を輸入し、支配エリート層を安定的に補充していくことで継続した。結果としてマムルーク朝社会は言語や文化的方向性において（すべてとは言えないものの）トルコ的要素を多分に含む支配エリート層と、彼らが支配するアラビア語話者との間の絶え間ない緊張状態によって特徴づけることができる。個人のレヴェルでは通婚や改宗などによってその緊張は和らげられたものの、決して消えることはなかった。というのも、エリートの民族的・文化的「他者性」は〔世襲されないことで〕世代ごとに更新されたからである。「他者性」は特にマムルーク朝において強調されるが、決して他の体制において類例が見られないわけではない。例えば、セルジューク朝はトルコ人の部族連合から興ったが、それ以外の支配体制の大半は、彼らが支配する人々にとっては外来の、様々な社会的・民族的集団の利益を代弁していたのである。この「他者性」が生み出した緊張は、体制に地元ムスリム住民の宗教構造に対する適応を促した。そして統治する側とされる側は、ある共生関係を生み出していく。詳しくはこれから検討していくが、この共生関係は宗教施設の拡大、特にウラマーの権威を深化させることに対し、豊かな土壌を提供したといえる。

近東の他地域、特にイラン北西部とアナトリア〔トルコ語ではアナドル〕の状況はより複雑であった。少なくとも一一世紀中葉までにトルクメン遊牧民と戦士からなる集団がその地域に入り込み、一〇七一年、セルジューク朝がビザンツ帝国をマラズギルトの戦いで決定的に打ち破った後、このプロセスはさらに加速する。その後の数十年間はトルクメン遊牧民にルーツをもつ無数の国家が乱立し、なかには首都をコンヤにおいたルーム・セルジューク朝（一〇七七—一三〇八）や、中期に興隆したトルコ系諸帝国の中で最も偉大な帝国に成長するオスマン家の候国もあった。宗教的な観点から見れば、このことはその時点までキリスト教が支配的であった小アジアがイスラーム化する結果となった以外にも、幾つかの理由で重要であった。続く数年の間に、アナトリアは宗教的熱狂の温床となったのである。この熱狂はトルクメン人の間で戦闘的ガーズィー（ghāzī）精神として現れ、彼らはキリスト教国であるビザンツ帝国の犠牲の上に、ダール・アル＝イスラーム（dār al-islām）の境界を容赦なく拡大していったのである。またそれは異端や神秘主義運動との融合という形態も見せた。その運動は、最終的には一六世紀初頭にイランを征服するサファヴィー教団を生み出すこととなった。

過去のイスラーム帝国の中心地域であったイラクにおいて、政治的分裂は宗教の発展に著しく寄与したといえる。例えば、セルジューク朝権力が衰えたことにより、アッバース朝カリフ側、特にナースィルは、宗教と政治の両面における名目上、また実質上の権威を回復させることを試みた。だが、このような試みは一三世紀のモンゴルの侵入によって遮られた。一二五八年、チンギス・ハーンの孫にあたるフラグによって率いられた軍はバグダードを破壊し、アッバース朝カリフを廃位した（アッバース家を名乗る者たちがカイロに亡命し、その地においてマムルーク朝スルターン・バイバルス（在位一二六〇—七七）によって「カリフ」に据えられたが、彼らの地位はマムルーク朝領内を除いて広く認知されていない）。モンゴルは最終的にはシリアにおいてマムルーク軍によって阻まれ、このことはマムルーク朝の名声を大いに高める結果となった。かの偉大なる歴史家・法学者のイブン・ハルドゥーン（一三三二—一四〇六）は、彼らがイスラームを救ったと評している。しかしイランの大半は、イル・ハーン朝として知られるフラグの後継者たちによる統治下にしばらく残ったままであった。モンゴルが近東に到達した際、彼らは一般には「シャーマニズム」に分類される宗教を信仰していた。それは彼らが古代近東に興った普遍主義的・一神論的信仰をもたなかったということである（フラグが一二六五年に没した際、彼の葬儀は伝統的なモンゴル様式で執り行われ、人間の供犠も行われた）。宗教的諸事に関するモンゴルの態度はきわめて寛容であった。彼らの間でキリスト教徒、特にネストリオス派に積極的に改宗する動きが見られ（ヨーロッパのキリスト教徒側も彼らに対ムスリムの同盟を求めた）、仏教もモンゴル人の信者を多く抱え、少なくともイル・ハーン朝の統治者の一人は仏教徒であった。しかし十三世紀の末からイランにおけるモンゴルの支配者たちは、少なくとも形式上、イスラームを奉じるようになった。だが彼らの改宗は、彼らが直ちにモンゴル的・シャーマニズム的遺産を全否定したということではない。[3] モンゴルは特にスーフィーのシャイフを重んじ、援助を与えたが、それはおそらく彼らのシャーマニズム的背景によるものだろう。そのなかにはサフィーユッディーン（一二五二／三―一三三四）の姿もあった。彼はイラン北西部アルダビールの出身であり、神秘主義のタリーカであるサファヴィーヤ（Safawiyya）の指導者であった。この教団は一六世紀、変貌を遂げた形態で、イランの宗教史を転換させることになる。

一五世紀に移った頃、中央アジアの遊牧民にルーツをもつ別の軍事的指導者が近東に進出し、ダマスカスまで到達した。そしてこの〔外来の遊牧民出身の王朝によって征服されるという〕パターンは繰り返された。ティムール（彼のペルシア語の名前〔Tīmūr-i lang〕をとり、西洋ではタメルランとして知られる）はモンゴルとトルコ双方の背景をもっていたが、モンゴル系の祖先とは異なり、すでにムスリムであった。彼は非凡な軍事的才能を発揮したものの、永続的体制を築くことへの関心は薄く、一四〇五年の彼の死後、再び政治的分裂が生じた。イラン、イラク、アナトリア東部の領土をめぐり、様々なモンゴル系（ティムール朝〔一三七〇―一五〇七〕）、トルコ系王朝が覇権を争うこととなる。マムルーク朝のように強大で安定した体制や、ティムールのように軍事面に優れ、組織的には短命であった体制は存在したものの、中期における近東の政治権力は総じて言えば分権的・分裂的状態にあった。だがその政治的分裂こそが、この時代、宗教が発展していく素地を生み出していくのである。

# 第19章 中期イスラーム世界の特徴

先立つ数世紀の重要性は言うまでもないものの、中期はイスラームにとって創造的時代であったといえる。政治理論とその構造を例にとってみよう。イスラーム政治思想における論争の大半はカリフの役割をめぐって始まり、またそれに焦点を当てたものであった。なぜそれがこれほど問題になるのかということは、初期イスラーム共同体における指導権をめぐる抗争を見れば容易に理解できる。だが、後世における発展を初期の諸事件や判断に基づく正統性の基準に照らして評価したものがしばしば結果とみなされるため、この観点からすれば、例えば一三世紀中葉にモンゴルがバグダードのアッバース朝カリフを廃位したことは、イスラーム史において規範となっていた制度と歴史のある局面に終わりを告げたかのように見える。しかし実際は終焉などとは程遠く、モンゴルの侵攻はそれに先立つ二世紀の間に生じた社会的・政治的・宗教的発展を確固たるものとし、さらに拡大させる機会を提供したのであった。

中期のイスラーム諸社会は、それぞれに差異は認められるものの、ある共通の傾向を有していた。例えば、政治は人種の異なる人々――その多くはトルコ系とモンゴル系の軍事エリートであるが――によって独占されていた。社会的・

組織的形態についていえば、宗教的知識がある世代から別の世代へと伝達されたことが挙げられる。さらにこれらの傾向は、近代にまで及ぶ長期的影響を与えた。我々が文字どおり「感じる」ことのできる姿をイスラーム社会が有したのは、これらの世紀においてであった。なぜなら、中期後半のイスラーム史と近代ヨーロッパ人のイスラーム近東との遭遇という二つの状況の中で大きな存在感を示したカイロのような都市も、建築的にいえば、その大部分が中期に生み出されたものだからである。この見方はある意味で近視眼的なものにならざるをえない。我々のもちうる見解は歴史が現存しているかどうかによって狭められ、しかもその現存いかんはなんとも気まぐれなものである。つまり、バグダードはモンゴルによって破壊されたが、カイロはそれを免れた、ということだ。またテクストの遺産もそれ以前の世紀と比べ、中期のイランからエジプトにかけての地域ではだいたいにおいて豊富である。他の歴史的抽象概念と同様にイスラームが構成物である以上、利用可能な材料を用いて再構成されねばならないのである。

　中期イスラーム史の重要な特徴の一つとして、宗教的・政治的権威の間に見られる創造性に満ちた緊張関係が挙げられる。それはときとして共生関係となり、またあるときには競合するものであった。宗教と政治は密接に絡み合っていたが、宗教的・政治的権威は決して同一ではなかった。一般にウラマーとは国家の一部局ではなく、また政治権力も宗教学者たちの言いなりではなかった。この時期における宗教的発展が、スンナ派国家機関の行った「異端審問」によって形づくられたと捉えるのは誤解のもとである。[1] カリフ・ナースィルのもと、短期間ではあるが、政治と宗教を融合させるための野心的な試みがなされたことに注目されたい。ナースィルの政策は幾つかの点でスンナ派イスラームの主流に逆らう、野心的なものだったから、もしそれが成功していたならば、スンナ派イスラームはまったく違った方向で発展していただろう。ナースィルとその宣伝者《プロパガンディスト》であるスーフィーのアブー・ハフス・ウマル・スフラワルディー（一一四五—一二三四）は、カリフの実質的な政治権力を回復させようとしたのみならず、カリフを宗教的権威の中心に据えようとした。また、ナースィルの政策からはシーア派的色彩も見て取れる。ある中期のムスリムが述べているように、彼はカリフがシーア派におけるイマームのごとく機能することを理想とした。[2] だが実際には、先の世紀においてスンナ派アイデンティティーの発展における中心であった、イスラームを定義するというウラマーの役割を侵食する危険を孕んだものであった。しかし、ナースィルがウラマーに対して敵愾心《てきがいしん》を燃やしていたのかといえば、そうではない。むしろその逆で、彼の政策は、イスラームにおけるすべての勢力が彼の指導権の下に一体となることを目指したものであった。そのため彼はイルム（ʿilm）〔宗教諸学における知識〕の伝達者、ハディース学者としての自らの資質を強調し、預言者の伝承集成を編纂し、「学者」（ウラマー＝ʿulamāʾ）」のみならず「諸王」（ムルーク＝mulūk）にも伝達した。またそれを出版させ、ムスリム世界のあらゆる場所で読誦させた。しかしこの計画はナースィルの目指すところとウラマーのそれとの根本的な相違を曖昧にしてしまう可能性を含んでおり、また、それが見せかけであることを見抜いた宗教学者たちもいた。エジプト人の学者であるジャラールッディーン・スユーティー（一五〇五歿）は、三世紀後の視座からハディース学におけるナースィルの著作を振り返り、それを引用した者は虚栄心（ファフル＝fakhr）からそうしたのであり、主君を満足させるためであって、その作品の学術的功績を認めたわけではないと評している。✤3

中期近東イスラームに共通するもう一つの特徴は、奇妙にも、政治的現実と社会的現実が乖離していたという点である。政治的枠組みは分裂状態にあった。スンナ派のカリフ位は少なくとも一二五八年までは続き、先細りになりながら存続してはいたものの、すでに述べたように、一〇〇〇年よりも前からその権威は近東のほぼ全域に興った独立政権によって侵食されていた。その枠組みの中でムスリム諸体制は互いに駆け引きをし、もちろんその中心にはかろうじて（ときに復権しながら）命脈を保っていたカリフがいたが、非ムスリムによる諸体制と軍隊がこの時代のイスラーム世界の発展に対して与えた影響は重大であった。その一方で、少なくともある社会的・文化的レヴェルにおいては、近東地域における歴史的コスモポリタニズムが継続していたことも事実である。具体的には宗教的知識の伝達や、神秘主義に基づく生活を生み出した組織構造の発展など、ある共通のパターンがムスリムの宗教生活に浸透していた。また、イスラーム法が社会を結束させる役割を果たしたことも見逃せない。例えば、バグダードのシャーフィイー派法学生はダマスカスやカイロへと移動して研鑽を積むことが可能であり、また、等しい法学的伝統の基準に沿って評価されたのであった。このことは、政治的には幾つもの断片に分断されてしまったウンマが一体であるという感覚をもたせたにちがいない。また、近東の様々な地域を一体化させる文化的形態に非ムスリムの共同体が関与することもあった。もっとも、大規模かつ土着化したエジプトのコプト派キリスト教徒のような共同体の場合は幾分地域によって規定されるが、それ以外の、例えばユダヤ教徒たちは、あらゆる体制や祖国の境界を越えた活動を行っていた。それを支えていたのは彼らの分散的な居住形態と、ユダヤ法を定義し、共同体の生活を規定した学者たちによる、真の国際的ネットワークである。さらに、この政治的分裂状態によって長距離の旅行が阻害されるということはほとんど見られなかった。一一八三年、ムスリムの戦士、統治者であったサラディンが、四年後のエルサレム奪還に繋がる遠征のために軍を配備したまさにそのとき、このような十字軍の最盛期ですら、スペイン出身のムスリム旅行家、イブン・ジュバイル（一一四五―一二一七）は、パレスチナのアッカーからシチリア、その後スペインまで、キリスト教徒の所有する船で旅することができたのである。そしてたとえ政治の舞台が分裂していたとしても、様々なパズルの断片は、その大きさは違えども、幾つもの倫理的・社会的特徴を共有していた。その結果、外来の政治的エリートたちは似通った手法で地元住民と対話する傾向を見せ、それはより広範なイスラーム的枠組みの中で、ある共通の政治システムを発展させたのである。中期を通じ、イスラームの宗教生活において独自の形態が発展したのは、こうした背景によるものである。✣[4]

　宗教生活のレヴェルでは、地域的慣習が様々な形態で継続していたと推測されるが、史料やそれに焦点を当てた地域研究の不足により、その状況を知ることは困難である。✣[5]だが、この時期のイスラーム近東における宗教史について、ある種の地域的な軌跡を辿っていくことは可能である。中期初頭、カリフの政治的繁栄は過去のものとなっていたが、バグダードは依然、イスラーム宗教文化の中心としての地位を保っていた。九世紀初頭の二人のカリフ、アミーン（在位八〇九―一三）とマアムーンによる内戦の時期から一三世紀半ばのモンゴルの侵略による破壊にいたるまで、バグダードはときに外部の敵によって、またときには地元のならず者たち（アイヤール＝ʿayyārun）の徒党や宗教的情熱に駆られた暴徒たちによって、絶えず物理的破壊の波にさらされてきた。だが、ハティーブ・バグダーディー（一〇〇二―七一）

は、一一世紀に記したバグダードの記念碑的歴史書の中で、バグダードを世界の中心と位置づけている。[6] これは一市民としての自尊心から出た、実体を伴わない発言とはいえないだろう。バグダードはなおも、特に市民の間で強固な社会基盤をもっていたハンバル派法学の伝承学者や法学者たちにとって、宗教教育の中心拠点であった。バグダードの文化的重要性は、ファーティマ朝末期のカイロで起こったある論争にまつわる興味深い逸話の中からも読み取ることができる。詳しくは後述するが、この時点までにエジプトで大多数を占めていたスンナ派は政治力を誇示し、イスマーイール派体制を崩壊させることによって、その文化生活を再び活気づかせていた。このような状況下でさえ、人間の諸活動は人間自ら創造してなしうるものか、それとも神がすでに創り出し、定められたものかという議論——神の全知全能性を強調するイスラームのような宗教にとって、永遠かつ厄介な神学的問題である——が沸き上がった際、指導的ウラマーからのファトワー（fatwā）として、人々はバグダードに意見を求める必要性を感じずにはいられなかったのである。[7]

だがこのようなバグダードの優位性は、永続的なものではなかった。中期の重要な特徴の一つとして、バグダードに代わる政治的・文化的拠点が勃興したことが挙げられる。これは特にペルシア語圏において当てはまり、イラン的文化がムスリムの宗教生活一般に多大なる貢献をしたのがこの時期であることは強調しておかなければならない。例えば、スーフィズムは一時期イスラームの露骨なイラン的表現であると広く考えられていた。実際にはそうではなかったものの、文学や組織的構造の面で、スーフィズムに対するイランの貢献がこの時期顕著となったことは確かである。その貢献は中期のイスラーム史においてきわめて重要な、別の組織においてもなされた——法学教育の場であるマドラサ（madrasa）〔イスラーム諸学の高等教育施設〕は、熱心なシャーフィイー派法学のパトロンだったセルジューク朝の宰相《ワズィール》、ニザームルムルクの尽力もあって、近東の都市風景において最も特徴的な宗教施設となったが、最初に出現したのはおそらくホラーサーンであったと考えられる。[8] しかしながらこの時期の終わりには、文化的重心は西方に移動してしまっていた。それは部分的にはモンゴルと続くティムール朝の侵攻が引き起こしたカタストロフによるが、十字軍の影響があったことも加えておく。十字軍は中央アジアの戦士たちと比較すればさほど大きな軍事的脅威とはなりえなかったが、彼らがシリアやエジプトに駐留し、戦いを挑んだことは、東地中海の地に新しく、かつダイナミックなスンナ派体制の登場を促すことになった。

古代末期に生じ、イスラーム最初の数世紀の歴史を伝える宗教的なアイデンティティーをめぐる基本的な問いは、中期までには多かれ少なかれ解消された。ムスリム、キリスト教徒、ユダヤ教徒、そしてスンナ派とシーア派、イスマーイール派と十二イマーム派の区分は、かなり明確なものとなった（これには幾つかの例外があり、詳しくは後に論じることにする）。しかしながらムスリム共同体の中で「いかに」これらの宗教的アイデンティティーが理解され、実践されたかという根本的問題がまだ幾つも残っている。例えば政治面では、いかに支配エリートが地元住民と関わっていたか、という問題がある。これらエリートたちはある共通する特徴をもっていた。まず、彼らは圧倒的にトルコ系であった。それは彼らの民族的アイデンティティーが、多くの場合トルコ系諸語を話し、イスラーム世界に傭兵や奴隷として、またより広範な民族移動の一環として流入してきた中央アジアの遊牧民族にルーツをもつということを意味している（彼らの民族的アイデンティティーとその意義については、以下、二六八頁を参照されたい）。そして彼らは軍事力を独占することによってその地位を保つ「軍事的」エリートであり、彼ら、もしくはその先祖は、比較的新規にイスラームに改宗した人々であった。その中には熱狂的に改宗した者もあったが、大部分（特にマムルークたち）は必ずしもイスラームを全面的に受容したわけではなかった。いずれにしても、彼らの地位やアイデンティティーは、当時ムスリムが支配的であった地元住民とは別個のものであり、彼ら自身を近東のムスリム文化に適応させるための諸形態は、この時期の歴史の主要なテーマとなっている。仮にイスラームの基礎をなすブロックが中期の初頭までに適当な位置に置かれていたとしても、そこにはさらなる発展のための余地が相当に残っていたというわけである。例えば、マザーヒブ（madhāhib）〔諸法学派〕は特定の法学者の権威に基づいて教授していく伝統を具体化させてきたが、自らをシャーフィイー派、あるいはハナフィー派であると認識することにはどのような意味があったのだろうか、そしていかにこれらマザーヒブは相互に、または国家と関わっていたのだろうか？　スーフィー的神秘主義は驚くべき拡大を見せたが、それに対して自らどのように応えたのだろうか？

# 第20章 スンナ派の「復興」？

慣例的には、一一世紀、一二世紀は「スンナ派復興」の世紀であると捉えられている。この見解に沿って言えば、ムスリム世界中心部の大半が形態を異にするシーア派体制（ファーティマ朝、ブワイフ朝）によって占められていた一〇世紀中葉から一一世紀中葉の「シーア派の世紀」からの挑戦に対し、セルジューク朝をはじめとするスンナ派の軍事体制が、スンナ派のアイデンティティーと支配権を力強く再主張する――つまり、復興する――ことで応酬したということになる。だが多くの主要な歴史上のテーマがそうであるように、この見方も幾分うまく事をまとめすぎていて、単純にすぎるのではないか。政治的レヴェルで考えてみても、セルジューク朝がバグダードで権力を握ったということが、ブワイフ朝以前の政治形態を「復興した」ということには繋がらない。セルジューク朝に取って代わられたブワイフ朝のアミールたちがシーア派であったことは確かだが、彼らの権力はそれ以前から徐々に衰えていたのである。また、彼らと依然としてスンナ派における正統性の象徴であったアッバース朝のカリフたちとの関係は、しばしば親和的なものであった。一〇五五年、セルジューク朝のアミールたちがバグダードに入場した際、カリフはブワイフ朝のアミールであるマリク・ラヒーム（在位一〇四八―五五）に対する保護を求めてセルジューク朝指導者トゥグリル・ベクとの調停を行った。当初はセルジューク朝の指導者とアッバース朝カリフとの関係はまったく友好的なものではなかった。というのも、トゥグリル・ベクは彼がカリフと面会する一三ヶ月も前からバグダードに居座っていたのである。[1]

スンナ派の「復興」という概念が幾分誤解を生むものであるとしても、スンナ派イスラームの内部で近代まで影響を及ぼすことになる特徴を形成する、きわめて重要な発展が進行したことは確かである。ある近年の研究はスンナ派の「再中心化」という概念を提示しているが、このほうが「復興」や「ルネサンス」などというドラマティックな用語よりも、このプロセスをより正確に描写しているといえる。[2]「スンナ派の再中心化」というフレーズは、スンナ派・シーア派イスラーム間の関係における発展のみならず、スンナ派イスラーム「内部」における発展に対する注意を喚起する際、大変有効である。実際、この時代の最も重要な特徴の一つとして、宗教生活が「均質化」へと向かう傾向を挙げることができる。つまりそれはムスリムの学者をはじめとする人々が、イスラーム共同体内部において議論を呼ぶ様々な要因を排除するよう（常に成功したわけではなかったが）苦心した過程であったといえる。このプロセスは、伝統が「合意」という教義の実質的な影響力を作り上げるためのものであった。

ここで、この時代におけるシーア派とスンナ派のイスラームの関係に深く関わっている、ある重要な問題を採り上げたい。シーア派はスンナ派イスラームにおける基本原則に対するイデオロギー的挑戦の象徴であったが、そのことが中期初頭においてどれほど存続に関わるような差し迫った脅威となりえたかについては、判断しがたい。ある特定の場所においては、シーア派は人口統計上、大きな存在感を示していた。バグダード、クーファ、コムがその顕著な例である。その他の地域、例えば北シリアのアレッポでは、著名なサイフッダウラ（九六七歿）をはじめとするハムダーン朝（九〇五―一〇〇四）の地元統治者がシーア派を保護し、コム出身のシーア派ウラマーに定住を奨励し、地元シーア派共同体はその規模と信用を増していった。だがほとんどの地域において、宗派としてのシーア派は、近世《アーリー・モダン》以降のイランのように圧倒的多数のムスリムから支持を集めるまでにはいたらなかった。

さらに、九世紀、一〇世紀におけるスンナ派イスラーム、特にスンナ派法学がより明確化するのにともなって、一部のシーア派信徒はイスラームに対する彼らの解釈を教義として再び系統立てる必要性、あるいはそうすることの利点を感じるようになった。仮にスンナ派がシーア派を共同体の合意に反しているとして退けたならば、一部のシーア派ウラマーはシーア派をスンナ派にとってより許容可能な形態に改めることで応じた。それにより、特にシーア派の法体系（イマーム派法学派《マズハブ》と称されることもある）とシーア派法学者を養成するためのメカニズムが、早くは一〇世紀後半から発展を始め、一一世紀に入ってより明確化したのである。この過程に関与した多くのシーア派ウラマーは、ブワイフ朝アミールによる保護を受けていた。そのなかの一人、バグダード出身のシャリーフ・ムルタダー（一〇四四歿）は、特にシーア派のイジュマー（ijmāʿ）という教義を奉じていたが、それは共同体の合意の中に権威を見出すもので、その合意は無謬のイマームの意思を含むものとされた。[3] シーア派におけるイジュマーの教義は一見矛盾するようにも見え、シャリーフ・ムルタダーやその他のシーア派法学者たちの教説は、単なる「取り繕い」として扱われることもあった。だがその重要性は、拡大を続けるスンナ派伝統主義や法学に携わる勢力が、シーア派信徒に対して宗教的権威に関する彼らの理解を再び系統立てて説明させたことにあるのである。

広範なイスラーム世界におけるシーア派の両義的《アンビヴァレント》な立場は、スンナ派「復興」（あるいは、この時代のスンナ派共同体を規定する発展のプロセスを表す用語であれば何でもいいわけだが）における推定上のある側面を評価する上で重要である。端的に言ってしまえば、シーア派の「挑戦」に対する反応である。スンナ派とシーア派の間に対立点があったということは確かだ。一一世紀初頭のバグダードは共同体間の暴力が繰り返される舞台となっていた。スンナ派、シーア派を支持する群衆が、異なる宗教共同体に属する人々や施設に対し、攻撃の応酬を行った。それは部分的にはアッバース朝カリフ・カーディルらによって推進された、多分に耳障りなスンナ派伝統主義の結果であった。前述のように、マフムード・イブン・サブクタギーンはスンナ派の軍事的守護者という役割を意図的に手中に収めたが、これにより彼はイランの都市レイにおける十二イマーム派とイスマーイール派のシーア派双方との直接衝突に巻き込まれることとなった。

一二世紀中頃の十字軍時代を迎えたシリアの政治情勢の流動性と相まって、スンナ派統治者であるヌールッディーン・イブン・ザンギーは、アレッポのシーア派住民に対して宗教的実践に関する自由を制限し、一一五七年のシーア派による暴動を軍事力によって鎮圧したが、これらはその共同体の規模を縮小するための過程における一局面であったといえる。[4]

しかし、スンナ派イスラームと最も親密に連携していた体制が、常にシーア派、少なくとも一部のウラマーが賛成していた十二イマーム派的な外観に対し、根本的かつ執念深く敵対していたわけではなかった。様々な意味で後のスンナ派体制の模範となったセルジューク朝は、シーア派に対する敵対意識こそあれ、スルターン・マリクシャーや高名なワズィール・ニザームルムルクは娘たちをシーア派名家に嫁がせているし、幾人かのシーア派信徒をワズィールに取り立ててもいた。[5]共通の敵に直面したスンナ派とシーア派は、少なくともその当初において、立場を共有していたといえる。例えば、一二世紀初頭のアレッポにおけるシーア派の首長であったイブン・ハッシャーブは、新たに到来したヨーロッパの十字軍によってもたらされた脅威に対し、ムスリムの地元統治者たちが無策であることを訴えるため、カリフとセルジューク朝権威の膝元であるバグダードへと使節を率いていった。[6]スンナ派統治者たちが公共の場におけるシーア派の活動を抑圧、少なくとも制限するための政策を採ったのは、通常はある特定の政治問題に対応するためであった。マムルーク朝は一三世紀後半から一四世紀にかけ、シリアのドゥルーズ派、ヌサイリー派〔オスマン朝末期以降は「アラウィー派」を自称するようになったが、歴史的名称としては「ヌサイリー派」で知られる〕、十二イマーム・シーア派をはじめとする非スンナ派諸共同体に対する軍事遠征を敢行した。これらの遠征はジハード（jihād）という教義に対するムスリムの理解の深化と、後に詳述するが、イスラームに矛盾するとみなされた信仰や実践に対し、より不寛容な立場をとる一部のウラマーによって可能となったという面もある。だがそれぞれの事例において決定的な要因となったのは、政治情勢であった。具体的には、非スンナ派共同体が十字軍、もしくはモンゴルとの同盟関係にあるとの非難、一三一七年にジャバラ地域におけるヌサイリー派の農民や労働者たちの間でマフディー（mahdī：終末論における救世主を意味する）を自称する人物によって引き起こされた反乱、一部の急進的シーア派がアリー以外の正統カリフ三人を公然と罵倒したことなどが挙げられ、すべてのスンナ派体制にとって、その歴史的基盤に対する脅威となりつづけた。マムルーク朝がシーア派を統制するための継続的努力を行っていた唯一の場所はマッカであった。マッカはシャリーフのハサン家によって統治されていたが、彼らは形式的にはマムルークによる宗主権を認める一方で、地域的な影響力を行使しており、また一五世紀初頭までザイド派に属するシーア派アイデンティティーを保持していた。これはある意味皮肉なことであるが、ハサン朝の奉じる穏健シーア派は、彼らがアッバース朝カリフやスンナ派であるマムルーク朝スルターンの名目上の権威を承認することを妨げるような、厳格なものではなかった。だが、ヒジャーズの聖都市に対する宗主権が、彼らの政治的正統性において最も威信を与える基盤となっていたことからも、政治状況がマムルーク朝の施策を左右していたことは疑いない。[7]

その一方で、一一世紀末にイスマーイール・シーア派共同体が発展したことにより、新たなスンナ派の国際秩序に挑戦が呈されたことはほぼ明らかであり、その結果、その挑戦に対峙するスンナ派ウラマーと政治権力を行使する諸機関の協働が多く見られた。中期の初頭、つまり一一世紀前半にブワイフ朝が分裂した時期、ファーティマ朝は、アッバース朝カリフの正統性はもちろん、アッバース朝の権威を形式的に認めながらも実質的権力を行使したすべての地方体制の正統性にとっても重大な脅威となった。ファーティマ朝はシリア、イラク、形式的にはアッバース朝の勢力範囲にあったその他の地域において、住民と統治者からの支持を得るため、積極的な活動を展開していた。そして一〇五九年、わずかな期間ではあったが、バグダードにおいてイスマーイール派イマームの名でフトバ（khuṭba）を行わせることに成功したのである。

しかしながら一〇六〇年代の初めには、ファーティマ朝体制は飢饉、軍事的反乱、行政の混乱によって蝕まれることとなった。アルメニア人ワズィールのバドル・ジャマーリー（一〇九四歿）による綿密な統治によって一時的に均衡は回復されたものの、一〇九四年にカリフ・ムスタンスィル（在位一〇三六―九四）が亡くなったことによるイマーム位の継承をめぐって起きた論争は、その運動を真っ二つに分断した。形式的には一一七一年にサラディンが最後のファーティマ朝カリフを廃位するまで体制は継続したものの、それ以前の段階ですでに近東のスンナ派体制に対する深刻な脅威ではなくなっていた。エジプトにおいてはイスマーイール派の組織的な伝道活動（ダアワ＝daʿwa）が国家による保護のもと行われたにもかかわらず、ファーティマ朝の二世紀に及ぶ統治の間、エジプトにおけるイスマーイール派の信徒はさほど増えなかった（上エジプトの村落には相当数のシーア派住民がおり、活発に活動していたため、マムルーク朝期、スンナ派ウラマーによって抑圧が試みられた。だが上エジプトのシーア派はおそらくはファーティマ朝の到来以前から存在しており、イスマーイール派による伝道活動の成果であるとはいえない）。[✤8] サラディンの成功からわずか数年後の一一八八年、シーア派の集団がカイロで反乱を起こした。彼らは市内を走りまわり、ファーティマ朝国家の再興を叫び、一二人の歴代イマーム全員を数え上げた。[✤9] イスマーイール派でファーティマ朝を支持する者は上エジプトへ追放され、ある一定の期間残存していた。彼らは数回の反乱を試みたものの、それが呈した脅威は小規模なものであった。

　だが、ファーティマ朝の滅亡によって、スンナ派イスラームに対するイスマーイール派の脅威が消えたわけではない。イスマーイール派は九世紀より肥沃な三日月地帯およびイラン世界の各都市において、小数ながらも熱心な信者を獲得してきた。ファーティマ朝統治の最初の一世紀には、多くのイスマーイール派共同体がカイロからのダアワに応じた。つまり、彼らはファーティマ朝イマームの権威に従ったのである。一一世紀後半における発展、特にファーティマ朝王家の主導権争いによって、イランのイスマーイール派はより地域に根ざした権威の源泉を求めることとなった。ダーイー（dāʿī）（宣教者）のハサネ・サッバーフ（一一二四歿）の指導のもと、イランのイスマーイール派はムスタンスィルの長子ニザールのイマーム位を承認した。だがエジプトにおける後継者争いの結果、ニザールの兄弟がイマーム位を継承することとなり、ニザール自身は捕らえられ、死亡した。従うべきイマームが不在のなか、ハサネ・サッバーフは「フッジャ」（ḥujja：「証明」の意）の称号を名乗り、自らが最後の宗教的権威であることを巧みに主張した。彼の指導のもと、イランのイスマーイール派は一一世紀後半から一二世紀初頭にかけてイラン世界を支配していたセルジューク朝体制に対し、散発的ながらも激しく抵抗した。イスマーイール派は特にクーヒスターンとカスピ海南部の山岳地帯において、多くの要塞を勢力下に収めた。アラムートにおけるその難攻不落の要塞はよく知られているが、イスマーイール派の組織は都市部においても活発に活動していた。一般にこれらの共同体は地理的には分散しているものの、組織としてはきわめて密な体制をとっていた。

「イスマーイール派の反乱」が劇的に生じたことで、スンナ派の政治体制、特にセルジューク系諸王朝は一時深刻な脅威にさらされた。当時の分裂した政治状況において、地方の政治的権威はきわめてパーソナルなもので、特定の個人（通常は軍事的指導者）に従うという形態をとっており、政治行動としての暗殺は一般的に行われた。イスマーイール派はそれをより組織的に発展させたといえる。彼らは有力者の側近に徐々に入り込むよう、個々人を訓練しては派遣した。イスマーイール派の利益を脅かすとみなされた標的には、適切な時期に暗殺者を送り込んだ（いかにイスマーイール派がフィダーイー（fidāʾī）［進んで自己犠牲を行う人］として知られる変装した兵士たちをハシーシュ中毒にさせ、殉教者を待つ天国での性への幻想を抱かせていたかという恐ろしい物語は、スンナ派による敵意に満ちた捏造と、エキゾティックな東洋の物語に対する西洋人の飽くなき欲求の産物であろう）[10]。暗殺者としてのイスマーイール派の評判は、当然のごとくスンナ派内部に恐怖心を植えつけ、彼らの反応はときに罵りの声となった。イスマーイール派はその信仰至上主義（特に反乱の後年においては、まったく根拠がなかったというわけではない）によって批判され、ニザームルムルクらは彼らをホッラム教などの過去のイランにおける宗教運動と結びつけようとした。そのような中傷の主旨は、イスマーイール派に背教者としての烙印を捺《お》すことであった。スンナ派法学の観点からいえば、彼らの血は流されてしかるべきであり、実際にそのとおりの結果となった。ガザーリー（一〇五八―一一一一）をはじめとする視野の広いスンナ派神学者たちですら、イスマーイール派が改悛しないかぎり、彼らは信仰を公然と放棄しており、その結果としての報いを受けていると考えていた。[11]このような見解は、イランの諸都市でイスマーイール派の虐殺が相次ぐなどの実際の結果を伴ったが、その幾つかはスンナ派ウラマーの指導のもとに行われたものである。[12]だがそれはスンナ派の幻想を掻き立てた、単なるイスマーイール派による反乱のドラマや暴力ではなかった。学問的レヴェルで言えば、イスマーイール派にはイマーム、あるいはその不在時におけるフッジャの絶対的権威を主張する、「タアリーム」(taʿlīm)〔字義的には「教導」〕と呼ばれる教義があったが、それに対して根深い懐疑が向けられた。十二イマーム派も同様の教義を有していたものの、ハサネ・サッバーフと彼の後継者のもと、タアリームは当面の甚大な脅威として位置づけられた。タアリームは合意(さらに拡大解釈すれば、ウラマーの宗教的権威)というスンナ派教義に反するからである。したがってニザール・イスマーイール派はスンナ派イスラームおよび台頭する政治体制に対し、またそれ以上にスンナ派の教義的・学術的基盤に対し、本質的な挑戦を突きつけたのである。それゆえ、ガザーリーによって導かれたスンナ派ウラマーの反応は、中期における「イスラームの自己規定」の中心であったと捉えることができる。✤13

イランの要塞にいたニザール・イスマーイール派は、執拗かつ敵意剝き出しのスンナ派諸体制に囲まれながら、徐々に奇妙な方向へと向かっていった。一一六四年ラマダーン月には、自ら(隠れ)イマームを名乗るイスマーイール派指導者が、復活(キヤーマ=qiyāma)の日の到来とそれに伴うシャリーアの廃止を宣言した。それに従い、イスラーム法で規定された一ヶ月に及ぶ断食は放棄され、代わりに祝祭が執り行われた。その後まもなくして、アラムートのイスマーイール派は彼らの指導者たちが本物のイマーム、つまりエジプトを密かに抜け出したニザールの息子の末裔であると主張しはじめた。キヤーマの教義は必然的にイマーム像をさらなる高みに押し上げた。つまり、彼は権威を有する一個人から、宇宙全体の秩序——つまりは神のごときもの——を垣間見ることのできる人物へと昇華したということである。その後の一三世紀初頭、アッバース朝カリフ・ナースィルの治世において、アラムートのイマームはイスマーイール派を拒絶し、シャリーア(このときはシャーフィイー派の形をとったが)を再導入することを宣言した。また、金曜日のフトバでカリフの名を承認させ、さらに彼のスンナ派に対する誠意を示すために、母親を巡礼に向かわせた。これは防衛的な表面上の行為(タキーヤ=taqiyya)であり、後に彼の改革は廃止されたものの、イスマーイール派の側から見れば奇妙な発展であったことは確かである。最終的には、バグダードのカリフらと同様に、ニザール派はモンゴルの猛攻に屈服した。イランに残存する信者は、ピール（pīr：すなわちシャイフ）によって率いられるスーフィー・タリーカの形態で活動を続けた。彼らは後にサファヴィー朝が勃興するイラン北西部とアナトリア東部において、スーフィズムとシーア派の一時的な混合に寄与した可能性もある[14]（ムハンマド・イブン・イスマーイールの子孫を名乗るイマームの諸系統を支持する小規模なイスマーイール派共同体は、イラン、シリア、イエメン、インドなど、ムスリム世界の各地に散在しており、現在まで命脈を保っている）。

イスマーイール派、特に急進的なニザール派への敵対以外に、何をもって中期に発展したスンナ派イスラームの特徴と位置づけることができるだろうか？　この時代、先行する世紀において伝統主義者たちが提示したイスラームのアイデンティティーと信条に対する理解が深化したことは確かである。ハンバル派は単に法学派として認識されるだけではなく、保守的で伝統主義的方向性をもった運動として、一一世紀、少なくともバグダードにおいて、重要な役割を担った。我々は先の章において、ミフナ（mihna）〔審問〕が延期されて以降、いかに伝統主義者たちがアッバース朝カリフに近づかんとしたかを考察してきたが、この同盟関係は、一一世紀初頭のカリフ・カーディルの名において発布された一連の布告と信仰に関する声明文の中にはっきりと見て取れる。カーディルの声明はシーア派などのアッバース朝体制に対する政治的脅威に向けられたものであったが、それはまたムウタズィラ学派、さらにはより穏健なアシュアリー学派による神学的思索を含む、合理主義をとる神学者が公の場で説教することを非難し、阻止するという目的もあった。伝統主義者による運動の真の強さは、学者のみならず、相当数の市民からの支持に拠るところが大きい。一一世紀バグダードの生活を描いた年代記には、合理主義神学を取り入れた説教に対し、ハンバル派の群衆が激しく反発する姿が描かれている[15]。

カーディルや多くのウラマーによって提唱された伝統主義は、学術的・社会的・政治的な一大勢力となった。伝統主義者の圧力は、例えば一〇七二年、ハンバル派学者イブン・アキール（一〇四〇―一一一九）をしてかつて自らが弄んだムウタズィラ学派の信条を公然と非難させた。だが、分裂的かつ複雑な政治的背景の影響もあり、伝統主義は無条件の勝利を得たわけではなかった。ブワイフ朝のアミールやそれに続くセルジューク朝スルターンたちのもとで、アッバース朝カリフの権威は依然として限定的なものであった。また、カーディルの打ち出した公的な性格を強くもつ伝統主義は、シーア派と、当時のバグダードの文化生活において主要な役割を果たしていた合理主義的神学者の双方に対して向けられたものであったが、これはカリフが伝統主義を支持する住民に手を差し伸べることで自らの権威を再主張するための試みであったと戦略的に解釈することができる。だが、その努力も空しく、もはやカリフは政治的権力の唯一の源泉どころか正統性の源泉ですらなく、彼らの標榜する伝統主義には常に敵対者がいたのである。例えば、一一世紀後半にセルジューク朝スルターンのワズィールとして権力を揮った、かの偉大なニザームルムルクは、カリフの伝統主義に対する勢力としてアシュアリー学派の神学者たちを保護し、その教義を説教させる目的で、数年間にわたって彼らをバグダードに招聘した。そのなかで一〇七七年、五ヶ月に及ぶ市内暴動が発生したが、それは伝統主義者、アシュアリー学派、その他の間に潜在する緊張関係を解消する結果にはいたらなかった。

さらに、最も口喧しい伝統主義者であるハンバル派は、バグダード以外の地域においては必ずしも影響力を保持していなかった。中期イスラーム史における特徴の一つとして、バグダードがムスリムの宗教生活における中心地としての重要性を失いつつあったということが挙げられる。一三世紀中盤にモンゴルによって略奪されて以後、当然その傾向はより顕著となった。結果として、伝統主義はこの時代を通じてスンナ派の宗教生活が均質化していく広範な過程の一側面にすぎなかった。そのプロセスからは、イスラーム近東全域に普及した組織と権威に特有の形態である、施設としての側面が見出される。法学の高等教育機関であるマドラサや様々な名称で呼ばれるスーフィーの修道場がそれにあたる。ここで強調しておかなければならないのは、イランの影響である。「カリフ位によって象徴される集権化された宗教的伝統や権威によるのではなく、社会周縁の地域的な結合によって発展した一一世紀イランの都市ムスリム共同体に根ざした」組織は、近東全域、すなわちイラク、シリア、エジプト、そしてアナトリアへと拡大した。[16] マドラサ、ハーンカーはともにイラン東部のホラーサーンにその起源を有する。これらの組織は、中期後半におけるイスラームの宗教体験に（そしてまた、オスマン帝国による制度化の過程のなかで、近代の最初期〔日本でいう「近世」に相当〕にイスラームがとった形態に対しても）相当な影響を与えることとなった。それは部分的には、「イラン的国外離散《ディアスポラ》」の結果であるということもできる。つまり、イラン出身のウラマーや神秘主義者たちは、モンゴルの侵入以前においても、イラン、シリア、エジプト、そして特にアナトリアに居住し、その地で名声を獲得していたのである。だがそれは、当時近東を支配していたスンナ派諸体制にとって、この新たな制度的「表現方法《イディオム》」がいかに有用であったかを反映してもいる。

近東東部において発展し、活気を取り戻したスンナ派の組織的イディオムは、状況をきわめて異にするエジプトにおいてもその価値を証明した。イスマーイール派による二世紀に及ぶ支配の後、シーア派はムスリムの大半が属するスンナ派イスラームに取って代わることはできなかった。一部からは、ズィンミーの住民が再び脅威を呈していると受け止められた。ファーティマ朝治下におけるズィンミーの共同体は、カリフ・ハーキムによる短期間の迫害時期を除けば、概して繁栄していたといえる。[17] イブン・キッリス（二一四頁を参照せよ）はユダヤ人、もしくはユダヤ教からの改宗者でありながらファーティマ朝高官として仕えていた人物であるが、他にも同様の例が確認される。彼らの成功について、ある詩人はこう非難している。

当代のユダヤ人は最大限にその望みを叶え、支配するにいたった
光栄は彼らの上にあり
財は彼らと共にあり
そして助言者や支配者を輩出するまでになるとは
ああエジプトの民よ、汝らに忠告しておく
ユダヤに改宗せよ！
天がユダヤを向いているのだから[18]

しかし、その地位に関して最も顕著な変化が生じたのは、キリスト教徒共同体においてであった。この時点でのムスリムはおそらくは多数派ではあったものの、エジプトはかなりのコプト教住民を抱えていた。さらに、ファーティマ朝支配の最後の世紀を通じ、キリスト教はその体制や軍事力において、相当な権威を行使しうる地位を獲得していたのである。アルメニア人の軍人でワズィールを務めたバドル・ジャマーリーとその息子で後継者のアフダル（一一二一年に暗殺）は、ともにムスリムであったと思われるが――実際に、後者はニザール派の分裂に繋がるイスマーイール派運動内の後継者をめぐる議論において、決定的な役割を演じた――、周囲を高位のキリスト教徒で固め、アルメニア人キリスト教徒を重用していた。そのなかの一人であるバフラーム（一一四〇歿）は、カリフ・ハーフィズ（在位一一三〇―四九）のワズィールを務め、「イスラームの剣」という慣例的な称号を保持する一方で、キリスト教徒（特にエジプトへ大規模な移住を行ったアルメニア人）と教会を保護していた。その結果、あるムスリム側の史料は、エジプト人のムスリムたちは国家が永久にムスリムとして歩むべき道を踏み外してしまうことを危惧していると述べている。誇張はさておき、『エジプト教会総主教史』のようなキリスト教側の史料や、アルメニア人のアブー・サーリフによるエジプト教会や修道院に関する記述は、キリスト教徒がファーティマ朝や政府高官の寄進や支援による恩恵を享受していたことを裏づけている。

　そのような状況において、イラン東部で始まった組織的発展、特にマドラサの興隆は、エジプトのスンナ派住民にとって、キリスト教による挑戦と受け止められた事態に直面するムスリム共同体を強化する手段となったのである。エジプトにおける最初のマドラサは、ファーティマ朝支配の最後の世紀を通じて好戦的スンナ派の拠点となった港湾都市アレクサンドリアで、エジプトに移住したスペイン人ムスリム、アブー・バクル・トゥルトゥーシー（一一二六歿）の住居の地階に創設された。このトゥルトゥーシーは本論の文脈から見てきわめて興味深い人物である。というのも、彼は中期スンナ派における反駁論文の特徴である、「逸脱《イノヴェイション》」を非難する重要な論考〔すなわちビドア論文〕の著者でもあるからだ。この議論（後に言及する）の主題の一つは、ムスリムがズィンミーから様々な宗教的慣行を厚かましくも拝借しているということで、トゥルトゥーシーはその例として、キリスト教の実践を模倣したクルアーンの朗誦形式、教会やシナゴーグに似せてモスクを装飾することを挙げている。エジプトにおいて、マドラサとしての建造物を最初に建てた人物の一人は、リドワーン・イブン・ワラフシーという、バフラームにとってスンナ派側の敵対者であった。彼はカイロの教会を襲撃したり、ズィンミーに課されるジズヤ（jizya）〔人頭税〕を倍にしたり、ズィンミーを政府の重職に登用することを禁止するなどしたワズィールとして、『総主教史』に記録されている。ここで重要なのは、リドワーンがマドラサの最初の教授として、マーリク派の法学者、アブー・ターヒル・イブン・アウフ（一一八五／六歿）を任命したことである。彼はキリスト教に改宗した元ムスリムによるシャリーアへの攻撃を反駁する論文を執筆し、異なる宗派間の論争に没頭した人物であった。[19]

キリスト教の脅威に対する懸念をさらに拡大させたのは、十字軍であった。この時代のスンナ派イスラームの発展は、ヨーロッパの十字軍による挑戦への反応としても観察することができる。その結果、この時期にスンナ派イスラームが「再中心化」した文脈の中で、三つの発展が見て取れる。一つめは、近東、少なくとも大シリアとエジプトに居住するムスリムの精神的指針における、ある種の新しい方向づけと関係するものである。近東に最初の十字軍が到着したのは一〇九八年のことであるが、その数世紀も前から、ムスリムの文化的重要性（少なくともスンナ派の文化的重要性。カイロはイスマーイール派国家の中心であった）は東部、つまりはカリフの膝元であるイラクと、イスラーム神秘主義、法学などの発展に当初大いに貢献した諸国家が勃興したイランにあった。イスラーム世界の東部は中期後半、モンゴルによる征服のさらに後、突然その重要性を失うこととなった。様々なモンゴル系王朝は、いったんイスラームに帰依してしまえば、ムスリム文化の有力な保護者となった。だが十字軍が突如として出現し、それに直面したムスリムの関心が向けられたことで、近東の西半分が重要性を帯びるようになった。長期的に考えれば、これをより持続的なあるプロセスの最初の一歩として捉えることもできるかもしれない。というのも、中期後半から続く西ヨーロッパ勢力の拡大および進出は、イスラームに対してさらに深刻な脅威を呈し、後に植民地主義と世俗的近代からの挑戦という結果を招くこととなったからである。だがこの時点だけを見れば、その直接的な結果は様々な国家権力の興隆に他ならない。まずはアイユーブ朝が興り、続いてさらに強大な国家、マムルーク朝が興った。マムルーク朝は、近東東部で提示された新たなスンナ派の表現方法を取り入れ、普及させ、さらには洗練させていった。また、エジプトとシリアにおいて色彩豊かなスンナ派ムスリム文化を打ち建て、それは今日における中期イスラームの主要な遺産となっている。

また、十字軍がムスリムにエルサレムに対する関心を再度向けさせたことも指摘しておかなければならない。エルサレムへの関心は、実は十字軍が到着する以前から盛り上がりを見せており、その一端を担ったのはスーフィーたちであった。とりわけ、十字軍の数年前、ガザーリーがエルサレムに到着したことは重要であった。彼は精神的隠遁と内省のため学術活動を放棄し、エルサレムに居を構え、その地で彼の古典的名著である『イフヤー・ウルーム・アッ゠ディーン』(『宗教諸学の再興』)の一部を執筆した。しかし、この聖なる都市を訪れるヨーロッパからの巡礼者、またそこを最重要国家の首都と定めた十字軍の見せる執念は、この地に対するムスリム側の関心をさらに刺激することとなり、その関心は様々なレベルにおいて表された。新たな事態が生じた際、それを預言者に帰せられる言葉の中に見出そうとする行為はイスラーム史においてしばしば見受けられるが、それによれば、イスラームに降りかかる最悪の事態は、預言者自身の死を除けば、エルサレムが不信仰者の手に落ちることであるという[20]。より一般的なレヴェルでは、十字軍の後、ファダーイル・アル゠クドゥス(faḍā'il al-Quds)という文学ジャンル、つまりエルサレムの壮麗さを述べる論文が大流行した。ヌールッディーン・イブン・ザンギーをはじめとするムスリムの指導者たちは、その地からフランク人を追い出し、奪還するための協力を求めるプロパガンダの手段として、ウラマーに論文の執筆を勧めた。サラディンが一一八七年に軍を率いてエルサレムを攻撃した際も、そのような論文の一篇が軍隊の前で読み上げられた。戦略的に考えれば、エルサレムの位置はかなり離れたところにあり、重要性は低かった。サラディンの後継者の一人である、甥のカーミル(在位一二一八—三八)は、一二二九年、神聖ローマ皇帝フリードリヒ二世に対し、進んでこの地を差し出した。彼はアイユーブ朝の敵対者たちに対抗すべく、その条約を通じて自らの地位を固めることを目論んでいた。しかしエルサレムという「観念」や、その地を征服し、統治するムスリム支配者が手にする名声は、確固たるものとなっていた。その観念はムスリムのイマジネイションの中にすでに根づいており、カーミルがキリスト教徒にその地を明け渡したということは、ウラマーのみならず一般ムスリムからも強い反発を招く結果となった。エルサレム周辺の丘陵地帯のムスリム農民からなる集団は、説教師たちに率いられ、一時的にせよ、フランク人によって追い出される直前の都市を占領した。一方カーミルは抗議者たちの暴力的行為によって不意を打たれた恰好となり、尊敬に足るスンナ派指導者としての自らの信用を回復すべく、広範な宣伝活動を展開することを余儀なくされた。エルサレムはムスリムの崇敬と巡礼の中心地として、現在にいたる。[21]

十字軍によってもたらされた最後の発展は、ジハード（jihād）、つまり聖戦というイデオロギーとその実践によって表現される戦闘的精神が新たに活気づいたということであった。これはしばしばイスラームが生来好戦性を有する宗教であるという憶測によってごまかされてはいるものの、西洋の読者にとっては永遠に耳の痛い話題であろう。「（神の道において）奮闘する」という意味のジハードはイスラーム論における複雑な観念であり、多くの意味をもっている。その主要な意味は、もちろん不信仰者たちに対する戦闘であるが、自らの意思を神と一致させるための内面的な努力も指している。しかしながら中期において、いわばキリスト教側のジハードによって呈された挑戦は、スンナ派ムスリムの見解に広範で持続的な影響を及ぼすことになる、不信仰者への武力闘争に対する関心を新たにしたのであった。[22]

最初のアラブの征服から数世紀の間、時の経過と辺境地域が比較的安定したことによって、シリア南部のような場所におけるジハードの精神は、幾分鈍いものとなっていた。中央アジアをはじめとする幾つかの辺境地域においては闘争的精神はまだ残っており、特定のムスリム体制によって新たな活力を与えられていた。具体的には一〇世紀に北メソポタミアとシリアに興ったハムダーン朝（八九〇―一〇〇四）がそうであり、その保護下で説教師イブン・ヌバータ（九八四／五歿）が活動していた。彼の説教はジハードの義務を説くもので、中期を通じてムスリム説教の模範でありつづけた。だがその他の地域においては、ムスリムの支配が世界全体に及ぶまで「イスラームの家」と「戦争の家」が対峙しつづけるというジハードの理想は、国境を跨いだ、または異なる宗派間の応酬という現実によって霞んだものとなった。ほとんどの法学者は、ジハードとはファルド・キファーヤ（farḍ kifāya）、つまりムスリム共同体に対して課される宗教的義務であり、個人としての義務ではなく、一部のムスリムがそれを実行することは他のムスリムの義務を免除するものとして捉えていた。

しかし、ある普遍主義的信仰における闘争性は潜在的な力として常に存在したのであり、中期の状況は近東のムスリムにそれを受容することを促したのであった。十字軍による新たな脅威を最初に認識したのは、法学者と（一般的な意味での）学者であった。一二世紀半ばにアレッポで記されたある年代記によれば、彼らが十字軍を当時進行中であったスペインのレコンキスタや一〇八六年のノルマン人による北アフリカ攻撃を含んだ、広範なキリスト教徒による運動の一部であると捉えており、ムスリム世界に対し、新たな次元における挑戦を突きつけたと理解していたことが読み取れる。シリアに十字軍が到着した数年の間、ジハードの必要性とその利点を説く論説がダマスカスにおいてすでに刊行されていた。それは不信仰者の軍事力によって攻撃・占領された国のムスリムが直面する状況について論じたものだが、ジハードはそこでファルド・キファーヤからファルド・アイン（farḍ ʿayn）、つまりムスリム個人に対して課される義務へと転換されている。だが、より重大だったのは心理面における変化で、それはキリスト教兵士の行動によって拍車がかけられた。というのも、十字軍はムスリムの感情を逆撫でするような方法で問題を増幅させたのである。岩のドームを教会に変え、アクサー・モスクをテンプル騎士団に引き渡すなどのイスラーム的建造物の転用や、結果としては失敗に終わるものの、ヒジャーズにおけるイスラームの聖地を略奪しようとした試みがそうである。そのような行動は宗教共同体間の緊張を高め、ムスリムたちは宗教的な理想および義務としてのジハードの観念を抱きながら、熱狂的に戦闘に加わったのである。一二世紀初期のアレッポでカーディーを務め、説教師でもあったイブン・ハッシャーブは、ジハードを勧める説教を行った後、フランク人がエルサレムのモスクを冒瀆した報復として、群衆を率い、幾つかの教会を強引にモスクに変えている。[23] 学者と統治者はしだいに協働するようになり、ジハードの教義と理想の概要を提示した。エルサレムの壮麗さを論じる文学が再燃したとともに、ジハードを勧めるテクストが大流行した。例えば、著名な法学者、歴史家であり、スルターン・ヌールッディーンの腹心であったイブン・アサーキル（一一七六歿）は、ジハードに関する四〇のハディースを集め、編纂している。ヌールッディーンや同時代の統治者たちはこれらの作品を実際に即して利用し、シリアにおけるスンナ派ムスリムのジハードへの熱意と体制に対する支持を促す目的で、これらの著作は公共の場で読み上げられていたであろう。

より一般的には、このような統治者とウラマーの協働は、十字軍を経験することによって形づくられた新たなムスリム諸政体のある重要な性質を反映していると考えられる。それは、軍事的支配層と宗教学者、そして中期近東のムスリム諸都市において土着の政治階級に最も近い層をなした役人との間の、ときに緊張に満ちた、深く、相互依存に基づく関係であった。統治者の観点から見れば、この同盟は重要な承認機能を果たした。説教師たちは十字軍をはじめとする不信仰者の敵との戦いに向かう軍隊に随行したと見られるが、彼らを戦いに駆り立てる説教では、ジハードの意義について熱弁を揮い、ヌールッディーンやサラディンのような統治者の、特に聖戦を実行するムジャーヒド（mujāhid）としての資質を強調したはずである。ウラマーの視点から見ても、この関係は有意義なものであった。スンナ派統治者たちはマドラサやハーンカーの建設や寄進という壮大な計画を推し進め、ウラマーに対して支援を行った。それによって、ウラマーに対してその活動を支える組織的、財政的な構造を与えたのである。[24] 宗教的エリートは後のオスマン時代のような国家権力とはなりえなかった。だが新しいスンナ派諸体制は、しばしばウラマーのイデオロギーや利益のために協力する姿勢を見せた。統治者は葡萄酒を販売したり楽器を演奏するなどのイスラーム法の精神と字句に反する慣行を厳格に取り締まった。また、一二世紀半ばにヌールッディーンがアレッポの住民に多く見られたシーア派を制圧しようとするなど、何をもってムスリムの受容可能なアイデンティティーと行動とするのかをめぐり、しだいに限定的となりつつあったウラマーの定義を、統治者たちは容認したのである。[25]

ここで、「スンナ派の再中心化」が最も重要な影響力を発揮したといえる。中期におけるスンナ派イスラームの歴史は、新たな発展というよりは、むしろ過去に具体化されたアイデンティティーや原理に対する、より明瞭な解決をもたらしたものであった。宗教的知識の伝達、あるいはスンナ派的な宗教体験の中心となりつつあったスーフィズムへの帰依のために設立された施設の普及は重要であるから、この現象に関しては後に詳論することにしよう。だがより重大な発展は、心理的、学術的なレヴェルで生じたものであった。そしてその一つとして挙げられるのは、ビドア（bid'a）、つまりは「逸脱《イノヴェイション》」というイスラームの教義の先鋭化である。「すべての逸脱は誤りであり、すべての誤りは地獄へと導く」とは、預言者に帰せられる言葉である。[26] ビドアの対極として位置づけられるのは、預言者と彼の教友たちの実践が恒久の規範的枠組みを確立したスンナと呼ばれる教義であるが、それによる論理的な情状酌量がなされた。つまり、人間はその経験のなかで逸脱を免れることはできず、伝統《スンナ》は必要に応じて調整を行ったのである。ある逸脱に対してそれが非難に値するものなのか、あるいは義務づけられているものなのかを、状況に応じたスライド式の尺度で判断した法学者たちもいた。だが逸脱に対するウラマーの激しい抵抗は、集権化・組織化された権力の中枢、つまりは教会制度をもたない宗教共同体に対する統制権を主張するため、イスラーム伝統を指揮することを目論んだ議論における一つの要素であったと解釈できる。反ビドア論考自体は以前から存在したものの、中期イスラームの宗教的著述における大きな主題となったことは、この時期、スンナからの逸脱を非難する有力な著作が次々と生み出されたことからもわかる。[27]

ビドアに対する強烈な反対は、十字軍のような脅威を前にしたスンナ派イスラームの「道徳上の再軍備」とエマニュエル・スィヴァンが呼んだ事態の一側面であった。この道徳的再軍備は、何が（スンナ派の）ムスリムたらしめるのかをより厳密に定義するための、十字軍に対するムスリム側の返答、そして熱意に基づいて展開した。ジハードは異教徒への抵抗のためのツールというだけではなく、特に「民間信仰」（三二一頁から三三二頁を見よ）的諸要素に対するウラマーの抵抗のなかで、適切な信仰と行動の基準を強化するための手段となった。したがって、マグリブのスーフィーで一五世紀後半から一六世紀初頭にかけてダマスカスに居住したアリー・イブン・マイムーン・イドリースィーが、反対するシリア・ムスリムの慣行を批判する論考を記した際に聖戦という用語を用いたのは、ある意味当然のことであった。彼によれば、このような堕落したムスリム（彼は特に宗教的説話の語り部たちを批判している）に対するジハードを行うことは、「戦争の家における異教徒たちに対する聖戦よりも奨励されるものである。なぜなら［彼らがイスラームに及ぼす］害というのは、異教徒たちによるより、さらに深刻で重大なものである」という。[28]

# 第21章　社会・政治組織における共通パターン

近東ムスリム共同体の宗教生活に深い影響を及ぼした中期における政治の基本形態として、以下の二点が挙げられる。一つは権力が中央からよりローカルで局地的な諸体制へと徐々に分散したことである。その要因はアッバース朝カリフの権力と権威の失墜であった。イスラーム初期における議論や衝突はカリフ体制のあり方に端を発するものであり、中期においてもそれは同様であったが、その権力は再興した時期こそあれ、揺らぎ、最終的には消滅した。法学者たちはシャリーアにおける不可欠な要素としてカリフ体制に帰属していたが、彼らもまた政治的現実に直面することを強いられた。ブワイフ朝の末期にかけて、バグダードのシャーフィイー派カーディーを務めたマーワルディー（一〇五八歿）は統治の法に関する論考を記し、その最初の章において、カリフの地位と権力の概要を示した。その中で有名なのは、カリフがイスラーム・ウンマの統合を進める最重要要素であり、また中期、政治的分裂が徐々に進行する状況においても、神の法を執行する礎石であるという古典的なカリフの位置づけであった。マーワルディーが論考を記したのは、皮肉にもカリフ位が実体を伴う権力を行使できなくなった時期であった。彼によるカリフの描写は、ジハードを行い、法に則って税を徴収し、シャリーアの規範が効率的に施行されるのを保証するという、非常に能動的なものである。彼によれば、カリフの義務とは「個人的に（国家の）諸事および状況の調査を監督し、共同体の運営を担い、宗教を保護することで、その権威は他者に委任してはならない」のであった。そこには、ファーティマ朝が深刻なイデオロギー的脅威を呈し、ブワイフ朝のアミールがイラクでカリフの権威に留まっていたものを簒奪した時期、カリフの名声を梃入《てこい》れするという意図もあったように思われる。だが実際の法学上の問題というのは、マーワルディーがカリフ論を著す一世紀以上も前から、カリフ権力が別の勢力によって奪われつつあったということであった。それでは、いかにしてその現実と、イスラーム国家における最高権威であり、シャリーアを執行するための「神の預言者の後継者である」カリフの責務を調和させたのであろうか。✤1

理論と現実の間の緊張感は増す一方であった。スンナ派であるセルジューク朝は、カリフをイスラーム・ウンマの長として復位させることを理論上期待されたが、実際にはセルジューク朝スルターンがその役割を担うことはなかった。一〇九二年のニザームルムルクの暗殺とスルターン・マリクシャーの死（暗殺の可能性もある）に続いて政治的混乱が増す中で、カリフたちは自らの権威を再確立するために奮闘し、それはナースィルが一二世紀後半から一三世紀初頭に行った一連の政策に結実した。だが、これらの試みはモンゴルの到来によって破綻した。中期政治史の傾向として、実権が（ほぼトルコ系の）軍事政権の手に渡ったことが挙げられる。具体的にはセルジューク朝からマムルーク朝、そして最終的に近世近東を支配することとなったオスマン朝がそうである。マーワルディー後の二世代を記した神学者のガザーリーは、初期の数世紀において発展した基本的な政治原理について、いかに宗教の側が妥協しようとしているかという指標を示した。法学者として、当然ガザーリーはカリフ制度に対する大きな懸念を表したが、同時に、異国から来た兵士たちがイスラームの存続において事実上重要であることも認識していた。数多くの（そしてときには互いに対立する）スンナ派スルターンたちは中期の政治状況を掻き乱し、軍事力で権力を掌握したものの、金曜日のフトバでカリフの名を言及させるなど、彼らが名目的なカリフの宗教的権威を認めるかぎり、ガザーリーは政治的権威の分裂もやむなしとした。[2] バグダードのカリフ位が消滅したことで、法学者たちはこのモデルに対する論理的結論を模索し、中期近東における様々な体制の基礎となる政治理論を構築した。そのなかで代表的なのはバドルッディーン・イブン・ジャマーア（一二三三歿）と、さらに著名で様々な議論を引き起こした同時代のイブン・タイミーヤ（一三二八歿）であった。彼らが著作を記したのは、唯一のカリフ位がマムルーク朝のスルターンたちによってカイロに据えられた「影の」制度であった時期である。イブン・ジャマーアにとって、「イマーム位」とは政治組織の中央に据えられるべき、不可欠のものであった。その責務には宗教の保護、公正の執行、外敵からのダール・アル゠イスラームの防衛、そしてイスラーム社会を適切に機能させるための秩序と安定性の維持が含まれていた。だがイブン・ジャマーアが認めるように、「イマーム」とは実際にはスルターン、つまりはしばしば暴力に頼って権力を掌握するという、軍事的支配者であった。イブン・タイミーヤにとっても、社会的安定こそがマムルークやその他の軍事政権による統治を認めるための条件であった。彼も「不正なイマームによる六〇年間は、有能なスルターンのいない一夜よりも好ましい」という有名な格言を引用している。彼はこの見解について、社会的混乱はイスラーム国家の根本的目的であるシャリーアの執行を阻害するためと説明している。[3]

　政治的権力の地方への移行は、重大な結果を生むこととなった。例えば、それによって比較的平穏な状態がもたらされたことで、近東に地歩を築いた十字軍に挑もうとするムスリム側の努力を挫いた。だが、それは必ずしも宗教的経験が同様に分裂したことを意味するわけではない。文化的領域、特にウラマーが宗教的知識を伝達した国際ネットワークにおいて求心的力を維持することを促す様々な要因が存在した。さらに、軍事体制のすべてが一定の地理的範囲に留まっていたわけでもなかった。彼らの中には、強力かつ集権化された強大な国家を築く者もあった。サラディンは十字軍国家の勢力下に残されていた一部の地域を除き、一時的ではあるものの、エジプトとシリア全土を手中に収めた。またマムルーク体制は二〇〇年以上にわたり、ナイル河谷から上メソポタミア地域、そして（仮ではあるが）マッカ、マディーナを含むヒジャーズ地域を支配した。スンナ派とシーア派のより明確な差異は、十字軍の挑戦によって煽《あお》られた

「道徳的再軍備」とともに、エジプト、シリア、その他の地域のムスリムがある共通の歴史的プロジェクトに加担しているという感情を刺激した可能性もある。だが、より普遍世界的なオスマン帝国が出現するまでの間、中期中東の政治史を支配していたのは、小規模かつ地方分権的な軍事諸政権であった。そして彼らと互いに影響しあい、その要求に反応するなかで中期イスラームの輪郭と制度を発展させていったのは、地元のムスリムたちであった。

　中期近東における政治の第二の基本形態は、支配エリートが様々な意味でアウトサイダーだったことである。彼らはそれぞれが血縁や僚友関係によって結びついていたが、彼らが支配する地元住民との有機的紐帯を欠いており、この点も宗教の発展においてきわめて大きな影響を与えた。これらのエリートは様々な形態をとっていた。ある場合、彼らは部族、あるいは部族連合全体の代表者であった。例えばセルジューク家の権力は当初、彼らが中央アジアからイラン、さらに近東の他地域へと率いていった、イスラームに改宗したばかりのトルコ系部族連合に基づいていた。その対極に位置したのがマムルークであり、その名が示すとおり出自は奴隷であったが、ムスリム世界にもたらされ、軍事（とそれに伴う政治）権力を独占するための、特異な社会集団を構成する目的で訓練を施された。大雑把に言えば、これらのエリートはその出自が部族であろうと、奴隷であろうと、または単に傭兵として雇われただけであろうと、トルコ系の民族的性質を備えていた。数世紀にわたり、トルコ民族は多くの近東ムスリム国家の軍事力において、きわめて重要な構成要素となっていた。九世紀のジャーヒズはその有名な随想の中で、早くもトルコ民族の軍人としての資質を激賞している。[4] 中期までに、軍事力を備えたトルコ民族と政治権力との結合はありふれたものとなった。例えば、マムルーク朝は、単純にダウラ・アル＝アトラーク（dawla al-atrāk）、つまり「トルコ人の国家」として知られている。その用語は広義に解釈すべきで、軍事的エリートのすべてがトルコ系であったわけではない。その中にはチェルケス人、グルジア人、アルメニア人、それ以外の民族が含まれており、かの偉大なサラディンはクルド人であった。だが、体制とその社会的基盤を構成した軍人たちは、血族関係や民族性を主張することにより、自らを特異なものと位置づけた。また、トルコ系諸語も中期を通じて軍人支配エリートの間の共通語として頻繁に用いられ、それはエジプトやシリアのような、住民がほぼアラビア語話者で構成されている地域においても同様であった。さらに、彼らは地元住民を意図的に排除した軍事文化を共有していた。これらの特異性に対する意識は社会的連帯の意識を人工的に築くことを通じても深まり、中期の偉大な歴史家であるイブン・ハルドゥーンをして、それが政治権力の堅固な基盤を成していると認識させるほどであった。[5] マムルーク支配のもと、その社会的団結は仲間意識（フシュダーシーヤ＝khushdāshiyya）という形態をとったが、それはある軍人に従属する兵士たち同士の、また彼らのパトロンとの結びつきを指した。その結果、政治とは公式の制度に基づいて権力を行使するものであるよりも、往々にしてある共通のパトロンに従属する兵士たちの一門による争いと化したのである。[6]

その一方で、支配者たちの「他者性」は、彼らが首尾よく権威を行使するためには地元のチャンネルを介さなければならないということを意味し、このことは中期近東における宗教的諸組織、またその様式の発展において決定的な要素となった。前の時代に引き続き、これらの社会においても都市が優位に立っていた。軍人の大部分は都市に居住し、そこで彼らが目にする最も活動的で重要な社会集団はウラマーであった。この後に続く本書の議論の大部分は、この時代における軍人とウラマーの間の緊張に満ちた共存関係を論じたものである。彼らは複雑な事実上の共同統治体制を発展させ、それにより、世俗的および宗教的権威はカリフ位が機能していた時代よりもさらに伸長したが、それは政治的エリートも宗教的エリートも他方から切り離されては機能できないというものであった。[7] 長期的視野から見れば、それこそがイスラームであり、ウラマーであったともいえる。なぜなら、ウラマーは最も明確で広く受け入れられたイスラームの代弁者であり、その重要性は動かしがたいものとなっていたからである。イスラームそのものがその軌道の中に異国から来た軍人を引き込んだということは、驚くべきことではない。自らの他者性という意識があったにもかかわらず、軍人エリートはしばしば情熱をもってイスラームを受け入れた。通常エリート層における共通語はトルコ系諸語であったが、軍人たちはアラビア語教育も施され、（クルアーンのみならず）宗教的な書物に触れることは、彼らの訓練における重要な要素とされた。表面的にイスラームに改宗した者も一部にはおり、彼らの振る舞いはしばしばムスリム臣民を憤慨させた。だが、軍人の多くは実に敬虔であった。クルド人出身のスルターン・サラディンの敬虔さは、彼の治世においてすでに伝説的であったが、彼一人がそうであったというわけではない。そしてわずかではあるものの、宗教諸学に通じた学者として名を成す者まで現れた[8]（後の伝記作家のみならずサラディンの同年代人の一部も、彼の非常によく宣伝された敬虔さを策略とみなしている。だが、伝記的観点はさておき、歴史的観点から見れば、これはさほど問題とはならないだろう。要は、サラディンにとって彼がイスラームを受け入れていることを見せつけることが、政治的に有用であったということである）。何よりもまず、軍人が自らの支配を正統化するためのイデオロギー的宇宙の中心となったのはイスラームであった。この点については、これから見ていくことにしよう。

　軍事エリートを除けば、都市において支配的な地元集団を構成していたのはほぼウラマーであった。欧米における中期イスラーム近東研究はここ数十年の間、彼らが果たした役割と社会的機能に焦点を当てている。中期、そして中期以後のムスリムの自己規定におけるウラマーの重要性は言うまでもないが、彼らは最初期から存在していたわけではなく、認識可能な集団としての彼らの台頭は、七世紀から一〇世紀における、カリフという職掌と宗教的権威の中心をめぐる闘争の結果であった。これまでの記述で概要を示した状況のもと、またこの時代を特徴づけるスンナ派「再中心化」の過程の一幕として、ウラマーは土着の政治的支配層に最も近い存在として地元ムスリム住民の利害を代弁し、社会・政治において決定的な役割を果たすようになった。彼らはこれを様々な社会的機能を通じて成し遂げた。自らの後継者を教育し、ムスリム住民全体により多様な形態で宗教的知識を伝達したことは、おそらく彼らの主要な責務であっただろう。だがまた、彼らは宗教的寄進行為を監督し、様々な軍事体制において仲介者として機能し（あるいは、幾つかの事例に見られるように、地元住民の利益と関心を代弁することで軍事体制に対抗する手段ともなった）、少なくとも、国家とそれを率いる軍人に関する諸事の管理を補佐する書記や官僚など、体制の中核となる人々を生み出したのである[9]。

　当時の分裂的傾向に対するカウンターバランスとして、ウラマーは政治的に分裂したスンナ派世界の文化的統合を促進する主な力となった。知識を探求する旅は、中期以前からイスラームの伝記的著述における喩え《トロープ》の表現となっており、地元の宗教的権威のもとでハディースを学びながら、都市から都市へと移動する学生や学者のイメージは、現代における研究や典拠とされる原史料においても頻繁に確認されるものである。[10] だがこのイメージは、彼らが根なし草であったことを示すものではない。むしろ、ウラマーの権力は、主として彼らの地元社会における土着性に由来するものである。だが、宗教学者がある地域から別の地域へと頻繁に移動することは共通の宗教文化を育て、またある特定のウラマーの名声を高めることにも繋がった。マムルーク・エリートによる保護を受けた宗教組織の大規模なネットワークを有するカイロのような都市は、スンナ派ムスリム世界全域からウラマーを引き寄せ、その結果、マグリブ、シリア、イランの出身者と結びつくと考えられたマドラサも存在した。[11] 一五世紀のエジプトにおいて数々の論争を引き起こした碩学《せきがく》、ジャラールッディーン・スユーティー（一四四五—一五〇五）は、自伝において、いかに自らの著作（彼は五〇〇を超える著作を記したとされている）が様々な地域からカイロを訪れる学生らによって購入、書写されているか、またそれらが普及することにより、ムスリム世界の隅々でいかに学問的トレンドを生み出しているかを述べている。[12] モンゴルの崩壊と後のティムール朝による侵攻は、南西アジアの多くの地域に荒廃をもたらした。だがその結果としてシリア、エジプト、その他の地域に避難場所を求めた学者たちが流れていったことは、それらの都市における文化生活の構造を豊かにしたといえる。学者の移動はしばしば政治的意味合いをもつこともあった。例えば、一二、一三世紀におけるアナトリアへのペルシア人学者の流入は、その地のイスラーム化と洗練されたスンナ派都市文化の発展に大きく寄与した。そして最終的には（しばしば、ムスリムかどうか疑わしい）その他のトルコ系政治集団に対するオスマン帝国の勝利を促すこととなった。中期後半においては、トルコ系言語話者の学者もまたその地から移動し、その移動先のムスリム社会・宗教文化の基盤に軍事的エリートを統合させることに貢献した。[13] 各地を渡り歩くウラマーが築いた関係とネットワークは、主要都市で発展した文化的諸形態を都市化していない後背地に普及させることにも繋がった。また、その過程においてウラマーの道徳的・社会的権威が増強されるという結果にもなった。[14]

だが、集団としてのウラマーを定義することが困難であるという事実を忘れてはならない。彼らは、マルクス主義やその他の経済学用語における「階級」ではなかった。というのも、ウラマーとして分類される人々の富や社会的地位は実際のところきわめて多様であり、また確認できる他の社会集団と重複してもいたからである。（これまで見てきたように、）多くの指導的宗教学者が富裕な商家の出身、あるいは縁故を持つ者であったり、彼ら自身が商業活動に従事していたことで、都市のブルジョワジーと宗教学者の関係は特に密なものであった。また、一部の学者たちが様々な組織における自身の有利な職や教授の地位を息子たちに継がせようと奔走したのは自然な流れであっただろう。あるウラマーの家系は、彼らの学識が象徴する「文化資本」〔二九二頁参照〕の構成員に修養を積ませることにより、学者としての王朝を築くことに成功した。[15]同時に、特に中期という状況下、社会的移動性のチャンネルとなっていたものとして、宗教に基づく奨学制度が挙げられる。マドラサのような施設の設立と寄進が広く行われたことによって、宗教、あるいは法学に関連する諸職に就任するための勉学に日夜勤しむ財政的基盤をもたない学生に対し、援助が与えられた。さらに個人が宗教的奨学制度におけるキャリアを通じて、富を獲得することも可能であった。例えばマムルーク時代において、特定の学者が幾つかの施設における有給の教授職を同時に保有することは一般的であった。[16]結果として、ウラマーは決して閉鎖的な職業ではなく、神聖性を帯びた独自の集団（つまりは聖職者）でもなかったことは言うまでもない。何よりもまず、きわめて多様な社会的・経済的地位と職業的機能をもつ個人が様々な方法で宗教的知識の伝達に関与していたのであり、そのことが最終的に誰がウラマーを構成しているかを判断する、唯一かつ真の指標となったのである。名声ある教授職に就任した学者、あるいはその学識によってカーディーや大規模な集会モスクにおける説教師としての任命を勝ち得た学者のもとには、それぞれ、宗教に関連する下位の職員が何十人といた。具体的にはムアッズィン（muʾadhdhin）〔アザーン（礼拝の呼びかけ）を行う者〕やクルアーン読誦者、礼拝指導者、スーフィズムの導師らがそうであったが、彼らもまた、イスラームの宗教的知識をある世代から次の世代へと伝達し、社会全体に拡散する社会的ネットワークの中で役割を果たすことによって、少なくとも限定的な地位を得ていた。きわめて著名なウラマーが政治的影響力を行使するという事態が起こりえたのも、まさにこの多様なウラマーのあり方が示す不均質性によってであった。なぜなら、ウラマーの幅と奥行きをもつネットワークは、イスラームの理想に最も固く結びついた人々と一体であるという意識と忠義の感覚が一般に普及することを促したからである。[17]

ウラマーの地位が社会に深く根を下ろした結果、政治は彼らと軍事エリートの間の妥協へとしだいにシフトしていく傾向をとった。自らの他者性はさておき、支配権力は宗教用語を鏤《ちりば》めた理想を口にする必要性に気づいたのである。軍事的支配者たちは絶えず自らのイメージを敬虔でムスリムの目的のために身を捧げる模範として仕立て上げることを追及した。十字軍に挑んで成功した最初のムスリムの支配者は、アタベクのイマードゥッディーン・ザンギーであった。彼は一見すると非情でときに専制的な君主であり、酒に酔って昏睡状態のところ、奴隷の一団によって暗殺されている。だが、数世代にわたってザンギー朝に仕えた一族出身の歴史家イブン・アスィール（一一六〇―一二三三）が残した記述からは、まったく別の人物像が浮かび上がる。フランク人に対する勝利がかなり限定的なものであったにもかかわらず、初期ムスリムの収めた勝利と比較しながら、彼はイマードゥッディーン・ザンギーをムジャーヒド（mujāhid：聖戦士）でシャヒード（shahīd：殉教者）として描いている。[18] ザンギーの後継者であり息子であるヌールッディーンとそのライヴァルのサラディンは、ムジャーヒドの統治者として、またウラマーの友人であり保護者として、また自ら宗教学者として、さらに宗教的なイメージを作り上げた（また、よりそれにふさわしかっただろう[19]）。

軍事体制の「ムスリム性」は、統治者たちの目的や政策をより広く知らしめるための作られた公のイメージにまで及んだ。バグダードにおけるカリフ制の崩壊とともに、モンゴルの侵攻はムスリム政府の宗教的性格がもつ伝統的諸形態に対する深刻な挑戦となった。アッバース家の末裔を名乗る者たちは屍の山の中を逃げぬき、エジプトへと向かった。そしてマムルーク軍人たちは彼らを「カリフ」として据えた。だがこれは過去の政治的事実の上辺だけを真似たものであり、単なる見せかけにすぎなかった。そのカリフ位はマムルーク朝の領土以外では正統なものとして広く認知されたわけではなく、領土内においてもせいぜいわずかな政治的役割を果たすにとどまった。むしろ、中期の変容した諸状況下においてイスラーム政体の意義を表現し、実現したのは、カイロやその他の地域を支配したスルターンたちによる体制であった。マムルーク朝スルターンのザーヒル・バイバルスは、その統治の正統性に対して影を投げかけるような困難な状況のもと、権力を掌握した。すなわち、バイバルスの前任者（第四代スルターン・クトゥズ（在位一二五九―一二六〇））は、彼が加担した陰謀によって暗殺された。マムルークたちはいまだ、以前の主人であったアイユーブ朝スルターンにしてサラディンの甥の息子であるサーリフの息子、つまりアイユーブ朝最後のスルターン、トゥーラーン・シャー（在位一二四九―五〇）を打倒・暗殺した陰鬱な空気のもとで活動していた。もっともこのような状況は、当時近東を支配した者たちの間では、さほど珍しいものではなかった。「アッバース家の亡命者たち」の主張を認め、カイロにカリフとして据えたのはバイバルスであった。だが彼の体制を正統化するための努力は、カリフ位を再興することよりも、ウラマーに対する支援を行い、ムスリム生活の社会的・組織的基盤を再構成することを意識した政策のほうに注がれていた。具体的には、エルサレムにおける岩のドームやマディーナの預言者モスクなどのイスラーム建築の修復、カイロに自らの名を冠した重要なマドラサや大規模な集会モスクなどの新たな施設を建設し、寄進を行うこと、そしてシャリーアによる統治をさらに徹底することであった。マムルークによって設立された建造物の刻印や、公文書における彼らの称号を見れば、彼らが自らの統治に宗教的な基盤があることを理解していたことが読み取れる。これらの刻印や文書に示される統治者としての公的なイメージは、（例を挙げるならば）彼らが「［宗教諸学に］精通し、公正を実施し、［国家の］基礎、ジハードの戦士……イスラームと［すべての］ムスリムのスルターン、世界の住民に公正を回復する者、誤りを犯す者に正義を実施する者……高貴なる両聖都［マッカとマディーナ］の僕、地上における神の影、信徒の長［カリフ］と親密な者」であるというものだった。[20] マムルーク朝スルターンの政治的・軍事的責務は明確なイスラーム的イディオムによって理解され、また表現された。すなわち、彼らはジハードを行う義務を負い、マッカ、マディーナの両聖地を保護し、シャリーアの効力を保証しなければならないのである。モンゴルの侵攻による破壊の後も、イスラーム世界にはカイロのアッバース家というカリフは存在した。だがその権威のすべてが、軍事的支配者たちによって飲み込まれてしまったのである。[21]

軍事的支配層がイデオロギーの面でイスラームに重きを置いたことは、ウラマーに対し、様々な方法で政治的影響力を行使する機会を与えた。政府の諸事に関する参与の幅は限定的であったものの、軍事体制に直接奉仕するウラマーもいた。また、中期の近東諸都市におけるマドラサ拡大の背景には、それを促進する力として、官僚や役人として軍事体制に仕えた宗教諸学に通じた学者層がすでに存在していたことを主張する歴史家たちもいる。宗教的教育を受け、それに基づいた見解を有する人々に対して国家が行政面での依存度を増していったということは、「スンナ派の復興」と推定される現象の主な結果であったと彼らは位置づけた。[22]当然、軍事体制は相当な数の文民たちに徴税や布告の発布、その他様々な行政上の機能を負わせていた。だが、その大部分において、セルジューク朝やマムルーク朝といった体制は、過去に確立された官僚的伝統やその中で養成された書記名家に依存していた。官僚的・宗教的職務と職業はマムルーク時代においてはある程度重複していたため、宗教職や官僚を務める人々は、全体として「ターバンの人」、あるいは「筆の人」と呼ばれ、実際に統治を行った「剣の人」とは区別された。だがおおかたの場合、家族的背景やアイデンティティー、またその養成課程において、国家や支配エリートに行政官の立場で仕える者と宗教諸学に関する学識によって名声を得る者との間には、かなり明確な区分が存在した。官僚たちは宗教諸学に関する修養を最低限積んではいただろうが、それゆえに彼らの地位や見解において、文民行政官の領域がウラマーのそれと隣接していたとはかぎらないのである。[23]ウラマーと軍事的支配者たちの利益と関心は、特定の分野においてはかなり一致しており、そこではウラマーは支配者たちに直に仕えていた。その分野とは、法の執行である。セルジューク朝統治の下では、カーディーたちはワズィールとして、あるいは国家の行政官僚機構において、支配者たちに仕えていた。宗教的・行政的職務の結合は、オスマン時代における裁判官たちの完全な官僚化を予期させるものであった。[24]マムルーク朝においては、スルターンによって任命された主席カーディーが広範な司法官僚制度を監督し、また祝日や厳粛な国家の式典においてスルターンや主要アミールに同席するなど、綿密に準備された公的行事に参加することによって国家を支えた。

だが、さらにウラマーは宗教指導者としての道徳的権威を利用し、シャリーアの重要性によって補強された政治権力を蓄えていった。彼らは中期ムスリム国家のイデオロギーとムスリム個人としてのアイデンティティーの保護者であると同時に、監督者でもあったのである。当時の分権化した政治構造は、彼らが政治的手腕を見せつける機会を与えた。政治的混乱という状況の中で、ウラマーは実に積極的な役割を果たしていた。例えば、一一世紀イランのニーシャーブールでは、彼らはセルジューク朝の指導者であるトゥグリル・ベクに対して市を明け渡し、彼の統治を承認するという共同決定を出した。[25] また、すでに見てきたように、アレッポのカーディーであったイブン・ハッシャーブが、ジハードの提唱者として、十字軍の挑戦に対して公的かつ暴力的なレスポンスを組織した例もある。だがより一般的に言えば、ヨーロッパからのキリスト教徒の侵略者やセルジューク朝支配の瓦解、イスマーイール派の持続的脅威などの混迷に示される一二世紀初頭の政治的混乱において、アレッポ住民を（とりわけイスマーイール派の虐殺に）奮い立たせ、ザンギー朝とそれに続くアイユーブ朝によって安定的なムスリム支配が回復されるまでの間、行政を監督していたのはイブン・ハッシャーブその人であった。[26] 軍事的支配者の有する政治上の権威が一時的に崩壊した際、その空白を埋めたのはしばしばウラマーであった。一三、一四世紀におけるダマスカスの宗教的エリートは、モンゴルの侵入者たちとの交渉という厄介な役目を幾たびと引き受けなければならなかった。というのも、マムルークたちは破壊を避けるため、戦略的観点から兵力をエジプトへ引き揚げてしまったからである。それは一二六〇年、モンゴルの指導者フラグがダマスカスに到着した際のことであった。また一二九九年から一三〇〇年には、複数の法学派のウラマーがイル・ハーン朝の支配者ガザンに対し、軍隊による略奪を抑止するよう説得を試みたが、その中にはイブン・タイミーヤの姿もあった。[27] 同様に、一世紀後にティムールがダマスカス市を包囲し、マムルーク朝スルターン・ファラジュ・イブン・バルクーク（在位一三九九—一四〇五、一四〇五—一二）がカイロに逃亡した際、市の明け渡し交渉においてダマスカスの住民を代表したのはハンバル派のカーディーを務めていたイブン・ムフリフであった。また、貢納を支払うため、住民からの金銭の徴収を監督したのも彼であった。[28]

ウラマーの政治的権力は、様々な理由で支配層が一時的に表舞台から姿を消した際にのみ顕在化したわけではない。

ウラマーは強制力と政治のメカニズムを軍人が集団寡占している状態に対し、直接挑んだわけではなかったが、情勢が流動的であったことで、統治者たちは打算的に繰り出される圧力の影響を容易に受けた。このことは単に支配者たちが異国の出身であり、それゆえに彼らによる統治を地元エリートを通じて調停してもらわなければならないというだけでなく、中期の法学者たちが共有していた、イスラーム国家における権威の本質に対する理解にも帰因するものである。すでに見てきたように、(イブン・タイミーヤをはじめとする)これらの法学者たちは、社会的混乱を回避するために国家に従うようムスリムたちに命じたが、同時に、彼らが保護者であり代弁者であるシャリーアの施行が支配者たちの義務であることを強調した。シャリーアの主張とそれを代弁する人々を納得させる必要性から、支配者たちは権力の行使を控えめにせざるを得なかった。例えば、スルターンは緊急を要する状況においても、カーディーや有力法学者たちの同意を得ることなく、シャリーアに規定されている事項を超えて税を課すことに乗り気ではなかった。[29]ウラマーが通常関心を払わなかったマムルーク同士の政争についても、軍事的支配層は時折学者たちに対して彼らの党派を支持するよう協力を要請した。一三八九年にマムルークたちがスルターン・バルクーク(在位一三八二―八九、一三九〇―九九)を廃した際、彼らは指導的立場にあったカーディーたちに、クーデタを正当化するための法勧告(ファトワー=fatwā)を求めている。[30]

その一方で、支配者たちはウラマーをコントロールするためのメカニズムを有していた。興味深いことに、これらのメカニズムの大半が、彼らが強圧的な権力装置を独占していたことではなく、(独占してはいないものの相当な)富を有していたことに由来していた。別の言葉で言えば、それらは「鞭」というよりも主として「飴」であった。軍人と学者による複雑な権力の「共同統治」が宗教の舞台において最大の影響力をもったのは、まさにこの点であった。ニザームルムルクの時代からマムルーク体制にいたるまで、宗教生活を支える施設を建設、供給する責任を負っていたのは、支配者たちと支配エリートに属する人々であった。彼らが用いたのは、イスラーム法に基づく寄進(アウカーフ=awqāf、単数形ではワクフ=waqf)という制度だった。これは不動産から得られる収益を充てるというもので、慈善としての目的と、財産を保全するという私的な目的を併せ持っている。これにより、支配者たちは非常に多くのモスクやマドラサ、その他宗教生活で用いられる施設を建設し、資金を提供することができた。

このワクフ制度の発展によって、ウラマーと軍事的エリートとの関係はより複雑に結ばれることとなった。ウラマーの視点から見れば、宗教施設の急増は文字どおり恩恵とまでは言えないまでも、好都合となった。当然、俸給、食事と住居の供給、その他の形態で、彼らに対して学術的、またその他の宗教的活動を支えるための相当な財源が提供された。また、彼らが活動を行う壮大な都市空間が大規模に形成されたことは言うまでもない。誰がこれらの財源の分配を監督するのかという問題は重大で、往々にして名声を博した学者たちは、財源が子孫や気に入った学生たちに確実に継承されるよう監督していた。だが、寄進はそれを設立した者（あるいはその政治的継承者たち）が任命権をある程度保有するような構造になっていることも多かった。ゆえに競争関係にある学者たちがその任命をめぐって争うというのは自然な展開であったし、政治的エリートたちは任命権から生じる影響力を強化することができた[31]。

しかしながら、中期の政治状況において、支配者たちはこの統制のためのメカニズム、つまり施設の寄進とそれらの役職への任命権を最大限に利用することは叶わなかった。寄進はシャリーアの名のもと、これらの宗教施設を支援するために行われたが、それはあくまで創立を志した個人による私的な行動であった。つまり、あるスルターンがマドラサを建設してそれに寄進を行ったとしても、それは私的な一個人としての行為であり、スルターンとしての公的な権限において行ったわけではないということである。確かにこのような施設を創設し、それを支えるための寄進を行うことは、非常に公的で政治的な側面をもっていた。実際、支配エリートの立場から言えば、このような事業を行う主要な目的の一つは公の場で自らの敬虔さを示すことにあり、それによってムスリムの住民、特にウラマーに対して善意を強調するためのものであった。寄進行為のもつ本質的に私的な性格は、幾つかの重要な要素を反映しているといえる。第一に、個人のもつ権利と責任に特権を与える、シャリーアの価値基準が挙げられる。二番目は、さらに重要なのであるが、寄進行為の私的性格が中期イスラーム近東における政治システムの性格を反映している点である。そのなかで権力とは

「国家」というような抽象的概念ではなく、軍事エリートの有力人物によって形成された、拡大した「世帯《ハウスホールド》」に基づくものであった。[32]

その結果は、「不器用な世襲制度」[33]と呼ばれるものであり、そのなかで宗教的エリートも政治的エリートも確固とした支配権を行使することができなかった。つまり、双方が依存しあっていたのである。ウラマーは軍人から提供される財政的支援を必要としており、後者は前者のみが与えることのできる、イデオロギー面における正統化によって恩恵を被っていた。ウラマーと軍事的エリート間の対立、あるいは双方の構成員同士の対立は、そのシステムに対して動力を与えると同時に、あらゆる個人や個人によって成る集団が行使しえた権威に対し、制限を加えることとなった。

# 第22章 公正の諸様態

一般的な理想として、また社会における行動の具体的な指針の総体として、イスラーム法は中期近東のイスラーム社会の中で強力な「接着剤」として機能した。我々がこれまで辿ってきたように、法の重要性とは、数々の発展――例えば、多様な宗教的伝統を有する世界において、度重なる緊張や、時には創造的対話を通じたイスラームの発展――によって生み出されたものであった。なぜなら、法は社会的地位や居住地によって課せられるものではなく、宗教的共同体におけるメンバーシップを通じて個人に適用されるものとして理解されたからである。さらに重要だったのは、ムスリムの宗教的権威における中心としてウラマーが台頭したことである。ウンマの政治的分裂は、シャリーアをムスリム・アイデンティティーの中核として定着させることを促進したかもしれない。コスモポリタンな性格をもつウラマーは、ムスリムの団結という永続的かつ力強い理想に対する、最も直接的で可視的なリマインダーだったからである。

それでもなお、中期において状況が変化するなか、イスラーム法は社会的経験を通じて重大な発展を遂げた。スンナ派の諸法学派は、中期が始まるまでの数世紀に及ぶ発展を経て、ほぼ確立された。現代に至るまで続く四法学派（シャーフィイー派、ハナフィー派、ハンバル派、マーリク派）の他にも、後代に消滅することとなった幾つもの学派が時代ごとに存在した。なかでも最もよく知られているのはザーヒル派で、スペイン人学者のイブン・ハズム（一〇六五歿）によって創設され、一一世紀のマグリブにおいて若干の隆盛を見せた。だが、一四世紀のイブン・ハルドゥーンによる記述には、法学者としての地位が継承される師から学生を結ぶ権威の個人的連鎖が絶えてしまったことにより、ザーヒル派は役割を終えたとある。この有名なイブン・ハルドゥーンの言及は、学者としての地位が継承される過程と、諸法学派の明確化および中期イスラームのより広範な学術的議論における「合意」の役割双方に光を当てるものであるから、ここで紹介しておく価値は十分にあるだろう。

> ザーヒル派は今日では消滅してしまった。その理由は彼らの宗教的指導者が絶えてしまったこと、彼らの信奉者たちがムスリム大衆からの支持を得られなかったことにある。今では書物の中にのみ、その姿を留めている。無価値な人間はしばしばこの学派に従い、またこれらの書物を（ザーヒル派の）法学体系を知る目的で学ぶことに義務感を覚える。だがどうにもならず、ムスリム大群衆による反対と非難に遭うのである。そうすることで、彼らはときにビドアを犯しているとみなされる。というのも、教師から何ら知識を紐解くための鍵を与えられていない書物から知識を得ているからである。[1]

諸学派、またその構成員となることは、いったい何を意味しただろうか？　すでに見てきたように、ムスリム集団間の激しい対立において、法学派がその焦点となることもしばしばであった。そしてその対立とは、法学的問題とはほとんど関連性のない利害関係や問題に根ざした場合もあった。中期初頭、ニーシャーブールの街は、「ハナフィー派」の「シャーフィイー派」に対する内乱によって激震した。そこにおける法学派というラベルは、横たわる社会的対立や神学的な不一致の隠れ蓑にすぎなかったようだ。セルジューク朝支配の時代になるとより一般的に、また特にバグダードにおいて、様々な法学派が特定の政治的党派や利害関係と結びつくようになった。トゥグリル・ベクとアルプ・アルスランの両スルターンはハナフィー派法学を保護し、ハナフィー派の学者をカーディーや説教師に任命した。他方、セルジューク朝のペルシア人ワズィール、ニザームルムルクは、高名なアブー・ハーミド・ガザーリーやアブー・イスハーク・シーラーズィー（一〇八三歿）に代表されるシャーフィイー派法学を奨励し、バグダードをはじめ各地に彼らのためのマドラサを建設し、寄進を行った。シャーフィイー派とハナフィー派の法学的傾向に潜在する差異——例えば、シャーフィイー派がハディースの言及に優越権を与えるなど伝承を重視しているのに対し、ハナフィー派は法学的議論に人間の理性を用いることをより強く是認している——をめぐる両者の対立を辿るのは実に魅力的なことである。また、中期初頭においてスーフィズムとの関連をもつハナフィー派法学者はきわめて稀であったが、諸法学派の差異が明確になるなか、その水面下においてイスラーム神秘主義がじわじわと影響力を増してきたとする指摘もある。他方、学派間の対立はあらゆる学問的差異を超越しえたことも事実で、社会的・政治的競争の複雑な網の目の中で展開したといえるだろう。[2]

イスラーム法全般の重要性は言うまでもないが、広範な共同体において学派を同定することの意味をこれ以上一般化するのは困難である。諸法学派は地理的に満遍なく分布しているわけではなかった。例えばマーリク派はバグダード、もしくはイラン世界ではかろうじて存続していたにすぎず、後者ではハナフィー派やシャーフィイー派が支配的だったのである。シャーフィイー派を強く支持したサラディンによってスンナ派統治が回復されるまでは、マーリク派は少なくとも北アフリカとエジプトで勢力を保っていた。[3] そして宗教的エリートとその政治面での保護者を除いたムスリムにとって、諸法学派が宗教的アイデンティティーの中心としてどの程度機能したかを推測することは非常に難しく、時期や場所によっても相当異なっていたにちがいない。[4] 考えられる例外はハンバル派で、そのイスラーム史における重要性、特に中期における「再中心化」を通じてイスラームの輪郭が形成される上での重要性は、しばしば見過ごされている。ハンバル派は特にバグダードに多く、ハッラーン、ダマスカス郊外のサーリヒーヤ、その他シリアやパレスチナ各地にも重要な共同体をもっており、それ以外の場所でも限定的ではあるが、支持者を抱えていた。[5]（シーア派と同様）ハンバル派は他の法学派以上に広い支持基盤をもつ社会運動を行い、そこでは学者のみならず、民衆の参加する姿も容易に確認されたであろう。例えば、バグダードにはハンバル派の運動に結びついた特定のモスクがあり、ハンバル派の拠点として知られる地区があった。同学派はイブン・アキールなどの著名知識人を輩出し、多数の門弟を抱えていた。とりわけハンバル派の説教師たちは、バグダード住民に支持されていた厳格な伝統主義と相容れない宗教観念の表明に対し、騒々しく、ときに暴力的に対抗するため、積極的に群衆を動員した。ハンバル派は常に単独で行動していたわけではなかった。バグダードのシャーフィイー派学者と説教師の一部もまた、伝統主義者の運動において、また合理主義をとるアシュアリー学派の神学やシーア派の擁護者に対する抗議を掻き立てることに熱心であった。だがハンバル派としての一体性は、社会的序列のより下層部へと浸透していたように見える。それが法教育と議論の中心である都市部から離れた地域に居住するムスリムに対し、イスラームの法的原則と法判断を伝播させる手段を提供していた事例が確認されるのである。[6]

中期を通じ、諸法学派そのものが、宗教的権威の理解と規定に深い影響を与えた学問的共同体へと発展したといえる。激しく、ときに暴力を伴った対立は、ニーシャーブールにおけるシャーフィイー派とハナフィー派の対立が沈静化したように、徐々に覆い隠されるようになり、また、現存する四つのスンナ派法学派は、しだいに相互の正統性を自明のものとみなすようになった。同時に、異なる法学派間の集合的「意識」とでも呼ぶべきものが徐々に発展し、また明確となった。ある地域においては、部分的には支配権威側の意図的な政策の結果であった。サラディンが最後のファーティマ朝カリフを廃することでエジプトにスンナ派統治を復活させた後、彼とその後継者たちはシャーフィイー派の法学者たちを主席カーディーに任命した。アイユーブ朝と続くマムルーク朝の統治のもと、マドラサが次々と設立され、寄進が行われたが、そこで教鞭を執った学者を裁判官に任命することも恒常的となった。それにより、法学的・宗教的教育が伝達され、法学派としての意識を促進した学術的な組織とネットワークに対し、司法がより強固に結びつくこととなった。マムルーク朝のバイバルスとそれに続くスルターンたちによって、この傾向は他の法学派にも及ぶようになった。すなわち、スンナ派四法学派からそれぞれ主席カーディーが任命されるようになり、寄進を行う側にとっても、自らのマドラサや施設に対し、四学派の教授と学生を支援する財源を提供することが常となったのである。さらに、各学派の境界を横切るということも可能であった。言い換えれば、学者個人が学術上の立場から、また、より世俗的な理由で学派を離れることもあったのである。一四世紀中頃のカイロで、シャーフィイー派の学生が集団でハナフィー派に転向したが、その理由は新たな寄進によって提供される潤沢な給金の恩恵を受けんがためであった。だが一般的に言えば、「クルスス・ホノルム」（cursus honorum）〔「顕職の閲歴」。共和制〜帝政ローマ初期において、執政官に就任するために歩むべきとされるキャリア〕に相当するものが出現したことで、ある法学派に属する学者同士の連帯感が増したと考えられる。[7]

諸学派の役割と機能という問題は、法学者たちがイジュティハード（ijtihād）と呼ぶ、長らく議論の的となってきた問題と密接に結びついている。イジュティハードは通常「独自推論」と訳される。イスラーム法学研究のパイオニアである西洋の歴史家ヨーゼフ・シャハトらが提唱する古い解釈では、一〇世紀のある時点で法学者たちはバーブ・アル＝イジュティハード（bāb al-ijtihād）、つまり「独自推論の門」は閉じられたという合意に至ったとされる。シャハトはイジュティハードを「クルアーン、預言者のスンナ、合意、類推（キヤース＝qiyās）、もしくは体系的な推論によって妥当な結論を導くこと」と、より厳密に定義した。[8]この発展から推定される結果は、中期およびそれ以降の時代のイスラーム法学者たちはタクリード（taqlīd）、すなわち「模倣」を行うこと、つまり法的判断において、彼らの学問上の先達たちに従うことが求められた、というものであった。

イジュティハードとタクリードの教義をめぐる歴史的議論は、その他のものと同様、その時代におけるイスラームの認識に関わるものである。ある人々は、「イジュティハードの門の閉鎖」がイスラーム法学における創造的発展の事実上の終焉であるとした。だが、イスラームのような複雑な法体系が発展を止めたというのは、仮にそれを提唱する者たちがそう望んだとしても、まったくもってありえない。近年の歴史家たちは、中期を通じ、理論的な可能性としても現実的な必要性としてもイジュティハードが継続していたことを証明している。[9] 問題を複雑化しているのは、イジュティハードが異なる意味をもちえたということであった。しかし、その継続性を主張する人々、また継続の「必要性」は、つむじ曲がりの法学者ジャラールッディーン・スユーティーから論争を引き起こした神秘主義者イブン・アラビー（一二四〇歿）にいたるまで、中期イスラーム思想のあらゆる場面で見出すことができるのである。イジュティハードは、イブン・アラビーの継続的啓示の神学に不可欠の要素であった。[10]

しかし、一部の法学者によるイジュティハードの永続性に関する議論は、タクリードという教義の学問的・社会的影響を曖昧にするものではない。タクリードは諸法学派の集合的見解に対し、法的根拠から法を導く基本方式と、許容しうる実体法規の範囲の双方をその支持者たちが受け入れていることを強調するための権威を与えた。問題はその変化と発展が不可能であったということではなく、少なくとも理論的には、四つの法学派の合意によって確立された見解の枠組みの中でのみ、それが唯一可能となったということであった。学術的な側面からいえば、このことはより合理的で予測可能な法体系を発展させるための、法学者による無言の努力を反映している。つまり、そこで下される裁定は諸学派の合意を通じて示される先例に、将来的にはより緊密に結びつくようになるということである。そのような努力が表出した一つの例は、ムフタサル（mukhtaṣar）、すなわち法学派において最も一般に受け入れられた諸規則の要約集成が法教育における重要性を増したということであった。ムフタサルの流行とその利用の拡大は、諸法学派内における構成員、ときに下位構成員が、学派の合意によって受け入れられた様々な見解を自由に選択できる度合いを制限するための試みとパラレルになっている。[11] 社会的、組織的な点でいえば、このすべてが当代において特徴的であったスンナ派的宗教生活と思想の「均質化」における広範な傾向の一要素であった。法学者たちは彼らの権威を現実化するための教会、つまり組織的構造をもたなかった。そのような状況下、諸法学派によって示されるタクリードの教義は、ウラマーの権威、特に指導的で最も名声ある法学者の権威をより現実化することに寄与したのである。

実際には、法的領域は法学者の教義が示唆するよりもはるかに分裂的で流動的であった。その一つの理由は、イスラームとムスリムの自己規定におけるシャリーアの重要性はさておき、カーディーによる司法権が他と競合するものだったからである。少なくともアッバース朝初期から、ムスリム法学者たちは統治者とその官僚らに様々な行政的・政治的問題に関する決定権を譲っていたが、中期に近東を支配した軍事的諸体制のもと、政治的領域は法行政をますます確実に侵食していった。モンゴルは祖先の規範的因習を示す慣習法であるヤサ（yasa）を有しており、彼らの臣民の生活を統治するシャリーアとは別に自らにはヤサを適用していた。支配エリートに別個の法体系を適用するというこの傾向は、彼らを地元住民から区分する上で都合がよく、法適用の様々なあり方のモデルとなった。マムルークたちもモンゴルを手本とした、彼ら同士の関係を規定するヤサを有していると考えるようになった。マムルークの慣習がモンゴルのそれに直接依拠していたというのは考えにくいが、ここで重要な現象として押さえておかなければならないのは、別の独立した法の総体が統治エリートとその軍事組織、そして行政に適用されたという認識である。[12]

　それとはまったく異なる次元の話であるが、カーディーの司法権を、特に都市住民の生活において補完していた存在として、ムフタスィブ（muḥtasib）が挙げられる。ムフタスィブの姿は中期イスラーム近東の都市景観において頻繁に確認され、場所によっては、彼らは洗練された官僚組織を有していた。マムルーク朝カイロのムフタスィブには、彼を支える数多くの副官がおり、彼に報告を行うエジプト諸都市におけるムフタスィブらもまた同様であった。我々がすでに見てきたように（一五八頁を参照）、ムフタスィブの権威には幾つか根拠がある。一つは「善を勧め悪を禁じる」というクルアーンにおける履行命令であり、もう一つは都市の市場における商取引や慣習的取引の監督に対する一般的需要である。時を経るにしたがって、この職掌の性質は変化した。ムスリムの著述家たちは、政治問題に言及する際、ムフタスィブを「宗教職」（ワズィーファ・ディーニーヤ＝waẓīfa dīniyya）の保有者として日常的に描写しており、その職務にはシャリーアに付随する諸問題が含まれるとした。具体的には、礼拝やラマダーン中の断食が遵守されているかを確認したり、公然と陳列された葡萄酒の容器を破壊したり、ズィンミーに対する制限が課されているかを監督する役割などを担っていた。だが、ムフタスィブと市場との繋がりは、商業活動の場であるゆえに持続的な富の源泉との繋がりでもあったから、その職掌は統治者たちの目に留まることとなった。マムルーク朝スルターンたちは初期においては著名な宗教学者たちをムフタスィブの職に任命したが、しだいに統治者の利益を直接的に代弁するアミールらが中心となった。結果として、ムフタスィブは徴税を行ったり、麦やその他必需品の価格を調整するなどの、君主による圧制の代理人として機能するようになったのである。[13]

その上、支配エリートたちはマザーリム（maẓālim）、つまり「不正」の名で知られる司法権を通じ、臣民の間における法に関する諸事の裁定に直接的に関わるようになった。最初期のイスラーム諸体制は、紛争に対して裁定を下し、臣民を苦しめる「不正」を正すために支配者が定期的に法廷に臨席するというこれまでの諸帝国からの慣習を引き継いだ。なぜ個人が統治者、もしくは彼が指名した代理が紛争を収めるマザーリム法廷の判決を求めたのか、という問いには幾つもの理由がある。その一つとして、マザーリム法廷が国家権力を支えとしており、証拠や手続きに関しては、往々にして面倒なシャリーアの諸規則によって制限されるものではなかったことが挙げられる。この慣習はアッバース朝やその他の初期イスラーム統治者の間で踏襲され、理論上の体系化が最終的になされたのは、それをカリフ、もしくは「イマーム」の基本的義務であると規定した一一世紀の法学者マーワルディーによってであった。セルジューク朝においてもマザーリム法廷は開かれ、ワズィールのニザームルムルクは、それがサーサーン朝とイスラーム双方の慣行に由来すると記している。アッバース朝と続くマムルーク朝体制のもと、マザーリム法廷におけるスルターンの司法権は、体制の行政上、またイデオロギー上の中心的柱となった。不当に権利を侵害された者が不正を正すよう請願を提出するための大規模な官僚機構が作り上げられた。他方では、スルターンと従者たちがマザーリム法廷まで行進する、また、有力カーディーやアミールたちがスルターンを囲むよう着座するなどといった、入念な儀式としての側面が発達した。マザーリム司法権の中心であった、「公正の館」として知られるダール・アル＝アドル（dār al-ʿadl）を最初に建設したスルターンはヌールッディーン・イブン・ザンギーであったと見られるが、アイユーブ朝、マムルーク朝のスルターンたちもこの慣行を繰り返している。マムルーク朝のもと、ダール・アル＝アドルは外国からの使節との面会やジズヤの儀礼的徴収など、多目的に利用され、スルターンの威光を示す重要な建造物となった。

　マザーリムの司法権とウラマーの権威が最大限発揮された宗教的領域との関係は複雑であった。一般的にマザーリムの裁定は慣習（ウルフ＝ʿurf）、もしくは衡平《エクイティー》の一般原則に基づいて下されたが、マザーリム法廷が理論的にはカーディーの司法権のもとにあったシャリーアに直接関係する諸事を扱うということもしばしば観察され、特に訴訟がきわめて公的、あるいは政治的様相を帯びている状況において、それは顕著であった。マムルーク朝時代のスルターン法廷はしばしば宗教的寄進（アウカーフ）、特に寄進の増加によって国家資産の相当な部分が凍結、あるいは国庫が侵食される危険があった場合、それに関連する訴訟を扱った。また彼らは瀆神《とくしん》という悪名高く、かつ政治的にデリケートな問題を扱った裁判にも出席し、よく知られているのはイブン・タイミーヤの異端審問である。さらに、彼らは離婚に関するイスラーム法の領域にも介入していた。カーディーの判断を覆すためにマザーリム法廷の権威が求められた一方で、カーディーによる命令を執行するがために訴えが起こされることもあった。というのも、カーディー自身は執行のためのメカニズムをほとんど持ち合わせていなかったからである。法学者たちはマザーリム法廷の監督者である統治者やその代理人に相談役として仕えることもあったから、マザーリムの司法権はシャリーアのそれと競合したものの、同時にその適用のための道具としても機能しえたのである。マザーリム法廷が実質的な法行政において重要な役割を果たしたかどうかは、所在地の機能しだいでもあった。つまり、辺境の町に暮らすカーディーたちは、セルジューク朝時代のバグダードやマムルーク朝時代のカイロといった政治的権力の中心地にいる同僚たちよりも、彼らの司法権が侵害されていると感じることは比較的少なかったと推察される[14]。

　以上から、中期イスラーム世界における政治的・宗教的権威の関係が、複雑かつ絶えず変化する性質のものであったことがわかるだろう。カーディーたちは彼ら自身の法体系を監督すると同時にマザーリム法廷にも姿を現し、それを主催する統治者（もしくはその代理人）に対し、その権威を貸し与えていたのである。このことは、シャリーア、あるいはより一般的な衡平の原則に基づく法と公正という概念が、中期イスラームの統治において重要性をもっていたことを示唆している。その関係は、マザーリム法廷における演出にはっきりと見て取れる。サラディンの宮廷史家であったイブン・シャッダード（一一四五―一二三五）は、「法学者、カーディー、ウラマーが出席する」法廷をスルターンが積極的に統括する様子を描写しており、一四世紀マムルーク朝における法廷の記述では、スンナ派各学派を代表する四人の首席カーディーが出席し、階級順にスルターンの右手にずらりと整列しているとある。[15] ダール・アル＝アドルが独立して建設される以前のマムルーク国家においては、マザーリム法廷は当時最も名声ある宗教教育施設の一つであった、カイロのサーリヒーヤ学院において開催されていた。それはあたかも法廷の監督者の権威が、より大きなシャリーアの宗教的権威の中で承認を与えられているかのようであった。自身もカーディーであった法学者のバドルッディーン・イブン・ジャマーアは政治権力をめぐる重要な論考を記したが、その中でジハードの開始とイスラームの防衛に次ぐ義務として、公正の実施を挙げている。中期のスルターンにとってのマザーリム法廷とは、彼らの義務を果たすための最も直接的な方法であったといえる。[16]

# 第23章 宗教的知識の伝達

イスラームの伝統において、またその伝統が経験された中期社会の諸傾向において文化的な要となっていたのは、宗教的知識（イルム＝ʿilm）であった。この知識とは主にクルアーン、ハディース集成、法に関する論考とテクスト、それらの註釈など、豊かで互いに関連性をもつテクストの総体の中に存在し、これらテクストはウラマーとして知られる学者が修養を積む際の本質的な基盤を成していた。だが本章ではこのイルムの指す学術的範囲ではなく、それが社会においてどのように活用されたか、またそれらを活用することでムスリムのアイデンティティーとウラマーの権威の実態がどのように規定されたかに関心を向けていくことにしよう。

ウラマーにとって重要だったのは、宗教的知識の伝達における能動的なプロセスであった。我々がすでに見てきたように、社会におけるウラマーの実態は多種多様であり、彼らを他と異なる集団として位置づける唯一のものは、これらの重要なテクストにおける習熟と、その利用に対する統制のみであった。部分的には、これは学生を必須のテクストに精通させるという単純な教育上の問題であって、例えばそれはカーディーや、中期イスラーム都市に無数に出現した宗教施設の教授（ムダッリス＝mudarris）などに就任した際、職務を適切に遂行する上で不可欠のものであった。だがより重要なのは、イルムがある種の「文化資本」（フランスの社会学者ピエール・ブルデューが提唱した概念で、経済的資本とは異なる、知識や文化的素養などの個人的資産をいう）を構成したということであった。つまり、それを有する者は、自らの地位に対する公的な認知を得、有利な地位への就任を確実なものとし、あわよくば自らの子息や学生などの後継者がその地位を継承し、恩恵を受けることができるよう保証するための様々な戦略を用いることが可能であった。言い換えれば、ある人物がアーリム（ʿālim）、すなわち「知識を有する」人間として認知され、次に教授や裁判官などの職に就任するという過程のすべてに、単なる知識の獲得以上の意味合いがあったということである。それは、何よりもまず学生が、教師であると同時に助言者でもあった年長の学者との近しい関係を築き、「立身出世に必要な社会的縁故」を発展させていった、社会化の過程であったといえる。✤1

　宗教的知識が伝達された形態と経路については明確に述べられているものの、きわめて流動的なものでもあった。そしてその持続的な非公式性と流動性がこのシステムを開放的なものとし、様々な社会集団からムスリムたちを文化の中心へと引き寄せることを可能とした。知識の伝達は基本的には師と学生との間の親密な個人的関係に依拠しており、我々はそれを権威の「系譜的」方式と呼んでいる。この後でまた取り上げるが、中期はイルムの伝達を促進するために設立された様々な施設が非常によく普及した時代であった。だがそれにもかかわらず、学者に職業的アイデンティティーを与えた学究生活と名声は、組織ではなくあくまで個人を中心としたものであった。中期近東社会史における最重要史料である伝記集の数々は、ある学者が誰のもとで学んだかを淡々と言及しているものの、どこで学んだかについてはほとんど口を閉ざしている。授業は特定のシャイフによる「輪《サークル》」（ハラク＝ḥalaq、単数形はハルカ＝ḥalqa）の中で行われた。ハルカはそれを意図して設立された施設において開かれることもあっただろうが、いかなる場所においても開かれうるものであった。重要なのはそれが開かれる場所ではなく、教師と学生の近しい個人的な結びつきであり、それにはスフバ（ṣuḥba）として知られる互恵的義務が付随した。中期イスラームにおける知識の伝達を描写したテクストに見られるスフバの用例は、「交友」と「弟子であること」双方の概念を指しており、準家族的な親密さ（教師はしばしば父親に喩えられる）とヒエラルヒーの双方を前提としていた。そのヒエラルヒーとは、専門的知識のみならず、年齢や地位によるヒエラルヒーも含まれていた。それを通じ、教師は知識の総体というよりも、イルムが組み込まれたテクストに関するきわめて個人的な権威を伝達していたのである。組織が発行する学位免状のようなものは存在しなかった。学力の公的な証明書はイジャーザ（ijāza）と呼ばれたが、それは個人が（ある様式において）特定のテクスト（あるいはより広範囲に及ぶ一連の知識）を特定のシャイフのもとで学んだことを証明するものであった。イジャーザを名声あるシャイフたちから獲得することによって、学生は彼の師へ、師の師へと結びつけられ、さらにはテクストの著者へと結びつけられる個人的権威の連鎖の中に自らを位置づけることができた。そのことは業績として、ウラマーの社会的ネットワークにおける学生自身の地位に繋がったのであった[2]。

中期の近東諸都市において宗教施設が爆発的に増加するなかでこの非公式かつ個人的システムが継続したことは刮目《かつもく》に値する。前述のとおり、これらの施設を建設、寄進することは、軍事支配エリートたちが自らの正統性を確立するための主要な手段の一つであった。これらの施設の多くはマドラサであり、主としてシャイフとその学生に講義を行う場所を提供するほか、彼らの活動を支援するための手当、さらに食事や住居も時折提供された。マドラサの寄進条件が定める主要科目は四法学派の一学派、ないしは複数の学派に基づく法学（フィクフ＝fiqh）であり、クルアーン註釈学やハディース学などの「補助的」科目も教えられた。マドラサの起源は一〇世紀のホラーサーン地方にあるが、一一世紀にはイラン世界の主要都市で不可欠のものとなった。セルジューク朝のワズィール、ニザームルムルクはバグダードやセルジューク朝統治下にあった諸都市にマドラサを設立している。続く数世紀を通じ、スンナ派宗教文化の中枢が西方へと移動すると、マドラサも同様の傾向を辿った。アイユーブ朝、マムルーク朝のスルターンとアミールたちはこれらの施設を建設する義務を負っており、スルターン・ハサン（在位一三四七―五一、一三五四―六一）によるカイロの巨大なマドラサはその一例である。エジプト、シリア諸都市の旧市街地に残るそれら建築群は、今日においても光彩を放っている。だがマドラサの社会的・宗教的機能がモスクやスーフィー修道場などの他の施設と同化していったことは最も注意を払わなければならない問題で、そのプロセスの中で知的生活を社会に普及させることに寄与したのであった。マドラサとは、寄進が支援する比較的少数の教師および学生の便宜を図る目的で建設されたような閉鎖的な組織ではなく、むしろ、都市環境における宗教生活に深く根ざしたものであった。施設となんら公式的な関係のないムスリムの祈りと礼拝のために頻繁に開放されるなど、マドラサは学びの場であると同時にモスクとしても機能していた。また形式的にはモスクとして知られる施設においても、マドラサに類似する傾向がしばしば観察される。モスクに対する寄進は、シャイフや学生に対し、手当やその他の物質面での援助を与えることもあった。そして中期の末までには、マドラサやモスクをスーフィーのハーンカーから区別するための手立てはほとんどなくなっていたのである。例えば、マムルークによる支配の最後の一世紀半を通じてカイロに設立された数多くの施設は、スーフィズムの熟達者に対する手当と、法学やそれに付随する学問に対する手当の両方を含んでおり、彼らによる寄進は、しばしばスーフィーと学生が同一人物であることを想定したものであった。つまり知識の伝達とは、専門化された職業というよりも、ムスリムとしての敬虔さを社会的に示す様々な活動の一つだったのである。[3]

宗教的知識の伝達は、著名な学者たちの間にとどまらず、事実上すべてのムスリムに関わるものであったから、おそらくはイスラーム法に対する幅広い関与《コミットメント》以上に、ある共通のスンナ派アイデンティティーを構築し、またそれを永続的なものとすることに寄与した。イルムが伝達される手段と、その伝達の程度を計る基準は、例えば中世ヨーロッパでは宗教教育が求める枠組みに適合せず周縁に追いやられたような社会諸集団が、イスラームにおいては中心的役割を担うことを促した。例えば、女性はカーディー職を担うことはできなくとも、一ムスリムとしてイルムとその伝達に個人的な関心を寄せたり、そのような行為に備わっていると信じられた宗教的恩恵や力（バラカ＝baraka）を獲得することに関心を抱いていたかもしれない。結果として、専門家のもと様々な分野、特にハディース学を学び、イジャーザを獲得した女性も多数存在した。そして今度は彼女たち自身が、ある特定のテクストに関して彼女らの権威を求める学生にイジャーザを授与した。言い換えれば、彼女たちも宗教的知識が伝達される個人的権威の連鎖における貴重な環となったのである。知識の伝達は中期イスラーム世界に横たわる性の境界やヒエラルヒーを突き崩したわけではなかったが、少なくとも限定的な意味ではそれを緩和し、一部の女性たちにムスリム・アイデンティティーの中心たる学問に関与することを許したといえる。[4] 知識が伝達されるプロセスはムスリムとしての敬虔さの表出でもあるため、「教育」を広く魅力的なものとし、またそれをよりアクセス可能にしたのである。例えば、知識が詰め込まれた書物は一般的に大きな声で朗読されるものであり、時折公共の場においても朗読された。ある歴史家が述べているとおり、書物とは「読まれる」というよりもある意味では「誦まれる」ものであった。[5] マドラサなどの宗教施設を支えた寄進は、通常、クルアーンが継続的に公の場で読誦されるための条項を設けていた。そしてときには通りを見渡すよう迫《せ》り出した出窓から読誦が行われることにより、学生やその組織に暮らす人々と同様、通行人もその恩恵に与《あずか》ったのである。またラマダーンの期間に重要なハディース集成を公共の場で大規模に読誦することは、都市の宗教生活においてよく見られる光景であった。そのような集会に参加したのはマムルークのアミールのほか、一般的にウラマーとはみなされない平均的な市民たちであったが、参加したことを評価され、イジャーザを発行されることもあった。それにより、彼らは宗教的知識が伝達され、再生される社会的なプロセスにおいて、幾分象徴的ではあるものの、貴重な役割を担うことができたのである。[6]

宗教的知識の伝達における諸形態とプロセス、またそれを支援する目的で設立された諸施設は、それらが関係する社会的基盤を拡大させる役割を担った。だが同時にスンナ派イスラームの性格や、宗教的知識の領域において権威があるとみなされている集団をより厳密に定義するよう作用した対抗的潮流も存在し、施設の発展はこの流れに寄与することとなった。西洋の歴史家たちの初期の世代は、このプロセスを狭い政治的意味の中で理解した。つまり、中期におけるマドラサの急増をシーア派の挑戦に対する直接的な反応として捉えたのである。彼らは、イスマーイール派とファーティマ朝がカリフ位を主張したことによって生じた脅威の結果として、新しいスンナ派の軍事的指導者、特にニザームルムルクと彼のセルジューク朝におけるパトロンたちが意識的なスンナ派社会と政府を構築する上で、法学者と官僚の中核を育成するための方法であったと理解した。だが、いまやこの解釈は修正されなければならない。その理由の一部は、前述のとおり、ウラマーと国家の官僚との間にかなり明確な人的、職業的区分が存在したからであり、また別の理由は、エジプトなどの地域でマドラサがごくありふれたものとなるまでに、シーア派による脅威は事実上その痕跡を残すのみで、遠く隔たったものとなったからである。[7] だが、より一般的に言えば、マドラサの拡大はスンナ派アイデンティティーの強化に貢献し、特定の状況や差し迫った脅威――例えば、ファーティマ朝後期におけるキリスト教復興（二五六―二五七頁を参照）のような――に対する反応を形成した。宗教的知識の組織的な伝達を支えるマドラサやその他の施設の普及がその敬虔な活動の社会的基盤を拡大させたのであれば、法学や関連する諸分野を教授する有力な地位に就任する可能性が増えたことは、ある意味で高位ウラマーの職業化を促したといえる。その職業化が学者としての公的な認知を得た人々の集団を限定している事例も見られる。つまり、カイロをはじめとする地域でマドラサの教授職を保有している学者は、彼の子息やお気に入りの学生がその地位を継承することを確実にするための例外的措置をとることも可能であったのである。[8]

この傾向は、宗教的知識の確実な伝達に関する議論がムスリム内部で展開することにより、学術的に強化された。記述された言葉と口頭による言葉との間の緊張は、中期イスラーム世界における知識の伝達において常に横たわっていた問題であった。他方、口頭による伝達が常に良しとされたことは周知のとおりであり、それはたとえ記述された形態が数世紀を経ても不変であるテクスト（クルアーンはむろんのこと、主要なハディース集成など）であっても、一般的には声に出して「読まれて」いた。つまり、先に述べたように、それらの伝達には「誦まれる」という側面があったのである。[9] 同時に、記されたテクスト――実際に物理的に書き留められた書物――は、中期まで若い学者の教育において決定的に重大な役割を果たしており、彼らの学習における最重要要素であったといってもよい。マドラサその他の宗教施設は相当な数の書物を収蔵する書庫を有しており、ムスリム世界全域から学者を惹きつけた。彼らは書物を書写するためにやってきては、イルムを記述された形態として普及させたのである。エジプトの法学者で歴史家でもあるスユーティーは、自らの（大量の！）著作を、マグリブ、西アフリカ、アナトリア、シリア、そしてさらに遠方のムスリム諸地域からやってきた学者たちが熱心に書写したことを喜んでいる。一三世紀の法学者が記した知の獲得に関する論考は、伝達における二つの形態の間の緊張を具体的に表現しているといえる。イブン・ジャマーアは、記憶によってテクストを真に修得していないかぎり、学生の業績は主にテクストの口頭における読誦を通じて得られるものであるから、「（書き記された）著作を貯めこんだところで、何の役にも立たない」と述べている。その一方で、彼は学生たちに「購入や貸借を通じ、必要な書物を可能なかぎり入手するよう努力する」ことを勧めており、その理由を「書物は「知識の道具」であるから」としているのである。[10]

口頭による伝達と記述されたテキストの間の緊張関係が解消されることはなかったが、読誦とテクストの伝達における口承性が持続したことは、上述のシャイフと学生の個人的関係が重視されたことと相まって、この宗教的活動における社会基盤の拡大に寄与した。というのも、テクスト（写本時代において人の手による書写物は高価であった）を「読む」行為が、よりアクセス可能なものとなったからである。他方、書物——明確な定義上のテクスト——の重要性が増したということは、宗教的権威の「文字的刻定《インスクリプション》」と「範囲設定」とも呼べる事態が拡大する結果に繋がった。一一世紀の学者で歴史家のハティーブ・バグダーディーは、彼の論考全体において、宗教教育における口頭による伝達と記述された言葉それぞれをめぐる相反する主張を取り上げている。彼は宗教諸学の学習と伝達における「心」の重要性を認める一方で、結論部分では記述された言葉の重要性および伝達のための媒体としての圧倒的な信頼性を強く支持している。[11] 結果として、ある歴史家が言うように、イスラーム中期とは「ムスリムが暮らす広範な地域を通じたイスラームの信仰および実践が一律化していくこと（すなわち、「スンナ派再中心化」）に大きく貢献した、権威あるイスラーム・テクストの均質的集成が発展した」時代であった。[12]

この宗教的権威を刻定、制限するという行為は、我々が中期イスラーム史における主要なテーマの一つとして捉えている、宗教生活における「均質化」の一部であり、その現象は様々な形態をとって現れた。例えば、法学的議論や教育においてムフタサルやタクリードの教義が役割を増したこと、また中期イスラームにおいて繰り返し議論された、「逸脱」に対する敵意などが挙げられる。宗教的権威を刻定する行為も、非常に厳密な形態をとった。ウラマーは、わずかな修養を積んだだけの、あるいは不識字者でありながら、教養のない民衆の間で相当な宗教的権威を行使した人物の力を制限しようと努めた。それはウラマーが聴衆に、何が適切なイスラームであるのかという定義を与えるためのものであった。この話題については、「民間信仰」の章で改めて取り上げることにしよう。さらに、「イスラームの信仰および実践が一律化」されたことは、哲学、論理学、自然科学などのいわゆる「合理主義的」諸学問を、スンナ派における学問の主流から追いやる一因となった可能性も考えられる。しかし、我々はここで注意を払わねばならない。この点については、中期イスラーム文明が「衰退」する兆候を見出そうとする先の歴史家たちによって過度に強調され、また曲解されてきた[13]。だが、イブン・スィーナー（一〇三七歿）やイブン・ルシュド（一一九八歿）ら、数多の主要なムスリム哲学者、科学者が中期に生き、著述活動を行っているのである。最新の研究では、中期末から近世にかけ、天文学などの分野において、ムスリムの科学者たちが創造的な研究活動を行っていたことが指摘されている[14]。イスラームにおいて本質的に非合理的なものはなく、重要なイスラーム共同体や伝統の幾つかは、継続的で活気溢れる哲学的議論によって、現代にいたるまで育まれてきたのである。その一方、啓示による知識の源泉（つまり、クルアーンとスンナ）の中にいかなる根拠ももたない前イスラーム期の言説に基づく学問的諸伝統に懐疑を抱く中期ウラマーとその支持者たちも多かった。例えば、アイユーブ朝のスルターン・カーミルは、一三世紀初期、ダマスカスのウラマーに対して宗教諸学（ハディース、法学、クルアーンの註釈）以外を学習・教授することを禁じ、論理学と「古代の学問」の学生を町から追放した。中期に展開した「合理的諸学問」の学習およびその伝達と、宗教的イルムのそれとの関係は、いまだ十分に理解されていない。だが、中期を通じてこの二つがしだいに疎遠になっていったことの証左は、スンナ派ウラマーの少なくとも一部が、その宗教的権威の範囲をより排他的な条件で定義しようとしたプロセスの中に見出すことができよう[15]。

# 第24章
# スーフィズム

イスラーム研究において、中期スーフィズムの歴史は、イスラームの神秘主義的側面と法学的側面の和解のプロセスとして描写されることがしばしば見受けられる。つまり、ハッラージュに代表される実践者たちが神秘的洞察を表現するための過激で風変わりな形態から脱却し、またある者は特別な宗教的体験を求める神秘主義者たちの主張と和解したとされている。法学者であると同時に神学者でもあったアブー・ハーミド・ガザーリーは、一般的にこのドラマティックな事件の中心人物と位置づけられている。[1] 彼はニザーミーヤ学院における法学の教授職を辞し、スーフィーの規律に従いながら数年間近東を放浪したはてに、『宗教諸学の再興』を著した。イスラーム法学と神秘主義の和解こそが中期の特徴であるとするこの議論には一理あるが、その歴史には相反する側面があったということを忘れてはならない。このような見方は事実を非常に単純化したものにすぎない。その理由を一つ挙げるなら、「スーフィズム」という言葉（ほとんどの場合アラビア語のタサウウフ（taṣawwuf）という言葉の翻訳であるが）を正確に規定することが事実上困難だからである。中期の同時代人《オブザーヴァー》や現代の歴史家によって一様に「スーフィー」と呼ばれる現象は、実際にはきわめて多様であり、宗教運動としてのスーフィズムは中期イスラームを異なる方向へと牽引することもしばしばであった。だが中期における混乱の要因を特定すること、少なくともそれを試みることはできるのではないか。すなわち、複雑性の核心、そしてスーフィーとして知られる人物の信仰と行動における互いに矛盾する様々な衝動、またその影響を精査していくことは可能なのである。

ガザーリーの大変な名声と影響力はさておき、法学的イスラームは中期スーフィズムにおいて中心的であった少なくとも幾つかの信条と実践に対して異論を唱えるという姿勢を崩したわけではなかった。法に関連する諸学、あるいはテクストに基づく知識の厳格な伝達に深く傾倒した人々は、本能的に神秘主義への嫌悪感を抱いたままであった。そして神秘主義に足を踏み入れるという決断は、ある種の改宗として記述されつづけたのである。イブン・アターウッラー・イスカンダリー（一三〇九歿）の例は、この側面をよく示している。イブン・アターウッラーは中期カイロにおいて最も卓越し、人気を集めた神秘主義者の一人、そしてスーフィズムの強力な擁護者となった人物で、アズハル学院におけるシャーフィイー派フィクフ（fiqh）〔法学〕とタサウウフの教授職を務めた。だが彼はもともとアレクサンドリアの法学者の家系に生まれ、敬虔な父や祖父からスーフィー的な路線に対する疑念を受け継いでおり、彼がそれを棄て去ったのは、アンダルスの神秘主義者アブー・アッバース・ムルスィー（一二八七歿）の影響を受けた後のことであった。[2]

教義的なレヴェルにおいては、ウラマーの疑念に対し、油を注ぐような要素は数多く存在した。偉大なアンダルスの神秘主義者イブン・アラビーは、その思想が大変な議論を呼んだ中期スーフィーの最も顕著な例である。我々はイブン・アラビーの非常に難解な神秘主義神学や、彼のワフダ・アル＝ウジュード（waḥdat al-wujūd：無理に訳すとすれば、「存在一性論」）のような抽象的理論が、創造主である神と被創造物の間の区分というムスリムの基本的理解に反する汎神論となりえたかどうかというような論争を、ここで解決することはできない。ここでは、彼の思想がウラマーの間で相当な抵抗に遭い、彼を批判したなかにはきわめて多様な見解や気質をもった法学者たちがいたことを示しておけば十分である。その最たる例はかの厳格なイブン・タイミーヤであり、またタキーユッディーン・スブキー（一三四四歿）

やバドルッディーン・イブン・ジャマーア、イブン・ハルドゥーン、そしてシャムスッディーン・サハーウィー（一四九七歿）ら、著名ウラマーの名が挙げられる。イブン・アラビー自身は正統な宗教的知識を獲得するための手段としてのシャリーアや法学の価値を否定したわけではなかったが、神へと向かう彼のアプローチと多くのフカハー（fuqahā'）〔「法学者（ファキーフ＝faqīh）」の複数形〕の見解との間に根深い緊張があることを認識しており、クルアーンにおいて神や預言者たちに敵対する者の典型とされている「ファラオ」に彼らを譬えてもいる。そしてその複雑さにもかかわらず、彼の思想は高い評価を得、宗教的知識に対する神秘主義的なアプローチの輪郭を描いたそのヴォキャブラリーは、あらゆる社会的、また知的レヴェルにおいて中期スーフィーの実践に計り知れない影響を与えたことを強調しておかなければならない。後世、彼を擁護した一人であるエジプトの神秘主義者シャアラーニー（一五六五歿）は、イブン・アラビーの最も意欲的な著作である『マッカ啓示』(*al-Futūḥāt al-Makkiyya*) を要約し簡略化した論考を著したが、それはすなわち、懐疑的なウラマーを最も煩わせたものを普及させたことを意味する。[3]

スンナ派ウラマーの知的アイデンティティーや社会的権力は、イスラームの啓示とそれに由来する伝承の特性に基づいたものであったため、イスラームとその他の宗教的伝統との区分を曖昧にしてしまう傾向を持つスーフィズムは、彼らを動揺させた一因であった。ジャラールッディーン・ルーミー（一二七三歿）による「どうすればよいのだろう、おおムスリムたちよ、私は自分自身がわからないのだから／私はキリスト教徒でもなければユダヤ教徒でもガブル〔ゾロアスター教徒〕でもない、そしてムスリムでもない」という有名な対句は、神秘主義に基づく著作の中でしばしば観察される感情を表現している。イブン・アラビーによる韻文もまたしかりで、曰《いわ》く「私の心はあらゆる姿をとることができるようになった、ときにガゼルの牧草地となりキリスト教修道士の修道院となる／また偶像のための寺院となり、巡礼者のカアバとなり、そしてトーラーの板となり、クルアーンの書ともなる」[4]。これらの韻文に内在する普遍主義《ユニヴァーサリズム》、あるいは少なくとも宗派の呼び名に対する無関心というのは、ほとんどの宗教伝統に見られる神秘主義的文脈の特徴と言えるかもしれず、事実、中期イスラームにおけるスーフィズムの興隆が、西ヨーロッパから南・東アジアに跨がる地域で開花した広範な神秘主義の一部であると指摘する人々もいる。[5] 我々が前の章で見てきたように、スーフィズムとキリスト教ないし他の宗教の神秘主義における発展に関係性があったかという問題は、かつては熱心に検討された課題であった。イスラームと他の宗教の神秘主義的伝統における教義的な関係や影響がいかなるものであろうとも、中期におけるスーフィズムが、特にキリスト教やユダヤ教といった異なる宗教の神秘主義を信奉する者たちに接点を提供していたことは、歴史的事実から明らかである。民衆レヴェルにおいては、ムスリムと非ムスリムはウラマーによる監視の外で比較的自由に交流していたと考えられる。このことはイスラーム法を熱烈に擁護する側から見れば特に厄介な問題で、後に紹介するように、彼らによる耳障りな批判を招くこととなったが、ニーシャーブール出身のシャーフィイー派法学者で神秘主義者であったアブドゥッラヒーム・クシャイリー（一一二〇歿）をはじめ、あらゆる社会的・文化的レヴェルにおいて、スーフィーの間で観察されることであった。[6] ルーミーはアナトリアの地で暮らし、コンヤの街で著述活動を行っていたが、一一世紀後半に始まったトルコ民族の進出後しばらくの間、アナトリアの住民は民族的にも文化的にも混在する状況となり、それゆえダイナミックな宗教的背景を持ち合わせていた。スーフィー的な教派合同主義《エキュメニズム》が頂点を迎えたのは、おそらくこの時点であった。おおかたの聖者伝がそうであるように、弟子たちによって記されたルーミーの生涯におけるエピソードの史実性を確かめることは困難であるが、彼とキリスト教聖職者や修道士らとの相互作用が、それら逸話における重要な喩え《トロープ》の表現となっていることは見逃せない。ルーミーの葬儀の記述によれば、コンヤのユダヤ教徒やキリスト教徒が聖典をかざして悲嘆の言葉を繰り返し、「彼［ルーミー］を見るたびに、イエスやモーセ、そして全預言者の本質を理解したものだ」と言いながらその街のムスリムたちと並んで堂々と哀悼の意を表したという。[7]

同様にウラマーにとっての関心事となったのは、スーフィズムとシーア派の継続的かつ謎に満ちた関係であった。これは複雑な問題で、様々な解答が出された。[8] 確かに、そこには教義的なあり方についての類似性が存在する。例えば、スーフィーは直観による洞察を通じて得られた特別な「知識」（マアリファ＝maʿrifa）を強調するが、それは法に代表される外面的「知識」であるイルムとは異なるものである。そしてこの特別な知識は隠された意味（バーティン＝bāṭin）

というシーア派の教義を連想させる。これはクルアーンの章句の表面的な意味（ザーヒル＝ẓāhir）の背後に存在し、それに勝るものであるという。シーア派やスーフィズムにおいて彼らの理想を表す用語——例えば、イマームの「統治権」というシーア派の教義と、神との特別な「親密さ」や「親しい交わり」を許された者というスーフィーの観念は、同じアラビア語の単語（ウィラーヤ＝wilāya）が当てられる——は、発展した後の意味がまったく異なっていても、その起源が共通であることを示しているかもしれない。さらに、スーフィー教団における権威の連鎖（スィルスィラ＝silsila）がほぼ決まってアリー・イブン・アビー・ターリブを通じて預言者へと遡っていることも際立っている。だが彼らの起源に対する問いの答えが何であろうと、中期におけるスーフィズムとシーア派の関係は、せいぜい特定の状況の下で重要性を得るにすぎない、潜在的な問題であった。シーア派と同様に、スンナ派における預言者の一族に対する崇敬が拡大したことを考慮すれば、アリーを通じてスィルスィラを遡ることに必ずしも宗派的な重要性があるわけではない。例として、スーフィー・タリーカであるワファーイーヤは、エジプトにおいて預言者の従弟からの血統を主張する人々の団体として現代まで続いているが、この二重の役割は明白なシーア派的アイデンティティーを示唆するものではない[9]。しかし、スーフィズムとシーア派の推定上の関係は、政治的状況、特に中期の初頭においてイスマーイール派がファーティマ朝カリフ、またはイランやシリアのアサッシン（「暗殺者教団」ともされる。ニザール・イスマーイール派は周囲から麻薬のハシーシュに中毒する者（hashīshiyya）との蔑称で呼ばれたが、この転訛した形がヨーロッパ諸語に入り、例えば英語の assassin（暗殺者）などの語源となった。ニザール派については、第二〇章を参照されたい）という形態で脅威を呈していた時代、さらに火種を孕んだものとなった。そのことは論争を呼んだ神智学者、シハーブッディーン・ヤフヤー・スフラワルディー（一一九一年、サラディンの命により処刑）の事例に見出すことができる。スーフィズムとシーア派の関連性という問題について言えば、スフラワルディーはおそらく中期における最重要人物であった。新プラトン主義的思索とゾロアスター教の形象を多用した彼の「照明哲学」は、後の十二イマーム派に大いに影響を与えることとなった。だがサラディンの関心は、スフラワルディーの認識論に見える精緻な哲学よりも、むしろ権威ある教導（イスマーイール派でタアリーム＝taʿlīm と呼ばれる）に関する彼の教え、またそれが、啓蒙的為政者（彼自身、あるいは彼によって導かれた者）がより完璧な国家の樹立を促す潜在的可能性の呈する政治的脅威に向けられたであろう。当時の状況においては、サラディンらにとって、それらすべてがイスマーイール派的に映ったかもしれない。[10] スーフィズムとシーア派の間に重要な関連性が見出され、また主要な政治的分派が存在したのはアナトリアおよび北西イランであった。そこでの政治的・文化的に混乱した背景と、モンゴルの征服に続く一三世紀のイスマーイール派ネットワークの破壊によって、相当な宗教的動乱の可能性が残されることとなった。この点については後に少し振り返ることにしよう。

だが一般的に言えば、スーフィズムはシーア派とは異なり、決して宗派的ではなかった。比較的初期の時代からスーフィーたちは自らを「ターイファ」（ṭāʾifa）、すなわち、ある特徴や特定の信念によって区別される信者たちの集団と呼んでいたが、この単語はしばしばクルアーンの中にも見出され、ある特定の集団や宗教的・政治的党派を示す、より一般的な意味でも用いられた。初期のハッラージュ、後のイブン・アラビーに代表される一部のスーフィーと、法学者との間に教義や実践をめぐる緊張が生じていたにもかかわらず、スーフィズムはシャリーアに基づくものとは別個のイスラームの形態を構築することはなかった。また、スーフィズムが継続的にある特定の法学派との関係をもつこともなかった。スーフィズムの初期の発展段階において、ニーシャーブールやバグダードなどで、神秘主義者とハナフィー派法学派の支持者との間に緊張が生じたことが示唆されているが、時を経るにしたがってそれは解消されたにちがいない。というのも、一四世紀の初頭、カイロにおいて、ハナフィー派法学を学ぶスーフィーの学者のための施設が複数創設されていたからである。[11] スーフィズムとハンバル派の関係はさらに複雑である。数々のスーフィーの理想や実践に対するワッハーブ派——ワッハーブ派の中でハンバル派は今日まで命脈を保っている——の敵愾心は、ハンバル派の伝統主義とスーフィズムは本質的に相容れないという見方を助長するものであるし、事実、ハンバル派の人々はしばしばその結論に達していた。一二世紀バグダードのあるハンバル派法学者の息子は、スーフィーのリバートに付設された墓地に亡き父親を埋葬したところ、「スーフィーの中でハンバル派の人間が何をするというのか？」と、父親の同僚から叱責されたという。[12] 中期においてスーフィー的宗教体験に関連する特定の実践を批判したイブン・ジャウズィー(一二〇〇歿)やイブン・タイミーヤなどの著名人がハンバル派の伝統主義に傾倒していたことは、この認識をさらに助長してきた。だが実際は、伝統主義とスーフィー神秘主義の間に広範かつ絶対的な決裂が存在したという事実はない。中期において、実に多くの著名なハンバル派法学者がスーフィーの権威の連鎖に加わったのであり、その中でおそらく最もよく知られている人物は、イブン・ジャウズィーやイブン・タイミーヤ自身なのである。[13] 中期を通じてウラマーがスーフィズムに加わることは慣習上必要な行為となった。そのため法学者と神秘主義者の活動を支援する施設を区別することがしだいに困難となったことは、先に述べたとおりである。

スーフィーの宗教体験にさらなる構造を与えた、中期における発展が二点挙げられる。まず、特定のスーフィーたちの「グループ」が、彼らが辿るべき行程を指す「道」、「行路」(タリーカ = ṭarīqa)という言葉で自らを識別するようになるにつれ、神秘主義に基づく求道者たちのターイファ(集団)がより明確な形態をとった、ということである。このプロセスは一様ではないものの、諸タリーカ(トゥルク = ṭuruq:タリーカの複数形)の中にある共通のパターンを見出すことは可能である。概して、タリーカはある崇敬を受けたシャイフへと遡及する、宗教的系譜に関連づけられた神秘主義「教団」という形態をとっている。そして彼と彼の導師たちを辿ることによって、理論的には預言者自身まで遡ることができるのである。カーディリーヤ・タリーカのアブドゥルカーディル・ジーラーニー(一一六六歿)やシャーズィリーヤ・タリーカのアブルハサン・シャーズィリー(一二五八歿)は、中期において最も重要な二つのタリーカにその名を残している。諸法学派と同様に、通常タリーカのアイデンティティーを具体化させたのは、開祖自身というより、彼の弟子や支持者たちであった。中期におけるスーフィー文学の特徴である聖者伝の記述からも明らかなように、開祖の役割は模範や守護聖者といった、回顧的なものである。他方、法学的知識の伝達と同じく、絶対的であったのは個人的結びつきであり、それは入門の体験を通じて現実化され、またヒルカ(khirqa)と呼ばれる上着——その粗末さは、熟達者が精神的豊かさのために物質的貧しさを選択したことを象徴している——を授与することによって正式なものとなった。タリーカへの入会は、その推定上の開祖にまで遡る、宗教的権威の連鎖（スィルスィラ）に加わったことに等しい。ここで我々は再び、中期イスラームの宗教文化における特徴である「系譜的様式」を見出すことができた。つまり、スィルスィラはハディースやその他の宗教的テクストが伝達されたイスナードと類似の方法で機能したのである。さらに、再生産の系譜的様式は弟子と導師を従属という垂直の連鎖で結ぶ、本質的にはヒエラルヒー的なものであるから、タリーカの一般的な訳語である「友愛団体《フラタニティー》」や「結社《ブラザーフッド》」という表現は、この側面を見逃してしまっている。[14]

ウラマーの権威の「文字的刻定」が宗教的権威の形態と中心を明瞭にするプロセスの一部であったことはすでに述べたが、諸タリーカの発展はその明確化に寄与したといえる。シャイフ、またシャイフの「宗教的系譜」がもつ権威に従い、タリーカによって示された「道」を追求することは、個人的な権威の連鎖に加わり、シャイフの霊的導きを受け入れるだけでなく、一種の宗教的メソッド、つまり様々な実践や儀式を取り入れることも意味した。これらの実践のなかで最も重要な部分を占めるのがズィクル（dhikr）、すなわち神の存在を「想起」する行為である。修行としてのズィクルは多様な形式をとりうるが、一般的には個人あるいは集団で神の名やクルアーンの一部分、その他の詠誦を反復するという形をとった。スーフィーたちはズィクルを「繰り返し繰り返しアッラーの御名《みな》を唱えよ」（第三三章四一節）というクルアーンの教えに沿ったものであると考え、アブー・ハーミド・ガザーリーは、絶えず信者の心に神の存在を想起させるための手段と捉えていた。スーフィーの手引書ではズィクルに関する所定の方法や手順が詳細に語られており、またシャイフによる指導のもとでこの修行を行うことの重要性を強調している。[15]

しかしここで権威を「文字的刻定」するプロセスは、神秘主義的生活のもつ本質的なアナーキズムに衝突する。例えば、中期を通じてエジプト、シリア、イラクで特に人気を博すようになったリファーイーヤのデルヴィーシュ（スーフィー。狭義では放浪して清貧生活を送る苦行者）たちによる「吼える」行為に示されるように（彼らは激しいズィクルにより、「吼えるデルヴィーシュ」と呼ばれた）、ズィクルは野性的かつ恍惚的な宗教体験を導くこともあった。ズィクル以外のスーフィーによる実践は宗教的権威という問題をより複雑にし、さらなる論議を呼んだ。特に「聴くこと」もしくは「演奏会」（これ自体ズィクルと密接に関係している）を意味するサマーウ（samāʿ）という宗教実践は、熟達者たちが音楽を聴いたり、様々な詩を吟じるもので、舞踏を伴う修行なども行われたが、それは宗教的な恍惚を導くことを目的としていた。儀礼において演奏や舞踏を行うことは、最初期の段階からスーフィーたちの宗教体験の一部であったが、中期、特にイラン、インド、アナトリアのスーフィーたちの間で流行し、アナトリアでは詩人ジャラールッディーン・ルーミーをシャイフと仰ぐメヴレヴィーヤ・タリーカのデルヴィーシュたちによって、その最も高度な表現方法を完成させた。だがこの実践に対しては、法学者（特にハンバル派）のみならず「素面《しらふ》の」神秘主義教団からも批判の声が上がった。魂自体は神の属性を備えているか、また音楽を聴くことは神に対する性的な熱望と想起をともに促すものか、など、議論の背景には人間の魂のもつ性質や神との関係をめぐる根本的な神学上の問題があった。だがここで重要なのは、その議論が社会的・倫理的な側面を伴っていたということである。サマーウを行う人々の危険性とは、彼らが恍惚状態の中で法や師の権威を冒すことがないか、ということであった。批判の矛先は、第一にその活動が誘発するとされた、性的な不道徳に向けられていた。イブン・タイミーヤはサマーウの効果を葡萄酒の効果になぞらえ、ハディースの中で「サタンのムアッズィン」とされているフルートのような楽器の演奏を聴くことによって生じる道徳上の危険性を憂慮した[16]。音楽に合わせ体を揺らす舞踏は言うまでもなく、音楽そのものが参加者の情熱を刺激するものであると彼らは考え、不法行為、ときには同性愛行為の目隠しであると、その実践を痛烈に批判した。イブン・ジャウズィーは「髭のない美少年が陽気な演奏に合わせ、欲求を刺激するような技巧で、ガゼルや男女、ほくろ、頬、身体、均整のとれた容姿について言及した、愛の抒情詩を歌うこと」を非難している[17]。サマーウを肯定していたガザーリーですら、青年期の欲求を抑制することを学んだ者のみにサマーウを限定しようとした[18]。少なくともサマーウをめぐる議論は、諸タリーカがシャイフの宗教的権威を刻み込むという役割を果たした一方で、スーフィー的帰依の表現方法を通じ、いかにムスリムの宗教的体験の多様化に貢献したかということを示している。

　諸タリーカそのものの性格や形態は様々であり、当時の矛盾する宗教的圧力を反映していた。つまり、諸タリーカは特定の個人や組織に対して権威を集中させる一方、その権威を住民の間に拡大させるという役割をもっていたのである。最も人気を集めたタリーカの一つであるシャーズィリーヤは、最も穏健な性格を有する教団の一つでもあった。このタリーカの宗教的系譜はアブルハサン・シャーズィリーまで遡及することができる。シャーズィリーは、中期の様々な要因により東地中海へと移住し、その地におけるスーフィズムに深い影響を与えたマグリブ出身の神秘主義者の一人であった。だが、シャーズィリーヤが中期のエジプトやシリアの宗教生活において長期的に重要な位置を占めることができたのは、シャーズィリーの後継者であるアブー・アッバース・ムルスィーと、とりわけその弟子でエジプトの偉大なスーフィー説教師、著述家であるイブン・アターウッラーの尽力によるところが大きい。このタリーカが人気を博した一因は、一部の神秘主義者たちの特徴となった信仰至上主義的行為や教義からの逸脱に対する嫌悪感であった。シャーズィリーヤは托鉢に基づく生活を避け、そのメンバーに経済的生産性を有する通常の社会生活を送るよう強調した。さらに重要なのは、彼らがシャリーアや信仰を公に示す行為の通常形態を含めた、イスラーム法学の外面的伝統を採用し、支持したことである。これによって多くの法学者たちを取り込むことに成功し、その一方で説教と宗教的な訓戒を垂れることによって名声を高めていった。しかし、それ以外のタリーカも同様に支持を拡大していった。その代表格はリファーイーヤで、彼らの奇抜な実践（彼らのトレードマークともいえるズィクル中に「吼える」行為のほか、炎の上を歩く、炎を飲み込むなど）は、厳格なムスリムたちを騒然とさせた。マラーマティーヤはシャーズィリーヤと同様、托鉢生活に対して懐疑的であったが、まったく異なる態度を見せた。すなわち、偽善や宗教的な虚飾に陥る危険性から、礼拝やズィクルも含めた、公に敬虔さを示す行為すべてを拒絶したのである。マラーマティーヤは特にホラーサーンで強盛を誇ったが、厳密にはスーフィー・タリーカを名乗っていなかったかもしれない。しかし彼らはイブン・アラビーやエジプトのシャイフ・シャアラーニーを含む中期の主要スーフィーたちからの賞賛を勝ち取り、ナクシュバンディーヤやカランダリーヤなど、幾つかのスーフィー・タリーカに影響を与えた。ナクシュバンディーヤは一五世紀から二〇世紀にかけ、オスマン帝国において重要な役割を果たし、カランダリーヤは、中期の都市光景に信仰至上主義の色彩を添えたデルヴィーシュたちであった。カランダリーヤはマラーマティーヤと同じく、敬虔さを公に表明することによって偽善に陥ることを危惧したが、この問題に対してイスラーム法をこれ見よがしに嘲弄するという方法で応えた。これら一連の態度と行動は、タリーカという形態におけるスーフィズムの多様性を示している。そしてこの多様性によって、人々はその宗教生活を豊かにすることができたのである。スィルスィラの宗教的系譜を明確化することは、ある連鎖が別の連鎖やそれ以外のイスラームの形態、表現から孤立したものであることを示すわけではない。すべてのスーフィーは、同じ目的（神）を目指しているかぎり、複数の異なる道を通じて目的を追求することができたのである。学生が一つのテクストに関して複数の教授からイジャーザを求めるのと同様に、神秘主義者たちは複数のタリーカに入会することが可能であった。シャアラーニーはシャーズィリーヤのメンバーであったが、形式的には実に二五ものタリーカに所属していたという。[19]

　権威の集中化と拡散という競合する圧力はまた、諸タリーカがスーフィズムへの加入を一般化し、地理的に拡大するための活動の中からも確認できる。スーフィーの諸タリーカは、地方独自の宗教体験と都市におけるより一般的な体験とを結びつける結節点として作用した。シャーズィリーヤは主として都市における現象であったものの、シャーズィリーヤのスィルスィラに加わったシャイフたちを通じ、上エジプトで強い勢力を確立した。地方に関していえば、アフマド・バダウィー（一二七六歿）に由来する教団が重要である。教団は中期から今日にいたるまでエジプトの人々の支持を集め、地方の風景に浸透し、タンターの聖廟で開かれる年に一度の誕生祭には、カイロのみならずナイル・デルタ全域から人々が訪れている。[20]しかし、諸タリーカが人気を博するようになるにつれ、神秘主義的階梯にわずかに触れただけの人々もスーフィズムの周辺部へと引き込まれるようになった。諸タリーカに示される日常化はスーフィズムにより普遍的《カトリック》な魅力を与え、またスーフィズムが中期イスラーム世界において「組織化された大衆宗教」としての形態をとることに繋がった。[21]多くのムスリムは、入門儀礼を完全に経ていなくとも、自らがタリーカ、またそれ以上に特定のシャイフに帰属していると捉えていたかもしれない。預言者や崇敬を受けたシャイフを讃えるマウリド（mawlid：誕生祭）

のような華やかな公的祝祭は特に一三世紀に一般化し、しばしば特定のタリーカと結びついて行われた。それらは民衆的イスラームが表出する代表的な例となったため、次章で詳しく扱うことにしたい。祝祭のもつ非常に公的な性格は、スーフィーの戒律にほとんど関心を払うことなく生活していた多くの人々を魅了し、祭りへの参加を促した。教団からすれば、それは限定的かつ末端部での参加に留まるものだっただろうが、関係する個人の視点で見れば、潜在的に意義深いものであった。ズィクルやサマーウなどの体験を重視したことにより、より厳格な宗教上のカリキュラムに体系的に従わなくとも、多種多様な人々がスーフィー的儀礼に参加する機会を与えられたのである。初期のスーフィー、フジュウィーリー（一〇七二／一〇七七歿）はサマーウやそれに付随する舞踏の魅力とともに、それが修行階梯に従わない末端の人間までスーフィズムに引き込んでしまうという傾向をも認識していた。彼は「私はスーフィズムを舞踏以外の何ものでもないと信じて帰依した多くの民衆を見てきた」と記している。[22] 一四世紀初期のエジプトの法学者で辛辣な社会評論家であるイブン・ハーッジュ（一三三六歿）は、自身が反対する宗教的行動について長篇の論考を記したが、それによれば、スーフィーを名乗る人々の大半が、サマーウとその刺激的な舞踏に参加するためにそうしているのだという。[23]

スーフィー的経験を形成した中期における発展の二点目は、神秘主義者や彼らの儀礼を支援することを目的とした施設の普及である。すでに見てきたように、これらの施設は早い時期にその起源をもっており、東部イランにおける刺激的で多様な宗教環境の中で誕生したと推定されるが、中期を通じ、近東における都市光景の特徴となった。これら施設を指す用語は様々で不明確である。特にイラクにおけるリバート（*ribāṭ*）という単語の用法は示唆的で、他の文脈においては、辺境におけるジハード戦士のための要塞化した駐屯地を指している。カリフ・ナースィルを擁護したスーフィー、アブー・ハフス・ウマル・スフラワルディー（一二三四歿）が神秘主義に基づく生活を論じた『アワーリフ・アル＝マアーリフ』（*ʿAwārif al-maʿārif*）〔『真知の贈り物』〕からも、この関係が卑俗な本能や誘惑に対してスーフィーが行うジハードを反映したものであることが示唆される。この点から、イブラーヒーム・イブン・アドハムのような初期の「スーフィーたち」が「聖戦」としてのジハードに傾倒していたことをつい想起してしまうが、これは単純な推測にすぎず、辺境におけるリバートとスーフィーを収容する中期の都市施設との歴史的な関連性は不明である。[24]各地でよく用いられたその他の用語としては、ペルシア語由来のハーンカー（khānqāh）という単語があり、一二世紀の旅行家イブン・ジュバイルが述べているとおり、シリアにおいては、他の地域ではリバートとして知られる施設を言及する際にこの言葉が用いられていた。ザーウィヤ（zāwiya）という用語は様々な意味をもつが、最も一般的な意味はより小規模な修道場、特に特定のシャイフによって、または彼のために設立された修道場である。マドラサと同様、これらのスーフィー修道場は、概してスルターンやアミール、その他富裕な個人、ときには著名なスーフィー・シャイフ自身による私的な慈善行為として設立され、設立者による整備や維持のための寄進（アウカーフ＝awqāf）によって運営されていた。[25]

これらの施設は中期を通じ、近東イスラーム世界において急増した。ある意味、その流行は、神秘主義的イスラームが法学的イスラームへと同化してゆくことを示しているともいえる。マドラサとスーフィーの修道場は、いかなる名称で呼ばれようとも、そこで行われ、寄進が支えた活動という観点から見ると、徐々に類似するようになった。このことは一二、一三世紀バグダードのリバートで法学の授業が行われ、法学者たちが頻繁に教鞭を執っていたことからも明らかであるが、[26]同化のプロセスが頂点に達したのは、マムルーク朝下の諸都市においてであった。そこでは、マドラサと呼ばれる施設はしばしばスーフィーを抱え、彼らが儀礼を行う場となっていた。またハーンカーへの寄進は一つ、ないしは複数の法学派に対応する法学の講義の支援にも充てられた。それは単なる空間的近接というよりも、むしろ機能や見解の融合として捉えるべき問題である。スルターン・アシュラフ・バルスバーイ（一四三七歿、在位一四二二—三八）がカイロの目抜き通りに建設した施設を例にとると、その寄進はスーフィーの儀礼と法学の講義双方に充てられており、ズィクルをはじめとする神秘主義的修行は事実、ハナフィー派の住み込みの指導員が教えていたのである。このプロセスはマドラサ、ハーンカー、そして「モスク」という言葉がしばしば互換的に用いられるようになった一五世紀の末には完了したと考えられる。[27]つまり、組織の面ではスーフィズムがムスリムの宗教生活に完全に融合されたと言えよう。

仮に我々がガザーリーの改宗に関するメロドラマ的記述を捨て、特定のスーフィー思想や実践に対する抵抗が続いたということを認めたとしても、そのプロセスが中期宗教史の中心にあったことは確かである。

スーフィーと敬虔さを示すスーフィー的諸様態が重要性を増したことを考慮に入れるならば、イスラーム神秘主義が政治においても強い影響力を及ぼしはじめたということはなんら不思議ではない。この発展が最も顕著に表れたのは、一二世紀後半から一三世紀初期、カリフ・ナースィルと彼の同盟者であるスーフィー、アブー・ハフス・スフラワルディーが手がけた政治、宗教改革においてであった。ナースィルは彼の権威のもとにイスラーム世界を（再）統合するという政策の一部として、フトゥーワ（futuwwa）として知られる組織化された結社を利用した。フトゥーワはバグダードやその他のイラク諸都市において観察され、都市の若い男性を中心とする兄弟結社に起源をもち、準民兵組織として機能することもあったが、そこにはほぼ、もしくはまったく、宗教的な意味合いはなかったようである。しかし一一世紀に入ると、彼らはスーフィー的な性質を帯びはじめるようになる。ナースィル自身もフトゥーワの支部に加入し、カリフを彼らの長として、また彼らに対する権威の源泉として位置づけるため、様々な集団の組織改革に着手した。スフラワルディーが明言しているように、ウンマの長として、またウンマと神の調停者としてのカリフの権威は、弟子たちに対するスーフィー・シャイフの権威と対応するものと捉えられた。実にこの時点で「カリフ」〔アラビア語ではハリーファ〕という単語がそれぞれのタリーカの指導者を指す言葉としても用いられるようになる。[28] スーフィズムはナースィルの政策において重要な役割を果たしたことから、タリーカと同様に一般化しつつあったスーフィー施設の設立と統制のために、彼は相当な財源を割いた。彼自身、一二世紀末に少なくとも六つのリバートをバグダードに設立したほか、他の人物が設立した複数の救貧施設の長にスフラワルディーを就任させ、その都市におけるスーフィー施設の指導者への任命権を統制下に置こうと画策した。[29]

ナースィルの改革計画は結局実を結ぶことはなかった。しかしスーフィズムが舞台の中央に躍り出たことで、後のムスリム統治者たちはその運動の政治的影響力にも対処せざるをえなくなり、また、スーフィー施設の急増は宗教的権威の集中化と、政治的権威に対する宗教的権威の従属化を促進する一因となった。一般的に、主に軍事エリートによるハーンカーの設立とそれに対する個人的な寄進行為は、その他の宗教施設の増加とともに、宗教層と支配層間の関係を強化し、スーフィーや彼らの施設がもつ権威を政治権力に結びつける結果となった。ある段階で、この関係はより公的な外観を帯びるようになった。サラディンは一一七三年から七四年にかけ、サイード・アッ゠スアダー（Saʿīd al-Suʿadāʾ）として知られるハーンカーをカイロに設立し、そのシャイフはシャイフ・アッ゠シュユーフ（shaykh al-shuyūkh）、すなわち「シャイフたちのシャイフ」という称号で知られるようになった。その職の保有者は、スルターン・ナースィル・ムハンマド（一三四〇歿）がその称号と職を彼がカイロ郊外のシルヤークースに設立した新たなハーンカーのシャイフに移譲するまで、マムルーク朝下のエジプトとシリアにおけるスーフィーたちの監督者としてある種の権威を行使していた。シャイフ・アッ゠シュユーフはマムルーク国家における実質的な役人となったが、その職掌の中に、オスマン朝時代、神秘主義者による諸組織と国家と結びつけた、公認タリーカの長たちの起源を見出すことができるかもしれない。[30]

だが、神秘主義的権力と政治権力との関係は複雑な「パドドゥ」（pas de deux）〔バレエ用語で二人の踊り手が共に踊る「対舞」。ここでは二者間の密接な関係を指す〕であり、スーフィー・シャイフたちは自身の政治的権力を蓄え、ときにはそれを行使することもあった。その権力とは、シャーズィリーヤのように十分に確立され、また大いに尊敬を集めたタリーカの指導者としての地位に由来することもあれば、富や世俗的地位に対する拒絶や政治権力を行使する者に対する軽蔑、イスラームで容認される事柄の限界において活動する者への名声からも起こりうるものであった。マムルークたちは、スーフィー・シャイフが彼らの地位や権威の儚さを説くことであえて対立したにもかかわらず（あるいはそのために）、シャイフらに対してふさわしい名誉を与え、敬意を示すことで彼らの名声を高めた。影響力のあるシャイフで説教師でもあったザカリーヤー・アンサーリー（一五二〇歿）は、権力者に対して痛烈な説教を行ったことで評判を得た。彼を妬んだ役人たちが無礼なシャイフを解任するようスルターン・カーイトバーイ（在位一四六八—九五）を説得しようとしたところ、カーイトバーイはそれを拒絶し、「私の犯した誤ちに目を向けさせ、良き助言を与えてくれる者に対して、何を言えというのか？」と述べたという。[31] 支配者たちは神秘主義者の資質を必ずしも見抜いていたわけではなかった。スルターンを含む軍事エリートのなかで、ザカリーヤー・アンサーリーのような名声あるシャイフではなく、ラスプーチンのごときシャイフの影響下に入ってしまう者も決して珍しくはなかった。マムルーク朝スルターン・ザーヒル・バイバルスは数年間にわたり、ハーディル・ミフラーニーというシャイフの指導を受けた。もともとハーディル・ミフラーニーは地元アミールの娘と寝た廉《かど》で去勢されることを恐れ、上メソポタミアの自宅から逃れてきた人物で、性的不品行に対する非難が常に付きまとっていたような人間であった。スルターンは彼の修行や敬虔さではなく、彼がもっていると信じられた、予言という神秘的能力に畏敬の念を抱いていたようである。いずれにしてもバイバルスは大いに感化され、ハーディル・ミフラーニーの名声が敵対勢力の陰謀によって失墜するまで、定期的に彼と面会し、彼とともにスーフィーのズィクルを行い、彼のためにカイロをはじめ各地に幾つものザーウィヤを建設した。[32] 同様に、後期マムルーク朝のスルターンやアミールたちも毀誉褒貶《きよほうへん》のスーフィーたちとの関係を構築した。カーンスーフ・ガウリー（一五一六歿）は実質的には最後のマムルーク朝スルターンであったが、彼のウラマーに対する評価は低く、酔ったファキーフを見つけた警察官に対して懸賞金を出していたこともあった。その一方でスーフィー・シャイフを深く崇敬し、オスマン帝国に対する彼の最後にして不運なシリアへの遠征に、バダウィーヤのハリーファを同行させた。年代記記者のイブン・イヤース（一四四八―一五二四頃）によると、遠征がガウリーの死去という結果に終わった際、彼の後継者を指名するにあたり、別の人望あるシャイフが、住民に対して公正に振る舞い、亡くなったスルターンが課していた過酷な税を撤回するという約束を有力マムルークたちから取りつけるため尽力したという。[33]

スーフィー・シャイフの行使した政治的影響力の複雑な連鎖は、スーフィー詩人であるイブン・ファーリド（一二三五歿）の韻文をめぐり、一四六九年から七〇年のカイロにおいて巻き起こった議論においてよく表されている。議論の核心にはイブン・アラビーの教説が引き起こしたものと類似する教義的な問題が存在したが、それはまたカイロ郊外の広大な墓廟地区にあるイブン・ファーリドの墓で行われた、墓参という民間信仰の正統性を問題とするものでもあった。

最初に断っておかなければならないが、この議論のもつ性質は、いかにスーフィズムがエジプト社会に浸透していたか、またそれによって掻き立てられた様々な議論を法学的イスラームと神秘主義的イスラームという単純な二分法で分析することがいかに難しいかを示しているのである。イブン・ファーリドを非難した人々の中には、数多くの法学者のみならず、文字知らずのヒヨコマメ売りであったイブラーヒーム・マトブーリーら、非常に人気のあった神秘主義者も含まれていた。同様に、イブン・ファーリドを擁護した人々（最終的には勝ったのだが）の中には、彼の韻文から神秘主義的な影響を受けた人々だけでなく、冷静沈着なウラマーの姿もあった。しかしその議論は、明らかに政治的な側面をもっている。まずイブン・ファーリドの詩がカイロ住民の間で大変な人気を博すようになり、続いて指導的立場にあった複数のマムルークたちが公然とイブン・ファーリドの墓廟や墓参を支援するための寄進を行い、その詩にお墨付きを与えることで自らの名声を高めようとしたのである。最終的にザカリーヤー・アンサーリーがイブン・ファーリドを擁護するファトワーを発布したことで、当時のスルターン・カーイトバーイは裁判官らの配置換えをする好機を得たのであった。つまりスルターンはイブン・ファーリドの対抗者たちを自らとイブン・ファーリドの神秘主義思想に共感する若い世代の学者に挿《す》げ替えたのである。[34]

イブン・ファーリドをめぐる議論によって、我々はこのスーフィズムに関する議論のスタート地点に戻ってくることができた。すなわち、中期イスラームにおいて何をもって「スーフィー」とするのかを正確に定義づけることの難しさ、もっと厳密に言えば、その語が適用される態度や行為の範囲がいかに広範であったか、ということである。他方、スーフィズムは法学的イスラームにますます接近し、その発展は様々な側面から推し量ることができる。具体的には、異なる施設のカリキュラムや目的が収斂したこと、一部のスーフィー的実践に口喧しく反対した人々を含めた、ムスリム学者によるタリーカ加入が一般化したことなどが挙げられる。しかし、それ以外のスーフィズムの表現は、見方を変えればこの時代の特徴である「スンナ派再中心化」に抵抗するものとして機能し、ムスリムの経験の均質化よりも、むしろ多様化に寄与したといえる。[35] 中期イスラームにおける宗教体験や、法学者や修養を積んだスーフィー導師の権威をより複雑なものとしたのが、シャイフ・ウンミー（shaykh ummī）、「文字を知らぬ「スーフィー」導師」と呼ばれるスーフィーであった。その中には、イブン・ファーリドを非難した、イブラーヒーム・マトブーリーも含まれていた。一般的に言えば、シャイフ・ウンミーは社会的身分の低い出身であり、教育を受ける術をもたなかった人々である。彼らはウラマーの著作や「活字」文化に対し、少なくとも表面的には、見下す態度をとっていた。スーフィー導師が修養を積んだ弟子に対してすべての書物を処分するよう説き伏せるというのは、スーフィー文学における一つの喩え《トロープ》の表現であった。シャイフ・ウンミーが「文字どおり」文字を知らない人物であったかどうかは別として、彼は書物からではなく、夢や預言者の幻視、さらに漠然と彼の「心」からある種の「知識」を得たことを主張した。シャイフ・ウンミーは彼の弟子たちに対する知識の伝達を、法学者や学識あるスーフィーたちの議論とは掛け離れた言葉や方法で行うことを意図したのかもしれない。一四世紀エジプトのシャーズィリーヤの一分派の始祖であるムハンマド・ワファー（一三六三歿）は、詩や散文による数々の作品を著しているが、あるスーフィーの伝記記者によると、彼は「風変わりな舌」（lisān gharīb）の持ち主で、彼の文学作品は「神秘によって封印されている」（multasama）ままだという。[36]

スーフィズムの多面的な性格と分裂を引き起こす潜在的性格は、一三世紀以降近東において繁栄し、社会的・法的慣例を嘲弄した様々なタリーカの中で明確に示されている。その主たる例は、カランダリーヤである。その起源は（イスラーム史においてよく見られる）イラン東部のホラーサーンにおける非組織的なマラーマティーヤ系の禁欲生活者たちにあったと考えられるが、その運動は中期後半のエジプトや特にシリアにおいてタリーカとして発展し、数々のザーウィヤが彼らのために設立された。ダマスカスをはじめとする地域において、急進的なデルヴィーシュたちはこれ見よがしに社会的、宗教的な規範を嘲弄した。ぼろ服を纏う、（またときには）衣服をいっさい身に着けない、スンナに基づく慣習に違反し、髪、顎髭、口髭、眉を剃り落とす、意図的に礼拝などの宗教的実践を無視する、公にハシーシュや酩酊作用のあるものを摂取する、そして数多くの記録によれば、生殖器を含む様々な体の部位を突き刺す行為などを行っていたとされる。当然、これらの派手な振る舞いはイブン・タイミーヤらによる激しい抵抗を呼び、一三六〇年、マムルーク朝スルターン・ハサンは彼らに髭を剃ることを禁じた。[37] だがこれら人目を惹く苦行者や托鉢修行者たちは、ザーヒル・バイバルスをはじめとするマムルーク朝スルターンなど、有力者によるパトロネージを得ることもあった。カランダリーヤに代表される宗教運動は様々な説明が可能であるが、その奇抜な行為にもかかわらず、根底にある衝動や動機は、禁欲主義や神に対する絶対的帰依などの基本となるスーフィー的主題と矛盾するものではない。一方で、ぼろ服を纏ったり、熱狂的に音楽や舞踏を行うなどの行為によって、彼らはスーフィズムの周辺部で活動する者として位置づけられた。アブー・ハフス・スフラワルディーはカランダリーヤを「真の」スーフィーと区別することを試みたが、カランダリーヤを「社会的な慣習によって拘束されることを拒み」、「[彼らの] 精神的充足以外の何ものにも属さない」人々として説明している。この説明は多くの神秘主義者たちをうまく表しているといえる。[38]

カランダリーヤの例は、中期におけるイスラームが中心地、すなわちカイロやダマスカスのような法学文化の主要拠点においてすら、色鮮やかで複雑な形態をとりえたこと、またスーフィズムがその複雑さの要因となっていることを示唆している。辺境におけるスーフィズムは、さらに創造性に富むものであった。中期後半を通じ、アナトリアにおいてスーフィズムとシーア派が急速に混合したことは、地域のイスラーム化に寄与したばかりでなく、後に近代世界と対峙することになるイスラームの形態に多大な影響を及ぼした宗教的・政治的運動の表出にも繋がった。一一、一二世紀からトルクメン遊牧民がアナトリアへ流入し、スーフィズムはイスラーム的敬虔さにおける中心的なあり方となったが、それはきわめて多様な形態をとった。コンヤなどの都市部において、スーフィズムは法学的イスラームと密接に織り交ざり——ルーミー自身、その街のマドラサに暮らし、教鞭を執っている——、スーフィズムは統治者や支配エリートが設立したハーンカーなどの施設において、支配エリートによって支えられていた。だが地方の遊牧的環境においては、スーフィーの諸タリーカは驚くほど広範囲にわたる信仰や宗教的実践を包摂していた。比較的新規に中央アジアから移住し、イスラームへ改宗したばかりのトルクメン人の間では、様々なシャーマン的要素がスーフィーという外観の中で残存し、またその中で活性化もした。魂の輪廻に対する信仰や、神との恍惚的接触——サマーウに付随する舞踏によって誘発されるもので、トルコ・モンゴル的シャーマニズムの重要な要素であった舞踏を反映している——などがそうである。トルクメン人の間でバーバー（bābā）として知られるデルヴィーシュたちは、本質的には中央アジアにおけるシャーマンのイスラーム化した後継者だったのである。[39]

さらに重要なのは、このポピュラーなスーフィズムが顕著なシーア派的色彩を帯びていたということである。トルクメン人や彼らのスーフィー・タリーカにおけるシーア派的傾向は、通常は系統立った宗派的形態をとらなかった。例えば、彼らは幽隠状態にある一二番目のイマームの差し迫った再来を期待するというような、明らかな十二イマーム派としての教義を奉じていたわけではなかった。彼らはアリー・イブン・アビー・ターリブとその家系に対する愛情を形式に捉われることなく抱いており、公式的には「スンナ派」とされる諸タリーカに対しても影響を及ぼした。彼らは「スンナ派内部の一種のシーア派化」と呼ばれる事態を象徴している。これは曖昧な言い方ではあるが、これらの宗教的運動の不均質性をうまく捉えている。クブラヴィーヤのようなこれらの教団の幾つかは、しだいにより明確なシーア派的アイデンティティーを帯びるにいたった。だが彼らの信仰や宗教実践における持続的な不均質性は、驚くべき形態をとりえた。トルクメン人の間では十二イマーム派が拒絶するような方法で表されることもしばしばで、アリーを神格化する信仰が起こったのはその一例である。これらの漠然としたシーア派的な運動はまた、トルクメン遊牧民とルーム・セルジューク朝のようなアナトリア諸都市に拠点をもつより集権化された政府との間の社会的緊張が宗教的、政治的に表出したものともなった。例えば、カリスマ的民間説教師であったバーバー・イスハークによって率いられた反乱が挙げられる。この反乱はその重要性に比してほとんど解明されていない。彼は一三世紀中葉に預言者を名乗り、トルクメン人のイスラームの特徴であるスーフィズムとシーア派の不安定な混淆状態を何かしらの方法で利用した。最終的にアナトリアのセルジューク朝はフランク人傭兵の助けを得てこの反乱を鎮圧することに成功したが、バーバー〔・イスハーク〕的な混淆状態へと向かう、宗教的、政治的な潜在性を断ち切ることはできなかった。これとまったく同時期にモンゴルがバグダードのスンナ派カリフ制を打倒したことで、一三世紀後半と一四世紀はシーア派にとって好都合な時期となった。東部アナトリアと北西イランにおける混乱した状況の中で、アナトリアにおけるスーフィズムの「シーア派化」は、サファヴィーヤ出現への道を開いた。彼らは至福千年説を掲げたスーフィー教団で、ピール（pīr）〔シャイフ〕、シャー・イスマーイールの指導のもとイランを征服し、ついには明確なシーア派体制を確立した。そして彼らの保護のもと、国教としての十二イマーム派がイランにおいて確立されるが、これはイスラーム世界では他に類例を見ないことであった。[40]

# 第25章
# 民間信仰

中期イスラーム近東における「民間信仰」とは、議論に値するほどの明確な現象だったのだろうか？　確かに「宗教」は少なくとも社会的に重要な二つの意味において、きわめて「ポピュラー」であった。一つは、我々がこれまで検証してきたような宗教の構造や形態が、人々の社会的アイデンティティーの形成に決定的な役割を果たした、ということである。そして二点目として、宗教的関心が日常生活に浸透し、宗教に基づく希望を抱くことが危機に対する最初の防衛線となったことが挙げられる。個人が危機に瀕した際、神に対して真摯に救いを求めるのは当然の行為であるが、より興味深いのは信仰に基づく期待感を公の場で表明するということで、それは宗教が主要な組織的原理となる社会を反映しているといえる。年代記記者のザハビーは、一二九九年、イル・ハーン朝の支配者ガザンが接近した際の、ダマスカス住民の反応を記述している。マムルーク朝の支配エリートたちが交戦の準備を行った一方で（結果的に無益であったが）、市内のムスリムたちはカーディーや有力ウラマーらによって率いられ、行進を行った。そこではシャイフがブハーリーによる預言者のハディース集を持って先頭を歩き、トーラーを持ったユダヤ教徒や福音書を持ったキリスト教徒までが行進に加わることでエキュメニズムは頂点に達し、全能者の慈悲を祈願したのである。[1] だが、「民間信仰」というフレーズが意味するものは少々異なっている。それは学者や法学者、崇敬を受けた神秘主義者が定義したものと相反するものではなかったとしても、少なくともそれとは区別された信仰や宗教的実践であって、〔特に社会下層の〕民衆の関心や優先事項によって形成されたものなのである。

冒頭の問いに対する前置きとしての答えは、慎重な「イエス」である。確かに、「当時の」一部の学者たちがインスピレイションや人々からの正統性〔の承認〕を導くと考えていた、〔ウラマーが知識を獲得するプロセスとは別の〕ある宗教体験のカテゴリーが存在した。そしてその人々とはイジュマー、つまり「合意」を通じ、何が「イスラーム」を構成するかという範囲を確立するための非公式かつ決定的なプロセスに加わる資格をもったウラマーの一員としては広く認知されていなかった人々であった。これらの実践に対する抵抗は様々な方法で表現されたが、最も一般的だったのは「逸脱」という言葉で、預言者のスンナによって承認された前例が見当たらない、受け入れがたいビドアを成した様々な現象を指している。逸脱に対する敵意はイスラームの議論における永続的な要素であると同時に、微妙な差異をもつものでもあった。多くの学者たちが許容可能な、さらには推奨される逸脱〔例えば新技術の導入など〕を識別してきたが、中期においては、そのテーマは耳障りな、さらには暴力的な言動を伴った。その反対はイデオロギー的なもの、つまり何がイスラームを形成するのかという問いに対する特定の理解や構成概念を反映していたが、それが痛烈に批判した実践というのは、きわめて現実のものであった。これら宗教体験の多くは、公的な祝祭や祝賀という形態をとったか、もしくはその中で行われた。例えば、ナウルーズとして知られる祝祭は、正確に言えばイスラーム的なものではなく、ペルシアの新年祭に起源をもつが、古代末期から中期にかけてシリアやエジプトをはじめとする地域のムスリムやキリスト教徒の間で流行した。その人気は祝祭に付随する行為、すなわち、食料や飲料の過剰な消費や贈り物の交換、仮装や性的な戯れ、新しい服の着用、パロディー的異性装などに由来するものであったことは疑いない。これらの行為は、古代の農神祭や、中近世ヨーロッパにおけるカーニヴァルを彷彿させる。またそれが様々な社会的圧力への安全弁として機能していたという説明はもっともである。だが当然この祝祭は宗教学者（一四、一五世紀のカイロにおいて軍事権力と協働し、ときには鎮圧に成功することもあった）による攻撃の的となり、彼らの反対によって祝祭はイスラームのアイデンティティーや正統性をめぐる論点の一つとなったのであった。[2]

この「民間信仰」の特徴とは何であろうか？　まず初めに、民間信仰はスーフィズムと同一のものではないが、スーフィズムとほぼ一体となっていることを指摘しなければならない。我々はすでに諸タリーカの明確化や、神秘主義的体験と結びついた様々な実践の普及などに表されるスーフィズムの日常化が、少なくとも住民の間では名目上はスーフィーと同一視される事柄の普及に貢献してきたことを見てきた。諸タリーカが修練の浅い信者たちをスーフィーの道へと引き込むことで、厳格な修行よりもたやすく神秘的恍惚の境地へ至るための方法として、神秘主義者たちに呪術や魔術、香、さらには興奮誘引物質などを使用することを推奨したのではないかと主張する人々もいる。[3]　その真偽はともかく、スーフィー施設の拡大はスーフィズム、あるいは少なくともスーフィーと目された人物に対する広範な支持基盤を反映していると同時に、触媒的に作用するものでもあった。これらのすべてが、支配者やその他の裕福な人々によって都市に設立された、財源の潤沢なハーンカーであったわけではない。特にエジプトやシリアにおける各都市、町、村において、様々な規模の施設が散在していた。それはしばしばザーウィヤと呼ばれているが、これらの多くはある特定のシャイフのため、また彼によって建設されたり、彼に結びつくようになった、小さなモスクや救貧施設に等しかった。これらの施設は必ずしも特定のタリーカに属していたわけではなく、施設とそれを統率するシャイフたちは、周辺共同体との密接な繋がりをもっていた。彼らは寄進によってではなく、そこにいつも出入りする人々の寄付によって資金を得ていた場合もあり、そこでのシャイフは民衆に対する重要な宗教的・社会的機能を担っていた。彼らは礼拝を統率し、説教やズィクルを行うことに加えて、近隣の人々に対して基礎的な教育を施したり、書記や公証人としての役割を果たす場合もあった。言い換えれば、彼らは支持者にとって最も身近な宗教的知識の源泉となっていたのである。[4]

民衆の宗教体験や期待感の二点目の特徴は、聖者としての性質や学識によって崇敬を受けた特定の人物に焦点が合わせられていることである。部分的にせよ、この点はイスラーム文化のより広範な形態を反映しているといえる。すなわち、教師と弟子の密接な関係や、スーフィー・シャイフが宗教的な導師として果たした役割など、これまで我々が見てきた権威の個人的で「系譜的」な構造である。とりわけ民間説教師は都市のムスリム住民の間で相当な支持者を獲得しており、その時代の年代記や伝記集は、膨大な群衆を惹きつけた説教師や、「人々」が多大なる「信頼」を寄せた説教師に関する記述に事欠かないのである。[5]これら崇敬を集めた人物には、イブン・タイミーヤのような、申し分なく尊敬に値する学者も含まれていた。イブン・タイミーヤが数回にわたって拘束された際には、それに刺激される形で暴動や騒乱が発生している。またスユーティーは、他のウラマーとの関係は良好でなかったにもかかわらず、民衆からの根強い支持を獲得し、死後間もなく彼の墓は崇敬と参詣の対象となった。[6]しかし、それ以外の広く崇敬を受けた人物について言えば、ウラマーが宗教的知識の拡散を統制しようと試みた制度的・社会的チャンネルからは外れて活動しており、このことは重要事項としてウラマーの関心を集めた。

　だが民衆の個人に対する崇敬はまた、崇敬を受けた人物の果たしえた社会的役割をも反映していた。あらゆる社会階層に属するムスリムたちが、これらの聖者に対し、神や権威を認められた人々への執り成しや仲介を求めた。敬虔な人物が他者のために神に誓願を行いうるという期待感は、クルアーンの章句にその可能性を否定していると見られる言及がある（第二章四八節など）にもかかわらず、中期ムスリムの信仰心の表れとしていたるところで確認される。主に終末における執り成し（シャファーア＝shafāʿa）を求められた最も重要な人物はもちろん預言者ムハンマドであったが、より地域に密着し、それゆえより直接的で身近であった人物は、宗教的関心や期待感を一身に背負わされたのであった。例えば、敬虔さや学識、宗教上の功績によって崇敬を受けた人物の墓を参詣するという一般的な行為（ムスリムと同様、近東のユダヤ教徒やキリスト教徒も行っていた）の裏には、病の治癒や安産の祈願、負債の軽減などを神に対して執り成してもらうという狙いがあった。[7]だが、存命の学者や「聖者」も同様にその能力があるとされ、特に差し当たっての社会的対立を解消するための執り成しの場合、なおさらであった。一五世紀後半から一六世紀前半のエジプトにおいて人気を博したあるスーフィーは、四〇年にもわたる信仰に基づく禁欲生活の中で、いかに神へと至るか、またいかに罪を悔い改めるかという導きを求めた者はただ一人もいないと不満を述べている。その代わり、人々は彼に世俗的な不満に対する解決法を尋ねたという。つまり、彼らの奴隷が逃亡した、主人が不公平である、友人や隣人に欺かれたり傷つけられた、といった内容であった。シャイフの支持者には民衆はもちろん、スルターン・カーンスーフ・ガウリーをはじめとするマムルークの支配エリートも多く存在した。そのため、ある歴史家は次のように書き記している――俗世間を棄てたにもかかわらず、それが彼に向かって逆流してくるのを見た、と。[8]

三点目としては、民衆の宗教実践や期待感において、混合的な要素や形態がより顕著であったことが指摘できる。我々が二一一頁で見たような、近隣のユダヤ教徒やキリスト教徒の宗教的祝祭に参加するムスリムに関する記述は中期において頻繁に確認され、またそれを根拠にムスリム学者側は繰り返し反発した。シリアのハンバル派法学者イブン・タイミーヤや、マグリブ出身でエジプトに居住した同時代のマーリク派法学者、イブン・ハーッジュに代表される法学者たちは、枝の主日や復活祭などのキリスト教徒の祝祭に没頭したり、安息日をとるというユダヤ教徒の習慣を真似して金曜に休息したムスリムたちを激しく非難した。ムスリムが彼らの隣人であるズィンミーから取り入れた習慣の多くは、我々が「迷信」と呼ぶものに等しかった。具体的には、復活祭後の土曜日に水とハーブを調合した薬液で身体を洗い清めると病や「邪視」を寄せつけない、翌年も暖かく過ごせることを願ってクリスマスにある特定の食べ物を用意する、また魔力をもつとされたヘブライ文字の書かれた護符を購入する、という例もある。[9] このような行為を行っていた人々の間では、「宗教」と「迷信」の区別はほぼ間違いなく失われていた。さらに、イブン・タイミーヤのような辛辣な批評家ですら、ムスリムたちがそのような行為にふける理由として、単純にそれが楽しいからであると認めている。彼は「実態として、女性と子供、そしてほとんどの男性が、怠けたり娯楽に興じることのできる祭日が来るのを非常に楽しみにしている」と述べている。彼の分析によれば、「その理由は、しばしば多くの王や指導者たちが、祝祭という人々の習慣を改めさせることを怠ったからである。なぜならば、そこには人々の抗いがたい内面的必要性とともに、祝祭において大衆が派手に騒ぐという習慣があったからである」という。[10] だがさらに厳格な法学者たちは、軽薄な言動は弁解の余地すらないと考えていた。中期、ほとんどの地域が減少したとはいえ重要性を保っていたズィンミーを抱えていたという状況では、ムスリムと非ムスリムの物理的な分離は不可能であった。だからこそイブン・タイミーヤは、心理的にも、また社会的交流においても、宗教共同体の区別を強調することの重要性を述べているのである。そしてその目的からすれば、特に問題を大きくしたのは宗教上の祝祭がもつ非常に公的な性格であった。「全面的にしろ部分的にしろ、ズィンミーとともに彼らの祝祭に加わることは、全面的にしろ部分的にしろ、不信仰な行為に加担することに等しい」と彼は述べている。実に、「祝祭というのは、ある宗教の法を他の宗教の法と区分するものであって、その最も顕著な象徴なのである」。法学者たちが懸念したのは、そのような行為によって、無知で騙されやすいムスリムが十字架による祝福や洗礼を求めるような方向に靡《なび》いてしまうことであった。[11] 仮に誇張があったとしても、この懸念はまったく根拠がないとは言えない。少なくとも一部の場所ではそうであっただろう、というのも、同時代のアナトリアのムスリムたちがまったく同じ行為を行っていることを記した記録が存在するのである。[12]

これらの史料記述から、ある意味で「ポピュラー」とされた信仰や宗教的実践の層を位置づけることはおそらく可能であろう。中期における多くのムスリム学者たちが民間信仰の明確な特徴を理解し、それが彼らの確立したイスラーム体系にとっての脅威となると信じていたことは疑いない。イブン・タイミーヤやイブン・ハーッジュはそのなかで最も精彩を放った例であるが、民間信仰に対する議論は、実際に中期イスラームにおける学術的議論の主題の一つであった。そしてその議論の中で、学者たちの反対する民衆的実践は通常「逸脱」(ビドア) という言葉で称された。何を逸脱とし、何を受け入れられる行為 (スンナ) とするかという区分は古くからなされ、それについての多くの議論が、受け入れられるもの、もしくは奨励すべき逸脱とそうではないものという区分を積極的に行ったことからも明らかなように、きわめてニュアンスに富んだものであった。だが、逸脱的な特定の行為に加え、逸脱という観念そのものを非難するという論考も多く存在し、その代表的な著者はイブン・タイミーヤであった。そしてイスラームのスンナに対する攻撃とみなされたものに対する激しい非難からは、これらの学者と彼らの非難する行為との間の鬩《せめ》ぎ合いが中期イスラームにおいて重要で特徴的なあるものを反映していると考えられるのである。[13]

学者たちの見地からすると、民間信仰の危険性とはすなわち、彼らの権威に対する挑戦であった。まず第一に、民間信仰的な祝祭や実践にシャリーアに反する行為がしばしば付随することにより、ウラマーの権威の基礎となった法的・論理的体系が侵食されるということが挙げられる。預言者誕生祭（マウリド＝mawlid、口語ではムーリド＝mūlid と呼ばれる）は、起源は不明であるものの、中期を通じ最も普及したムスリムの年中行事の一つとなった。マウリド期間の人々の振る舞いを描写したイブン・ハーッジュの記述からは、生々しく詳細な記述が得られる。騒々しく浮ついた祝祭は、「強烈な誘惑と最も深刻なスキャンダル」の原因となったと彼は言う。その期間中、男女は自由に混じり合い、それによって彼らの心は「魅了され」、「信徒にとって不適切な」行為に耽るというのである。[14] イブン・ジャウズィーの論考に見られる例についていえば、性的な不品行に関する懸念は、事実、学者の間では共通の論題であった。イブン・ジャウズィーはその論考の中で、民間説教師や物語師の活動を批判している。彼らはモスクや街角で訓戒の説教を行い、宗教説話を語ることによって聴衆を楽しませていた。彼の言説からは、その集会には定期的に女性が参加し、物語師たちが彼女らを男性から隔てることを怠っていたことが窺える。男性と女性が比較的自由に混在したことにより、それらの集会は純粋に宗教的でない理由で聴衆を惹きつけることになりえたと、少なくともイブン・ジャウズィーは示唆しているようである。彼は物語師に対し、「［参加する女性に］男性の欲望を刺激するような装いを禁じるべきである」と主張している。[15]

二点目として、民間信仰がこの父権社会におけるジェンダーのヒエラルヒーに対する脅威となったことが挙げられる。このヒエラルヒーとは、シャリーアとウラマーの権威の性質に特有のものであった。我々は女性が宗教的知識の伝達において、限定的だが意義深い方法で関わってきたことを考察してきた。それでも、宗教的に権威あるウラマー・エリートの地位を男性がほぼ独占するという状況を打破することは叶わなかった。だが民間信仰の世界においては、状況は完全に異なっていた。隣人であるユダヤ教徒やキリスト教徒の慣習や儀礼を吸収する過程に女性たちが寄与していたことは、イブン・ハーッジュの詳細な記述からも明らかである。ここでは、民衆の宗教生活においてスーフィズムが顕在化したことが重要性をもったと考えられる。例えば、預言者のマウリドなどの人気の高い祝祭において、公的な場でズィクルを行う女性の神秘主義者たちを率いるシャイハ（shaykha：シャイフの女性形）の存在が挙げられる。さらに民間説教師や物語師の中には、多数の女性が含まれていた。彼女たちは女性、もしくは男女混合の聴衆にハディースや宗教説話を語り、その解説を行ったが、当然、イブン・ハーッジュは彼女たちを非難している。つまり、男性の学者ですらしばしば誤りを犯すのに、「歪んだ根と枝をもち」、「健全」なものと「原型が損なわれている」ものの違いを説明することができない女性が宗教的諸問題を説明しようものならその危険性はいかばかりか、というのが彼の論拠であった。[16]

第三の問題は、宗教的指導者として民衆の尊敬を集めた人物の性質や養成課程に関するものである。当然ながら、ウラマーは神に一生を捧げて俗世間から隔絶された聖職者というような閉鎖的なエリートではなかった。議論の余地はあるにしても、このことは中期イスラームに大きな社会的強度を与える源であったが、それと同時に、多くの学者が不適当と考えていたにもかかわらず、民衆に対して宗教的な知識の伝達に加わる機会を与えた。民衆（アーンマ＝ʿamma）はしばしばアーリム（「学者」）を生み出したのとはまったく異なる手法や「テクスト」によって権威を得た宗教者に対し、大きな信頼を寄せていたと見られる。ときにこれらの人物は（故意に、そして露骨に）気取ったウラマーをパロディー化した。一三世紀から一四世紀のダマスカスにおいて、「ムワッラフーン」（muwallahūn）として知られ、社会周縁に生きる聖者の宗教的権威がアーンマの間で高く評価された。このムワッラフーンという単語は、両者の間にある類似性が存在するにせよ、カランダリーヤのようなタリーカを意味するものではなく、単純に「常軌を逸した神秘主義者」の集団を指す言葉である。彼らは反律法的で（ごみの山に暮らす、宗教的に不浄なものによって汚された衣服を着用する、意図的に礼拝や断食を拒否するなどの）奇抜な生活を送り、様々な公の場でのパフォーマンスを通じ、ウラマーの学識を真似ては愚弄した人々である。[17] しかし他の事例では、民衆の信頼を得た宗教者はそのようにウラマーをパロディー化するよりは、むしろ自分「こそ」が知識をもちあわせていると主張している（ウラマーからすればそれは誤りなのだが）。つまり、彼らは十分な養成課程や準備を経ることなく、イルム（宗教的知識）を手にしたと主張したのである。例えば、物語師や民間説教師の大半は（彼らに批判的なウラマーに言わせれば）根拠の乏しい題材を無分別の大衆に伝達している人々であった。根拠の乏しい題材とは、出典のないハディース、人気を博しながらも信憑性に欠ける、「イスラーイーリーヤート」として知られる前イスラーム期の預言者に関する説話、評判の高い学者の指導を受けずに書物から学んだ事柄、さらには夢の中で預言者から伝達されたという内容まで含んでいた。要するに、彼らはウラマーの権威の範囲を定義する（イジャーザによって証明される、名声ある教師のもとでの個人的指導などの）方法以外から得た宗教的知識を伝達していたのである。[18]

最後に、そして最も重要な問題として挙げられるのは、民間信仰が人々の「イスラーム」そのものに対する理解を形成するという潜在的な危険性である。イブン・タイミーヤの見地からすれば、ズィンミーの祝祭に対するムスリムの参加を許容することは、さらなる危険を招くことに繋がった。「ひとたび民衆の間にその慣習が広まると、彼らはすぐにその起源を忘れ、自分たちの慣習、いや自分たちの祝祭であるとし、それに参加するようになるというさらなる危険性がある。それは神の認めた祝祭に対抗し、さらにはそれを抑圧するもの」であった。[19] 度を越した宗教的行為は、それ自体は無害であっても、反復することによって人々がそれをイスラーム的、つまりは信仰の必要条件であり、スンナであると思い込むようになると、危険となりえた。そのため法学者たちは、例えばラジャブ月の断食という慣行を懸念し、それがシャリーアによって規定されているとアーンマが信じはじめることを危惧したのであった。[20]

さらに問題を悪化させたのは、アーンマ自身が信仰の形成――学者たちの観点から見れば誤った形成なのだが――に寄与した可能性すらあったということである。宗教的伝統に関する非ウラマーの態度は、決して受動的なものではなかった。現存する史料の性質（そのほとんどがウラマーの手で編纂されたものであるが）から、イスラームの形成においてアーンマがどの程度寄与したかを再現することは困難である。しかし、少なくともアーンマがこのプロセスにおいて役割を果たしたという可能性を認めなければ、宗教社会史に対する我々の理解は不完全なものとなろう。一例を挙げるなら、説教師たちは、聴衆から大量の質問を浴びせられ、彼らの見解を説明、擁護するために何時間も費やすことを余儀なくされていた。[21] 民衆は宗教的諸問題に関する意見を様々な方法によって表現することが可能であった。彼らの中には間違いなく教養のない者も含まれていた。一五世紀後半のアレッポにおけるマーリク派カーディーの例を見てみよう。その法学者は人気を博していたあるスーフィー・シャイフによって不信仰者であると非難された。シャイフの支持者が人々の間で増加したことを受けて当局はそのカーディーを打ち、市中を引き回すことによって人々の非難の声に応えた[22]（皮肉なことに、あの厳格なイブン・タイミーヤ自身もアーンマの中に多数の支持者を抱えていた。中期の旅行家イブン・バットゥータによれば、かつてあるマーリク派の法学者がイブン・タイミーヤの擬人神観を非難して彼の説教を中断させた際、群衆はその法学者に向かい、彼を打ったという）。[23] 民衆の意向がイスラームの一般的な理解を形成するという潜在的な可能性は、一五世紀の学者スユーティーがなぜ民間説教師や宗教説話の朗読者を非難する論文を著したかという説明からも見出すことができる。それによれば、ある物語師が聴衆の前で真正ではないハディースを引用したことに対し、スユーティーはファトワーの中で、その物語師はハディースの信憑性を彼自身のような名声ある学者に確認しなければならないと述べた。それに対する物語師の反応は感情的なもので、「私ほどの人間がハディースについて学者に確認をとらなければならないというのか」と激怒し、「ならば私は人々に確認していただこう！」と言った。しまいには彼は聴衆をけしかけ、彼らはスユーティーに立ち向かい、投石を行うと脅したありさまであったという。[24]

民衆の実践や期待感は、彼らのイスラームに対する理解や経験を形成する上で重要な役割を果たした。近東諸地域のムスリムの間で最も普及した宗教実践の一つは、特に篤信や学識において名高い人物の墓を参詣する行為（ズィヤーラ・アル＝クブール＝ziyāra al-qubūr）であった。参詣者は墓で祈りを捧げることにより、亡くなった聖者の祝福や宗教的力（バラカ＝baraka）によって恩恵を受けることができると信じていた。中期後半、この慣行はカイロにおいて大いに流行し、一大産業となったのである。そのことはシャイフが組織化された参詣者の団体を率いて市壁の外に広がる墓廟地域へと出向いたり、神聖視された墓とその主の能力についての解説をカタログ化した墓参手引書が出版されたことにも表れている。この慣行に対してイブン・タイミーヤをはじめとするウラマーから相当な抵抗が起きたが、その反対の声は拡大しなかった。それどころか、近東ムスリムの間の墓参人気の高まりによって、少なくとも一部のウラマーはそれを受け入れ、容認したのである。イブン・ハーッジュはその事実を嘆きながら、かつて宗教的諸事については民衆が学者を見習っていたのに、それがいまやウラマーが民衆を真似るようになってしまったと皮肉を込めて述べている[25]。

イブン・ハーッジュは一部の学者たちが墓参のような慣行の流行に屈服し、民衆にその「承認」を与えているという事実を混乱として捉えたが、歴史家の視点で言えば、彼の報告は、あらゆる人々が担ったイスラームの構築が、複雑かつときに矛盾を孕んだ現象であったことを思い出させてくれる。一方、イブン・タイミーヤやイブン・ハーッジュらが非難を浴びせた民間信仰に属する諸慣行は、ウラマーの宗教的権威と彼らが擁護したイスラームの整合性に対する挑戦であった。我々が〔スンナ派の社会全般における〕「再中心化」のプロセスを中期イスラームの発展における主要なテーマとして位置づけることが正しいのであれば、ズィヤーラ・アル＝クブールをはじめとする実践が継続し、それを多くのウラマーが（ときに不承不承）承認したことは、求心的かつ均質化を求めるという「ウラマーのイスラーム」による圧力に対峙する潮流、またそれらに抵抗する形態として理解できよう[26]。別の言い方をすれば、文字知らずのイブラーヒーム・マトブーリーや、ウラマーと彼らのテクストが眉をひそめた、根拠の乏しい宗教説話を語った物語師など、この「ポピュラー」な宗教生活に関与した人々は、ウラマーの権威を「刻定」するプロセスに対抗するよう機能したのである。また一方で、民衆に端を発する、あるいは彼らが支持した宗教実践をウラマーが受容したことは、我々が「民間信仰」と呼ぶものと法学者や学者たちのそれ――つまり、「ロー・カルチャー」と「ハイ・カルチャー」――が、文化生活において外部からの干渉を受けない、各々孤立したカテゴリーを構成していたと推測することに対して警鐘を鳴らしている。ズィンミーの祝祭や預言者誕生祭の大騒ぎに加わったのはアーンマだけではなかった。イブン・ハーッジュは「宗教的知識を自負する者」が、民衆と同様にそれらの祝祭に夢中になっているのが見受けられると述べている。彼はスーフィーのような羊毛を纏ってズィクル集会とクルアーンの読誦を率いたシャイハたちを非難した後、いかがわしい「歌う女」とは死んでも関わらないような、慎み深く尊敬に値するシャイフたちが、女性らが率いる宗教的パフォーマンスに出席していると非難した。[27]「民間信仰」という概念は、中期イスラームにおける宗教文化のある層を理解するための有用な分析ツールでありつづけている。しかし、その層こそがイスラーム的だったと言っておきたい。つまり、それはイスラームにおいて、テクストに基づくウラマーの権威に匹敵する役割を果たしたのである。[28]

　これまでの議論を総括すると、中期近東におけるイスラームの宗教文化の複雑性、そしてその流動的な形態が浮かび上がってくる。我々が「民間信仰」と呼ぶものをめぐる鬩《せめ》ぎ合いは、この時代のスンナ派イスラームのアイデンティティー全体の中核に位置するものであった。その根底にあった問題とは権威に関するそれ、すなわち、誰に「イスラーム」を代弁する特権が与えられているのか、という問いであった。ウラマーは確かに強力な権利を手にし、中期の混沌とした政治情勢の中で、ときに特権的な社会的役割を演じた。だが、イジュマー（合意）以外に何がイスラーム的として許容できるかを確立するメカニズムが存在しなかったことで、この段階において彼らの権威を制度化するための絶対的な方法はなかった。逸脱（ビドア）、民間説教師と物語師、ズィンミーの祝祭を軽々しく採り入れること、墓参、預言者誕生祭における放埒ぶり、これらに向けられた論争のすべてが、ウラマーにとって、彼らの権威をより現実のものとするための試みだったのである。しかし大勢の中にあっては声を上げてもそれは多様な見解の中の一つでしかなく、また常に矛盾なく明確に表明されたものでもなかった。結果として、「許容可能」なカテゴリーは多くのウラマーが望んだ以上に開放的で、抜け道の多いものであった。そしてそのことは中期イスラームにおける宗教生活の多様化に大いに寄与したのである。

# 結部《エピローグ》　第26章

# 中期から近代イスラームへ

『中世イスラーム――文化的方向性に関する研究』と題した著書において、東洋学者のG・E・フォン・グルーネバウムは、キリスト教ヨーロッパと同様、イスラーム近東における中期社会と近代社会の相違について、社会的アイデンティティーの所在が変化したことに求められると主張した。彼は、「中世」における宗教上の結びつきは個人の見解を形成し、世界における自らの位置を自身および他者が理解する上で基礎を成す要素であるとした。個人が自らを地元社会に定着している、もしくは政治権力のどこかの地域拠点に結びつけられていると感じたのは、二次的なレヴェルにおいてであった。そして自らがより広範な国家的・民族的共同体の一部であるという意識は、結果論に過ぎなかった。フォン・グルーネバウムは、「これらの忠誠心の強さの段階的な逆転は、中世の終焉を意味した」としている。[1] 東洋学が提示した数々のテーマと同様に、フォン・グルーネバウムの見解も、おそらくはある種の真実を含んでいるだろう。だが、単純化しすぎることにより、多くのものが曖昧となってしまう危険性がある。我々がこれまで見てきたように、宗教的アイデンティティーという問題は、我々が「中期」と呼んできた時代においてもなお複雑であり、その複雑性は、その時代が終焉を迎えた後になっても解消されるものではなかった。さらに、二一世紀初頭において新聞を読んだことのある者ならば誰でも認識しているように、宗教的・地域的・国家的アイデンティティーの中で、宗教的なそれは決して取るに足らない場所に追いやられてしまったわけではないのである。

この結部《エピローグ》では、一五〇〇年から一八〇〇年までの近東における宗教的アイデンティティーと権威の発展について、簡単に触れることにしよう。一六世紀の初頭は、近東のムスリムにとって、極めて重要な時期であった。というのも、その時代、変化をもたらす二つの出来事が生じたからである。初めに挙げられるのは、サファヴィー朝によるイランの征服（一五〇一／二一）と、その結果としての住民の十二イマーム・シーア派への改宗である。二番目に、オスマン朝がマムルーク朝を破ったことが挙げられる（一五一六―一七年）。それにより、シリア、エジプト、ヒジャーズは彼らの帝国に併合され、オスマン朝はその地域において最も優位に立つスンナ派国家となったのであった。これら二つの国家間には、ある程度の構造的類似性が認められたが、時代を経るにしたがい、イスラーム的とは何かという理解をめぐって、まったく異なる見解を打ち出すようになった。両者は重要な方法で先立つ世紀における宗教的発展、つまり中期イスラームにおいて特徴的であった諸形態、諸制度を利用したが、同時に新しい宗教的権威の構造をも打ち出し、これらは近現代のムスリムたちが彼らの信仰を経験する方法を形づくることとなった。「近代」とはいったい何であったか、そしてそれはいつ始まったのかという問題は議論を要する。だが、我々の目的に限って言えば、一八〇〇年というのはこの議論にピリオドを打つためには一番適した年代となろう。

オスマン帝国とは、アッバース朝初期以降、統一されたムスリム・ウンマの理想を政治的に表現するための、おそらく最も野心的な試みであっただろう。オスマン朝が当初、中期において分裂し断片化したイスラーム政体を支配したトルコ系軍事体制の一つにすぎなかったという点で、この事実は重要である。少なくとも名目上、オスマン帝国の権威に属した地理的範囲は広大であった。一六世紀の後半までに、トルコの中核地域であるアナトリア、南東ヨーロッパにおけるオスマン朝諸州、最西部にマグリブを含む、アラブ地域のほぼすべてにおいて、オスマン朝のスルタン〔ここでは文脈に従い、トルコ語読みで表記する〕の名前は金曜礼拝の説教の中で言及された。しかし、オスマン帝国の野望はさらに拡大した。彼らはインド洋におけるヨーロッパの軍事および商業活動と対峙する戦略をとったのである。一六世紀後半、オスマン朝海軍は、はるかインドネシア諸島のスマトラにおけるムスリムの統治者に援軍を派遣している。オスマン朝にとっての軍事遠征は、彼らの宗教的アイデンティティーと使命に対する理解と一体として結びつけられた。オスマン朝のルーツは、マラズギルトの戦いに続いてアナトリアに興った遊牧的トルコ系諸君侯国にあり、ビザンツ帝国に対して積極的な聖戦を仕掛けた。一四五三年にコンスタンティノープルを占領することにより、ついにキリスト教ローマ帝国を滅亡させたのはオスマン朝であった。彼らはヨーロッパにまで攻め入り、キリスト教勢力と長期にわたる戦闘を繰り広げた。その結果、彼らがダール・アル＝イスラームの拡大に尽力したガーズィー（ghāzī：「聖戦士」）であるという名声は、オスマン朝国家を形成する上で基礎となるイデオロギー的要素の一つとなったのであった。[✤2]

様々な点で、オスマン朝時代における宗教生活は、先立つ数世紀における発展に負うところが大きかった。イスタンブルはもちろん、アナトリアや帝国に属するアラブ諸州においても、宗教生活の組織的構造は、中期においてウラマーの便宜を図るために支配者が建設し、寄進を行ったのと類似するマドラサとスーフィーの修道場によって占められていた。当然のことながら、そこには幾つかの変化も見られた。例えば、オスマン朝においてはハナフィー派の法学派《マズハブ》が支持されており、帝都であるイスタンブルは、カイロなどの中期におけるムスリムの学術拠点を凌ぐようになった。だが、支配層に属する人間がムスリムの宗教生活における財政的・組織的枠組みを提供するという形態は継続し、カイロやエルサレムのようなアラブ諸州の都市は、スルタンやオスマン家の人間、州の統治者によって設立された施設によって恩恵を受けつづけた。先の数世紀と同様に、スーフィズムは支配的な役割を果たしつづけたが、その形態は根本的に異なるものとなった。オスマン期において人気を博したタリーカの一つに、ナクシュバンディーヤがある。彼らはイスラーム法に深い敬意を払う穏健な見解を打ち出したことで、ウラマーからの支持を拡大した。ハルワティーヤは中期後半のアナトリアとアゼルバイジャンにおける混乱した宗教的環境にルーツをもつが、同地からはクブラヴィーヤとサファヴィーヤの両タリーカも誕生した。クブラヴィーヤがシーア派と至福千年に対する期待感へと向かっていき、サファヴィーヤが最終的に十二イマーム・シーア派への帰依を表明した一方で、オスマン領内におけるハルワティーヤは、イスタンブルおよび諸州において、支配層からの支持を獲得した。だが、スーフィーの諸タリーカが行う特定の実践に対しては、引き続き一部の宗教学者から疑念の声も聞かれた。例えば、ハルワティーヤがコーヒーを興奮剤として用いていたことが挙げられる。他の過激な例としては、ベクタシーヤのようなタリーカは、幾つもの疑わしい教義や様々な宗派、思想が混合した実践を行っていたようである。それにもかかわらず、このタリーカは、オスマン軍の中核を占めた常備歩兵軍団のイェニチェリ軍から特に人気を博したことにより、寛大な処遇を受けていた。

しかし、オスマン期において、宗教生活の構造において重要な変化が起こったことも事実であった。とりわけ、宗教制度はより緊密に国家と結びつくようになった。我々は前の諸章で、統治者たちとウラマーの「共存」という形態が近東における中期イスラームの特徴であることを考察した。オスマン期において、高位のウラマーは国家と緊密に結びついて帝国の宗教的諸事を管理、監督する、精緻なヒエラルヒーの一部を構成するようになった。オスマン朝は、宗教、法学諸学を修め、その伝達と適用を職業的に担う人々のことを「イルミイェ」（ilmiye）、すなわち「学識者層の組織」〔ウラマーによって構成された、司法と教育を統括する行政組織〕と呼んだ。この集団には、綿密に格付けされたカーディーたちのネットワークが含まれていた。彼らは国家から俸給を受け取り、シャリーアに従って裁定を下すほか、行政上の様々な責任をも果たしていた。カーディーたちは帝国における主要なマドラサの卒業生や教授のなかから、厳密なヒエラルヒーに基づいて任命された。（少なくとも一六世紀以降、）この宗教制度の頂点に立っていたのはシェイヒュル・イスラーム（shaykh al-Islām）であった。その地位はもともとムフティー（mufti：ファトワーを発布する者）の地位であったが、最終的にはイルミイェ制度のすべての監督を担うこととなり、国家の政策決定において、重要な発言権を有するようになった。シェイヒュル・イスラームが重要性を帯び、近代まで存続するイルミイェの構造を決定する上で中心人物となったのは、エビュッスウード・エフェンディ（一五七四歿）であった。彼は一六世紀中葉のオスマン朝の法学者で、この職をほぼ三〇年間にわたり務めていた。[3]

ウラマーと国家間の関係が変容していく形態は、一様ではなかった。オスマン国家はおそらくはそれまでのいかなるムスリム体制よりも、明確にシャリーアと結びついていた。シャリーアの施行は、オスマン朝が統治を主張する上で中心となるイデオロギー的支柱の一つとなった。その一方で、ウラマーの「官僚化」は、その多くを実態としては国家の雇れ人とすることにより、必然的に彼らの独立性を制限することとなった。さらには、スルタンの国家とウラマーが組織的に結びつくことで、シャリーアに関する統治者の大権が限定的にせよ、大幅に拡大する結果となった。これには、オスマン朝のスルタンが試験的にカリフ位を主張したことも含まれる。一二五八年にモンゴルがバグダードを破壊し、最後のアッバース朝カリフを殺害してから、カリフの地位は幾分あやふやなものとなっていた。マムルーク朝はあるアッバース朝の家系をカリフ朝としてカイロに擁立したが、すでに見てきたとおり、その制度はほとんど実効性を伴わないものであった。唯一、（オスマン朝を含む）ムスリムの統治者たちが時折彼らの統治に対してカリフからの公式の承認を求めるのみであった。（一五世紀初頭以降、オスマン朝を含む）ムスリムの統治者たちは、しばしばカリフという地位を威厳ある敬称として用いたが、そこに彼らの権威の「本質」がいかなるムスリムの統治者よりも偉大であるという含みは必ずしもなかった。だが、「立法者」と称されるスルタン・スレイマン（在位一五二〇—六六）は、シェイヒュル・イスラームのエビュッスウードの指導により、（イスタンブルに彼が建設した巨大なモスクの入り口に刻印されている）「全世界の主の預言者のカリフ」という地位、あるいはさらに議論の的となりそうな「神のカリフ」という地位を、より組織的に称するようになった。この主張は、国家に任命されたカーディーたちが法廷で施行するハナフィー派としての見解を定める上でスルタンの権威を利用しようとした、エビュッスウードの試みに基づくものであったようだ。このことは（カリフとしての）スルタンが、ミフナ以前のカリフたちのように、何が真にイスラーム的であるかを「決定する」というような、包括的な主張を含むものではなかった。だが、それは許容されるとみなされるものの範囲をさらに狭めていくことに等しかった。このプロセスは中期イスラームの特徴であったが、この試みはそのプロセスにおいてウラマーと並び、ときにはそれを超越するような役割をオスマン朝のスルタンに対して授けたのであった。[4]

それと同時に、世俗的・宗教的権威が緊密な共生関係にあることは、ウラマーがスルタンの権威に完全に従属してしまったことを意味するわけではなかった。例えば、一七世紀において、シェイヒュル・イスラームがスルタンの廃位に際し、それを容認する旨のファトワーを出した例が確認される。さらに、オスマン朝のウラマーは学問的にも社会的にも決して一枚岩ではなかった。必ずしもウラマーのすべてがシェイヒュル・イスラームやカーディー、イスタンブルのマドラサにおける教授のような地位と密接に結びついてはいなかった。宗教組織における古く、より非公式な制度は特にアラブ諸州で普及しており、ウラマーは国家からの俸給以上に、寄進に基づく収入を頼りとしていた。これらのウラマーは統治者と非統治民との調停者としての役割を果たしており、オスマン朝国家によって派遣されたカーディーや宗教職にある人々と対立することもあった。イスタンブルにおいてすら、最も広義でのウラマーは多様であり、ときに互いの利害が衝突するような、本質的に異なる集団から成り立っていた。実に、ヒエラルヒーが確立していくにしたがって、ある階級におけるウラマーを別のウラマーから区分する社会的な線引きは強固なものとなった。例えば、指導的立場にあるカーディーや教授たちは、息子たちに自らの職歴を継承させることを目論むようになった。それに伴う社会的・職業的な不満を反映して、入念に格付けされた宗教および法学教育のヒエラルヒーの中で、ソフタ（softa）として知られる低位の学生たちは、都市における無法な暴徒としてしばしば史料では言及されている。一般的に彼らは反動的な性格を帯びており、政治的党派の利害を代弁して反乱に加わっていた。[5]

近代へと繋がる数世紀間は、近東のズィンミーの宗教生活においても重大な変化が生じた時代であった。そしてこの変化とは、一九世紀、そして二〇世紀のさらに根本的な変容の土台となるものであった。先の世紀においてそうであったように、大部分の人々にとって宗教は社会的アイデンティティーの主要な指標でありつづけた。そこでの根本的な区分とは、ムスリムか、あるいは非ムスリムかということであり、オスマン朝の法学者や役人の一部にとっては、これが唯一の区分であった。というのも、彼らは「不信仰（kufr）は一つの宗教共同体（milla）を形成する」という原則に則っていたからである。先の数世紀と同様に、ムスリムと非ムスリムの心理的、そして社会的区分は、状況に応じて大きくも小さくもなったであろう。近東の諸都市に暮らすズィンミーたちは、ある場所では、徐々に共同体の分離へと向かう傾向はあったものの、大部分は都市生活の中に組み込まれたままであった。いわゆる「ウマルの協定」に見られるような規制は、おそらくは都市においては厳密に施行されただろう。そこでの非ムスリムたちは、例えば自らをある特定の服装によって見分けられるようにすることが求められたり、アイデンティティーを示す印となる衣服を脱ぐ（公衆浴場のような）場所に特別な印を掲げることが求められたりした。宗教的なアイデンティティー間に明確な区分を設ける必要性は、ムスリム法廷における記録（オスマン朝期以降はそれ以前の時代と比べ、非常に多くの記録が現存している）の中にもはっきりと示されている。そこでは、ムスリムと非ムスリムの同じ名前が、それぞれの宗教的アイデンティティーに基づき、違う綴りで記されているのである。他方、共同体間の障壁は、場所によっては自由に行き来可能なものであった。スーフィズムは比較的開かれた交流のための場を提供しつづけた。例えば、アブドゥルガーニー・ナーブルスィー（一七三一歿）は、イブン・アラビーの支持者であると同時に法学者でもあり、一時ダマスカスのムフティーを務めた人物であったが、イブン・アラビーのユダヤ教徒やキリスト教徒たちにも天国に入る可能性があるという思想や、彼が近東の旅のなかで訪れた多くのキリスト教の聖なる場所について敬意をもって記述するなど、スーフィーの非ムスリムに対する寛容な姿勢を擁護した[6]。

伝統的にズィンミーたちは、かなりの程度、共同体の組織内部における自治を与えられてきた。この慣行はオスマン朝スルタンのもとでも続いていた。一度共同体が組織され、カーディーのもとで適切に登録されたのであれば、その指導者たちはある意味、国家の行政の一端を担うことになったのであった。つまり、彼らはジズヤの徴収に責任を負ったのであり、共同体内部に命令を施行するため、国家による強制を要求することができた。この意味では、ズィンミーたちは、オスマン朝におけるイルミイェの特徴と同じく、政治的権力に宗教的権力が同化していくことを経験したのである。帝国における非ムスリムたちはしばしば、ミッレト（millet）に組織化されたと記述される。これはアラビア語の単語（ミッラ＝milla）に由来するもので、（クルアーンなどの）初期の用法では、単純に「宗教」を意味する単語であった。それが一八世紀後半、あるいは一九世紀の初頭までに、オスマン朝の政府は三つの主要なミッレト、すなわちギリシア正教会、アルメニア教会、そしてユダヤ教のミッレトという、帝国内部に非ムスリムによって組織化され、半自治的な共同体が形成されることを承認した。オスマン朝側、ズィンミー側双方は、このシステムがそれよりも前から始まったもので、一六世紀までに完全に形成されたとしている。だが実際には、このプロセスは伝統的に考えられてきたよりもはるかに長い時間を要した。[7] 皮肉なことに、ミッレト制が完全に実現したのは、一八世紀後半から一九世紀初頭になってからであった。それは、とりわけヨーロッパの経済的関心と、ヨーロッパ人（そして後にアメリカ人）の伝道活動が近東深くまで進出したことで生じた経済的・文化的発展がその地域のムスリムと非ムスリムの伝統的な関係を侵食した時代であった。結局、伝統的システムは完全に打ち壊された。ズィンミーの諸共同体は（ギリシア正教会が東方典礼カトリック教会と対立するような）より熾烈な争いや相互不信に引き込まれるようになった。そしてその一部は、国民としてのアイデンティティーの原型を発展させていった。

さて、イランへと視線を移すと、そこでは様々な発展が進行していた。サファヴィー朝のルーツは中期後半に北西イランと東部アナトリアにおけるトルクメンの間で流行した、急進的なスーフィー・タリーカにあった。一五世紀を通じ、神秘主義タリーカとしてのサファヴィーヤは、聖戦に傾倒し、スーフィズムとシャーマニズム的教義を巧みに融合させ、至福千年説と政治的な形態をますます帯びるようになった。彼らが好戦性と過激なスーフィズムを融合させることによって、トルクメンの間で忠実な支持者を獲得した。彼らは「キズィルバーシュ（クズルバシュ）」（「赤い頭」の意）という名で知られるようになったが、それは彼らが特徴的な被り物〔赤い心棒を中心に一二の襞のあるターバンを巻きつけたもの〕をしていたことに由来する。一四九三年に六歳、もしくは七歳という年齢でタリーカの指導者となった未来のシャー・イスマーイールは、自らの指導権に対する様々な主張を行った。そのなかには、一般的なイスラームの基準から見れば、奇抜なものも含まれていた。例えば、彼は隠れイマームの差し迫った到来を告げる使者であるとか、彼自身が再臨したイマームであるとか、はては彼が神の化身であるという主張すら展開された。このような主張に触発され、イスラーム近東におけるオスマン帝国の覇権に対抗しうる勢力を備えた支配者としてのサファヴィー朝を打ち建てる過程のなか、一六世紀最初の一〇年間において、キズィルバーシュはイランとイラクの大部分を征服したのであった。[8]

長期的には、サファヴィー朝の出現はイラン人の宗教的アイデンティティーに影響を与えたという点で重要であった。古代以来の政治的諸伝統を有する広大な領域を支配するようになったサファヴィー朝は、もともとの支持者たちを駆り立ててきた極端な宗教思想をトーンダウンさせる必要性を感じるようになった。彼らは突然、至福千年説を放棄したわけではなかった。サファヴィー朝による統治の末期においてすら、シャーたちは「当世のイマームの厩舎」に一群の馬を飼育しており、そのうち二頭はイマームとメシア、すなわちマリアの息子イエスが再臨に際して騎乗するために鞍を着けられていたと伝えられる。しかし、一五世紀後半から一六世紀初頭に運動の原動力となった過激な宗教思想は、サファヴィー朝が奉じた正統派の十二イマーム・シーア派に徐々に置き換わっていった。この発展は非常に大きな意味をもつものであった。なぜなら、一六世紀の初頭、ほとんどのイラン人はスンナ派に属していたからである。イランがスンナ派を圧倒するシーア派国家に変わっていくプロセスは、ときに考えられているよりも長い時間を要するものであり、サファヴィー朝のシャーたちが実際にどの宗教に帰依していたのかという問題は、しばらく曖昧なものであった。シーア派のウラマーの間で、イスマーイールが十二イマーム派の信仰をどの程度真摯に受け入れていたのか、またサファヴィー朝のシャーたちがイマームの権威を長い間主張したことについては疑念がもたれていた。しかしながら、徐々にサファヴィー朝国家は首尾よくシーア派学者たちの支持を取りつけ、彼らの多くがレバノンやバハレーンなどにあったシーア派の学術拠点からイランへと移住したのであった。例えば、シャー・アッバース一世（在位一五八八―一六二九）が推進した計画は、サファヴィー朝の首都であるイスファハーンやシーア派学問の古い拠点であるコムなどに、シーア派の学者を支援する目的でモスクや学院を建設し、寄進を行うという充実したものだった。そして何より、サファヴィー朝はシーア派の宗教界に対して、イランの住民が十二イマーム・シーア派を受容するよう説得、強要するための運動を託したのであった。それゆえ、例えば一五三二年に出された布告は、レバノンのジャバル・アーミル出身のシーア派法学者、アリー・カラキーの手に王国の宗教的諸事を掌握させ、サファヴィー朝域内からスンナ派ウラマーを放逐する権限を与え、シーア派の礼拝指導者たちにイランの村々の住民に対する十二イマーム派教義の指導を委ねるという内容であった[9]。

サファヴィー朝体制がイラン人の宗教的アイデンティティーの再方向づけという結果をもたらしたとするならば、シーア派イスラームの宗教的権威に関するある未解決な問題の解消に向けてお膳立てをしたのだともいえる。サファヴィー朝の権威をめぐる主張が変化していること、またイランにおける宗教的諸組織の広範なネットワークが発達したことは、イマーム不在の間における宗教的権威の本質をめぐって十二イマーム派のウラマーが教義上の論争を展開するための素地を提供したのであった。カラキーは、適切な修養を積んだ学者、すなわちファキーフ（faqīh）の宗教的権威と、「一般の」（ʿāmmī）十二イマーム派信徒のために隠れイマームの意思を解釈するファキーフの能力を強調する教義を打ち出した。この立場は、一〇世紀から一一世紀以降のイマーム派の学者たちが主張した諸原則に基づいたもので、「ウスール」学派として知られるようになったが、それは法学における合理主義的な「諸原理」や「諸基盤」（ウスール＝uṣūl）を強調したことによるもので、サファヴィー朝宮廷や主要なイランの宗教施設との結びつきをもつウラマーは、一般的にウスール学派に属していた。別のアプローチとしては、イマームから受け継いだ諸伝承（アフバール＝akhbār）の権威を強調し、人間による推論、特に指導的学者によるイジュティハード（専門的知識に基づく解釈行為）を拒絶する（それゆえ、「アフバール」学派として知られる）学派があった。同派はサファヴィー朝イランにおいて登場した新しい学派ではなかったが、一七世紀から一八世紀にかけ、小規模な村々の学校やイラク南部のシーア派の墓廟を要する諸都市など、特にサファヴィー朝権力の中心から離れた地域における施設やネットワークの中で再び流行をみせた。そこでの議論は色彩豊かなものであった。アフバール学派は不可避的にかなり幅広い見解を代弁することとなった。結局、原理的に（いまやお隠れとなった）イマームたちの諸伝承に権威を付与することはたやすいが、記録として残るイマームたちの声明のなかから明確な導きが得られない問題や疑問点が浮上してくるのは必然であった。一八世紀、サファヴィー朝が没落し、彼らの野心的主張もまた最終的に消滅するとともに、ウスール学派のウラマーはついにアフバール学派の反論を克服し、イマームの意思を権威ある立場から解釈するという自らの地位を確固たるものとした。そして、一九七〇年代のイラン革命とアーヤトッラー・ホメイニーによって確立された体制の基本方針となった「法学者による監督／統治」(vilayat-i faqih) という教義が出現する土台を作り上げたのであった。[10]

スンナ派の側でも、一八世紀、現代まで続く対立や論争を予示する発展が見られた。イスラーム世界の大半において、一八世紀は主要国家の権威が失墜した時期であったが、同時に、宗教改革と復興のための運動が盛んに起こされた時期でもあった。これらの運動のなかで最もよく知られているのは、アラビア半島中央部のナジュド出身のハンバル派教師であった、ムハンマド・イブン・アブドゥルワッハーブの名をとる集団によるもので、それがこれほど知られるようになった要因は、アラビアのサウード家と盟約を結んだことで、二〇世紀に半島の大半を占めるサウード家の国家の樹立を促したことにある。しかしワッハーブ運動は、アラビア半島、オスマン帝国、インドなど、各地で生じた改革運動のなかの一つにすぎなかった。そしてこれらの運動には多くの差異が認められる。例えば、ワッハーブ運動はハンバル派であったが、それ以外の運動は別の法学派から生じたものであった。また、ワッハーブ運動はスーフィズムを敵視する傾向をもったが、それ以外の運動はスーフィズムの諸タリーカのなかにルーツをもち、培われたものであった。しかし、このような本質的に異なる諸運動は、多くの共通項も有していた。つまり、イブン・タイミーヤと彼の思想に対する尊敬であり、結果的に同時期に預言者のスンナを尊び、前の時代に構築されたイスラーム的アイデンティティーや権威から距離をおくという態度が挙げられる。彼らの多くが「純粋」で「本来」のイスラームに付け足された付加物、外来の思想、慣行だと考えられるものをイスラームから一掃しようとした。この点では、彼らは中期のイスラームにおける主要な特徴の一つであった、均質化していく傾向を継続していたといえる。[11] とりわけこれらの運動は、概して行動主義であった。つまり、彼らはイスラームの改革を求めたが、その改革とは、歴史に対する神による差し迫った最終的な介入を期待するのではなく、適切に知識を得た学者たちによる行動と説教を通じてもたらされるべきものであった。

一八〇〇年以降、近東の住民はそれまでとは異なる新しい世界へと足を踏み入れることとなった。ヨーロッパの帝国主義による侵入と世界的な政治秩序が広範に再構成されたことで、宗教に基づく伝統的な諸アイデンティティーは並外れた予期せぬ圧力のもとに曝されることとなった。ズィンミーにとって、新しい世界秩序は、ときに（レバノンのマロン派キリスト教徒や、後にユダヤ人によるシオニズムのように）独立した政治的アイデンティティーの主張に繋ったが、より広範な民族的・国民的アイデンティティーの構築において宗教的差異が包接される可能性となる契機ともなった。しかしながら近代という時代は二〇世紀末までに、文化的な同質性へと向かう先鋭化した圧力をもかけ、多くの場所で非ムスリム住民は自らがしだいに周縁化されていくのを感じる結果となった。「近代」とはもともと西洋に起源をもっていたゆえ、近代における宗教上のアイデンティティーと権威の発展は、近東のムスリムにとっておそらくはより衝撃的なものであっただろう。一九世紀中葉のオスマン帝国で行われたタンズィマートの改革者たちが法秩序と一部のシャリーアそのものの構造改革を標榜する上で直面した諸問題は、イスラームとムスリム諸社会が勢力を増す非ムスリム・ヨーロッパ人の政治的、経済的、そして知的勢力と対峙することによってもたらされた混乱の一つの例にすぎなかった。一八世紀後半以降、近東における宗教上のアイデンティティーと権威は、より広範な、世界的文脈の中で構築されるようになったのである。

# 訳者解説——あとがきにかえて

## 一　著者紹介

本書はジョナサン・P・バーキー（Jonathan Porter Berkey）の著書 *The Formation of Islam: Religion and Society in the Near East, 600-1800*, Cambridge: Cambridge University Press, 2003 の全訳である。著者のバーキーは一九八一年にウィリアムズ大学を卒業後、プリンストン大学で歴史学の修士号（一九八六年）、博士号（一九八九年）を取得した。プリンストン大学歴史学科などで講師を務めた後、一九九三年よりデイヴィッドソン大学の歴史学科で教鞭を執り、二〇〇四年に教授に就任、現在は学科長の地位にある。中世イスラーム社会史を専門とし、イスラームにおける教育、民間信仰、説教、女性などを切り口に、マムルーク朝期のアラブ諸都市で活躍するウラマーおよび民衆の実態を照射することを通じて、イスラームにおける「正統」と「逸脱」の相克や権威の諸形態を考察する論考を数多く発表している。

バーキーの主な業績としてまず挙げられるのは、『中世カイロにおける知の伝達——イスラーム教育の社会史（*The Transmission of Knowledge in Medieval Cairo: A Social History of Islamic Education*, Princeton: Princeton University Press, 1992）』であろう。著者はマムルーク朝期最大の学術都市であるカイロを中心に、支配エリート、女性、民衆を含むあらゆる当時のムスリムに対して知識伝達の輪に加わる機会が与えられていたことを実証的に論じ、イスラームにおける教育の非公式性および開放性を指摘した。二〇〇一年に刊行された『中世イスラーム近東における民間説教と宗教的権威（*Popular Preaching and Religious Authority in the Medieval Islamic Near East*: Seattle, University of Washington Press）』は、イスラームにおける説教を包括的に論じたパイオニア的研究であるとともに、著者の研究を貫く主題であるイスラームにおける「宗教的権威」を中世近東の諸都市で人気を博した民間説教師の「逸脱」をめぐるウラマーの論争から明らかにすることを試み、さらには民衆が理解したイスラームのあり方や彼らがイスラームの形成において果たした積極的な役割に着目したという点で、従来のウラマー研究の枠組みを超えた、刺激的な意欲作であった。

バーキーは現在、複数の学会誌の編集委員に名を連ねるほか、本国アメリカ以外での講演も精力的にこなしている。二〇〇四年の三月には来日を果たし、日本中東学会主催の国際ワークショップ「イスラームにおける知と権威の変容 = Changing Knowledge and Authority in Islam」（於東京大学）において、「知の伝達と宗教的権威――中世の諸施設と現代の諸問題」（"The Transmission of Knowledge and Religious Authority: Medieval Institutions and Modern Problems"）と題した講演を行っている。

そして本書『イスラームの形成』はバーキーにとって初となる概説的構成をとった研究である。詳しい紹介は次節以降に譲るが、イスラーム以前の近東社会の描写から始まり、中期（この用語を用いる著者の意図については、本文第一八章の冒頭を参照されたい）の終焉に至るまでいかにしてイスラームの宗教的アイデンティティーが形成され、発展してきたかを通史的に辿るものである。二〇〇三年に北米中東学会（the Middle East Studies Association of North America）より年間を通じ際立って優れた中東研究書に贈られるアルバート・ホーラーニー賞（Albert Hourani Book Award）を授与されるなど、バーキーが描いた中期近東史像のオリジナリティーは学界内で高く評価されている。

なお本書が扱う地域、すなわちエジプトからシリア、イラク、イランとその周辺を含む地域について、著者バーキーは一貫して「近東」（the Near East）と呼んでいるが、この地域は現在の日本では「中東」（the Middle East）と呼ばれることが多い。「近東」も「中東」も欧米の地理感に由来する言葉ではあるが、「中東」は現地の人々も多く用いていることから、日本ではことにイスラーム成立以降の時代を扱う研究者に好まれ、マスメディアでも人口に膾炙《かいしゃ》している。だが本書の翻訳にあたってはthe Near Eastという用語を用いた著者の意を汲んで当該地域を「近東」と表記し、本解説でもそれに倣うこととする。

## 二　本書の意義（一）――古代末期からイスラームへ

世に言う「イスラーム史概説」やその類書を繙《ひもと》くと、その多くはイスラーム登場前夜の状況から本文の筆を起こしていることに気がつく。すなわち六世紀におけるアラビア半島の情勢や、ローマ帝国とイラン・イラクに拠ったサーサーン朝（二二四―六五一）の抗争の舞台としての近東といったものである。しかし翻って見ればイスラームが近東を揺籃の地とする一神教のうちユダヤ教、キリスト教の後に現れたこと、またそれら三宗教が信仰する唯一の神は同じであり、さらには、神の教えを伝えるべく選ばれた預言者たちも三宗教ではアブラハムやモーセなど共通の者が多い[1]。イスラームは、このような宗教に対して自己主張をし、自らの伝統を確立していったわけである。いわば連続性と断続性の二つがイスラームと他の一神教の間には見られると言ってよいだろう。

これを考えればイスラーム史をその誕生前夜から始める歴史叙述には、時代と宗教の発展の流れを画然と分かち、一つの時点から先はイスラーム史として断続性を強調してしまう可能性もある。イスラームとそれに影響を受けた文明が、先行宗教・文化・社会との連続性と関りつつ、どのように独自性を打ち立てていったかを知るには、先行した時代と、その事物の何が残り、何が変化したか、また何が新しいものに取って代わったかを詳しく知る必要があるだろう。おそらくはそのために、ジョナサン・バーキーが本書の筆を起こすのは、イスラーム以前の一〇〇〇年間、つまり古代末期（the Late Antiquity）とされる、帝政ローマのだいたい二世紀からイスラームが登場する七世紀くらいまでを含む長い時代の描写からとなる。それはキリスト教が登場し、やがてローマ帝国全体にその教えを広め、古代の多神教的異教が衰退し、近東全体が一神教的信仰に染め上げられていく時代である。ムスリムのアラブが征服したのはこのような地域であり、そこにイスラームが拡大していく素地がすでにできていたと言える[2]。バーキーは、イスラーム拡大を準備した近東の宗教史、政治史、文化史を活写していく。読者は七世紀のアラビア半島で生まれたイスラームが先行一神教から何を取捨選択しつつ自己を主張し、本書で頻出する言葉を使えばアイデンティティーを形成していったかというプロセスを追体験していくであろう。

実はイスラームとその文明の歴史を「前夜」より以前から書き起こすことは、バーキーの独創ではない。様々な先例が考えられようが、バーキーもその影響に浴したアメリカの歴史家マーシャル・ホジソン（一九九二―六八）の『イスラームの冒険』にまず指を屈するべきであろう。[3] ホジソンは、古代以来の近東文明の特性を、その都市性と世界市民性に見て、イスラームとその影響を受けた文明（彼独自の用語で「イスラーム的文明 = Islamicate Civilization」という）をその継承者と見る。またこの四〇年来、「古代末期」の重要性を、環地中海世界における古代以来の文明・文化の連続性とともに強調する、アイルランド出身のローマ史家、ピーター・ブラウンの影響も見られる。[4]

近年、英語圏ではこのブラウンの古代末期とイスラーム時代を結びつける観点を受けて、『新ケンブリッジ・イスラーム史』第一巻や、幾つかの概説書に見られるように、イスラーム史研究者のみならず、西洋古代史研究者の間でも、九世紀までにムスリムが立てた大帝国、つまりウマイヤ朝（六六一―七五〇）やアッバース朝（七四九―一二五八）の初期を古代以来の環地中海世界と近東における帝国の継承者と捉える傾向もある。[5] ホジソンの影響を受けブラウンの古代末期史観をも受け継いだ、バーキーの『イスラームの形成』に代表される近東の宗教と社会に古代末期からイスラームの時代の連続性を重く見る歴史観が、一定の地歩を学界内に占めていると見るべきであろう。

## 三　第Ⅰ部から第Ⅲ部までの概観

バーキーは序文において、本書の目的を、イスラームの伝統がムハンマドの死後「ゆっくりと成立していった」ことを、「宗教的アイデンティティー」と「権威」の問いを中心に叙述することであると定める。第Ⅰ部では、この叙述の出発とすべく、古代末期におけるイスラームに先行する諸宗教伝統の展開と、イスラーム前夜、つまり六世紀における近東とアラビア半島の状況が描かれる。まず、バーキーはイスラーム登場以前の一〇〇〇年間、つまり前二世紀から後六〇〇年頃までを、近代まで続いた諸宗教伝統のアイデンティティー形成において決定的な重要性をもつ時代であったとしている。この時代はだいたい、いわゆるギリシア文化と近東の文化が融合した「ヘレニズム」の時代の後半と前述の「古代末期」の時代を含む。

バーキーは、この時代には後の近東文明の宗教的性格を規定する傾向が現れたと指摘する。すなわち、唯一の真理をもつと主張する普遍主義的で、個々人が信仰を選択し宣言を求め、改宗勧誘に熱心な、排他主義にときに傾く「信仰告白的」な宗教が勃興したことである。これらはローマ帝国でキリスト教が、サーサーン朝でゾロアスター教が国教となったように、「帝国」という政治機構と密接な関係をもつことになった。古代末期の主要な宗教伝統のいずれもこれらの傾向をもち、それぞれにアイデンティティーを確立していった。このような宗教伝統の発展はアラビア半島に影響せずにはいなかった。もう一つ指摘すべきは、ムスリムの大征服前夜には宗教伝統の多くで、ローマとサーサーン朝の抗争が引き起こした政治と社会の不安定化を背景にメシア思想と黙示思想が蔓延していたことである。この傾向はユダヤ教にことに顕著に見られ、バーキーによれば、イスラームがその宗教的アイデンティティーを確立するのに決定的な力があったのは、このような思想を生み出した近東の文化的伝統であった。なお、著者は初期イスラームの歴史叙述は後世の見解を反映しているとし、可能なかぎり「ナラティヴ」ではない、「歴史的」な分析を試みている。特に第Ⅰ部と第Ⅱ部における著者のこのような叙術方法には、一九七〇年代以来のジョン・ワンズブロー、パトリシア・クローン、マイケル・クックなどの主に英国の修正史観派の影響が散見される。

第Ⅱ部では、イスラームの宗教的アイデンティティーは預言者ムハンマドの死後（六三二年以後）の数十年間の「不明瞭な胎動の時代」を経て「姿を現した」としている。この立場から、イスラームの宗教的伝統の独自性を強調するムスリム諸史料や従来型の歴史叙述とは異なり、本書はイスラームの起源と最初期の発展を、近東の先行一神教、具体的にはキリスト教、ユダヤ教との儀礼や考え方の類似点との関連の中で捉えようとする。また著者によればイスラーム伝統の形成にはアラブ的文化環境も大きな役割を果たしたが、ムスリムたちはムハンマドの宗教的メッセージを第一に据え、アラブの文化環境を成す要素を抑制し、「再定義」を通じ次第に脱却すべきものとされたのである。

さて八世紀前半、(教会のような)権威をもつ宗教的組織を欠いていたため、結晶化しつつあった宗教的アイデンティティーをめぐって共同体内部で緊張関係や対立が生じ、様々な分派集団が形成されるようになった。ここで争われた大きな問題に指導権の問い、すなわち「預言者の後継者」は誰かという問いがあり、そのため指導権に高い倫理性を求めるハワーリジュ派やムハンマドの従弟であるアリーの「党派《シーア》」であるシーア派が生まれ、展開していった。ことに後者の運動への多数派の反応は、後のスンナ派のアイデンティティー形成に大きな意味をもった。さらに七世紀の大征服以来、ムスリム国家は多くの一神教徒を抱え込むようになったが、彼らは明確化しつつあったイスラームのアイデンティティーに敏感に反応するようになる。

第Ⅲ部では一〇〇〇年までのアッバース朝帝国におけるイスラームのアイデンティティーの確立過程が叙述される。八世紀末から九世紀にかけては諸法学派と基礎的な伝承《ハディース》集成が成立し、バグダードなど主要都市は繁栄を謳歌した。そのためこの時代は「古典期」として後世模範とされたが、バーキーは実際にはムスリムとは何か、つまりアイデンティティーをめぐる「戦い」の時代であったと評価する。その過程でこれまで活発であったムスリムと他の一神教徒との宗教上の思想の交換は権威が確定されるにつれ、しだいに宗教諸学を司るウラマーによって退けられた。都市の商人階級の出身者であったウラマーが築いたイスラームの法体系は商業を奨励し、イスラームに抵触する商行為も法の解釈により一部容認した。商行為に限らず、イスラーム法はムスリムの生活を規定すると同時にそのアイデンティティーや社会の組織化においても中核的役割を担った。一方この時代にはイマーム論を中心とするシーア派の教理の体系化が進んだことも見逃せない。

神秘思想を中心とした様々な活動の総体としてのスーフィズムがイスラームにおける独自の運動としての形態をとっ

たのは、一〇世紀から一一世紀であった。「禁欲」は初期のスーフィー的伝統における特徴となった。また一〇世紀末からは、特にスーフィーの諸グループと関係をもつ、ハーンカーやリバートと呼ばれる施設が出現した。スーフィーの伝統の本質的な「反制度的」性格のために、スーフィズムは他のイスラーム的伝統の、例えば神の隔絶性のような基本的原則に対する脅威として緊張関係を生み出すことになった。なおスーフィズムの組織化、民衆への拡大は第Ⅳ部で詳しく論じられる。ここで非ムスリムの宗教共同体に目を転ずれば、八世紀から一〇世紀末までにしだいに固まるイスラームのアイデンティティーに反応して非ムスリムの活動は活発化もしたが、イスラームへの改宗によって、彼らが社会の多数派から少数派に徐々に転じていった傾向は総じて否めない。

以上、第Ⅰ部から第Ⅲ部にわたりバーキーは、古代末期の一神教の性格を受け継ぎつつイスラームがアイデンティティーを確立していく様子を、古代末期の宗教的伝統からイスラームが一線を画し、アイデンティティーが明確化していく過程として描いている。イスラームの宗教的アイデンティティーは現代にいたるも変化（一部ではさらなる明確化＝先鋭化？）しつづけているように思われる。第Ⅲ部で扱った時代には、ウラマー、トルコ系軍事エリート、さらにスーフィーなど、中期に主要な役割を果たす社会集団も多く出揃うこととなり、彼ら（と引き続き民衆）が、続く第Ⅳ部の主要な役者となっていく。

## 四　本書の意義（二）――第Ⅳ部の概観とバーキーの創見

第Ⅳ部で扱う一〇〇〇年から一五〇〇年について、著者は「中世」（the Middle Ages）という西洋史的枠組みではなく、ホジソンに倣い、「中期」（the Middle Period）という用語を用いて再検討することを提案している。[✤6] 中期は、カリフの権威が弱体化し、様々なトルコ系軍事政権が誕生したことによって近東全体が政治的分裂状態にあった時代であるとともに、我々が今日「イスラーム的」と認識する諸様態が形成された時期でもあった。第Ⅳ部では、当該時代を専門とする著者自身の既発表論文における成果が随所に盛り込まれ、一次資料に基づく具体的事例の積み重ねによって概説的記述に強い説得力を与えている。本書を通じて最も斬新で独自性が強く、読者にとって読み応えのある箇所ではなかろうか。

　著者はまず一一世紀から一五世紀の近東が政治的に分権的・分裂的状態にあったことを概観し、この状況こそがイスラーム発展の素地を提供したとする。「アウトサイダー」であるトルコ系支配エリート層はアラビア語話者である被統治民、とりわけウラマーというチャンネルを通じて統治することを余儀なくされ、制度的・財政的支援を求めるウラマーとの利害の一致の上に、両者は事実上の共同統治体制をとった。著者は両者の関係を「クリエイティヴな緊張関係」と評し、統治の正統性や統治者による「公正」の実施などの問題からそれがイスラームに柔軟性を与えたことを明らかにしている。

　政治的枠組みが分裂状態にあった一方で、宗教的知識の伝達や神秘主義の組織構造においては、近東全域にある共通のパターンが見られた。著者が中期を「スンナ派の復興」としてではなく「スンナ派の再中心化」の時代と捉えている点はリチャード・ビュリエの指摘に沿ったものである。[7]すなわち、中期とは、イスラームの教義を系統立て、「逸脱」を排除することによりムスリムの宗教生活を「均質化」する努力がウラマーによってなされた時代であり、諸法学派の組織化、マドラサ、ハーンカーなどの宗教的施設の普及によってイスラームの「自己規定」が進展した時代であったという理解を著者も共有している。また、中期を通じて組織化された諸法学派、神秘主義の諸タリーカ、聖者崇敬において「系譜的」に権威を遡及する傾向が見られることも、当該時期の重要な特徴として第Ⅳ部の各章で例証されている。

　第Ⅳ部で著者独自の議論が展開されているのは、本書のメインテーマである宗教的権威をめぐる諸勢力間の鬩《せめ》ぎ合いと、イスラームの形成過程がいかに当時のあらゆるムスリムによって担われていたかという点である。そのなかで特に注目すべき切り口としては、やはり著者がこれまでの研究で幾度となく言及してきた、宗教的知識の伝達と民間信仰の二点が挙げられよう。

　著者は宗教的知識をイスラームの伝統およびその伝統が経験された中期社会における文化的要として位置づけ、それがある種の「文化資本」としていかに活用されたか、またそれによってムスリムのアイデンティティーとウラマーの権威がどのように規定されたのかに力点を置く。第23章では著書『中世カイロにおける知の伝達』における議論を承けて、その非公式性と開放性、口頭での伝達の重視などが指摘される。イスラーム的知の伝達は師と学生の親密な個人的関係に依拠する「系譜的」方式を通じて行われ、ワクフ制度によって知の伝達のための様々な施設が設立・普及した中期においてもこの傾向は継続し、イジャーザの授与によって学生は個人的権威の連鎖のなかに位置づけられた。だがその知識伝達のプロセスはウラマーによって独占されることはなく、事実上すべてのムスリムに関係するものであったとして、著者は中世西洋では「周縁化」されがちな女性を含む民衆がいかに積極的な役割を果たしていたかを具体的に提示している。[8]また、中期を通じてスーフィズムが組織化されていくなかで、タリーカへの入会は、特定のシャイフから遡及する宗教的権威の連鎖に加わり、その帰依の表現方法を受容することを意味した。「宗教的知識の伝達」というキータームを中期に生きたムスリムの宗教観を形成する知識の総体、諸実践の継承と広義に捉えるならば、シャイフの宗教的権威を刻み込む一方で、ムスリムの宗教体験の多様化に貢献したスーフィズムの民衆レヴェルへの拡大もその一過程であったと理解できよう。

著者によれば、「民間信仰」とはウラマーや崇敬を受けた神秘主義者たちが定義したものとは区別された信仰や宗教的実践であって、特に社会下部に位置する民衆の関心を反映して形成されたものであるという。これらの実践はシャリーアに反する行為によって、ウラマーの権威の基礎となった法的・論理的体系および制度、あるいはジェンダーのヒエラルヒーに対する脅威ともなる可能性を孕むばかりでなく、民間信仰が人々の「イスラーム」そのものに対する理解をも形成するという潜在的な危険性が叫ばれた。著者は、民衆の態度は決して受動的なものではなく、宗教的諸問題に関する意見を説教集会などの様々な場、方法で表現することが可能であり、墓参に代表される彼らの実践や期待感は彼らのイスラームに対する理解や経験を形成する上で極めて重要な役割を果たしていたことを実証的に示した。そしてその宗教的実践の一部は統治者やウラマーによっても受容された。この一連の議論を通じて著者が描くのは、イスラームの形成は支配権力、あるいはウラマーから一般ムスリムへというような一方通行的なものではなく、様々な方向間の対話と対立、妥協を通じてなされていったというダイナミックな歴史像である。

第Ⅳ部を貫く主題として挙げられるのは、「誰にイスラームを代弁する権利があるか」という宗教的権威の問いである。イスラームが集権化・組織化された権力の中枢、つまり教会制度をもたないことにより、この問題は中期を通じて曖昧なものでありつづけた。ウラマーはイジュティハードの終焉（実態は異なるが）とタクリードの実践を主張し、「逸脱」を排除することでおのれの宗教的権威を現実化しようと試みた。そのことは、宗教的知識の伝達過程、スーフィズムの実践、民間説教、聖者崇敬、墓参慣行などの行為を統制し、許容範囲の策定を試みたウラマーの態度からも窺える。だが、ウラマーとは閉鎖的な聖職者集団ではなく、きわめて多様な社会的・経済的背景を有する知識人の総称であった。第Ⅳ部で描かれるのは、「正統」と「逸脱」という揺れ動くイデオロギーの間で生み出される矛盾とダイナミクスであり、これこそが中期イスラームの発展と多様性に大きく寄与したといえるだろう。[9]

## 五　論評

それでは、本書全体について若干の論評を試みたい。イスラームは突如出現したのではなく、古代末期の近東における諸状況の中から相互作用を受けつつ徐々に姿を現し、中期にあっても形成過程にあったという議論そのものは、先に述べたとおり特段新しいものではない。だが、従来の概説書が往々にして政治史、あるいは制度史を重んじ、ウラマーや民衆など統治機構に属さない人々に十分な関心が払われていないのに対し、「ムスリムであるとは何を指すのか？」という宗教的アイデンティティーの構築に焦点を当てた通史的な社会史研究である本書のオリジナリティーは大いに評価されるべきであろう。概説書としては註やテクニカルタームが多くやや難解で、正確には「概説的研究書」と位置づけるべきかもしれないが、自身の研究成果から導かれる著者独自の知見により、通史に関する基礎的知識をもつ読者のさらなる知的好奇心に応える刺激的な内容となっている。

あえて本書の問題点を挙げるならば、まずは術語の問題が目につく。例えばtraditionはイスラームの「伝統」なのか、それともハディースを中心とする「伝承」なのか（本書においては文脈に即して訳し分けた）、「イスラーム的」と「ムスリム的」の違いは何か、そしてそれぞれ互換可能なのかなどの定義がなされないまま議論が進んでゆく。これらはイスラーム・アイデンティティーをめぐる議論の根幹に関わる用語であることは言うまでもない。また明確に定義づけることが困難であるとすればその多義性が読者の混乱を招くおそれもあり、冒頭部分で何らかの断りが必要であったと思われる。

また、議論の重心がアラブ地域に偏っており、「近東」に含まれるべきイラン、アナトリアへの言及が不十分なことも問題となろう。特に「スーフィズム」や「民間信仰」の章においては、イラン文化がイスラーム文明に与えた影響により紙幅が割かれるべきであった。この点に限って言えば、同じ概説書でも「ペルシア的文化」(Persianate culture) なる概念を提案し、イラン・イスラーム文化を強調したマーシャル・ホジソンに分があるだろう✤[10]。

本書の原副題は「六〇〇年から一八〇〇年における近東の宗教と社会」であった。しかし、一五〇〇年から一八〇〇年を扱っているのは第26章「結部《エピローグ》」のみであり、原副題が議論の実態にそぐわない印象は否めないことから、日本語版の副題ではこの時代設定を外すこととした。近世以降の近東イスラーム社会史については、次回作での補完が強く待たれる✤[11]。

上記のような課題は認められるものの、入門書でありながら高度の研究水準を兼ね備えた本書の性格に鑑みれば、その学術的価値は揺るがないだろう。本翻訳プロジェクトのきっかけとなったのは、訳者太田が学部生の頃、ゼミの教科書として本書を精読したことであった。また刊行から一〇年を経ているにもかかわらず、訳者野元は大学院の演習で本書を取り上げたばかりである。本書が学部生・大学院生を問わず、また知識欲旺盛な一般読者の要求にも今でも十分応えうるものであると信ずる。

本書の翻訳は序文、第Ⅰ部、第Ⅲ部を野元が、日本語版序文、グロッサリー、第Ⅱ部、第Ⅳ部、結部《エピローグ》を太田が担当し、互いの草稿を交換して問題となる箇所の検討を重ねた。思わぬ誤訳や原著者の意図を反映しきれていない点については、読者諸氏からのご教示を伏して乞う次第である。

最後になるが、本翻訳書の刊行にあたり日本語版序文の執筆を快諾してくださった著者のジョナサン・バーキー教授、刊行にお力添えをいただいた慶應義塾大学文学部の長谷部史彦教授にまずは厚く御礼申し上げたい。インデックスの作成にあたっては、東京大学大学院人文社会系研究科の井上貴恵氏、慶應義塾大学大学院文学研究科の遠藤健太郎氏、さらに同大学文学部卒業生の西澤明子氏に献身的なご協力をいただいた。また、非常に丁寧な校正をしてくださった池上達也氏、そして遅れがちな訳者の仕事に対して辛抱強くかつ的確なアドヴァイスをくださった慶應義塾大学出版会の宮田昌子氏に心からの感謝を申し上げる。

拙訳が日本人読者の知的関心を満たしつつ、イスラームに対するさらなる理解の一助となれば、訳者にとってこの上ない喜びである。

二〇一三年三月　遅い初春の陽光差し込む言文研にて

野元　晋

太田（塚田）絵里奈

# 索 引

**【凡例】**

・アラビア語、トルコ語、ペルシア語の術語のうち、グロッサリーに立項しているものは網掛けで示した。

・同一名の人物については、混同を避けるために但し書きを付した。

［あ］

［か］

## ［さ］

［た］

## ［な］



## ［は］

［ま］

［や］



［ら］

［わ］

# 註

## 第Ⅰ部　イスラーム以前の近東

### 第1章

✤1　Marshall Hodgson, *The Venture of Islam: Conscience and History in a World Civilization*, in 3 volumes (Chicago: University of Chicago Press, 1974), 1: 111f.

✤2　Martin Bernal, *Black Athena: The Afroasiatic Roots of Classical Civilization*, volume 1: *The Fabrication of Ancient Greece 1785–1985* (New Brunswick, N.J.: Rutgers University Press, 1987)(〔邦訳：マーティン・バナール『ブラック・アテナ――古代ギリシア文明のアフロ・アジア的ルーツ　1古代ギリシアの捏造 1785–1985』片岡幸彦監訳、新評論、2007)〕.

✤3　Garth Fowden, *Empire to Commonwealth: Consequences of Monotheism in Late Antiquity* (Princeton: Princeton University Press, 1993), 61–2.

✤4　Patricia Crone, "Kavād's Heresy and Mazdak's Revolt," *Iran: Journal of the British Institute for Persian Studies* 29 (1991), 30; Averil Cameron, *Agathias* (Oxford: Clarendon Press, 1970), 101; Richard Frye, *The Heritage of Persia* (Cleveland: World Publishing Company, 1963), 218.

✤5　これについては Fowden, *Empire to Commonwealth*,17–18 が優れた指摘をしている。

✤6　Max Weber, *The Sociology of Religion*, trans. Ephraim Fischoff (Boston: Beacon Press, 1963), esp. Chaps. 6 and 7. ヴェーバーが「商業的」階級と「資本主義的」階級の宗教的方向性を区別し、資本主義を「資本を利潤獲得のための生産的活動において、継続的、かつ合理的に運用すること」(92–3)と定義していることに注意。社会的不公正と不平等にことに苦しんだのはここでいう「資本主義的」階級であり、彼らはそれゆえ深く倫理的な(またしばしば預言者的でもあった)性格の宗教に慣れ親しんでいたのである。しかしヴェーバーは(またホジソンも)「資本主義的」という見出し語のもとに多くの商人たちを分析しているのである。

✤7　Cf. Peter Brown, "The Religious Crisis of the Third Century A.D.," in *Religion and Society in the Age of Saint Augustine* (New York: Harper and Row, 1972), 83.

✤8　これについては、深い学識を示す Fowden, *Empire to Commonwealth* を見よ。

✤9　Fowden, *Empire to Commonwealth*, 152f は Patricia Crone and Martin Hinds, *God's Caliph: Religious Authority in the First Centuries of Islam* (Cambridge: Cambridge University Press, 1986) に近いことを述べている。

✤10　Jacob Neusner, "The Conversion of Adiabene to Judaism: A New Perspective," *Journal of Biblical Literature* 83 (1964), 61. 南アラビアにおけるユダヤ教徒の王国については、

Gordon Darnell Newby, *A History of the Jews of Arabia from Ancient Times to Their Eclipse under Islam* (Columbia, South Carolina: University of South Carolina Press, 1988), 38f を見よ。ハザル族については、*EI*², art. "Khazar" (by W. Barthold and P. B. Golden) を見よ。またパレスティナでの反乱については Fergus Millar, "Empire, Community and Culture in the Roman Near East: Greeks, Syrians, Jews and Arabs," *Journal of Jewish Studies* 38 (1987), 143–64, esp. 147–8 を見よ。

✤11　キリスト教の普遍主義的主張はコンスタンティヌスがペルシア帝王のシャープール２世に宛てた、大変に興味深い書簡の内容から窺えるが、それはゾロアスター教の儀礼への嫌悪感をあらわにし、かつイランのキリスト教徒を帝王（シャー）の保護のもとに置くよう促している。Robin Lane Fox, *Pagans and Christians* (New York: Knopf, 1987), 636–7 を見よ。

✤12　Fowden, *Empire to Commonwealth*, esp. 38, 81–2, 87–8.

✤13　Cosmas Indicopleustes, *The Christian Topography*, trans. J. W. McCrindle (London: Hakluyt Society, 1897), 70–1.

✤14　Cf. Gedaliahu G. Stroumsa, "Religious Contacts in Byzantine Palestine," *Numen* 36 (1989), 16–42, esp. 23，および Fowden, *Empire to Commonwealth*, 106–7 における指摘。

✤15　*Essential Works of Stoicism*, ed. Moses Hadas (New York: Bantam, 1965), 51.

✤16　Fowden, *Empire to Commonwealth*, 38–41; Peter Brown, *The world of Late Antiquity, AD 150–750* (New York: Harcourt Brace Jovanovich, 1976), 52〔邦訳：ピーター・ブラウン『古代末期の世界――ローマ帝国はなぜキリスト教化したか？』（宮島直機訳，刀水書房，2002）〕; H. Idris Bell, *Cults and Creeds in Graeco-Roman Egypt* (Liverpool: Liverpool University Press, 1953), 1–24, esp. 7–16; E. R. Dodds, *Pagan and Christian in an Age of Anxiety: Some Aspects of Religious Experience from Marcus Aurelius to Constantine* (Cambridge: Cambridge University Press, 1965), 116–18; John Peter Kenney, "Monotheistic and Polytheistic Elements in Classical Mediterranean Spirituality," in *Classical Mediterranean Spirituality*, ed. A. H. Armstrong (New York: Crossroads, 1986), 269–92, esp. 273.

✤17　Glen Bowersock, *Hellenism in Late Antiquity* (Ann Arbor: University of Michigan Press, 1990), 5–6.

✤18　E. R. ドッズはこの表現を３世紀を描写するために用いたのだが、それは続く数世紀をまさに描くものでもある。また cf. Brown, *Religion and Society*, 80:「『不安の時代』はまた、しだいに改宗者の時代となっていった」

第２章

✤1　Philo, *The Embassy to Gaius*, trans. F. H. Colson (Cambridge, Massachusetts: Harvard University Press, 1962), (Loeb Classical Library, Philo, vol. 10), 143. このテクストは以下に引用されている。Emil Schürer, *The History of the Jewish People in the Age of Jesus Christ* (*175 B.C.–A.D. 135*), new edition by Geza Vermes, Fergus Millar, and Martin Goodman (Edinburgh: T. & T. Clark, 1986), 3: 4–5. この時期のユダヤ教徒の離散について一般的には Schürer, 3: 1–86 を見よ。

✤2　［当時の］エジプトのユダヤ教共同体については以下を見よ。Schürer, *The History*

*of the Jewish People*, 3: 38–60; H. Idris Bell, *Cults and Creeds in Graeco-Roman Egypt* (Liverpool: University Press, 1953); J. M. Modrzejewski, *The Jews of Egypt: From Ramses II to Emperor Hadrian* (Philadelphia: The Jewish Publication Society, 1995), 161–225.

✤3 Wayne A. Meeks and Robert L. Wilken, *Jews and Christians in Antioch in the First Four Centuries of the Common Era* (Missoula, Montana: Scholars Press, 1978) (Society of Biblical Literature: Sources for Biblical Study, no. 13), 11–12.

✤4 Peter Schäfer, *Judeophobia: Attitudes Towards Jews in the Ancient World* (Cambridge, Massachusetts: *Harvard University Press*, 1997) を見よ。

✤5 Schüfer, *The History of the Jewish People*, 3:78; Josephus, *Jewish Antiquities* 20: 196, trans. Louis H. Feldman (Cambridge, Massachusetts: Harvard University Press, 1965) (Loeb Classical Library), 9: 493; idem, *Vita* 16, trans. H. St. J. Thackeray (Cambridge, Massachusetts: Harvard University Press, 1926) (Loeb Classical Library), 1:9.

✤6 Jacob Neusner, "The Conversion of Adiabene to Judaism: A New Perspective," *Journal of Biblical Literature* 83 (1964), 60–6.

✤7 後期ユダヤ教における改宗活動については、Marcel Simon, *Verus Israel* (Oxford: Oxford University Press, 1986), 270–305, および Louis H. Feldman, *Jew and Gentile in the Ancient World: Attitudes and Interactions from Alexander to Justinian* (Princeton: Princeton University Press, 1993), 383–415 を見よ。

✤8 改宗については以下を見よ。Shaye J. D. Cohen, "Crossing the Boundary and Becoming a Jew," *Harvard Theological Review* 82 (1989), 13–33; idem, "The Rabbinic Conversion Ceremony," *Journal of Jewish Studies* 40 (1989), 175–85. ユダヤ教への改宗を防ぐことを目的とした 4 世紀から 5 世紀のローマの法律については、Simon, *Verus Israel*, 291–3 を見よ。

✤9 この主題については以下を見よ。Schürer, *The History of the Jewish People*, 3: 150–76 (by Fergus Millar); Garth Fowden, *Empire to Commonwealth: Consequences of Monotheism in Late Antiquity* (Princeton: Princeton University Press, 1993), 65–72; Feldman, *Jew and Gentile in the Ancient World*, 288–415.

✤10 イラクのユダヤ教徒人口の規模については以下を見よ。Jacob Neusner, *Talmudic Judaism in Sasanian Babylonia* (Leiden: E. J. Brill, 1976), 95; Michael G. Morony, *Iraq after the Muslim Conquest* (Princeton: Princeton University Press, 1984), 306–8.

✤11 Salo W. Baron, *A Social and Religious History of the Jews*, 2nd edition (New York: Columbia University Press, 1952–82 ) 2:204–5, 208 から再引用。

✤12 メソポタミアにおける在外首長、ラビ職、またユダヤ共同体の構造について一般的には以下を見よ。Jacob Neusner, "Jews in Iran," in *The Cambridge History in Iran*, vol. 3: *The Seleucid, Parthian and Sasanian Periods*, ed, Ehsan Yarshater (Cambridge: Cambridge University Press, 1983), 909–23; Morony, *Iraq after the Muslim Conquest*, 306–31; Baron, *A Social and Religious History of the Jews*, 2: 196–8.

✤13 Morony, *Iraq after the Muslim Conquest*, 312–14. タルムードはしかしこれについて一致した見解を公にしてはいない。幾人かのラビたちは改宗の勧めに温かい理解をもって接した。Simon, *Verus Israel*, 274–8 を見よ。

✤14　これをバロンは「集団を閉ざすこと」と呼んでいる。彼の *A Social and Religious History of the Jews*, 2:129–71 を見よ。

✤15　Schürer, *The History of the Jewish People*, 3: 125.

✤16　Gedaliahu G. Stroumsa, "Religious Contacts in Byzantine Palestine," Numen 36（1989）, 24; Saul Lieberman, "Palestine in the Third and Fourth Centuries," *Jewish Quarterly Review*, n.s. 36 (1945–6), 329–70. ユダヤ教徒の比較的恵まれた状況についてより一般的には、Schürer, *The History of the Jewish People*, 3: 114–25 を見よ。

✤17　Baron, *A Social and Religious History of the Jews*, 2: 148 に引用されている。

✤18　Stroumsa, "Religious Contacts in Byzantine Palestine," 16–42, esp. 21.

✤19　Stroumsa, "Religious Contacts in Byzantine Palestine," 28.

✤20　Jacob Neusner, *Judaism and Christianity in the Age of Constantine* (Chicago: University of Chicago Press, 1987), 128–45.

✤21　宗派間の境界分けが厳しくなったこととユダヤ教徒の置かれた状況が悪化していったことについては、以下の研究を見よ。Baron, *A Social and Religious History of the Jews*, 2. 129–214, and 3. 3–18; Peter Brown, *The World of Late Antiquity, AD 150–750* (New York: Harcourt Brace Jovanovitch, 1976)〔邦訳：ピーター・ブラウン『古代末期の世界——ローマ帝国はなぜキリスト教化したか？』（宮島直機訳、刀水書房、2002)〕, 172–187; Stroumsa, "Religious Contacts in Byzantine Palestine," passim; J. F. Haldon, *Byzantium in the Seventh Century: The Transformation of a Culture* (Cambridge: Cambridge University Press, 1990), 345–8; Andrew Sharf, *Byzantine Jewry from Justinian to the Fourth Crusade* (New York: Schocken Books, 1971), 19–41.

✤22　Brown, *The World of Late Antiquity*, 165.

✤23　Neusner, "Jews in Iran," 915.

✤24　Morony, *Iraq after the Muslim Conquest*, 296.

✤25　メソポタミアとイラン国家の他の領域におけるユダヤ教徒の状況悪化については、Geo Widengren, "The Status of the Jews in the Sassanian Empire," *Iranica Antiqua* 1 (1961), 117–62 を見よ。

✤26　Averil Cameron, "The Eastern Provinces in the Seventh Century A.D.: Hellenism and the Emergence of Islam," *Hellenismos: Quelques Jalons pour une Histoire de l'Indentité Grecque*, ed. S. Said (Leiden: Brill, 1991), 287–313, esp. 307.

✤27　Meeks and Wilken, *Jews and Christians in Antioch*, 20, 30–4; また、cf. Robert Wilken, *John Chrysostom and the Jews: Rhetoric and Reality in the Late Fourth Century* (Berkeley: University of California Press, 1983).

✤28　H. A. Drake, *In Praise of Constantine: A Historical Study and New Translation of Eusebius' Tricennial Orations* (Berkeley: University of California Press, 1976), 68. エウセビオスの論考は Loeb 叢書に収められた Philostratus の *Life of Apollonius of Tyana*, trans. F. C. Conybeare in two volumes (London: William Heinemann, 1912), 2:484–605 にある。

✤29　例えば W. H. C.Frend の研究 *Martyrdom and Persecution in the Early Church: A Study of a Conflict from the Maccabees to Donatus* (Oxford: Blackwell, 1965) への Peter Brown のコメント "Approaches to the Religious Crisis of the Third Century A.D.," in *Religion and Society in the*

*Age of Saint Augustine* (New York: Harper and Row, 1972), 86–7 を見よ。

✤30　Drake, *In Praise of Constantine*, 61–74. これとは対照的に、ロビン・レイン・フォックス Robin Lane Fox はその *Pagans and Christians* (New York: Knopf, 1987), 609–62 でコンスタンティヌスの新しい宗教へ強く関わろうとする気持ちと、他ならぬキリスト教の統一性への関心を強調している。

✤31　Lane Fox, *Pagans and Christians*, 666, 673.

✤32　Mark the Deacon, *Vie de Porphyre, Évêque de Gaza*, trans. Henri Grégoire and M.-A. Kugener (Paris: Société d'Éditions "Les Belles Lettres", 1930), 72–4; Garth Fowden, "Bishops and Temples in the Eastern Roman Empire A.D. 320–435," *Journal of Theological Studies* n.s.29 (1978), 53–78.

✤33　*Passio Sanctarum Perpetuae et Felicitatis*, ed. James W. Halporn (Bryn Mawr, Pennsylvania: Thomas Library, 1984), 3:2; Elizabeth Alvilda Petroff, *Medieval Women's Visionary Literature* (New York: Oxford University Press, 1986), 70.

✤34　Judith Herrin は初期キリスト教の歴史はほとんど、意図的であるにせよ、そうでないにせよ、少なくとも西方では大勝利を収めた「正統派」教会の見方を採り入れたと指摘している。そうすることで「初期キリスト教徒の諸共同体がもつ、不確かでためらいに満ちた側面、さらに分裂し互いに相争う側面、実践と信仰における様々な特異なことども、要するに統一性の欠如」が曖昧になりかねないというのである。*The Formation of Christendom* (Princeton: Princeton University Press, 1987), 54–5f.

✤35　Fowden, *Empire to Commonwealth*, 106–7.

✤36　キリスト論をめぐる論争は数多くの初期教会の教義史の著作で扱われている。その最上のものに Henry Chadwick, *The Early Church* (Harmondsworth: Penguin, 1967) や W. H. C. Frend, *The Rise of Christianity* (Philadelphia, 1984) がある。非カルケドン派の見解は例えば、いささか感傷的であり批判的ではないが Aziz S. Atiya の *History of Eastern Christianity* (Notre Dame: University of Notre Dame Press, 1968) に見られる。

✤37　エジプトの初期のキリスト教については、Wilfred Griggs, *Early Egyptian Christianity: From Its Origins to 451 CE* (Leiden: E. J. Brill, 1991), およびいまも有用な著作である H. Idris Bell, *Cults and Creeds in Graeco-Roman Egypt*, 78–105 を見よ。

✤38　Roger S. Bagnall, *Egypt in Late Antiquity* (Princeton: Princeton Universsity Press, 1953), 278–81.

✤39　初期修道制についての最上の研究はいまだに Derwas J. Chitty, *The Desert a City: An Introduction to the Study of Egyptian and Palestinian Monasticism Under the Christian Empire* (Oxford: Blackwell, 1966) である。

✤40　Brown, *The World of Late Antiquity*, 143.

✤41　*Ibid.* マリアを「神を生んだ女性」(Theotokos)〔日本ハリストス正教会訳で「生神女（しょうしんじょ)」〕とした公会議の宣言については、Hilda Graef, *Mary: A History of Doctrine and Devotion* (London: Sheed and Ward, 1963), 101–11; Jaroslav Pelikan, *Mary Through the Centuries: Her Place in the History of Culture* (New Haven: Yale University Press, 1996), 55–65 を見よ。

✤42　Atiya, *History of Eastern Christianity*, 69. アティーヤの華麗な文体はときに滑稽なほ

どである。例えばムスリム大征服時のアレクサンドリア総主教であったキュロスを「メルキト派〔帝国派〕の植民者」であって、その「民族的出自は疑わしし」かったし、彼は「エジプト史で最も嫌悪された暴君の一人で、彼は十字架を在地民の抵抗を打ちのめす鉄棒のように使った」とする主張（77）など。

✤43　Fowden, *Empire to Commonwealth*, 100–37, esp. 127; Glen Bowersock, *Hellenism in Late Antiquity* (Ann Arbor: University of Michigan Press, 1990), 67.

✤44　John of Nikiu, *The Chronicle of John, Bishop of Nikiu*, trans. R. H. Charles (London: Williams and Norgate, 1916), 184; cf. Walter Kaegi, "Egypt on the Eve of the Muslim Conquest," in *The Cambridge History of Egypt*, vol. 1: *Islamic Egypt, 640–1517*, ed. Carl Petry (Cambridge: Cambridge University Press, 1998), 34–61, esp. 45–6; and idem, *Byzantium and the Early Islamic Conquests* (Cambridge: Cambridge University Press, 1992), 265–9.

✤45　イラクやサーサーン朝下のキリスト教については、J. P. Asmussen, "Christians in Iran," in *The Cambridge History of Iran*, vol.3, *The Seleucid, Parthian and Sasanian Periods*, ed. Ehsan Yarshater (Cambridge: Cambridge University Press, 1983), 924–48; Sebastian Brock, "Christians in the Sasanian Empire: A Case of Divided Loyalties," in *Religion and National Identity*, ed. Stuart Mews (Oxford: Basil Blackwell, 1982) (Studies in Church History, 18), 1–19; Morony, *Iraq after the Muslim Conquest*, 332–83 を見よ。また、注意を要するが、Atiya, *History of Eastern Christianity*, 237–66 もある。

✤46　Brock, "Christians in the Sasanian Empire" と Morony, *Iraq after the Muslim Conquest* が指摘した点である。

✤47　Brock, "Christians in the Sasanian Empire," 4–5; Morony, *Iraq after the Muslim Conquest*, 334–41（ここでの引用文は p. 334 から採ったもの）.

✤48　Brock, "Christians in the Sasanian Empire," 14.

✤49　サーサーン朝領内のメルキト派教会については、J. Nasrallah, "L'Église melchite en Iraq, en Perse et dans l'Asie centrale," *Proche-Orient Chrétien* 25 (1975), 135–73 and 29 (1976), 16–33 を見よ。

✤50　A. Mingana, *Sources Syriaques*, 2 vols. (Mosul: Imprimerie des Pères Dominicaines, 1907), 2: 172–4; Morony, *Iraq after the Muslim Conquest*, 375–80; Asmussen, "Christians in Iran," 946–7.

✤51　Brown, *The World of Late Antiquity*, 162; Atiya, *History of Eastern Christianity*, 257–66.

✤52　Fowden, *Empire to Commonwealth*, 122–3.

✤53　André Wink, *Al-Hind : The Making of the Indo-Islamic World* (Leiden: Brill, 1990), 1:45–64, esp. 48–53.

✤54　Fowden, *Empire to Commonwealth*, 82–4; M. Tardieu, "La diffusion de Bouddhisme dans l'empire Kouchan, l'Iran et la Chine, d'après un kephalaoin manichéen inédit," *Studia Iranica* 17 (1988), 153–82.

✤55　Brock, "Christians in the Sasanian Empire," 6 を Martin Sprengling, *Third Century Iran: Sapor and Kartir* (Chicago: Oriental Institute, 1953), 41–2, 51, 58 と比較のこと。

✤56　以下を見よ。Morony, *Iraq after the Muslim Conquest*, 286–9; J. Duchesne-Guillemin, "Zoroastrian Religion," in *The Cambridge History of Iran*, vol. 3, *The Seleucid, Parthian and Sasanian Periods*, ed. Ehsan Yarshater (Cambridge: Cambridge University Press, 1983), 866–908;

R. C. Zaehner, *The Dawn and Twilight of Zoroastrianism* (New York: G. P. Putnam's, 1961), 175–264.

✤57 Morony, *Iraq after the Muslim Conquest*, 287.

✤58 Duchesne-Guillemin, "Zoroastrian Religion," 879 に引用されている。

✤59 M.-L. Chaumont, "Les sassanides et la christianisation de l'Empire iranien au 3e siècle," *Revue de l'histoire des religions* 165 (1964), 165–202.

✤60 H. S. Nyberg, "Sassanid Mazdaism According to Moslem Sources," *Journal of the K. R. Cama Oriental Institute* 39 (1958), 1–63, esp. 17–32; cf. Fowden, Empire to Commonwealth, 81. また他の研究者たちは、権威あるゾロアスター教のテクストの編纂を促したものとしてはイスラームとの競争関係を考えてきた。François Nau, "Étude historique sur la transmission de l'Avesta et sur l'époque probable de sa dernière redaction," *Revue de l'histoire des religions* 95 (1927), 149–99.

✤61 Morony, *Iraq after the Muslim Conquest*, 296–7. ゾロアスター教への改宗者についてはその p. 280 に引かれている史料を見よ。

✤62 Nyberg, "Sassanid Mazdaism,"11. 唯一の例外はアルメニアの住民の改宗の試みである。これはキリスト教のアルメニアがサーサーン朝とローマ帝国の境界線上にあるという、主として戦略的な配慮に関わるものであろう。Zaehner, *Dawn and Twilight*, 187–8.

✤63 Fowden, *Empire to Commonwealth*, 24–36 に指摘された点である。

✤64 Duchesne-Guillemin, "Zoroastrian Religion," 877; R. C. Zaehner, *The Teachings of the Magi* (London: George Allen and Unwin, 1956), 85.

✤65 *Dēnkart* R. C. Zaehner, *Zurvan: A Zoroastrian Dilemma* (Oxford: Clarendon Press, 1955), 53 に引用されている『デーンカルト』より。

✤66 Jamsheed Choksy, "Sacral Kingship in Sasanian Iran," *Bulletin of the Asia Institute* 2 (1988), 35–52; 引用は 37 より。

✤67 Mary Boyce, *Zoroastrians: Their Religious Beliefs and Practices* (London: Routledge and Kegan Paul, 1979), 140–44. また Louise Marlow, *Hierarchy and Egalitarianism in Islamic Thought* (Cambridge: Cambridge University Press, 1997), 66–90 にあるサーサーン朝時代の社会・宗教的な思想と実践の優れた概説を見よ。

✤68 一番最近のものにパトリシア・クローン Patricia Crone の刺激的な論文、"Kavād's Heresy and Mazdak's Revolt," *Iran: Journal of the British Institute of Persian Studies* 29 (1991), 21–42 がある。

✤69 一般的にマズダク教については、Crone, "Kavād's Heresy" と Ehsan Yarshater, "Mazdakism," in *The Cambridge History of Iran*, vol. 3, *The Seleucid, Parthian and Sasanian Periods*, ed. Ehsan Yarshater (Cambridge: Cambridge University Press, 1983), 991–1024 を見よ。

✤70 マーニーとマニ教についての一般的な研究しては以下を見よ。Geo Widengren, "Manichaeism and Its Iranian Background," in *The Cambridge History of Iran*, vol.3, *The Seleucid, Parthian and Sasanian Periods*, ed, Ehsan Yarshater (Cambridge: Cambridge University Press, 1983), 965–90; idem, *Mani and Manichaeism* (New York: Holt, Rinehart, and Winston, 1965); Samuel N.C. Lieu, *Manichaeism in Mesopotamia and the Roman East* (Leiden: E.J. Brill,

1994); idem, *Manichaeism in the Later Roman Empire and Medieval China*, 2nd edition (Tübingen: J. C. P. Mohr, 1992). マニ教の教義の簡便な要約には、以下の研究がある。Widengren, "Manichaeism and Its Iranian Background," 972–84; Hans Jonas, *The Gnostic Religion,* scdond edition (Boston: Beacon Press, 1958), 206–37; Mircea Eliade, *A History of Religious Ideas*, in 3 volumes (Chicago: University of Chicago Press, 1982), 2: 384–95.〔邦訳：ミルチア・エリアーデ『世界宗教史』8巻（中村恭子、松村一男、島田裕巳他訳、ちくま学芸文庫（筑摩書房）、2000）〕

✤71 Peter Brown, *Augustine of Hippo* (Berkeley: University of California Press, 1967), 46–60〔邦訳：ピーター・ブラウン『アウグスティヌス伝』上・下（出村和彦訳、教文館、2004）〕; P. W. van der Horst, *An Alexandrian Platonist Against Dualism: Alexander of Lycopolis' Critique of an Treatise 'Critique of the Doctrines of Manichaeus'* (Leiden: Brill, 1974). マニ教の普遍主義については、Brown, *World of Late Antiquity*, 164; Lieu, *Manichaeism in the Later Roman Empire*, 86–120; Fowden, *Empire to Commonwealth*, 72–6 を見よ。最初の引用は Lieu, *Manichaeism in the Later Roman Empire*, 86, 第二の引用は Eliade, *History of Religious Ideas*, 2:387〔邦訳：エリアーデ『世界宗教史』（書誌情報は上記註70を参照）〕に見られる。

✤72 この点を最も力を込めて主張しているのは Fowden, *Empire to Commonwealth*, 75 である。

✤73 Ibn al-Nadīm, *Fihrist*, trans. Bayard Dodge, 2 vols. (New York: Columbia University Press, 1970), 2:796.

✤74 Crone, "Kavād's Heresy and Mazdak's Revolt," 27.

✤75 David Frankfurter, *Religion in Greco-Roman Egypt: Assimilation and Resistance* (Princeton: Princeton University Press, 1999), 33.

✤76 Fowden, *Empire to Commonwealth*, 64–5 に引用されている。

✤77 Roger S. Bagnall, "Combat ou vide: christianisme et paganisme dans l'Égypte romaine tardive," *Ktema* 13 (1988 [1992]), 285–96; idem, *Egypt in Late Antiquity* (Princeton: Princeton University Press, 1993), 251, 261–73.

✤78 Bowersock, *Hellenism in Late Antiquity*, 36; J. B. Segal, *Edessa"The Blessed City"* (Oxford: Clarendon Press, 1970), 108; Han J. W. Drijvers, "The Persistence of Pagan Cults and Practices in Christian Syria," in *East of Byzantium: Syria and Armenia in the Formative Period*, ed. Nina Garsoian, Thomas Mathews, and Robert Thompson (Washington, D.C.: Dumbarton Oaks, 1982), 35–43.

✤79 Morony, *Iraq after the Muslim Conquest*, 384–400.

✤80 Roger Rémondon, "L'Égypte et la suprême résistance au christianisme (V^e-VII^e siècles)," *Bulletin de l'Institut Français d'Archéologie Orientale* 51 (1952), 63–78. また以下の研究を見よ。László Kákosy, "Survival of Ancient Egyptian Gods in Coptic and Islamic Egypt," *Coptic Studies: Acts of the Third International Congress of Coptic Studies, Warsaw, 20–25 August, 1984*, ed. Wlodzmierz Godlewski (Warsaw: Éditions Scientifiques de Pologne, 1990), 175 ; and idem, "Das Ende des Heidentums in Ägypten," *Graeco-Coptica: Griechen und Kopten im byzantinischen Ägypten*, ed. Peter Nagel (Halle: Martin-Luther Universität Halle-Wittenberg Wissenschaftliche Beiträge, 1984), 61–76.

✤81　*The Chronicle of Theophanes Confessor: Byzantine and Near Eastern History, AD 284–813*, trnas. Cyril Mango and Roger Scott (Oxford: Clarendon Press, 1997), 541. より一般的な西アナトリアの状況については Frank R. Trombley, "Paganism in the Greek World at the end of Antiquity: The Case of Rural Anatolia and Greece," *Harvard Theological Review* 78 (1985), 327–52 を見よ。

✤82　これはフランクフルターが *Religion in Greco-Roman Egypt* で展開した説得力のある議論である。

✤83　信徒の治療の要求を取り次ぐ仕組みには相違があるが、異教の諸神とキリスト教の聖者がもたらす治療の機能的な類似性については以下のものがある。Palladius, *The Lausiac History*, trans. Robert T. Meyer (New York: Newman Press, 1964), 56–7; cf. Bagnall, *Egypt in Late Antiquity*, 273–5; Frankfurter, *Religion in Greco-Roman Egypt*, passim, esp. 184–95; Françoise Dunand, "Miracles et guérisons en Égypte tardive," in *Mélanges Étienne Bernand*, ed. Nicole Fick and Jean-Claude Carrière (Besançon: Université de Besançon, 1991), 235–50.

✤84　Morony, *Iraq after the Muslim Conquest*, 389; E. A. Wallis Budge, *The Histories of Rabban Hôrmîzd the Persian and Rabban Bar-'Idtâ*, 2 vols. (London: Luzac and Co., 1902), 2: 266–7.

✤85　古代末期のユダヤ教と魔術の接点の問題についての優れた議論に Judah Goldin, "The Magic of Magic and Superstition," in *Aspects of Religious Propaganda in Judaism and Early Christianity*, ed. Elizazeth Schüssler-Fiorenza (Notre Dame: University of Notre Dame Press, 1976), 114–47 がある。

✤86　Jacob Neusner, *History of the Jews in Babylonia*, (Leiden: Brill, 1965–1970), 5: 215–43, esp. 231; Morony, *Iraq after the Muslim Conquest*, 384, 387.

✤87　この点については Bowersock, *Hellenism in Late Antiquity* と Cameron, "The Eastern Provinces in the Seventh Century A.D." を見よ。バワーソックは例えばヘレニズムとは「より明晰かつ普遍的に理解しやすい、地方的伝統の表現の手段」であったとしている。

✤88　Bowersock, *Hellenism in Late Antiquity*, 9–11.

✤89　G. W. Bowersock, "An Arabian Trinity," *Harvard Theological Review* 79 (1986), 17–21; idem, *Hellenism in Late Antiquity*, 17–19. バワーソックの見たところ、「セム的異教の土着の祭儀における「神人」という神格の重要性を強調する必要はほとんどない」のである。

✤90　Bowersock, *Hellenism in Late Antiquity*, 15–17; Garth Forden, "The Pagan Holy Man in Late Antique Society," *The Journal of Hellenistic Studies* 102 (1982), 33–59.

✤91　Bowersock, *Hellenism in Late Antiquity*, 44. この詩はノンノス（パノポリスの）の『ディオニシアカ』によるものである。翻訳は W. H. D. Pouse, in 3 vols. (Cambridge, Massachusetts: Harvard University Press, 1940) (Loeb Classical Library), 12: 171 より。

✤92　Bowersock, *Hellenism in Late Antiquity*, 64–5.

第 3 章

✤1　この修正史観的な見方が特にはっきり現れた例としては、Patricia Crone, *Meccan Trade and the Rise of Islam* (Oxford: Blackwell, 1987), 203–30 を見よ。また本書の第 5 章

69–73 頁を見よ。

✤2　前イスラーム期のアラビアの社会的・政治的条件についての有益な概説は数多い。だがその多くはムハンマドの伝記的研究の入門として、あるいはイスラーム勃興についての解釈的な記述としては有用なものなのである。Ignaz Goldziher, *Muslim Studies*, trans. C. R. Barber and S. M. Stern, 2 vols. (London: George Allen and Unwin, 1966–71), 1: 11–97; Marshall Hodgson, *The Venture of Islam: Conscience and History in a World Civilization*, in 3 volumes (Chicago: University of Chicago Press, 1974), 1: 147–57; Ira Lapidus, "The Arabs Conquests and the Formation of Islamic Society," in *Studies on the First Century of Islamic Society*, ed. G. H. A. Juynboll (Carbondale and Edwardsville: Southern Illinois University Press, 1982), 49–72; Maxime Rodinson, *Mohammed* (New York: Pantheon, 1971), 1–37; Irfan Shahid, "Pre-Islamic Arabia," in *The Cambridge History of Islam,* ed. P. M. Holt et al. (Cambridge: Cambridge University Press, 1970), vol. l, *The Central Islamic Lands from Pre-Islamic Times to the First Worlds War*, 3–29. 特に薦められるのは Fred M. Donner, *The Early Islamic Conquests* (Princeton: Princeton University Press, 1981), 11–49 である。

✤3　Hodgson, *Venture of Islam*, 1: 147–8，および Donner, *Early Islamic Conquests*, 26–8 が説得力のあるやり方で指摘した点である。

✤4　この物語は Ibn Isḥāq, *The Life of Muhammad*, trans. Alfred Guillaume (Oxford: Oxford University Press, 1955), 70–3〔邦訳：イブン・イスハーフ（イブン・ヒシャーム編注）『預言者ムハンマド伝』（後藤明、医王秀行、高田康一、高野太輔訳、岩波書店、2010–12)〕に見られる。

✤5　とはいえ正確にこれら三柱の女神たちが何であるか、また彼女らがどのような光を前イスラーム期のアラビアの宗教に当てるかは言いがたいものがある。G. R. Hawting, *The Idea of Idolatry and the Emergence of Islam: From Polemic to History* (Cambridge: Cambridge University Press, 1999), 130–49 を見よ。前イスラーム期の神々について、より一般的には Toufic Fahd, *Le panthéon de l'Arabie centrale à la veille de l'hégire* (Beirut: Institut Français d'Archéologie de Beyrouth, 1968), 41–4（アッラーについて）、111–20（アッラートについて)、123–6（マナートについて)、163–78（ウッザーについて）も参照のこと。

✤6　例えば Joseph Henninger, "Pre-Islamic Bedouin Religion," in *Studies on Islam*, ed. Merlin Swartz (New York: Oxford University Press, 1981), 6–7，および Tor Andrae, *Mohammed: The Man and His Faith* (Freeport, N.Y.: Books for Libraries Press, 1971), 31–4 を見よ。

✤7　Crone, *Meccan Trade*, 168–99.

✤8　これが W. Montgomery Watt, *Muhammad at Mecca* (Oxford: Clarendon Press, 1953), esp. 72–9 に見られる主要テーマである。ワットは「クルアーンは砂漠的環境に現れたのではなく、財政上のそれに現れたのである」と述べた。

✤9　再び Crone, *Meccan Trade*, passim. ここでクローンが主張しているのは当時貿易が行われていなかったということではなく、歴史家たちはアラビアを通じた国際中継貿易の重要性を誇張してきたということである。また彼女は史料からはクライシュ族がイスラーム登場前夜の時期に貿易をコントロールしていたことも確認できないとしている。

✤10　Lapidus, "The Arabs Conquests and the Formation of Islamic Society," passim.

✤11　この主題については以下に挙げるイルファーン・シャヒード Irfan Shahid による権威ある研究を見よ。*Rome and the Arabs: A Prolegomenon to the Study of Byzantium and the Arabs* (Washington, D.C.: Dumbarton Oaks, 1984); *Byzantium and the Arabs in the Fourth Century* (Washington, D.C.: Dumbarton Oaks, 1984); *Byzantium and the Arabs in the Fifth Century* (Washington, D.C.: Dumbarton Oaks, 1989); *Byzantium and the Arabs in the Sixth Century* (Washington, D.C.: Dumbarton Oaks, 1995).

✤12　A. R. al-Ansary, *Qaryat al-Fau: A Portrait of Pre-Islamic Civilisation in Saudi Arabia* (New York: St Martin's Press, 1982), 15, 24–5, 104–5, 113. ファウを「まったくアラブ的」と性格づけたのは Glen Bowersock, *Hellenism in Late Antiquity* (Ann Arbor: University of Michigan Press, 1990), 74–5.

✤13　Robert Doran, *The Lives of Simeon Stylites* (Kalamazoo, Michigan: Cistercian Publications, 1992), 76–7.

✤14　Fergus Millar, "Empire, Community and Culture in the Roman Near East: Greeks, Syrians, Jews and Arabs," *Journal of Jewish Studies* 38 (1987), 164.

✤15　ローマから見たアラブ側の連合相手については Shahid, *Byzantium and the Arabs in the Fourth Century*, 476–90, 498–510, 542–9; *Byzantium and the Arabs in the Fifth Century*, 459–520; and *Byzantium and the Arabs in the Sixth Century*, passim を見よ。

✤16　ナジュラーンについては *EI*², art. "nadjrān" (by Irtan Shahid); Irfan Shahid, *The Matyrs of Najran: New Documents* (Brussels: Société des Bollandistes; 1971) を見よ。

✤17　Shahid, *Byzantium and the Arabs in the Sixth Century*, 455–79, 529–622.

✤18　*The Chronicle of Theophanes Confessor: Byzanrine and Near Eastern History, AD 284–813*, trans. Cyril Mango and Roger Scott (Oxford: Clarendon Press, 1997), 466.

✤19　Shahid, *Byzantium and the Arabs in the Fourth Century*, 86–106.

✤20　Muḥammad ibn Jarīr al-Ṭabarī, *Tārīkh al-rusul wa'l-mulūk*, ed. M. J. de Goeje and others (Leiden: E. J. Brill, 1879–1901), 934–6, = *The History of al-Ṭabarī*, vol. 5, trans. C. E. Bosworth (Albany, N.Y. SUNY Press, 1999), 217–21; R. B. Serjeant and Ronald Lewcock, "The Church (al-Qalis) of Ṣan'ā' and Ghumdān Castle," in *Ṣan'ā': An Arabian Islamic City*, ed. R. B. Serjeant and Ronald Lewcock (London: World of Islam Festival Trust, 1983), 44–8, esp. 47.

✤21　Dale F. Eickelman, "Musaylima: An Approach to the Social Anthropology of Seventh Century Arabia," *Journal of the Economic and Social History of the Orient* 10 (1967), 17–52, ことに 31–2.

✤22　*EI*², art. "Maryam" (by A. J. Wensinck and Penelope Johnstone) を見よ。

✤23　アラビアのユダヤ教共同体の成立伝説と、実際の起源については Gordon Darnell Newby, *A History of the Jews of Arabia from Ancient Times to Their Eclipse under Islam* (Columbia, South Carolina: University of South Carolina Press, 1988), 14–21, 31–2, 52–4 を見よ。

✤24　Newby, *History of the Jews of Arabia*, 21, 49, 55–7; Ilse Lichtenstadter, "Some References to Jews in Pre-Islamic Arabic Literature," *Proceedings of the American Academy for Jewish Research* 10 (1940), 185–94.

✤25　クルアーン第 5 章 47 節。Cf. Newby, *History of the Jews of Arabia*, 54–8. だが他の研

究者は、ムハンマドへのユダヤ教徒の主な影響は分派的なもので、その性格上、反ラビ派的なものであると論じてきた。Chaim Rabin, *Qumran Studies* (Oxford: Oxford University Press, 1957), 112–30 を見よ。

✤26 M. J. Kister, "Al-Ḥīra. Some Notes on Its Relations with Arabia," *Arabica* 15 (1968), 143–69, esp. 145–9.

✤27 ズー・ヌワースと6世紀の南アラビアにおける混乱した一連の出来事については以下を見よ。Newby, *History of the Jews of Arabia*, 39–47; C. E. Bosworth, "Iran and the Arabs Before Islam," in *The Cambridge History of Iran*, vol. 3: *The Seleucid, Parthian and Sasanian Periods*, ed. Ehsan Yarshater (Cambridge: Cambridge University Press, 1983), 602–8; Sidney Smith, "Events in Arabia in the 6th Century A.D.," *Bulletin of the School of Oriental and African Studies* 16 (1954), 424–68, esp. 456–63.

✤28 Ibn Qutayba, *Kitāb al-maʿārif*, sixth edition (Cairo: al-Hay'a al-ʿĀmma al-Miṣriyya, 1992), 621; Michael G. Morony, *Iraq after the Muslim Conquest*, (Princeton: Princeton University, Press, 1984) 280; François de Blois, "The 'Sabians' (Sābiʾūn) in Pre-Islamic Arabia," *Acta Orientalia* (1995), 39–61, esp. 48–9; Crone, *Meccan Trade*, 46.

✤29 Ibn Qutayba, *Kitāb al-maʿārif*, 621. De Blois, "The 'Sabians'," 48–50 および Kister, "Al-Ḥīra," 144–5 と比較せよ。

✤30 Bosworth, "Iran and the Arabs Before Islam," 609–11.

✤31 Garth Fowden, *Empire to Commonwealth: Consequences of Monotheism in Late Antiquity* (Princeton: Princeton University Press, 1993), esp. 100–37. この研究はその曖昧さを強調している。ことに、キリスト教を苦しめた〔宗派間の〕教義上の相違からある種の文化的・政治的緊張が生じたことを認めつつも、著者はアラブの単性論主義は、彼らが（具体的に言えば、シリア人もしくはエジプト人が）必然的にローマ帝国に敵対心をもっていたことを意味するものではないとしている。

✤32 G. E. von Grunebaum, *Classical Islam: A History 600 A.D.–1258 A.D.* (Chicago: Aldine Publishing Company, 1970), 25–6; W. Montgomery Watt, *Muhammad at Medina* (Oxford: Clarendon Press, 1956), 143.

✤33 現段階では Hawting, *The Idea of Idolatry*, 36–7 and 42–7 を参照。

### 第4章

✤1 Marshall Hodgson, *The Venture of Islam: Conscience and History in a World Civilization*, in 3 volumes (Chicago: University of Chicago Press, 1974), 1:103. しかしホジソンはイスラームと古代末期の諸文明がかなりの文化的連続性をもっていたことも指摘しつづけている。

✤2 Peter Brown, *The World of Late Antiquity, AD 150–750* (New York: Harcourt Brace Jovanovich, 1976); Judith Herrin, *The Formation of Christendom* (Princeton: Princeton University Press, 1987), 187–203.

✤3 Hugh Kennedy, "The Last Century of Byzantine Syria: A Reassessment," *Byzantinische Forschungen* 10 (1985), 141–83.

✤4 Glen Bowersock, *Hellenism in Late Antiquity* (Ann Arbor: University of Michigan Press,

1990), 72; Fawzi Zayadine, "Peintures murales et mosaïques à sujets mythologiques en Jordanie," in *Iconographie classique et identités regionales*, ed. Lilly Kahil, Christian Augé' and Pascale Linant de Bellefonds (Athens: École Française d'Athènes, 1986), 407–28, esp. 421–4.

✤5　ムスリムによる大征服の頃、宗教的アイデンティティーが社会的・文化的・政治的アイデンティティーを融合していく過程の最上の概説は Brown, *The World of Late Antiquity*, 172–87 に見られる。

✤6　この主題一般については、A. Vasiliev, "Medieval Ideas of the End of the World: West and East," *Byzantion* 16 (1940), 462–502.

✤7　Michael G. Morony, *Iraq after the Muslim Conquest* (Princeton: Princeton University Press, 1984), 302–5.

✤8　David Halperin, "The Ibn Ṣayyād Traditions and the Legends of al-Dajjāl," *Journal of the American Oriental Society* 96 (1976), 213–25; Newby, *A History of the Jews of Arabia*, 49, 59–63. 7 世紀のユダヤ教メシア思想についてより一般的に論じたものとしては、Salo W. Baron, *A Social and Religious History of the Jews*, 2nd edtion (New York: Columbia University Press, 1952–), 3: 18–19, 21 を見よ。

✤9　Patricia Crone and Michael Cook, *Hagarism: The Making of the Islamic World* (Cambridge: Cambridge University Press, 1977), 4–9; Chaim Rabin, *Qumran Studies* (Oxford: Oxford University Press, 1957), 112–30, esp. 123f; Bernard Lewis, "An Apocalyptic Vision of Islamic History," *Bulletin of the School of Oriental and African Studies* 13 (1950), 308–38.

## 第Ⅱ部　イスラームの出現（600—750 年）

### 第 5 章

✤1　Marshall G. S. Hodgson, *The Venture of Islam*, vol. 1: *The Classical Age of Islam* (Chicago: University of Chicago Press, 1974), 104.

✤2　Moshe Sharon, "The Umayyads as *Ahl al-Bayt*," *Jerusalem Studies in Arabic and Islam* 14 (1991), 115 からの引用。

✤3　G. R. Hawting, *The Idea of Idolatry and the Emergence of Islam: From Polemic to History* (Cambridge: Cambridge University Press, 1999), 13.

✤4　基本文献としてまず挙げられるのは、R. Stephen Humphreys, *Islamic History: A Framework for History*, revised edition (Princeton: Princeton University Press, 1991), 69–91 である。また、Albrecht Noth with Lawrence I. Conrad, *The Early Arabic Historical Tradition: A Source-critical Study*, trans. Michael Bonner (Princeton: Darwin Press, 1994), および Fred Donner, *Narratives of Islamic Origins: The Beginnings of Islamic Historical Writing* (Princeton: Darwin Press, 1998) も見よ。

✤5　Patricia Crone and Michael Cook, *Hagarism: The Making of the Islamic World* (Cambridge: Cambridge University Press, 1977), 3.

✤6　Patricia Crone, *Meccan Trade and the Rise of Islam* (Oxford: Blackwell, 1987), 203f. クローンは *Slaves on Horses: The Evolution of the Islamic Polity* (Cambridge: Cambridge University Press, 1980), 1–17 において歴史記述上の問題を整理している。

✤7　Crone and Cook, *Hagarism*, 18. クルアーンのテクストの史実性に対して真っ向から挑戦しているのは、ジョン・ワンズブロー John Wansbrough, *Quranic Studies: Source and Methods of Scriptural Interpretation* (Oxford: Oxford University Press, 1977), and *The Sectarian Milieu: Content and Composition of Islamic Salvation History* (Oxford: Oxford University Press, 1978) である。ワンズブローのアイディアは Andrew Rippin, "Literary Analysis of *Qur'ān*, *Tafsīr*, and *Sīra*: The Methodologies of John Wansbrough," in *Approaches to Islam in Religious Studies*, ed. Richard C. Martin (Tucson: University of Arizona Press, 1985), 151–163 に要約されている。また、John Burton, *The Collection of the Qur'ān* (Cambridge: Cambridge University Press, 1977) も見よ。

✤8　Fuat Sezgin, *Geschichte des arabischen Schrifttums* (Leiden: E. J. Brill, 1967–); A. A. Duri, *The Rise of Historical Writing among the Arabs*, trans. Lawrence I. Conrad (Princeton: Princeton University Press, 1983).

✤9　Donner, *Narratives of Islamic Origins.* また、同著者による "The Formation of the Islamic State," *Journal of the American Oriental Society* 106 (1986), 283–96 も見よ。

✤10　オレグ・グラバー Oleg Graber による *Speculum* 53 (1978), 795–9 における *Hagarism* の書評と比較せよ。

第 6 章

✤1　Tarif Khalidi, *Islamic Historiography: The Histories of Masʿūdī* (Albany, N.Y.: SUNY Press, 1975), esp. 81–116.

✤2　このフレイズ（What has Muhammad taken from the Jews?）は 1833 年に刊行されたアブラハム・ゲイガー Abraham Geiger の著書 "*Was hat Mohammed aus dem Judenthume aufgenommen?*" から採った。西洋の研究者たちがユダヤ教やキリスト教の枠組みの中でイスラームに関する諸問題を解き明かそうとする傾向については、Maxime Rodinson, "A Critical Survey of Modern Studies on Muhammad," in *Studies on Islam*, ed. Merlin Swartz (New York: Oxford University Press, 1981), 23–85 を見よ。

✤3　Oleg Grabar, *The Formation of Islamic Art* (New Haven: Yale University Press, 1973), 104–38.

✤4　例えば、Geo Widengren, *Muhammad, the Apostle of God, and His Ascension* (*King and Saviuor*, vol. 5) (Uppsala: A.-B. Lundequistska Bokhandeln, and Wiesbaden: Otto Harrassowitz, 1955 を見よ。また、ムハンマドの母親が未来の預言者を身籠っている間、腹部から不思議な光が発せられたという有名な逸話も、ゾロアスター教にその先例を見出すことができる。Jamsheed K. Choksy, *Conflict and Cooperation: Zoroastrian Subalterns and Muslim Elites in Medieval Iranian Society* (New York: Columbia University Press, 1997), 60f. を参照。

✤5　John Wansbrough, *Quranic Studies: Source and Methods of Scriptural Interpretation* (Oxford: Oxford University Press, 1977), 1, 38–43, 51–2, 57–8; Andrew Rippin, "Literary Analysis of *Qur'ān*, *Tafsīr*, and *Sīra*: The Methodologies of John Wansbrough," in *Approaches to Islam in Religious Studies*, ed. Richard C. Martin (Tucson: University of Arizona Press, 1985), 159–60.

✤6　その文学的研究として、Neal Robinson, *Christ in Islam and Christianity* (Albany: State

University of New York Press, 1991), 15–22 を見よ。

✤7 *Ibid.*, 20.

✤8 Joseph Henninger, "L'Influence du Christianisme Oriental sur l'Islam naissant," *L'Oriente Cristiano nella Storie della Civiltà* (Rome: Accademia Nazionale dei Lincei, 1964), 379–411.

✤9 Joseph Horovitz, "Jewish Proper Names and Derivatives in the Koran," *Hebrew Union College Annual* 2 (1925), 186.

✤10 ユダヤ人の両義的立場は、R. B. Serjeant, "The *Sunnah Jāmiʿah*, Pacts with the Yathrib Jews, and the *Taḥrīm* of Yathrib: Analysis and Translation of the Documents Comprised in the So-called 'Constitution of Medina'," *Bulletin of the School of Oriental and African Studies* 41 (1978), 1–42, および Frederick M. Denny, "*Ummah* in the Constitution of Medina," *Journal of Near Eastern Studies* 36 (1977), 39–47 において議論されている。

✤11 Gordon Darnell Newby, *A History of the Jews of Arabia from Ancient Times to Their Eclipse under Islam* (Columbia, South Carolina: University of South Carolina Press, 1988), 49–108.

✤12 G. R. Hawting, "The Origins of the Muslim Sanctuary at Mecca," in *Studies on the First Century of Islamic Society*, ed. G. H. A. Juynboll (Carbondale and Edwardsville: Southern Illinois University Press, 1982), 23–47.

✤13 このイブン・サイヤード（Ibn Ṣayyād）という少年は、後代のイスラームの伝承において、「ダッジャール」（Dajjāl）、すなわちアンティ・キリストとみなされるようになった。だがそのことは彼とムハンマドの邂逅が語られるオリジナルの題材とは矛盾するものである。David Halperin, "The Ibn Ṣayyād Traditions and the Legends of al-Dajjāl," *Journal of the American Oriental Society* 96 (1976), 213–225 を見よ。

✤14 S. P. Brock, "Syriac Views of Emergent Islam," in *Studies on the First Century of Islamic Society*, ed. G. H. A. Juynboll (Carbondale and Edwardsville: Southern Illinois University Press, 1982), 9.

✤15 このフレイズ（nomadic semitic spirit）は、Ernest Renan（1823–1892）のような主要な初期東洋学者の態度について述べた Henninger, "L'influence du Christianisme oriental," 380 より借用した。

✤16 その好例は "The Geographical Setting" in *The Cambridge History of Islam*, ed. P. M. Holt, Ann K. S. Lambton, and Bernard Lewis (Cambridge: Cambridge University Press, 1970), 2:443–68 に見られる。その中で著者グザビエ・ドゥ・プラノール Xavier de Planhol は、アラビア砂漠の与えた影響の強さに対する注意を促し、ベドウィンがイスラームに対してダイナミックな力を与えたことを認めつつ、その冒頭から「イスラームにおいて遊牧民よりも都市の住民が上位に位置づけられる」と結論づけている。

✤17 現段階では、G. R. Hawting, *The Idea of Idolatry and the Emergence of Islam: From Polemic to History* (Cambridge: Cambridge University Press, 1999) を見よ。

✤18 Kenneth Cragg, *The Event of the Qurʾan: Islam in its Scripture* (London: Allen & Unwin, 1971), 56f.

✤19 Al-Bukhārī, *al-Ṣaḥīḥ*, "Kitāb al-Anbiyāʾ" nos. 8, 14, 19; cf. Louise Marlow, *Hierarchy and Egalitarianism in Islamic Thought* (Cambridge: Cambridge University Press, 1997), 26–7.

✤20 Patricia Crone, *Meccan Trade and the Rise of Islam* (Oxford: Blackwell, 1987), 243.

✤21 R. B. Serjeant, "The Constitution of Medina," *The Islamic Quarterly* 8 (1964), 3–16; idem, "The *Sunnah Jāmiʿah*", 1–42.

✤22 W. Montgomery Watt, *Muhammad at Mecca* (Oxford: Clarendon Press, 1953)を見よ。また、Crone, *Meccan Trade*, および R. B. Serjeant, "Meccan Trade and the Rise of Islam: Misconceptions and Flawed Polemics," *Journal of the American Oriental Society* 110 (1990), 472–3 と比較せよ。

第７章

✤1 だが、ウィルファード・マーデルング Wilferd Madelung は、体系的な史料分析を通じてムハンマド後の初期のムスリム共同体における政治的発展を再構成している。*The Succession to Muḥammad: A Study of the Early Caliphate* (Cambridge: Cambridge University Press, 1997) を見よ。ここで彼の導き出した様々な結論を要約することはできないが、彼は主にスンナ派側の史料を通じ、アリーにその優先権を認める、すなわち後のシーア派共同体の期待感に通ずる見解に至った。

✤2 Moshe Sharon, "The Development of the Debate Around the Legitimacy of Authority in Early Islam," *Jerusalem Studies in Arabic and Islam* 5 (1984), 125.

✤3 M. A. Shaban, *Islamic History, A.D. 600–750 (A.H. 132): A New Interpretation* (Cambridge: Cambridge University Press, 1971), 28–9 において、著者はウマルの決定が「イスラームにおける協同」の原則を再確立するものと捉えていることと比較せよ。

✤4 Martin Hinds, "The Murder of the Caliph ʿUthmān," *International Journal of Middle East Studies* 3 (1972), 450–69; cf. Madelung, *Succession*, 80f.

✤5 Z. D. H. Baneth, "What Did Muḥammad Mean When He Called His Religion Islām? The Original Meaning of Aslama and Its Derivatives," *Israel Oriental Studies* 1 (1971), 183–90. クルアーンが実際にはアラビア半島における多神教への返答であったとする見解に挑戦したものとして、G. R. Hawting, *The Idea of Idolatry and the Emergence of Islam: From Polemic to History* (Cambridge: Cambridge University Press, 1999) を見よ。

✤6 フレッド・ドナー Fred M. Donner, *The Early Islamic Conquests* (Princeton: Princeton University Press, 1981), 3–9 には、様々な解釈が簡便にまとめられている。

✤7 Muḥammad ibn Jarīr al-Ṭabarī, *Tārīkh al-rusul waʾl-mulūk*, ed. M. J. De Goeje and others (Leiden: E. J. Brill, 1879–1901), 1: 2289 = *The History of al-Ṭabarī*, vol. 12, trans. Yohanan Friedmann (Albany, N.Y.: SUNY Press, 1992), 84–5; cf. al-Ṭabarī, *Tārīkh*, 2294–5 = *History* 12: 89-90; al-Ṭabarī, *Tārīkh*, 2095 = *History*, vol. 11, trans. Khalid Yahya Blankenship (Albany, N.Y.: SUNY Press, 1993), 94. また、Martin Hinds, "Kūfan Political Alignments and Their Background in the Mid-Seventh Century A.D.," *International Journal of Middle East Studies* 2 (1971), 346–67, esp. 358; G. H. A. Juynboll, "The Qurʾān Reciter on the Battlefield and Concomitant Issues," *Zeitschrift derDeutschen Morgenländischen Gesellschaft* 125 (1975), 11–13; Patricia Crone, *Meccan Trade and the Rise of Islam* (Oxford: Blackwell, 1987), 244–5 を見よ。

✤8 現段階においてこれらの史料に関する最も優れた研究は、Robert G. Hoyland, *Seeing Islam as Others Saw It: A Survey and Evaluation of Christian, Jewish and Zoroastrian Writings on Early Islam* (Princeton: Darwin Press, 1997).

✤9 Daniel J. Sahas, "The Seventh Century in Byzantine-Muslim Relations: Characteristics and

Forces," *Islam and Christian–Muslim Relations* 2 (1991), 11, and idem, *John of Damascus on Islam: The "Heresy of the Ishmaelites"* (Leiden: E. J. Brill, 1972).

✤10 Averil Cameron, "The Eastern Provinces in the Seventh Century A.D.: Hellenism and the Emergence of Islam," *Hellenismos: Quelques Jalons pour une Histoire de l'Identité Grecque*, ed. S. Said (Leiden: Brill, 1991), 287–313, esp. 294–5; G. J. Reinink, "The Beginnings of Syriac Apologetic Literature in Response to Islam," *Oriens Christianus* 77 (1993), 165–87, esp. 166–7; S. P. Brock, "Syriac Views of Emergent Islam," in *Studies on the First Century of Islamic Society*, ed. G. H. A. Juynboll (Carbondale and Edwardsville: Southern Illinois University Press, 1982), 11–12.

✤11 Madelung, *The Succession to Muḥammad*, 74.

✤12 Brock, "Syriac Views," 14.

第 8 章

✤1 Wilferd Madelung, *The Succession to Muḥammad: A Study of the Early Caliphate* (Cambridge: Cambridge University Press, 1997), 88f.

✤2 Moshe Sharon, "The Umayyads as *Ahl al-Bayt*," *Jerusalem Studies in Arabic and Islam* 14 (1991), 115–52, esp. 122–30 はこの問題を非常に体系的に説明している。

✤3 非ムスリムのアラブ人に対する「被保護」（clientship）は複雑な問題であるが、とりあえず、Patricia Crone, *Roman, Provincial and Islamic Law: The Origins of the Islamic Patronate* (Cambridge: Cambridge University Press, 1987), および $EI^2$, art. "Mawlā" (by P. Crone) を見よ。

✤4 そのシステムについては、Patricia Crone, *Slaves on Horses: The Evolution of the Islamic Polity* (Cambridge: Cambridge University Press, 1980), 30–2 において詳細な描写がなされている。

✤5 Crone, *Slaves on Horses*, passim, および G. R. Hawting, *The First Dynasty of Islam: The Umayyad Caliphate AD 661–750* (Carbondale and Edwardsville: Southern Illinois University Press, 1987), 36–7 and 53f.

✤6 Oleg Grabar, *The Formation of Islamic Art* (New Haven: Yale University Press, 1973), 141–64.

✤7 例えば、Oleg Grabar, "Notes sur les cérémonies umayyades," in *Studies in Memory of Gaston Wiet*, ed. Myriam Rosen-Ayalon (Jerusalem: Institute of Asian and African Studies, 1977), 51–61 を見よ。

✤8 スンナ派・シーア派双方の伝統においてウマイヤ朝がいかに敵視されてきたかについては、Hawting, *The First Dynasty of Islam*, 11–18 における概論が有用である。

✤9 Patricia Crone and Martin Hinds, *God's Caliph: Religious Authority in the First Centuries of Islam* (Cambridge: Cambridge University Press, 1986). ハッジャージュの信仰告白に関する描写は 41 頁に見られる。

✤10 Crone and Hinds, *God's Caliph*, 25–33; Fred Donner, *Narratives of Islamic Origins: The Beginnings of Islamic Historical Writing* (Princeton: Darwin Press, 1998), 85–94, esp. 88, and 147–9.

✤11 Sharon, "The Umayyads as *Ahl al-Bayt*," 133–4.「統一の年」という用語は、ムアーウ

ィヤがカリフに就任した年を指すこともあった。

✤12　Grabar, *The Formation of Islamic Art*, 93–5; G. R. D. King, "Islam, Iconoclasm, and the Declaration of Doctrine," *Bulletin of the School of Oriental and African Studies* 48 (1985), 267–77, esp. 275.

✤13　M. Avi-Yonah, *The Jews of Palestine: A Political History from the Bar Kochba War to the Arab Conquest* (New York: Schocken Books, 1976), 266.

✤14　Cyril Mango, "The Temple Mount AD 614–638," in *Bayt al-Maqdis: ʿAbd al-Malik's Jerusalem*, ed. Julian Raby and Jeremy Johns (Oxford: Oxford University Press, 1992), 1–16.

✤15　Sheila Blair, "What is the Date of the Dome of the Rock?" in *Bayt al-Maqdis*, 59–87.

✤16　ゴルトツィーハー Goldziher が初期に導き出した結論を否定したものとしては、S. D. Goitein, *Studies in Islamic History and Institutions* (Leiden: E. J. Brill, 1966), 135–8 を見よ。それに対し、Amikam Elad, "Why Did ʿAbd al-Malik Build the Dome of the Rock? A Re-Examination of the Muslim Sources," in *Bayt al-Maqdis*, 33–58 は、ゴルトツィーハーの議論を擁護、あるいは修正を加えたものである。

✤17　岩のドームとその重要性に関しては、Oleg Grabar, "The Umayyad Dome of the Rock in Jerusalem," *Ars Orientalis* 3 (1959), 33–62, and idem, *The Formation of Islamic Art*, 48–67 において徹底的な議論がなされている。

第9章

✤1　Bernard Lewis, "The Significance of Heresy in Islam," *Studia Islamica* 1 (1953), 43–63; Alexander Knysh, "'Orthodoxy' and 'Heresy' in Medieval Islam: An Essay in Reassessment," *Muslim World* 83 (1993), 48–67.

✤2　William F. Tucker, "ʿAbd Allāh ibn Muʿāwiya and the Janāḥiyya: Rebels and Ideologues of the Late Umayyad Period," *Studia Islamica* 51 (1980), 39–57.

✤3　現段階では、Patricia Crone, "Were the Qays and Yemen of the Umayyad Period Political Parties?" *Der Islam* 71 (1994), 1–57 を見よ。Crone は、〔カイスやヤマンという〕呼称が特定のイデオロギー上の立場を擁護する集団の標識として機能したとする初期の M. A. Shaban の主張に対して反駁している。*Islamic History, A.D. 600–750 (A.H. 132): A New Interpretation* (Cambridge: Cambridge University Press, 1971), 120–37 と比較せよ。

✤4　Marshall G. S. Hodgson, *The Venture of Islam*, vol. 1: *The Classical Age of Islam* (Chicago: University of Chicago Press, 1974), 241–79; W. Montgomery Watt, *The Formative Period of Islamic Thought* (Edinburgh: Edinburgh University Press, 1973), esp. 63–81.

✤5　ハサンに関しては、Louis Massignon, *Essai sur les origines du lexique technique de la mystique musulmane* (Paris: J. Vran, 1954), 174-201; $EI^2$, art. "Ḥasan al-Baṣrī" (by H. Ritter) を見よ。

✤6　初期のハワーリジュ派に関する文献としては、Julius Wellhausen, *Die religiös-politischen Oppositionsparteien im alten Islam* (Berlin, 1901), trans. R. C. Ostle and S. M. Walzer, *The Religio-Political Factions in Early Islam* (Amsterdam: North-Holland Publishing Company, 1975), 1–91; Watt, *The Formative Period of Islamic Thought*, 9–37; idem, "Kharijite Thought in the Umayyad Period," *Der Islam* 36 (1961), 215–31; および Wilferd Madelung, *Religious Trends in Early Islamic Iran* (Albany: Bibliotheca Persica, 1988), 54–76 を見よ。

✤7　このことは、Wilferd Madelung, *The Succession to Muḥammad: A Study of the Early Caliphate* (Cambridge: Cambridge University Press, 1997) における主要な議題の一つである。

✤8　Moshe Sharon, "The Umayyads as *Ahl al-Bayt*," *Jerusalem Studies in Arabic and Islam* 14 (1991), 115–52.

✤9　Moshe Sharon, *Black Banners from the East* (Jerusalem: Magnes Press, 1983), 108.

✤10　Sebastian Brock, "North Mesopotamia in the Late Seventh Century: Book XV of John Bar Penkāyē's *Rīṣ Mellē*," *Jerusalem Studies in Arabic and Islam* 9 (1987), 51–75, esp. 53, 63–73.

✤11　Sharon, *Black Banners*, 117.

✤12　シーア派の出現に関してはおびただしい著作が残されているが、大半においてそれはこのイスラーム史の初期であるとしている。この問題について、*Encyclopaedia of Islam* には多くの項目が立っているが、それ以外に参照すべき文献としては、Marshall Hodgson, "How Did the Early Shiʿa Become Sectarian?" *Journal of the American Oriental Society* 75 (1955), 1–13 が現在もなお有用であろう。預言者性の完結という重要な問題については、Yohanan Friedmann, *Prophecy Continuous: Aspects of Aḥmadī Religious Thought and Its Medieval Background* (Berkeley: University of California Press, 1989), 49–82 を見よ。

第 10 章

✤1　Aḥmad ibn Yaḥyā al-Balādhurī, *Kitāb futūḥ al-buldān*, ed. Ṣalāḥ al-Dīn al-Munajjid (Cairo: Maktabat al-Nahḍa al-Miṣriyya, 1956), 162; trans. Philip Hitti, *The Origins of the Islamic State*, vol. 1 (New York: Columbia University, 1916 [reprinted Beirut: Khayats, 1966]), 211.

✤2　Michael G. Morony, *Iraq after the Muslim Conquest* (Princeton: Princeton University Press, 1984), passim. この点以外にも、モロニーの研究は古代末期からイスラーム初期時代にかけてのイラクに関する諸側面を論じたきわめて重要な論考であり、近東全域における初期イスラーム社会の起源と発展を理解する上で重要なモデルを提示している。

✤3　Patricia Crone, *Slaves on Horses: The Evolution of the Islamic Polity* (Cambridge: Cambridge University Press, 1980), 11–12 において示されている見解は非常に説得力がある。

✤4　Moshe Gil, *A History of Palestine, 634–1099* (Cambridge: Cambridge University Press, 1992), 68–74.

✤5　Benjamin of Tudela, *The Itinerary of Benjamin of Tudela* (Malibu, California: Pangloss Press, 1983), 105.

✤6　このフレイズ（underdefined entity）は Steven M. Wasserstrom, *Between Muslim and Jew: The Problem of Symbiosis under Early Islam* (Princeton: Princeton University Press, 1995), 45 による。

✤7　Morony, *Iraq after the Muslim Conquest*, 327.

✤8　Wasserstrom, *Between Muslim and Jew*, 68–89; idem, "The ʿĪsāwiyya Revisited," *Studia Islamica* 75 (1992), 57–80.

✤9　ユダヤ教のメシアニズムと初期のシーア派との関係については、Wasserstrom, *Between Muslim and Jew*, 47–71, また、そこで引用されている文献を見よ。

✤10　Jacob Lassner, *Demonizing the Queen of Sheba: Boundaries of Gender and Culture in Postbiblical Judaism and Medieval Islam* (Chicago: University of Chicago Press, 1993), esp. 120–4.

✤11　Robert Schick, *The Christian Communities of Palestine from Byzantine to Islamic Rule* (Princeton: Darwin Press, 1995), passim, esp. 77–80, 96–7. また、Morony, *Iraq After the Muslim Conquest*, 332–83; Garth Fowden, *Empire to Commonwealth: Consequences of Monotheism in Late Antiquity* (Princeton: Princeton University Press, 1993), 122–3; S. P. Brock, "Syriac Views of Emergent Islam," in *Studies on the First Century of Islamic Society*, ed. G. H. A. Juynboll (Carbondale and Edwardsville: Southern Illinois University Press, 1982), 15–17 を見よ。

✤12　偽メトディオスの予言書に関しては近年多数の著作が記されている。興味を抱いた読者は、まず、Brock, "Syriac Views of Emergent Islam," 17–19; Robert G. Hoyland, *Seeing Islam as Others Saw It: A Survey and Evaluation of Christian, Jewish and Zoroastrian Writings on Early Islam* (Princeton: Darwin Press, 1997), 263–7; G. J. Reinink, "Pseudo-Methodius: A Concept of History in Response to the Rise of Islam," in *The Byzantine and Early Islamic Near East*, ed. Averil Cameron and Lawrence Conrad (Princeton: Darwin Press, 1992), 149–88; Andrew Palmer, Sebastian Brock, and Robert Hoyland, *The Seventh Century in the West-Syrian Chronicles* (Liverpool: Liverpool University Press, 1993), 222–42 をあたるとよいだろう。

✤13　例えば、Sidney H. Griffith, "The First Christian *Summa Theologiae* in Arabic: Christian *Kalām* in Ninth-Century Palestine," in *Conversion and Continuity: Indigenous Christian Communities in Islamic Lands, Eighth to Eighteenth Centuries,* ed. Michael Gervers and Ramzi Jibran Bikhazi (Toronto: Pontifical Institute of Mediaeval Studies, 1990) (Papers in Mediaeval Studies 9), 15–31, and idem, "The View of Islam from the Monasteries of Palestine in the Early ʿAbbasid Period: Theodore Abū Qurrah and the *Summa Theologiae Arabica*," *Islam and Christian–Muslim Relations* 7 (1996), 9–28 を見よ。

✤14　ハッラーンのサービア教徒については、Ibn al-Nadīm, *Fihrist*〔*Kitāb al-fihrist*〕, trains. Bayard Dodge, 2 vols. (New York, Columbia University Press, 1970), 2: 746–73; Michel Tardieu, "Ṣābiens Coraniques et 'Ṣābiens' de Ḥarrān," *Journal asiatique* 274 (1986), 1–44; *EI*², art. "Ḥarrān" (by G. Fehervari) and "Ṣābiʾa" (by T. Fahd) を見よ。

✤15　マニ教徒としてのワリードに関しては、Abū'l-Faraj al-Isfahānī, *Kitāb al-aghānī*, 24 vols. (Cairo: Dār al-Kutub, 1935), 7: 83 を見よ。イスラーム初期のマニ教については、Ibn al-Nadīm, *Fihrist*, 2: 773–805; G. Vajda, "Les zindīqs en pays d'Islam au début de la période abbaside," *Rivista degli Studi Orientali* 17 (1937), 173–229; *EI*², art. "Ibn al-Muḳaffaʿ" (by F. Gabrieli) を見よ。

✤16　Jamsheed K. Choksy, *Conflict and Cooperation: Zoroastrian Subalterns and Muslim Elites in Medieval Iranian Society* (New York: Columbia University Press, 1997), 124–9.

✤17　スィースターンでの事件に関しては、Choksy, *Conflict and Cooperation*, 33–4, および C. E. Bosworth, *Sīstān under the Arabs, From the Islamic Conquest to the Rise of the Ṣaffārids (30–250/651–864)* (Rome: IsMEO, 1968), 24 を見よ。

✤18　イランにおける改宗については、Richard Bulliet, *Conversion to Islam in the Medieval Period* (Cambridge, Massachusetts: Harvard University Press, 1979), esp. 16–63 と、それに対

する返答として、Michael Morony, “The Age of Conversions: A Reassessment,” in *Conversion and Continuity: Indigenous Christian Communities in Islamic Lands, Eighth to Eighteenth Centuries*, ed. Michael Gervers and Ramzi Jibran Bikhazi (Toronto: Pontifical Institute of Mediaeval Studies, 1990) (Papers in Mediaeval Studies 9), 135–50 を見よ。改宗のような曖昧な歴史的プロセスを数量化しようとする試みは、必然的に批判を招いてしまうものである。しかしながら、ビュリエが導き出したイスラームに対するイラン人の改宗が 8 世紀中葉においても比較的限定的なものであったという結論は、チョクスィーの優れた研究である *Conflict and Cooperation* において裏づけられている。

第 11 章

✤1　ウマイヤ朝後期の党派対立については、Patricia Crone, *Slaves on Horses: The Evolution of the Islamic Polity* (Cambridge: Cambridge University Press, 1980), 37–48, および Paul Cobb, *White Banners: Contention in ʿAbbasid Syria, 750–880* (Albany, N.Y.: SUNY Press, 2001), 68–75 を見よ。

✤2　Bernard Lewis, “An Apocalyptic Vision of Islamic History,” *Bulletin of the School of Oriental and African Studies* 13 (1950), 331.

✤3　Jacob Lassner, *Islamic Revolution and Historical Memory: An Inquiry into the Art of ʿAbbāsid Apologetics* (New Haven: American Oriental Society, 1986), esp. xi–xv and 4–36. アッバース朝革命そのものに関する説明は、Moshe Sharon, *Black Banners from the East* (Jerusalem: Magnes Press, 1983), および、M. A. Shaban, *The ʿAbbāsid Revolution* (Cambridge: Cambridge University Press, 1970) に見られる。また、G. R. Hawting, *The First Dynasty of Islam: The Umayyad Caliphate AD 661–750* (Carbondale and Edwardsville: Southern Illinois University Press, 1987), 109–15 においても簡潔に概要が示されている。R. Stephen Humphreys, *Islamic History: A Framework for History*, revised edition (Princeton: Princeton University Press, 1991), 104–27 はアッバース朝革命に関連する歴史文献学上の諸問題についての優れた研究である。

✤4　この点についてはジェイコブ・ラスナー Jacob Lassner による “The ʿAbbasid *Dawla*: An Essay on the Concept of Revolution in Early Islam,” in F. M. Clover and R. S. Humphreys, eds., *Tradition and Innovation in Late Antiquity* (Madison: University of Wisconsin Press, 1989), 247–70, and idem, *Islamic Revolution and Historical Memory*, xi–xv を参照。

✤5　例えば、Lassner, “The ʿAbbasid *Dawla*,” 250f と、そこで引用されている史料を見よ。

✤6　最後の点については、Khalid Y. Blankenship, “The Tribal Factor in the ʿAbbāsid Revolution: The Betrayal of the Imam Ibrāhīm b. Muḥammad,” *Journal of the American Oriental Society* 108 (1988), 589–603 を見よ。

✤7　Oleg Grabar, *The Formation of Islamic Art* (New Haven: Yale University Press, 1973), 156–63.

✤8　Wilferd Madelung, *Religious Trends in Early Islamic Iran* (Albany: Bibliotheca Persica, 1988), 7–9; $EI^2$, art. “Khurramiyya” and “Kaysāniyya” (both by W. Madelung).

✤9　例えば、Crone, *Slaves on Horses*, 61; idem, “The ʿAbbāsid Abnāʾ and Sāsānid Cavalrymen,” *Journal of the Royal Asiatic Society* (Series 3) 8 (1998), 1–19, esp. 11–13, また、Michael Bonner,

*Aristocratic Violence and Holy War: Studies in the Jihad and the Arab–Byzantine Frontier* (New Haven: American Oriental Society, 1996) (American Oriental Series, vol. 81), 52 を見よ。

✤10　上掲のラスナー、シャロン、マーデルングによる一連の著作に加え、Marshall G. S. Hodgson, "How Did the Early Shiʿa Become Sectarian?" および Claude Cahen, "Points de vue sur la 'révolution ʿabbāside'," *Revue historique* 230 (1963), 295–338 も見よ。

✤11　Lassner, "The ʿAbbasid *Dawla*," 252–3, および *EI*[2], art. "Rāwandiyya" (by E. Kohlberg) を見よ。

## 第Ⅲ部　イスラームの基礎確立（750―1000 年）

第 12 章

✤1　アッバース朝期の最も包括的な歴史叙述は、Hugh Kennedy, *The Prophet and the Age of the Caliphate* (London: Longman, 1986) に見られる。

✤2　バグダードとその宮殿、そして背後にあるイデオロギーについては、Oleg Grabar, *The Formation of Islamic Art* (New Haven: Yale University Press, 1973), 67–72, 166–78; Jacob Lassner, *The Topography of Baghdad in the Early Middle Ages* (Detroit: Wayne State University Press, 1970), および C. Wendell, "Baghdad: *Imago Mundi* and Other Foundation Lore," *International Journal of Middle East Studies* 2 (1971), 99–128 を見よ。

✤3　この見解は例えば、G. E. von Grunebaum, *Classical Islam: A History 600–1258* (Chicago: Aldine, 1970), esp. 7 に見られる。

✤4　新しい軍隊の形式については、Patricia Crone, *Slaves on Horses: The Evolution of the Islamic Polity* (Cambridge: Cambridge University Press, 1980); Daniel Pipes, *Slave Soldiers and Islam: The Genesis of a Military System* (New Haven: Yale University Press, 1981); および Matthew Gordon, *The Breaking of a Thousand Swords: A History of the Turkish Military of Samarra, AH 200-275/815-889 CE* (Albany, N.Y.: SUNY Press, 2001) を見よ。

✤5　Reuven Firestone, *Journeys in Holy Lands: The Evolution of the Abraham-Ishmael Legends in Islamic Exegesis* (Albany, N.Y.: SUNY Press, 1990), 15–18 で指摘されていることである。

✤6　Gordon Newby, "Tafsir Israʾiliyat: The Development of Qur'an Commentary in Early Islam in Its Relationship to Judaeo-Christian Traditions of Scriptural Commenntary," *Journal of the American Academy of Religion* 47, Thematic Issue S (1980), 685-97. しかしながらニュービーはこの展開をムスリムの「共同体が外部から確証を求めた後にイスラームの内的価値に立ち返った」ことを示すものとみなしている（P. 694）。このようなアプローチは私にはあまりにも本質主義的に見える。そのような展開は私が思うに、ムスリムが「真の」ムスリムの道へ「戻っていた」ものとするよりは、イスラームが独自のアイデンティティーを最初に「主張」した、長期にわたるプロセスの一部として見たほうが意味をなすのである。

✤7　Sidney H. Griffith, "The View of Islam from the Monasteries of Palestine in the Early ʿAbbāsid Period: Theodore Abū Qurrah and the *Summa Theologiae Arabica*," *Islam and Christian-Muslim Relations* 7 (1996), 9–28; W. B. Bishai, "The Transition from Coptic to Arabic," *The Muslim World* 53 (1963), 145-50; Ira M. Lapidus, "The Conversion of Egypt to Islam," *Israel*

*Oriental Studies* 2 (1972), 248–62; L. S. B. MacCoull, "Three Cultures under Arab Rule: The Fate of Coptic," *Bulletin de la Société d'Archéologie Copte* 27 (1985), 61–70; and idem, "The Strange Death of Coptic Culture," *Coptic Church Review* 10 (1989), 35–45.

✤8 Richard Bulliet, *Conversion to Islam in the Medieval Period* (Cambridge, Mass.: Harvard University Press, 1979); Michael G. Morony, "The Age of Conversions: A Reassessment," in *Conversion and Continuity: Indigenous Christian Communities in Islamic Lands, Eighth to Eighteenth Centuries*, ed. Michael Gervers and Ramzi Jibran Bikhazi (Toronto: Pontifical Institute of Mediaeval Studies, 1990) (Papers in Medieval Studies 9), 135–50; および Crone, *Slaves on Horses*, esp. 50–55 を見よ。

✤9 「社会的性格を帯びた改宗」(Social conversion)〔著者は個人的改宗に対立する概念として使っていると思われる〕のもつダイナミクスについては、Bulliet, *Conversion to Islam,* 35–40 を見よ。また同じビュリエは *Islam: The View from the Edge* (New York: Columbia University Press, 1994) で非アラブのムスリムのイスラームの形成への貢献を強調している。本文中のジャーヒズからの引用はこの著作の P. 213 の註に見え、またマッカでの出来事は Abū'l-Faraj al-Isfahānī, *Kitāb al-Aghānī* (Cairo, 1929), 16:107 から引かれたが、これは Roy Mottahedeh, "The Shuʿūbīyah Controversy and the Social History of Early Islamic Iran," *International Journal of Middle East Studies* 7 (1976), 174–5 に引用されている。

✤10 以下の研究を見よ。W. Marçais, "Islamisme et la vie urbaine," *Comptes rendus de l' Académie des Inscriptions* (1928), 86–100; Xavier de Planhol, "The Geographical Setting," *Cambridge History of Islam* (Cambridge: Cambridge University Press, 1970), 2:445–7; G. E. von Grunebaum, *Medieval Islam: A Study in Cultural Orientation*, 2nd edition (Chicago: University of Chicago Press, 1953), 173–4; idem, "The Structure of the Muslim Town," in *Islam: Essays on the Nature and Growth of a Cultural Tradition* (London: Routledge, 1964), 141–58. また現在では Paul Wheatley, *The Places Where Men Pray Together: Cities in Islamic Lands, Seventh Through the Tenth Centuries* (Chicago: University of Chicago Press, 2001) も見よ。このハディースは Aḥmad ibn Ḥanbal, Musnad (Cairo: Dār al-Maʿārif, 1956), 2:176 に見られる。

✤11 境界地域における禁欲主義については、Michael Bonner, *Aristocratic Violence and Holy War: Studies in the Jihad and the Arab-Byzantine Frontier* (New Haven: American Oriental Society, 1996), 107–34 を見よ。

✤12 Bulliet, *Conversion to Islam*, esp. 49–54, and idem. *Islam: The View from the Edge* (New York: Columbia University Press, 1994), 67–79 を見よ。

✤13 バグダードとサーマッラーの規模については、Bulliet, *Islam*, 131; Robert McC.Adams, *The Land Behind Baghdad: A History of Settlement on the Diyala Plains* (Chicago: University of Chicago Press, 1965), 84–102 を見よ。

✤14 Norman Calder, *Studies in Early Muslim Jurisprudence* (Oxford: Clarendon Press, 1993), 198–208.

✤15 S. D. Goitein, "The Rise of the Middle Eastern Bourgeoisie in Early Islamic Times," in *Studies in Islamic History and Institutions* (Leiden: E. J. Brill, 1966), 217–41.

✤16 ムフタスィブとその職権については、Benjamin R. Foster, "Agoranomos and Muḥtasib," *Journal of the Economic and Social History of the Orient* 13 (1970), 128–44, および R. P. Buckley,

"The Muḥtasib," *Arabica* 39 (1992), 59–117 を見よ。マイケル・クック Michael Cook はクルアーンの「勧善懲悪」の命令がもたらしたものを徹底的に、その *Commanding Right and Forbidding Wrong in Islamic Thought* (Cambridge: Cambridge University Press, 2000) で研究した。ブルジョワジーのイスラーム法への影響のケース・スタディーは、Abraham L. Udovitch, *Partnership and Profit in Medieval Islam* (Princeton: Princeton University Press, 1970) を見よ。

✤17　外部女性器の除去については、Jonathan P. Berkey, "Circumcision Circumscribed: Female Excision and Cultural Accommodation in the Medieval Near East," *International Journal of Middle East Studies* 28 (1996), 19–38 を見よ。もちろんイスラーム社会とイスラーム法の女性とジェンダーという問題をめぐっては、膨大な、かつ玉石混淆の文献群があり、その多くは歴史的価値よりは論争的な性格をもつ。この問題について幅広く扱う入門書をお読みになりたい方は、このケンブリッジ・シリーズで出版予定のレズリー・ピアース Leslie Peirce とエヴェレット・ロウソン Everett Rowson による本をお待ちになるのが一番かもしれない〔2013 年 3 月現在未刊行〕。簡便な入門編は Jonathan P. Berkey, "Women in Medieval Islamic Society," in *Women in Medieval Western European Culture*, ed. Linda E. Mitchell (New York: Garland, 1999), 95–111 に見られる。注意は要するものの、Leila Ahmed の *Women and Gender in Islam: Historical Roots of a Modern Debate* (New Haven: Yale University Press, 1992)〔邦訳：ライラ・アハメド『イスラームにおける女性とジェンダー——近代論争の歴史的根源』(林正雄他訳，法政大学出版局，2000)〕も刺激的な議論である。

第 13 章

✤1　スフヤーン家人士をめぐる黙示思想の複雑な展開について、また初期アッバース朝時代のウマイヤ家のカリフ位主張者については、Wilferd Madelung, "Apocalyptic Prophecies in Ḥimṣ in the Umayyad Age," *Journal of Semitic Studies* 31 (1986), 141–85; idem, "The Sufyānī Between Tradition and History," *Studia Islamica* 63 (1986), 5–48; および Paul Cobb, *White Banners: Contention in ʿAbbasid Syria, 750–880* (Albany, N.Y.: SUNY Press, 2001), 43–65 を見よ。

✤2　Ibn Abī Yaʿlā, *Ṭabaqāt al-ḥanābila*, 2 vols. (Cairo: Maṭbaʿat al-Sunna al-Muḥammadiyya, 1952), 1:244.

✤3　サイード・アルジョマンド Said Arjomand はこのような矛盾を *The Shadow of God and the Hidden Imam: Religion, Political Order, and Societal Change in Shiʿite Iran from the Beginning to 1890* (Chicago: University of Chicago Press, 1984), 32-9 で説明している。

✤4　イブン・ムカッファアの提案は S. D. Goitein, "A Turning Point in the History of the Muslim State," in *Studies in Islamic History and Institutions* (Leiden: E. J. Brill, 1966), 149–67 の中で論じられている。

✤5　ミフナについての優れた記述はマーティン・ハインズ Martin Hinds が *Encyclopaedia of Islam* に書いた項目に見られる。他の議論については以下を見よ。W. M. Patton, *Ahmed Ibn Ḥanbal and the Miḥna* (Leiden: E. J. Brill, 1897); Dominique Sourdel, "La politique religieuse du calife ʿabbaside al-Maʾmun," *Revue des études islamiques* 30 (1962), 27–48, esp. 42–

4; Ira Lapidus, "The Separation of State and Religion in the Development of Early Islamic Society," *International Journal of Middle East Studies* 6 (1975), 363–85; Patricia Crone and Martin Hinds, *God's Caliph: Religious Authority in the First Century of Islam* (Cambridge: Cambridge University Press, 1986), 92–7; John Nawas, "A Reexamination of Three Current Explanations for al-Ma'mun's Introduction of the *Miḥna*," *International Journal of Middle East Studies* 26 (1994), 615–29; Bulliet, *Islam: The View from the Edge*, 118–19; Michael Cooperson, *Classical Arabic Biography: The Heirs of the Prophet in the Age of al-Ma'mūn* (Cambridge: Cambridge University Press, 2000), 33–40, and 107–53. ミフナの異なる解釈については、Muhammad Qasim Zaman, *Religion and Politics under the Early 'Abbasids: The Emergence of the Proto-Sunni Elite* (Leiden: Brill, 1997) を見よ。

✤6　この一節は A. K. S. ラムトン Lambton の *State and Government in Medieval Islam: An Introduction to the Study of Islamic Political Theory: The Jurists* (Oxford: Oxford University Press, 1981), 1 から採ったものだが、この書はイスラーム的統治の法学的議論を重宝な形で概観している。さらに短い記述は *EI²*, art. "Imāma" (by W. Madelung) に見られる。

✤7　Bernard Lewis, "The Regnal Titles of the First Abbasid Caliphs," in *Dr Zakir Husain Presentation Volume* (New Delhi, 1968), 13–22.

✤8　Zaman, *Religion and Politics*, 12 は「カリフとウラマーの間の協力関係」を明確化するパターンを論じている。

✤9　Crone and Hinds, *God's Caliph*, esp. 92–97.

✤10　Al-Khatīb al-Baghdādī, *Tārīkh baghdād*, 14 vols. (Beirut: Dār al-Kitāb al-'Arabī, 1966), 10:67. これは Zaman, *Religion and Politics*, 145 に引用されている。

✤11　Ibn Qutayba, *Ta'wīl mukhtalif al-ḥadīth* (Cairo: Maṭba'at Kurdistān al-'Ilmiyya, 1326 A.H.), 20. これは Zaman, *Religion and Politics*, 168 に引用されている。

第 14 章

✤1　Muḥammad ibn Jarīr al-Ṭabarī, *Ta'rīkh al-rusul wa'l-mulūk*, ed. M. J. de Goeje and others (Leiden: E. J. Brill, 1879–1901), 1/3: 209–11 = *The History of al-Ṭabarī*, vol. 28, trans. Jane Dammen McAuliffe (Albany, N.Y.: SUNY Press, 1995), 167–9.

✤2　コムについては Wilferd Madelung, *Religious Trends in Early Islamic Iran* (Albany, N.Y.: Bibliotheca Persica, 1988), 79–82 を見よ。ダイラムについては Hugh Kennedy, *The Early Abbasid Caliphate* (London: Croom Helm, 1981), 206–7 を見よ。

✤3　シーア派のイマーム論の要約は Abdulaziz Sachedina, *Islamic Messianism: The Idea of the Mahdi in Twelver Shi'ism* (Albany, N.Y.: SUNY Press, 1981), および Moojan Momen, *An Introduction to Shi'i Islam: The History and Doctrines of Twelver Shi'ism* (New Haven: Yale University Press, 1985), 147–60 を見よ。

✤4　*EI²*, art. "al-Rāfiḍa" (by E. Kohlberg) を見よ。

✤5　8 世紀末期かと 9 世紀におけるシーア派の強さについては、Andrew J. Newman, *The Formative Period of Twelver Shi'ism: Ḥadīth as Discourse Between Qum and Baghdad* (London: Curzon, 2000), 1-11 を見よ。アリー・リダーとその実現を見なかったカリフの後継者への任命については、Michael Cooperson, *Classical Arabic Biography: The Heirs of the Prophet*

*in the Age of al-Maʾmūn* (Cambridge: Cambridge University Press, 2000), 28–32, and 70–106 を見よ。

✤6 Al-Ṭabarī, *Tārīkh*, 1/3: 1407 = *History*, vol. 34, trans. Joel L. Kraemer (Albany, N.Y.: SUNY Press, 1989), 110–11; Jacob Lassner, *The Topography of Baghdad in the Early Middle Ages* (Detroit: Wayne State University Press, 1970), 97–8.

✤7 Etan Kohlberg, "Imam and Community in the Pre-Ghayba Period," in *Authority and Political Culture in Shiʿism*, ed. Said Amir Arjomand (Albany, N.Y.: SUNY Press, 1988), 25–53, esp. 37–40.

✤8 この教義の発展については、Etan Kohlberg, "From Imāmiyya to Ithnā–ʿAshariyya," *Bulletin of the School of Oriental and African Studies* 39 (1976), 521–34, および Sachedina, *Islamic Messianism*, passim を見よ。

✤9 Newman, *The Formative Period of Twelver Shīʿim*, 12-31

✤10 Kohlberg, "Imam and Community," 38. この逸話は 10 世紀のシーア派学者イブン・バーバワイフの一著作に保存されているが、何人ものイマームに帰せられているものである。

✤11 Heinz Halm, "The Ismaʿili Oath of Allegiance (*ʿAhd*) and the 'Sessions of Wisdom' (*Majālis al-ḥikma*) in Fatimid Times," in *Mediaeval Ismaʿili History and Thought*, ed. Farhad Daftary (Cambridge: Cambridge University Press, 1996), 91–115, esp. 96–7 を見よ。分派としてのイスマーイール派については、Wilferd Madelung, "Fatimiden und Bahrainqarmaten," *Der Islam* 34 (1959), 34–88; idem, "Das Imamat in der frühen ismailitischen Lehre," *Der Islam* 37 (1961), 43–135; Farhad Daftary, *The Ismāʿīlīs: Their History and Doctrines* (Cambridge: Cambridge University Press, 1990); S. M. Stern, *Studies in Early Ismāʿīlism* (Jerusalem: The Magnes Press, 1983); *EI²*, art. "Ismāʿīliyya" (by W. Madelung) を見よ。

✤12 例えば S. M. Stern, "Ismāʿīlī Propaganda and Fatimid Rule in Sind," and "The Early Ismāʿīlī Missionaries in North-West Persia and in Khurasan and Transoxiania," in *Studies in Early Ismāʿīlism*, 177–88 and 189–233 を見よ。

✤13 *EI²*, art. "Ḳarmaṭī" (by W. Madelung).

✤14 Bernard Lewis, *The Origins of Ismāʿīlism* (Cambridge: Heffer and Sons, 1940), 90.

✤15 『書簡集』の著者と起源については盛んに議論されてきた。たとえば *EI²*, art. "Ikhwān al-Ṣafāʾ" (by Y. Marquet) を S. M. Stern, "New Information about the Authors of the 'Epistles of the Sincere Brethren," in idem, *Studies*, 155–76, および Ian R. Netton, *Muslim Neoplatonists: An Introduction to the Thought of the Brethren of Purity* (London: George Allen & Unwin, 1982), 95–104 と比較のこと。イスマーイール派の教義的な包容性とグノーシス主義、新プラトン主義との繋がりについては、Lewis, *The Origins*, 93–6; Henry Corbin, "De la gnose antique à la gnose ismaélienne," in *Oriente e Occidente nel Medioevo* (Roma: Accademia Nazionale dei Lincei, 1957), 105–43; Netton, *Muslim Neoplatonists*, 53–77; Heinz Halm, "The Cosmology of the pre-Fatimid Ismāʿīliyya," in *Mediaeval Ismaʿili History*, ed. Daftary, 74–83; Azim A. Nanji, "Portraits of Self and Others: Ismaʿili Perspectives on the History of Religions," in ibid., 153–60; Paul Walker, *Early Philosophical Shiism: The Ismaili Neoplatonism of Abū Yaʿqūb al-Sijistānī* (Cambridge: Cambridge University Press, 1996), and

idem, *Ḥamīd al-Dīn al-Kirmānī: Ismāʿīlī Thought in the Age of al-Ḥākim* (London: I. B. Tauris, 1999) を見よ。

第 15 章

✤1 ザンジュの反乱については、Alexandre Popovic, *The Revolt of African Slaves in Iraq in the 3rd/9th Century* (Princeton: Markus Wiener, 1999) を見よ。またハワーリジュ派一般については、W. Montgomery Watt, *The Formative Period of Islamic Thought* (Edinburgh: Edinburgh University Press, 1973), 9–37 がある。

✤2 Adam Mez, *The Renaissance of Islam* (London: Luzac, 1937), 64; Charles Pellat, "Le culte de Muʿāwiya au III[e] siècle de l'hégire," *Studia Islamica* 6 (1956), 53–66.

✤3 Al-Bukhārī, *Ṣaḥīḥ*, "Kitāb al-ʿIlm" 10.

✤4 Marshall G. S. Hodgson, *The Venture of Islam: Conscience and History in a World Civilization* (Chicago: University of Chicago Press, 1974), 1:315–58, esp. 315–26.

✤5 Joseph Schacht, *On the Origins of Muhammadan Jurisprudence* (Oxford: Clarendon Press, 1950); Patricia Crone and Michael Cook, *Hagarism: The Making of the Islamic World* (Cambridge: Cambridge University Press, 1977), 29–32.

✤6 Joseph Schacht, "The Schools of Law and Later Developments of Jurisprudence," in *Law in the Middle East*, ed., Majid Khadduri and Herbert J. Liebesny (Washington, D.C.: Middle East Institute, 1955), 57–84, esp. 63.

✤7 Richard Bulliet, *Islam: The View from the Edge* (New York: Columbia University Press, 1994), 92–4; Christopher Melchert, *The Formation of the Sunni Schools of Law, 9th and 10th Centuries C.E.* (Leiden: E. J. Brill, 1997); Norman Calder, *Studies in Early Muslim Jurisprudence* (Oxford: Clarendon Press, 1993), 245–7; George Makdisi, "The Guilds of Law in Medieval Legal History: An Inquiry into the Origins of the Inns of Court," *Zeitschrift für Geschichte der Arabisch–Islamischen Wissenschaften* 1 (1984), 233–52.

✤8 Bulliet, *Islam*, 110.

✤9 Bulliet, *Islam*, 110-12; idem, *The Patricians of Nishapur: A Study in Medieval Islamic Social History* (Cambridge, Mass.: Harvard University Press, 1972), esp. 28–46; Wilferd Madelung, *Religious Trends in Early Islamic Iran* (Albany, N.Y.: Bibliotheca Persica, 1988), 26–38; Georges Makdisi, *Ibn ʿAqīl et la résurgence de l'Islam traditionaliste au XI[e] siècle (V[e] siècle de l'Hégire)* (Damascus: Institut Français de Damas, 1963), 293–383; Simha Sabari, *Mouvements populaires à Baghdad à l'époque ʿabbasside, IX[e]–XI[e] siècles* (Paris: Librairie d'Amérique et d'Orient, 1981), 101–20.

✤10 この分野を開拓した仕事はヨーゼフ・シャハトによって、ことにその著書 *Origins of Muhammadan Jurisprudence* においてなされた。イスラーム法学の設計者としてのシャーフィイーについては、Makdisi, "The Juridical Theology of Shāfiʿī: Origins and Significance of Uṣūl al-fiqh," *Studia Islamica* 59 (1984), 5–47 を見よ。シャーフィイーのムスリム法学への貢献についてシャハトが下した結論と、一般的にイスラーム法が形成された全体的なプロセスはいつのことか、特に預言者のスンナに規範的な地位が認められた年代に関する彼の見解は、最近、様々な観点から批判されている。Calder,

*Studies*, 245–7 および Wael Hallaq, "Was al-Shāfiʿī the Master Architect of Islamic Jurisprudence?" *International Journal of Middle East Studies* 25 (1993), 587–605〔邦訳：ワーイル・ハッラーク『イジュティハードの門は閉じたのか——イスラーム法の歴史と理論』（奥田敦編訳、慶應義塾大学出版会、2003）所収〕を、M. M. al-Azmi, *On Schacht's Origins of Muhammadan Jurisprudence* (Oxford: Oxford Center for Islamic Studies, 1996) と比較のこと。また史料をバランスよく概観するためには、Devin Stewart, *Islamic Legal Orthodoxy: Twelver Shiite Responses to the Sunni Legal System* (Salt Lake City: University of Utah Press, 1998), 26–37 を見よ。

✤11　Ignaz Goldziher, *Muslim Studies*, trans. C. R. Barber and S. M. Stern (London: George Allen and Unwin, 1966), volume 2, chapters 2,3, and 4. また Bulliet, *Islam*, 81–6 はハディースの「地域的な」起源という説得力のある主張をしている——つまりそれらハディースは、多様で異なる要素から成る、互いに矛盾しさえしている性格を有しているとする。より一般的に言えば、同書はイスラームの諸社会は初期の数世紀にあっては異要素から成る性格が優勢であったと論じている。

✤12　イスラームにおける合意の教義に関する研究はいまだに不足しており、今後の課題である。現時点ではこの問題の最上の研究はステュワートによるもの、すなわち *Islamic Legal Orthodoxy*, 25–59, esp. 37–45 である。また Wael Hallaq, "On the Authoritativeness of Sunni Consensus," *International Journal of Middle East Studies* 18 (1986), 427–54〔ハッラーク『イジュティハードの門は閉じたのか』（書誌情報は上記註 10 を参照）所収〕を見よ。

✤13　Stewart, *Islamic Legal Orthodoxy*, 45–53.

✤14　Melchert, *Formation*, passim を見よ。アブー・ユースフについての指摘は p.10 に引かれている。

✤15　アシュアリーとアシュアリー主義については、George Makdisi, "Ashʿarī and the Ashʿarites in Islamic Religious History," *Studia Islamica* 17 (1962), 37–80, and 18 (1963), 19–39 を見よ。

✤16　より後の時代を扱ったものであるが、イスラームにおける宗教的知識の伝達様態の簡潔なまとめは、Jonathan Berkey, *The Transmission of Knowledge in Medieval Cairo: A Social History of Islamic Education* (Princeton: Princeton University Press, 1992), 21–43 に見ることができる。知識の伝達の社会的・政治的帰結については、Bulliet, *Islam*, passim, esp. 9–22 を見よ。

✤17　Melchert, *Formation*, 38 およびそのいたるところで指摘されている。

✤18　例えば Bulliet, *Patricians*, esp. 24–5 and 55–7 を見よ。

✤19　Bulliet, *Patricians*, 25–6 and 61-75.

第 16 章

✤1　早い時期にこの議論を反駁した例としては、Louis Massignon, *Essai sur les origines du lexique* (technique de la) *mystique musulmane* (Paris: J. Vrin, 1954), 638 を見よ。

✤2　Massignon, *Essai,* 104. ct. Annemarie Schimmel, *Mystical Dimensions of Islam* (Chapel Hill: University of North Carolina Press, 1975), 23f.

✤3　Schimmel, *Mystical Dimensions*, 27.

✤4　Leah Kinberg, "What is Meant by *Zuhd* ?", *Studia Islamica* 61 (1985), 27–44.

✤5　Michael Bonner, *Aristocratic Violence and Holy War: Studies in the Jihad and the Arab-Byzantine Frontier* (New Haven: American Oriental Society, 1996), 107–34; Christopher Melchert, "The Transition from Asceticism to Mysticism at the Middle of the Ninth Century C.E.," *Studia Islamica* 83 (1996), 51–70, esp. 52–5.

✤6　Gerhard Böwering, *The Mystical Vision of Existence in Classical Islam: The Qur'ānic Hermeneutics of the Ṣūfī Sahl Al-Tustarī (d. 283/896)* (Berlin: de Gruyter, 1980), 55–6.

✤7　A. J. Wensinck, *Some Semitic Rites of Mourning and Religion: Studies on Their Origin and Mutual Relation* (Amsterdam: Johannes Müller, 1917), 78–95.

✤8　Richard Bulliet, *Islam: The View from the Edge* (New York: Columbia University Press, 1994), 89. 泣くこと一般については、*EI*[2], art. "Bakkā'" (by F. Meier) を見よ。

✤9　この時代に大雑把にズィンディークと非難されたムスリム神秘家の例の一つについては、Carl Ernst, *Words of Ecstasy in Sufism* (Albany, N.Y.: SUNY Press, 1985), 97–101 を見よ。

✤10　R. A. Nicholson, *Studies in Islamic Mysticism* (Cambridge: Cambridge University Press, 1921), 1–76, esp. 46.

✤11　Wilferd Madelung, *Religious Trends in Early Islamic Iran* (Albany, N.Y.: Bibliotheca Persica, 1988), 48–9. カッラーミーヤについては、ibid., 39–46 を見よ。スーフィー諸制度については、*EI*[2], arts. "Khānqāh" and esp. "Ribāṭ" (by J. Chabbi) を見よ。

✤12　ハッラージュについての古典的で、かつ非常な共感に満ちた研究が、Louis Massignon, *The Passion of al-Hallaj: Mystic and Martyr of Islam*, trans. Herbert Mason, in 4 vols. (Princeton: Princeton University Press, 1982) である。

✤13　例えば ibid., 1:373–8 を見よ。

✤14　Ibn Khaldūn, *Muqaddimah*, ed. M. Quatremère (Paris: 1858), 2:164f, trans. Franz Rosenthal (Princeton: Princeton University Press, 1967), 2:186f〔邦訳：イブン・ハルドゥーン『歴史序説』4 巻（森本公誠訳、岩波文庫（岩波書店）、2001)〕; Seyyed Hossein Nasr, "Le shiʿisme et le soufisme: leurs relations principelles et historiques," in *Le Shiʿisme Imamite: Colloque de Strasbourg (6–9 mai 1968)* (Paris: Presses Universitaires de France, 1970), 215–33

✤15　Melchert, "The Transition from Asceticism to Mysticism," 64f.

第 17 章

✤1　以下を見よ。Hava Lazarus-Yafeh, *Intertwined Worlds: Medieval Islam and Bible Criticism* (Princeton: Princeton University Press, 1992), esp. 133–4; Joel Kraemer, *Humanism in the Renaissance of Islam: The Cultural Revival during the Buyid Age* (Leiden: E. J. Brill, 1986), 52–86, esp. 58–60, 76–7, 82; Wadi Z. Haddad, "Continuity and Change in Religious Adherence: Ninth-century Baghdad", in *Conversion and Continuity: Indigenous Christian Communities in Islamic Lands, Eighth to Eighteenth Centuries*, ed. Michael Gervers and Ramzi Jibran Bikhazi (Toronto: Pontifical Institute of Mediaeval Studies, 1990) (Papers in Mediaeval Studies 9), 34–53.　ファーティマ朝のエジプト時代初期のカリフたちに仕えた、ユダヤ教徒でイスラームに改宗した宰相ヤアクーブ・イブン・キッリスが臨席した集会の魅力的な報

告があるが、それについては Mark R. Cohen and Sasson Somekh, “In the Court of Yaʿqūb ibn Killis: A Fragment from the Cairo Genizah,” *Jewish Quarterly Review* 80 (1990), 283–314 を見よ。もちろんこれらの「話し合い」は鋭い論難の応酬を除外するものではなかった。例えば David Thomas, *Anti-Christian Polemic in Early Islam: Abū ʿĪsā Warrāq's "Against the Trinity"* (Cambridge: Cambridge University Press, 1992) を見よ。

✤2　キリスト教における聖者崇拝についての古典的著作は、Peter Brown, *The Cult of the Saints: Its Rise and Function in Latin Christianity* (Chicago: University of Chicago Press, 1982) である。ムスリムが生者と死者の交流についていかに理解していたかについては、Leah Kinberg, *Morality in the Guise of Dreams: A Critical Edition of Kitāb al-Manām with Introduction* (Leiden: E. J. Brill, 1994), 18 を見よ。

✤3　Abū ʿAbd Allāh Muḥammad ibn Aḥmad al-Muqaddisī, *Aḥsān al-taqāsīm fī maʿrifat al-aqālīm*, ed. de Goeje (Leiden: E. J. Brill, 1906), 182–3; trans. André Miquel (Damascus: Institut Français de Damas, 1963), 223–4.

✤4　Norman Golb, “Aspects of the Historical Background of Jewish Life in Medieval Egypt,” *in Jewish Medieval and Renaissance Studies*, ed. Alexander Altmann (Cambridge, Massachusetts: Harvard University Press, 1967), 1–18, esp. 13–16. ゲニーザ文書群一般とそれらが描く社会世界については、S. D. Goitein, *A Mediterranean Society: The Jewish Communities of the Arab World as Portrayed in the Documents of the Cairo Geniza*, in 6 vols. (Berkeley: University of California Press, 1967–1993) を見よ。なかでもゲニーザが反映するものは中世エジプト人一般の経験であり、単にユダヤ教徒たちのそれのみでないことについては 1.70–4 を見よ。

✤5　ズィンミーたちの地位についての文献は数多い。参照の手始めとして良いのは *EI*[2], art. “Dhimma” (by Claude Cahen) と、Bernard Lewis, *The Jews of Islam* (Princeton: Princeton University Press, 1984), 3–66 である。A. S. Tritton の *The Caliphs and Their Non-Muslim Subjects*, 2nd edition (London: Frank Cass, 1970) は、全体にわたって批判的なものでなく、かつときに歴史的とはいえない研究であるが、細部については資料としていまだ有用である。Mark Cohen, *Under Crescent and Cross: The Jews in the Middle Ages* (Princeton: Princeton University Press, 1994), 58–60 は、ズィンミーたちの礼拝場建設の問題を扱う文献を概観している。初期のイスラームの課税とジズヤの発展という問題については、*EI*[2], art. “Djizya” (by Claude Cahen) を見よ。中期時代の初頭における実際のジズヤ徴収と普通のズィンミーたちへの負担については、Goitein, *A Mediterranean Society*, vol. 2: *The Community*, 380–94, and idem, “Evidence on the Muslim Poll Tax from Non-Muslim Sources: A Geniza Study,” *Journal of the Economic and Social History of the Orient* 6 (1963), 278–95 を見よ。

✤6　改宗の推移を辿ろうとするリチャード・ビュリエ Richard Bulliet の労作は今日に至るまで最も洗練された研究である。ただしその研究は都市エリートの経験、ことに北東イラン地域のそれに最もしっかり基づくものだが、この報告から我々がどれほど困難なく一般的なことを引き出せるかはわからないと著者自身が認めている。その *Conversion to Islam in the Medieval Period* (Cambridge. Mass achusetts: Harvard University Press, 1979), passim と、マイケル・モロニー Michael G. Morony の批判的な論文 , “The

Age of Conversions: A Reassessment," in *Conversion and Continuity: Indigenous Christian Communities in Islamic Lands, Eighth to Eighteenth Centuries*, ed. Michael Gervers and Ramzi Jibran Bikhazi (Toronto: Pontifical Institute of Medieval Studies, 1990) (Papers in Mediaeval Studies 9), 135–50 を比較のこと。他に有益な研究としてアイラ・ラピダス Ira Lapidus の "The Conversion of Egypt to Islam," *Israel Oriental Studies* 2 (1972), 248–62 がある。

✤7　Muḥammad ibn Jarīr al-Ṭabarī, *Tārīkh al-rusul wa'l-mulūk*, ed. M. J. de Goeje and others (Leiden: E. J. Brill, 1879–1901), 1/3:1312–13 = *The History of al-Ṭabarī*, vol. 33, trans. C. E. Bosworth (Albany, N. Y.: SUNY Press, 1991), 192 を見よ。この物語は有名なものでよく引用される。だが数ページ後のほうで、タバリーは次いで起こったエピソードを語っているが、それはあまり注目を集めていない。それによるとアフシーンは直接には主張しなかったが、遠慮がちに実際には自分は割礼を受けており、単に自分の姿を公衆の面前にさらさねばならぬという恥辱を避けるために嫌疑を認めたのだとほのめかしている。*Tārīkh,* 1/3: 1317 = *History*, 33. 199. アフシーンの信仰については以下に続く記述を見よ。

✤8　Taqī 'l-Dīn al-Maqrīzī, *al-Mawā 'iẓ wa' l-i 'tibār bi-dhikr al-khiṭaṭ wa 'l-athār*, 2 vols. (Bulaq: Dar al-Ṭibā 'a al-Miṣriyya, 1853-4) 2: 494; Lapidus, "Conversion of Egypt," 256–60.

✤9　Patricia Crone and Michael Cook, *Hagarism: The Making of the Islamic World* (Cambridge: Cambridge University Press, 1977), 86 が指摘した点を参照のこと。

✤10　Gordon Newby, *A History of the Jews of Arabia from Ancient Times to Their Eclipse under Islam* (Columbia, South Carolina.: University of South Carolina Press, 1988), 97–100.

✤11　Eliyahu Ashtor, "The Number of the Jews in Medieval Egypt," *Journal of Jewish Studies* 18 (1967); J. C. Russell, "The Population of Medieval Egypt," *Journal of the American Research Center in Egypt* 5 (1966), 69–82. また David Ayalon, "Regarding Population Estimates in the Countries of Medieval Islam," *Journal of the Economic and Social History of the Orient* 28 (1985), 1–99 による諸注意も見よ。

✤12　Goitein, *A Mediterranean Society*, vol. 2, passim, esp. 5–23 and 311–45 を見よ。

✤13　カラーイー派とアナン・ベン・ダビデの事件については、Michael G. Morony, *Iraq after the Muslim Conquest* (Princeton: Princeton University Press, 1984), 329, および Salo W. Baron, *A Social and Religious History of the Jews*, second edition (New York: Columbia University Press, 1952), vol. 5: *Religious Controls and Dissensions,* 209–85, 388–9 を見よ。カラーイー派がラビの口承による伝統に反感を抱いたことは、あるいはムスリム共同体内部におけるハディース強調に対する「聖典主義者」(scripturalist) からの反対に鼓吹されたのではないかと言われており、言い換えればイスラーム以前から続く宗教伝統へのムスリムの影響の一例とも示唆されているのである。Crone and Cook, *Hagarism*, 38, および Michael Cook, "'Anan and Islam: The Origins of Karaite Scriptualism," *Jerusalem Studies in Arabic and Islam* 9 (1987), 161–82 を見よ。

✤14　G. E. von Grunebaum, *Classical Islam: A History, 600–1258* (Chicago: Aldine Publishing Company, 1970), 64. さらに暗澹たる見方としては、Kenneth Cragg, *The Arab Christian: A History in the Middle East* (Louisville, Kentucky: Westminster/John Knox Press, 1991), 57 を見よ。そこでクラッグはイスラーム世界内部でのキリスト教諸共同体の孤立は彼らを

「不適切な状態」、さらに「何世紀にもわたるゲットー〔分離居住区〕的な生存」に至らしめ、ゆっくりした自然衰退へと追い込んだと指摘している。

✤15 Robert Schick, *The Christian Communities of Palestine from Byzantine to Islamic Rule: A Historical and Archaeological Study* (Princeton: Darwin Press, 1995), 171-177 と、そこに引用されている史料を見よ。

✤16 Johannes den Heijer, "Apologetic Elements in Coptic-Arabic Historiography: The Life of Afraham ibn Zurʿah, 62nd Patriarch of Alexandria," in *Christian Arabic Apologetics during the Abbasid Period (750–1258)*, ed. Samir Khalil Samir and Jørgen S. Nielsen (Leiden: E. J. Brill, 1994), 192–202. このサミールとニールセン編の研究書はムスリムの舞台におけるキリスト教側からの論争に関して重宝な論文を集めたものである。キリスト教の中央アジアへの拡大については、J. Nasrallah, "L'Église melchite en Iraq, en Perse et dans l'Asie centrale," *Proche-Orient Chrétien* 26 (1976), 16–33, およびJ. Dauvillier, "L'Expansion de l'Église syrienne en Asie Centrale," in *L'Orient Syrien* 1 (1956), 76–87 を見よ。テオドロス・アブー・クッラと最初期のアラビア語キリスト教文献については、シドニー・グリフィス Sidney Griffith の様々な研究の多くが *Arabic Christianity in the Monasteries of Ninth-Century Palestine* (London: Ashgate, 1992) に集められているが、他には特に同著者による "The View of Islam from the Monasteries of Palestine in the Early ʿAbbasid Period: Theodore Abu Qurrah and the *Summa Theologiae Arabica*," *Islam and Christian-Muslim Relations* 7 (1996), 9–28 を見よ。

✤17 初期イスラームのエジプト・コプト教徒の経験に関する諸史料には次にきわめて役立つ概観がある。Terry G. Wilfong, "The Non-Muslim Communities: Christian Communities," in *The Cambridge History of Egypt*, vol. 1: *Islamic Egypt, 640–1517*, ed. Carl Petry (Cambridge: Cambridge University Press, 1998), 175–97, コプトの修道院についてはことに 188–91。コプトの巡礼地については、Gérard Viaud, *Les pèlerinages coptes en Égypte* (Cairo: IFAO, 1979) を見よ。

✤18 グールにあった異教信徒たちの飛び地については、C. E. Bosworth, "The Early Islamic History of Ghūr," *Central Asiatic Journal* 6 (1961), 116–33 を見よ。

✤19 Ibn Khallikān, *Wafayāt al-aʿyān wa anbāʾ abnāʾ al-zamān* (Beirut: Dār al-Sādir, 1977), 1:313, trans. MacGuckin de Slane, *Ibn Khallikan's Biographical Dictionary*, in 4 vols. (Paris: Oriental Translation Fund of Great Britain and Ireland, 1842–3), 1:288–9; Ibn al-Nadīm, *Fihrist*, trans. Bayard Dodge, 2 vols. (New York: Columbia University Press, 1970), 2: 745–72. ハッラーンのサービア教徒については、Michel Tardieu, "Ṣābiens Coraniques et 'Ṣābiens' de Ḥarrān," *Journal asiatique* 274 (1986), 1–44 を見よ。

✤20 Al-Ṭabari, *Taʾrīkh*, 1/3:517 = *History*, vol. 29, trans. Hugh Kennedy (Albany, N.Y.: SUNY Press, 1990), 234–5; idem, *Taʾrīkh*, 1/3:548–50 = *History*, vol. 30, trans. C. E. Bosworth (Albany, N.Y.: SUNY Press, 1989), 10–13.

✤21 Griffith, " The First Christian *Summa Theologiae*," 17.

✤22 Ibn al-Nadīm, *Fihrist*, 2:773–805; Gholam Hossein Sadighi, *Les mouvements religieux iraniens au IIᵉ et au IIIᵉ siècle de l'hégire* (Paris: Les Presses Modernes, 1938), 83–107; G. Vajda, "Les zindıqs en pays d'Islam au debut de la période abbaside," *Rivista degli Studi Orientali*

17 (1937), 173–229.

✤23　Morony, *Iraq after the Muslim Conquest*, 280–305, また特に Jamsheed K. Choksy, *Conflict and Cooperation: Zoroastrian Subalterns and Muslim Elites in Medieval Iranian Society* (New York: Columbia University Press, 1997). 以下の関連の記述の多くはこのチョクスィーの研究書に依拠している。

✤24　イランにおける改宗については、もちろん Bulliet, *Conversion to Islam*, passim, ことに「社会的要因による改宗」を論じた 33f を見よ。また以下をも見よ。Choksy, *Conflict and Cooperation*, esp. 69–109, and idem, "Conflict, Coexistence, and Cooperation: Muslims and Zoroastrians in Eastern Iran during the Medieval Period," *Muslim World* 80 (1990), 213–33; Richard Frye, *The Heritage of Central Asia* (Princeton: Markus Wiener, 1996), 221–32, esp. 228. また農村地域における改宗については、Morony, "Age of Conversions," 137 and 141–4 の慎重な指摘を見よ。

✤25　Choksy, *Conflict and Cooperation*, 81, および *EI*[2], art. "Al-Kāzarūnī" (by H. Algar).

✤26　スンバーズについては以下の研究を見よ。Sadighi, *Les mouvements religieux iraniens*, 132–49; Elton Daniel, *The Political and Social History of Khurasan under Abbasid Rule, 747–820* (Minneapolis: Bibliotheca Islamica, 1979), 126–30.

✤27　Choksy, *Conflict and Cooperation*, 40–2; M. Rekaya, "Māzyār: Résistance ou intégration d'une province iranienne au monde musulman au milieu du IX[e] siècle ap. J.C.," *Studia Iranica* 2 (1973), 143–92; idem, "La place des provinces sub-Caspiennes dans l'histoire de l'Iran de la conquête arabe à l'avènement des Zaydites (16–250 H/637–864 J.C.): Particularisme regional ou role 'national'?" *Rivista degli studi orientali* 48 (1974), 117–52; *EI*[2], art. "Kārinids" (by M. Rekaya).

✤28　Choksy, *Conflict and Cooperation*, 54–6, 88–9; Mary Boyce, *Zoroastrians: Their Religious Beliefs and Practices* (London: Routledge and Kegan Paul, 1979), 154–6; Jean de Menasce, "Problemes des Mazdéens dans l'Iran musulman," in *Festschrift für Wilhelm Eilers* (Wiesbaden: Otto Harrassowitz, 1967), 220–30.

✤29　サルマーンについては , Louis Massignon, *Salmān Pāk et les prémices spirituelles de l'Islam iranien* (*Bulletin de la société des études iraniennes* no. 7 [1934]) を見よ。

✤30　ホッラム教については次の諸研究を見よ。Sadighi, *Les mouvements religieux iraniens*, 150–280; Wilferd Madelung, *Religious Trends in Early Islamic Iran* (Albany, N.Y.:Bibliotheca Persica, 1988), 1–12; Ehsan Yarshater, "Mazdakism," in *The Cambridge History of Iran*, vol. 3: *The Seleucid, Parthian, and Sasanian Periods*, ed. Ehsan Yarshater (Cambridge: Cambridge University Press, 1983), 991–1024, esp. 1001–6; B. S. Amoretti, "Sects and Heresies," in *The Cambridge History of Iran*, vol. 4: *The Period from the Arab Invasions to the Saljuqs*, ed. Richard N. Frye (Cambridge: Cambridge University Press, 1975), 481–519, esp. 503–5; M. Rekaya, "Le *Ḫurram-Dīn* et les mouvements *ḫurramites* sous les 'abbāsides: Réapparition du Mazdakisme ou manifestation des *Gulāt*-Musulmans dans l'ex-empire aux VIII[e] et IX[e] siècles ap. J.C. *Studia Islamica* 60 (1984), 5–57; and *EI*[2], art. "Khurramiyya" (by W. Madelung).

✤31　裁判の報告は al-Ṭabarī, *Tārīkh*, 1/3:1304–13, and 1314–18 = *History*, vol. 33, trans. C. E. Bosworth (Albany, N.Y.: SUNY Press, 1991), 180–93, 196–200 に見られる。「白い宗教」

なる言葉については、190nを見よ。アフシーンの宗教についてはSadighi, *Les mouvements religieux iraniens*, 287–305を見よ。マーズヤールの反乱がもつ宗教的要素については、Sadighi, *Les mouvements religieux iraniens*, 218–29を、*EI*[2], art. “Kārinids” (by M. Rekaya) と比較せよ。

## 第Ⅳ部　中期のイスラーム（1000—1500年）

### 第18章

✤1　‘Islamic Middle Period’（「イスラーム中期」）というフレーズは、マーシャル・ホジソン Marshall Hodgsonからの借用である。詳しくは*The Venture of Islam: Conscience and History in a World Civilization*, in 3 vols. (Chicago: University of Chicago Press, 1974), vol. 2: *The Expansion of Islam in the Middle Periods*, esp. 3–11を見よ。イスラーム史において‘medieval’（中世）という用語を用いることについては、ダニエル・ヴァリスコ Daniel J. Variscoが“Making ‘Medieval’ Yemen Meaningful”において痛烈な批判を行っている。これは1999年の中東学会Middle East Studies Associationにおいて配布された資料であり、インターネット上からダウンロードすることができる（http://www.geocities.com/Athens/Oracle/9361/mesa99.html）。時代区分という問題はきわめて重要かつ本質的なものである。例えば、S. D. ゴイティン Goiteinは、イスラーム史における諸時代を概念化するため抜本的に異なった方法を提示し、まったく異なる観点からこの問題に取り組もうとした。詳しくは“A Plea for the Periodization of Islamic History,” *Journal of the American Oriental Society* 88 (1968), 224–8を見よ。

✤2　この時代に関する叙述的な歴史 (narrative history) については、P. M. Holt, *The Age of the Crusades: The Near East from the Eleventh Century to 1517* (London: Longman, 1986), および David Morgan, *Medieval Persia, 1040–1797* (London: Longman, 1988) を見よ。

✤3　とりあえずCharles Melville, “*Pādshāh-i Islām*: The Conversion of Sultan Maḥmūd Ghāzān Khān,” *Pembroke Papers* 1 (1990), 159–77, およびReuven Amitai-Preiss, “Ghazan, Islam and Mongol Tradition: A View from the Mamlūk Sultanate,” *Bulletin of the School of Oriental and African Studies* 59 (1996), 1–10を見よ。

### 第19章

✤1　例えば、Eliyahu Ashtor, “L’inquisition dans l’état mamlouk,” *Rivista degli studi orientali* 25 (1950), 11–26などがそうである。

✤2　Jalāl al-Dīn al-Suyūṭī, *Tārīkh al-khulafā’* (Cairo, 1964), 451.

✤3　Al-Suyūṭī, *Tārīkh al-khulafā’*, 448, 451. ナースィルと彼のプログラムについての基本文献としては、Angelika Hartmann, *al-Nāṣir li-Dīn Allāh: Politik, Religion, Kultur in dem späten ‘Abbāsidenzeit* (Berlin: de Gruyter, 1975), および*EI*[2], art. “al-Nāṣir li-dīn allāh” (by A. Hartmann).

✤4　イスラーム世界、少なくとも西南アジアと地中海地域における統一性に関しては、S. D. Goitein, “The Unity of the Mediterranean World in the ‘Middle’ Middle Ages,” in *Studies in Islamic History and Institutions* (Leiden: E. J. Brill, 1966), 296–307を見よ。マイケル・チ

ェンバレン Michael Chamberlain は、マーシャル・ホジソン Marshall Hodgson が比較研究の視座から意識的に中期イスラーム世界という主題にアプローチして以降、数少ない中期イスラーム史家の一人であり、*Knowledge and Social Practice in Medieval Damascus, 1190–1350* (Cambridge: Cambridge University Press, 1994), 28–37 において、非常に説得力のある見解を幾つも打ち出している。

✤5　この問題については、Richard Bulliet, *Islam: The View from the Edge* (New York: Columbia University Press, 1994), passim, esp. 124-5 を見よ。

✤6　Al-Khatīb al-Baghdādī, *Tārīkh baghdād* (Beirut: Dār al-Kitāb al-ʿArabī, 1966), 1: 22–3; Jacob Lassner, *The Topography of Baghdad in the Early Middle Ages* (Detroit: Wayne State University Press, 1970), 25. 同様に、イブン・ジャウズィー Ibn al-Jawzī が記したバグダードへの賛辞である *Manāqib baghdād* (Baghdad: Maṭbaʿat Dār al-Salām, 1342 AH), 4 も見よ。

✤7　Ibn Rajab, *al-Dhayl ʿalā ṭabaqāt al-ḥanābila*, 2 vols. (Cairo: Maṭbaʿat al-Sunna al-Muḥammadiya), 1: 309; Gary L. Leiser, "Ḥanbalism in Egypt before the Mamlūks," *Studia Islamica* 54 (1981), 166.

✤8　ビュリエの記した *Islam* の中心的テーマの一つは、中期のイランがイスラームにおいていかに重要な貢献を果たしたかという問題である。これについては特に 146–7 頁を見よ。ビュリエの分析は根本的にホジソンのものとは異なっているが、この時代にイスラームに対してイランが果たした貢献の重要性について、彼らは近似の結論を導き出している。例えば、*Hodgson, The Venture of Islam: Conscience and History in a World Civilization*, in 3 vols. (Chicago: University of Chicago Press, 1974), vol. 2: *The Expansion of Islam in the Middle Periods*, 70 を見よ。

第 20 章

✤1　George Makdisi, *Ibn ʿAqīl et la résurgence de l'Islam traditionaliste au XI^e siècle (V^e siècle de l'Hégire)* (Damascus: Institut Français de Damas, 1963), 77–88, and idem, "The Marriage of Tughril Beg," *International Journal of Middle East Studies* 1 (1970), 259–75.

✤2　Richard Bulliet, *Islam: The View from the Edge* (New York: Columbia University Press, 1994), passim.

✤3　Devin Stewart, *Islamic Legal Orthodoxy: Twelver Shiite Reponses to the Sunni Legal System* (Salt Lake City: University of Utah Press, 1998), esp. 111–73.

✤4　Stewart, *Islamic Legal Orthodoxy*, 121–25; Makdisi, *Ibn ʿAqīl*, 310–27; Emmanuel Sivan, *L'Islam et la croisade: Idéologie et propagande dans les réactions musulmane aux croisades* (Paris, 1968), 71; Henri Laoust, "Les agitations religieuses à Baghdād aux IV^e et V^e siècles de l'hégire," in *Islamic Civilisation, 950–1150*, ed. D. S. Richards (Oxford: Cassirer, 1973), 169–85; Simha Sabari, *Mouvements populaires à Bagdad à l'époque ʿabbaside, IX^e – XI^e siècles* (Paris: Librairie d'Amérique de l'Orient, 1981), 106–12; C. E. Boswroth, *The Ghaznavids: Their Empire in Afghanistan and Eastern Iran, 994–1040* (Edinburgh: Edinburgh University Press, 1963), 53–4.

✤5　Bulliet, *Islam*, 148.

✤6　Claude Cahen, *La Syrie du nord à l'époque des croisades et la principauté franque d'Antioche* (Paris: R. Geunther, 1940), 261.

✤7　Richard T. Mortel, “Zaydi Shi'ism and the Hasanid Sharifs of Mecca”, *International Journal of Middle East Studies* 19 (1987), 455–72. マムルーク朝のシリアにおけるシーア派その他に対する軍事行動に関しては、Henri Laoust, “Remarques sur les expéditions du Kasrawan sous les premiers Mamluks,” *Bulletin du Musée de Beyrouth* 4 (1940), 93–115; Urbain Vermeulen, “Some Remarks on a Rescript of al-Nāṣir Muḥammad b. Qalā'ūn on the Abolition of Taxes and the Nuṣayris (Mamlaka of Tripoli, 717/1317),” *Orientalis Lovaniensia Periodica* 1 (1970), 195–201; idem, “The Rescript against the Shi'ites and Rafiḍites of Beirut, Ṣaidā and District (746 A.H./1363 A.D.)”, *Orientalia Lovaniensia Periodica* 4 (1973), 169–75 などが挙げられるが、現今特に有用なのは Stefan Winter, “Shams al-Dīn Muḥammad ibn Makkī ‘al-Shahīd al-Awwal’ (d.1384) and the Shi'ah of Syria,” *Mamlūk Studies Review*, 3 (1999), 149–82 である。

✤8　Jean-Claude Garcin, *Un centre musulman de la Haute-Égypte médiévale: Qūṣ* (Cairo: Institut Français d'Archéologie Orientale du Caire, 1976), 71, 128–31; cf. Devin Stewart, “Popular Shiism in Medieval Egypt: Vestiges of Islamic Sectarian Polemics in Egyptian Arabic,” *Studia Islamica* 84 (1996), 35–66, esp. 52–61.

✤9　Ibn al-Athīr, *al-Kāmil fi'l-tārīkh*, 10 vols. (Beirut: Dār al-Kutub al-'Ilmiyya, 1995), 10: 177–8; Taqī 'l-Dīn Aḥmad al-Maqrīzī, *Kitāb al-sulūk*, 4 vols. (Cairo: Lajnat al-Ta'līf wa'l-Tarjama, 1956–73), 1: 127–8.

✤10　Farhad Daftary, *The Assassin Legends: Myths of the Isma'ilis* (New York: I. B. Tauris, 1995) において、これらの色彩豊かな物語が紹介されている。

✤11　この点については、とりあえず Farouk Mitha, *al-Ghazālī and the Ismailis: A Debate on Reason and Authority in Medieval Islam* (London: I. B. Tauris, 2001), esp. 67–70 を見よ。

✤12　例えば、Ibn al-Athīr, *al-Kāmil fi'l-tārīkh*, 9:107–9; Farhad Daftary, *The Isma'ilis: Their History and Doctrines* (Cambridge: Cambridge University Press, 1990), 354–6 を見よ。

✤13　Marshall Hodgson, *The Order of Assassins: The Struggle of the Early Nizārī Ismā'īlīs Against the Islamic World* (The Hague: Mouton, 1955), 124.

✤14　ニザール・イスマーイール派と彼らによる「反乱」については、Hodgson, *Order of Assassins*, and idem, “The Isma'ili State,” in *The Cambridge History of Iran*, vol. 5: *The Saljuq and Mongol Periods*, ed. J. A. Boyle (Cambridge: Cambridge University Press, 1968), 422–82 を見よ。また Bernard Lewis, *The Assassins: A Radical Sect in Islam* (New York: Basic Books, 1968); Wilferd Madelung, *Religious Trends in Early Islamic Iran* (Albany, N.Y.: Bibliotheca Persica, 1988), 101–5; Farhad Daftary, “Hasan-i Sabbāh and the Origins of the Nizārī Isma'ili Movement,” in *Mediaeval Isma'ili History and Thought*, ed. Farhad Daftary (Cambridge: Cambridge University Press, 1996), 181–204, and idem, *The Isma'ilis*, 324–434 も有用である。1164 年にシャリーアを一時的に廃止した事件については、Jorunn J. Buckley, “The Nizārī Isma'ilites' Abolishment of the Sharī'a during the ‘Great Resurrection’ of 1164 AD/559 AH,” *Studia Islamica* 60 (1984), 137–65 を見よ。

✤15　この点について最も興味深い研究は George Makdisi による *Ibn 'Aqī et la résurgence de l'Islam* である。また、彼による “The Sunni Revival”, in *Islamic Civilisation, 950–1150*, ed. D. S. Richards (Oxford: Cassirer, 1973), 155–68, および Laoust の “Les agitations religieuses,”

178fも見よ。

✤16 Bulliet, *Islam*, 146.

✤17 ハーキムの行った迫害と11世紀初頭におけるイスラームへの改宗については、Yaacov Lev, "Persecutions and Conversion to Islam in Eleventh-Century Egypt," *Asian and African Studies* 22 (1988), 73–91を見よ。

✤18 Jalāl al-Dīn al-Suyūṭī, *Ḥusn al-muḥāḍara fī tārīkh miṣr wa'l-qāhira*, 2 vols. (Cairo: al-Ḥalabī, 1968), 2: 201. Bernard Lewis, *Islam from the Prophet Muhammad to the Capture of Constantinople* (New York: Oxford University Press, 1987), 2: 227における引用。

✤19 Abū Bakr al-Ṭurṭūshī, *Kitāb al-ḥawādith wa'l-bida'* (Beirut: Dār al-Gharb al-Islāmī, 1990), 188–9, 220–1, and cf. Maribel Fierro, "The Treatises Against Innovations (*kutub al-bid'a*)," *Der Islam* 69 (1992), 204–46; Sawīrus ibn al-Muqaffa', *Tārīkh baṭārika al-kanīsa al-miṣriyya* (*History of the Patriarchs of the Egyptian Church*), ed. and trans. Antoine Khater and O. H. E. Khs-Burmester (Cairo: Société d'Archéologie Copte, 1968), 3/1:31 (Eng. trans., 50) (on Ridwan and the *dhimmis*); Ibn Farhūn al-Mālikī, *al-Dībāj al-mudhhab fī ma'rifat a'yān 'ulamā' al-madhhab*, 2 vols. (Cairo: Dār al-Turāth, 1972), 1: 294 (on Ibn 'Awf); Gary Leiser, "The Madrasa and the Islamization of the Middle East: The Case of Egypt," *Journal of the American Research Center in Egypt* 22 (1985), 29–47; Marius Canard, "Un vizir chrétien à l'époque fatimite: l'Arménien Bahrām," *Annales de l'Institut d'Études Orientales* 12 (1954), 84–113; idem, "Notes sur les Arméniens en Égypte à l'époque fatimite," *Annales de l'Institut d'Études Orientales* 14 (1956), 147–57.

✤20 Ibn 'Asākir, *Tārīkh madīnat dimashq*, ed. Ṣalāḥ al-Dīn al-Munajjid (Damascus: Maṭba'at al-Majma' al-'Ilm al-'Arabī, 1951), 1: 223.

✤21 エルサレムに対するムスリムの態度を扱った研究のなかで最も重要なのは、Emmanuel Sivan, "The Sanctity of Jerusalem in Islam," in *Interpretations of Islam* (Princeton: The Darwin Press, 1985), 75–106, and idem, *L'Islam et la croisade*, esp. 46–9 and 62–3である。また、S. D. Goitein, "The Sanctity of Jerusalem and Palestine in Early Islam," in *Studies in Islamic History and Institutions* (Leiden: E. J. Brill, 1966), 135–48, およびCarole Hillenbrand, *The Crusades: Islamic Perspectives* (Chicago: Fitzroy Dearborn, 1999), 141–50 and 188–92も見よ。

✤22 このテーマを概説的に扱った研究としては、Sivan, *L'Islam et la croisade,* およびHillenbrand, *The Crusades*, passimを見よ。

✤23 Sivan, *L'Islam et la croisade*, 41–3; Hillenbrand, *The Crusades*, 108–10.

✤24 特定のスンナ派統治者が宗教施設を建設する計画について体系的に扱った論述としては、Nikita Elisséeff, *Nūr ad-Dīn, un grand prince musulman de Syrie au temps des Croisades (511–569 h./1118–1174)* (Damascus: Institut Français, 1967), 750–79を見よ。

✤25 Cahen, *La Syrie du nord*, 377; Elisséeff, *Nūr al-Dīn*, 428–30.

✤26 Ibn al-Ḥājj, *Madkhal al-shar' al-sharīf*, 4 vols. (Cairo: al-Maṭba'a al-Miṣriyya, 1929), 1: 79において引用されている。

✤27 Fierro, "The Treatises Against Innovations" ; およびJonathan P. Berkey, "Tradition, Innovation, and the Social Construction of Knowledge in the Medieval Islamic Near East," *Past & Present* 146 (1995), 38–65.

✤28 ʿAlī ibn Maymūn al-Idrīsī, *Bayān ghurbat al-islām*, Princeton Garrett Ms. 828H, fol. 64v; cf. Sivan, *L'Islam et la croisade*, 70–3.

第 21 章

✤1 Abū'l-Ḥasan ʿAlī al-Māwardī, *al-Aḥkām al-sulṭāniyya waʾl-wilāya al-dīniyya* (Beirut: Dār al-Kutub al-ʿIlmiyya, 1985), 18. 現在は英語訳も出版されている (*The Ordinances of Government*, trans. Wafaa Wahba (London: Garnet, 1996)〔邦訳：アル゠マーワルディー『統治の諸規則』(湯川武訳、慶應義塾大学出版会、2006)〕)。Ann K. S. Lambton, *State and Government in Medieval Islam. An Introduction to the Study of Islamic Political Theory: The Jurists* (Oxford University Press, 1981), 83–102 も見よ。

✤2 Carole Hillenbrand, "Islamic Orthodoxy or Realpolitik? Al-Ghazali's Views on Government," *Iran: Journal of the British Institute of Persian Studies* 26 (1988), 81–94.

✤3 Lambton, *State and Government*, 138–51; Henri Laoust, *Essai sur les doctrines sociales et politiques de Takī-d-dīn Aḥmad b. Taimīya* (Cairo: Institut Français d'Archéologie Orientale du Caire, 1939), 310–15.

✤4 Charles Pellat, *The Life and Works of Jāḥiẓ* (Berkeley: University of California Press, 1969), 92–7.

✤5 Ibn Khaldūn, *al-Muqaddima*, ed. M. Quatremère in 3 vols. (Paris: Didot, 1858), 1: 332; trans. Franz Rosenthal, 2nd edition (Princeton: Princeton University Press, 1967), 1: 374. Cf. Charles Issawi, *An Arab Philosophy of History* (London: John Murray, 1950), 105, および David Ayalon, "The Mamluks and Ibn Xaldun," *Israel Oriental Studies* 10 (1980), 11–13.

✤6 中期近東の「家」(household) による政治とそのより広範な文化的諸形態との関係をめぐる興味深い議論は、Michael Chamberlain, *Knowledge and Social Practice in Medieval Damascus, 1190–1350* (Cambridge: Cambridge University Press, 1994), esp. 44–7 に見られる。

✤7 この「共同統治体制」(condominium) という言葉は、アイラ・ラピダス Ira Lapidus の *Muslim Cities in the Later Middle Ages* (Cambridge, Mass achusetts.: Harvard University Press, 1967), 116 から拝借した。マーシャル・ホジソン Marshall Hodgson はその著書 *The Venture of Islam: Conscience and History in a World Civilization*, in 3 vols. (Chicago: University of Chicago Press, 1974) の第 2 巻において、この取り決めを「アミール・アーヤーン」システムと呼び、詳述している。ある特定の社会においてそれがどのように作用するのかは、Chamberlain, *Knowledge and Social Practice* を見よ。

✤8 以下を見よ。Barbara Flemming, "Literary Activities in Mamluk Halls and Barracks," in *Studies in Memory of Gaston Wiet*, ed. Myriam Rosen-Ayalon (Jerusalem, 1977), 249–60; Ulrich Haarmann, "Arabic in Speech, Turkish in Lineage: Mamluks and Their Sons in the Intellectual Life of Fourteenth- Century Egypt and Syria," *Journal of Semitic Studies* 33 (1988), 81–114; Jonathan Berkey, "Mamluks and the World of Higher Education in Medieval Cairo, 1250–1517," in *Modes de transmission de la culture religieuse en Islam* (Cairo: Institut Français d'Archéologie Orientale du Caire, 1993), 93–116; idem, "'Silver Threads Among the Coal': A Well-Educated Mamluk of the Ninth/Fifteenth Century," *Studia Islamica* 73 (1991), 109–25.

✤9 ウラマーと彼らの社会的・政治的役割に関する研究は数多くなされている。まず

参照すべき研究は、多大なる影響を与えたラピダスによる著書 *Muslim Cities in the Later Middle Ages* と、R. ステファン・ハンフリーズ Stephen Humphreys の文献研究である *Islamic History: A Framework for Inquiry* (Princeton: Princeton University Press, 1991), 187–208 であろう。

✤10　Sam Gellens, "The Search for Knowledge in Medieval Muslim Societies: A Comparative Approach," in *Muslim Travellers: Pilgrimage, Migration, and the Religious Imagination*, ed. Dale F. Eickelman and James Piscatori (Berkeley: University of California Press, 1990), 50–65.

✤11　Carl Petry, *The Civilian Elite of Cairo in the Later Middle Ages* (Princeton: Princeton University Press, 1981), 161.

✤12　Elizabeth Sartain, *Jalāl al-Dīn al-Suyūṭī*, vol. 1: *Biography and Background* (Cambridge: Cambridge University Press, 1975), 46–9.

✤13　典型的な例としては、15 世紀の法学者・歴史家でトルコ語話者であったバドルッディーン・アイニーが挙げられよう。彼はアレッポの北、アインターブの出身で、マムルーク朝スルタンたちの腹心として親しく交わっていた。Petry, *Civilian Elite*, 69–70.

✤14　例えば、Jean-Claude Garcin, *Un centre musulman de la Haute-Égypte médiévale: Qūṣ* (Cairo: Institut Français d'Archéologie Orientale, 1976), 344–57 を見よ。

✤15　Jonathan Berkey, *The Transmission of Knowledge in Medieval Cairo: A Social History of Islamic Education* (Princeton: Princeton University Press, 1992), 123–7; Chamberlain, *Knowledge and Social Practice*, 62–8; Kamal S. Salibi, "The Banū Jamāʿa: A Dynasty of Shāfiʿite Jurists," *Studia Islamica* 9 (1958), 97–109.

✤16　Berkey, *The Transmission of Knowledge*, 112–16.

✤17　Berkey, *The Transmission of Knowledge*, 182–218.

✤18　ʿIzz al-Dīn ibn al-Athīr, *al-Tārīkh al-bāhir fi'l-dawla al-atābakiyya* (Cairo: Dār al-Kutub al-Ḥadītha, 1963), 66–7.

✤19　キャロル・ヒレンブランドは原史料と現代における研究からこれら統治者のイメージを研究している。詳しくはその *The Crusades: Islamic Perspectives* (Chicago: Fitzroy Dearborn, 1999), 112–16（ザンギーについて）, 119–41（ヌールッディーンについて）, 171–95（サラディンについて）を見よ。ヌールッディーンに関する研究としてまず挙げられるのは、Nikita Elisséeff, *Nūr ad-Dīn, un grand prince musulman de Syrie au temps des Croisades (511-569 h./1118–1174)* (Damascus: Institut Français de Damas, 1967) である。サラディンに関する学術的評価はより複雑である。H. A. R. ギブ Gibb は "The Achievement of Saladin," in *Studies on the Civilization of Islam* (Princeton: Princeton University Press, 1962), 89–107 において最も好意的な評価を下している。

✤20　Aḥmad ibn ʿAlī al-Qalqashandī, *Ṣubḥ al-aʿshā fī ṣināʿat al-inshāʾ*, 14 vols. (Cairo: al-Muʾassasa al-Miṣriyya al-ʿĀmma li'l-Taʾlīf wa'l-Tarjama, 1964), 7:378–9. ムスリムの称号とその宗教的メッセージについては Hillenbrand, *The Crusades*, 230–5 を見よ。

✤21　カリフがスルタンに対して公に彼の責任、とりわけジハードを勧め、ムスリムの共同体を防衛することへの責任を委譲したことが史料において明示されている点からも、このことは明らかである。例えば、al-Qalqashandī, *Ṣubḥ al-aʿshāʾ*, 10: 116–20

において、アッバース朝のカリフ・ハーキム・ビ・アムリッラーはマムルーク朝のマンスール・カラーウーンに対して自らの責任を委ねた。cf. Lambton, *State and Government in Medieval Islam*, 141–3. また、Linda Northrup, *From Slave to Sultan: The Career of al-Manṣūr Qalāwūn and the Consolidation of Mamluk Rule in Egypt and Syria (678–689 A.H./1279–1290 A.D.)* (Stuttgart: Franz Steiner Verlag, 1998), 166–176 も見よ。

✤22　例えば、Hodgson, *The Venture of Islam*, 2: 46f を見よ。

✤23　以下を見よ。Petry, *The Civilian Elite of Cairo*, 202–20, 312–25; Richard Bulliet, *Islam: The View from the Edge* (New York: Columbia University Press, 1994), 148; Daphna Ephrat, *A Learned Society in Transition: The Sunni ʿUlamāʾ of Eleventh-Century Baghdad* (Albany, N.Y.: SUNY Press, 2000), 131; R. Stephen Humphreys, *From Saladin to the Mongols: The Ayyubids of Damascus* (Albany, N.Y.: SUNY Press, 1977), 377–80; Joan Gilbert, "Institutionalization of Muslim Scholarship and Professionalization of the ʿUlamāʾ in Medieval Damascus," *Studia Islamica* 52 (1980), 105–35, esp. 122; Bernadette Martel-Thoumian, *Les civils et l'administration dans l'état militaire mamlūk (IXᵉ/XVᵉ siècle)* (Damascus: Institut Français de Damas, 1991), esp. 59–64, 177–9.

✤24　Ephrat, *A Learned Society in Transition*, 131.

✤25　Richard Bulliet, *The Patricians of Nishapur: A Study in Medieval Islamic Social History* (Cambridge, Massachusetts: Harvard University Press, 1972), 69–70.

✤26　Jean Sauvaget, *Alep: Essai sur le développement d'une grande ville syrienne, des origines au milieu du XIXᵉ siècle* (Paris: Librairie Orientaliste Paul Geuthner, 1941), 98–9n.

✤27　Humphreys, *From Saladin to the Mongols*, 353; Joseph Somogyi, "Adh-Dhahabi's Record of the Destruction of Damascus by the Mongols in 699–700/1299–1301," *Ignace Goldziher Memorial Volume*, ed. Samuel Löwinger and Joseph Somogyi (Budapest, 1948), 353–86.

✤28　Muḥammad ibn ʿAbd al-Raḥmān al-Sakhāwī, *al-Ḍawʾ al-lāmiʿ li-ahl al-qarn al-tāsiʿ*, 12 vols. (Cairo: Maktabat al-Qudsī, 1934), 1: 167–8; ʿAbd al-Ḥayy ibn al-ʿImād, *Shadharāt al-dhahab fī akhbār man dhahab*, 8 vols. (Cairo: Maktabat al-Qudsī, 1931–3), 7: 22–3; Lapidus, *Muslim Cities*, 131–3; Walter Fischel, *Ibn Khaldun and Tamerlane: Their Historic Meeting in Damascus, 1401 A.D. (803 A.H.)* (Berkeley: University of California Press, 1952).

✤29　Sherman A. Jackson, *Islamic Law and the State: The Constitutional Jurisprudence of Shihāb al-Dīn al-Qarāfī* (Leiden: E. J. Brill, 1996), 10–11; cf. Lapidus, *Muslim Cities*, 135.

✤30　このエピソードについて論じているのは、Walter J. Fischel, *Ibn Khaldūn in Egypt: His Public Functions and His Historical Research (1382–1406): A Study in Islamic Historiography* (Berkeley: University of California Press, 1967), 34–39 である。

✤31　ウラマーがある施設に対する寄進を統制しようと争ったことが政治家による介入を招いたとする初期の興味深い事例については、Jacqueline Chabbi, "La fonction du ribat à Bagdad du Vᵉ siècle au début du VIIᵉ siècle," *Revue des études islamiques*, 42 (1974), 116 を見よ。マドラサなどの施設における有利な職への任命をめぐる問題については、Berkey, *The Transmission of Knowledge* と Chamberlain, *Knowledge and Social Practice* において詳しく論じられている。

✤32　このような施設の設立と寄進に見える私的な性格については、George Makdisi,

*The Rise of Colleges: Institutions of Learning in Islam and the West* (Edinburgh: Edinburgh University Press, 1981), 35–74, およびそれに対する批判である Chamberlain, *Knowledge and Social Practice*, 51–4 を見よ。

✤33　Chamberlain, *Knowledge and Social Practice*, 8.

第 22 章

✤1　Ibn Khaldūn, *al-Muqaddima*, ed. M. Quatremère in 3 vols. (Paris: Didot, 1858), 3: 3–4; trans. Franz Rosenthal, 2nd edition (Princeton: Princeton University Press, 1967), 3: 5–6.

✤2　ニーシャーブールの状況については、Richard Bulliet, *The Patricians of Nishapur: A Study in Medieval Islamic Social History* (Cambridge, Massachusetts: Harvard University Press, 1972), esp. 28–46, and idem, *Islam: The View from the Edge* (New York: Columbia University Press, 1994), 110–13 を見よ。セルジューク朝下におけるハナフィー派とシャーフィイー派の対立については、ジョージ・マクディスィー George Makdisi が様々な成果を残しているが、とりわけ *Ibn 'Aqīl et la résurgence de l'Islam traditionaliste au XI^e siècle (V^e siècle de l'Hégire)* (Damascus: Institut Français de Damas, 1963) を見よ。また、*EI*², art. "Saldjūḳids" (by C. E. Bosworth), § IV.1 も見よ。近年の研究としては、Daphna Ephrat, *A Learned Society in Transition: The Sunni 'Ulamā' of Eleventh-Century Baghdad* (Albany, N.Y.: SUNY Press, 2000), esp. 85–93 を見よ。

✤3　Sherman Jackson, *Islamic Law and the State: The Constitutional Jurisprudence of Shihāb al-Dīn al-Qarāfī* (Leiden: E. J. Brill, 1996), 53–5; Ira M. Lapidus, "Ayyūbid Religious Policy and the Development of the Schools of Law in Cairo," *Colloque internationale sur l'histoire du Caire* (Cairo, 1969), 279–86.

✤4　ロイ・モッタヘデ Roy Mottahedeh はビュリエの *The Patricians of Nishapur* を評した *Journal of the American Oriental Society* 95 (1975), 491–5 において、説得力のある見解を打ち出している。また、Ephrat, *A Learned Society*, 137f. も見よ。

✤5　例えば、Henri Laoust, "Le hanbalisme sous le califat de Bagdad," *Revue des études islamiques* 27 (1959), 67–128; Dominique Sourdel, "Deux documents relatifs à la communauté hanbalite de Damas," *Bulletin d'études orientales* 25 (1972), 141–6; Gary L. Leiser, "Hanbalism in Egypt before the Mamlūks," *Studia Islamica* 54 (1981), 155–81 は、Laoust, "Le hanbalisme sous les Mamlouks bahrides (658–784/1260–1382)," *Revue des études islamiques* 28 (1960), 1–71 の見解を修整している。

✤6　後者については、Daniella Talmon Heller, "The Shaykh and the Community: Popular Hanbalite Islam in 12th–13th Century Jabal Nablus and Jabal Qaysūn," *Studia Islamica* 79 (1994), 103–120 を見よ。なぜ西洋の歴史家たちがしばしばハンバル派が中期イスラームに寄与してきた事実を見逃してきたのかについては、George Makdisi, "Hanbalite Islam," in *Studies on Islam* ed. Merlin Swartz, (New York: Oxford University Press, 1981), 216–74 を見よ。ハンバル派の広範な社会的基盤、および同派がいかに群衆を動員できたかは、同著者による *Ibn 'Aqīl et la résurgence de l'islam traditionaliste*, 317–27, 337–40, and 340–75 を見よ。

✤7　カイロの事例については、Taqī 'l-Dīn Aḥmad al-Maqrīzī, *al-Mawā'iẓ wa'l-i'tibār bi-dhikr*

*al-khiṭaṭ wa'l-athār*, 2 vols. (Bulaq, A.H. 1270), 2: 269 において描写されている。諸法学派の発展とカーディー職との関連性については、Ephrat, *A Learned Society*, 95–124; Lapidus, "Ayyūbid Religious Policy"; Jackson, *Islamic Law and the State*, 53–68; および Joseph Escovitz, *The Office of Qāḍī al-Quḍāt in Cairo under the Baḥrī Mamlūks* (Berlin: Klaus Schwarz Verlag, 1984) を見よ。

✤8 Joseph Schacht, *An Introduction to Islamic Law* (Oxford: Clarendon Press, 1964), 69f, esp. 70.

✤9 Wael Hallaq, "Was the Gate of *Ijtihād* Closed?," *International Journal of Middle East Studies* 16 (1984), 3–41〔邦訳：ワーイル・ハッラーク『イジュティハードの門は閉じたのか——イスラーム法の歴史と理論』（奥田敦編訳、慶應義塾大学出版会、2003）〕; idem, *A History of Islamic Legal Theories* (Cambridge: Cambridge University Press, 1997), 143–61, 199–205〔邦訳：ワーエル・B. ハッラーク『イスラーム法理論の歴史：スンニー派法学入門』（黒田壽郎訳、書肆心水, 2010）〕; and idem. *Authority, Continuity, and Change in Islamic Law* (Cambridge: Cambridge University Press, 2001).

✤10 Elizabeth Sartain, *Jalāl al-Dīn al-Suyūṭī*, vol 1: *Biography and Background* (Cambridge: University Press, 1975) .61–72, および Michel Chodkiewicz, *An Ocean without Shore: Ibn 'Arabi, the Book, and the Law, trains. David Streght* (Albany, N.Y.: SUNY Press, 1993), 54–7 を見よ。

✤11 Jackson, *Islamic Law and the State*, xxv–xxxv; Mohammad Fadel, "The Social Logic of *Taqlīd* and the Rise of the *Mukhtaṣar*," *Islamic Law and Society* 3 (1996), 193–233.

✤12 ヤサとその中期近東における諸体制に対する影響については、David Ayalon, "The Great *Yasa* of Chingiz Khan: A Re-examination," *Studia Islamica* 33 (1971), 97–140; 34 (1971), 151–80; 36 (1972), 113–58; 38 (1973), 107–56; Jørgen Nielsen, *Secular Justice in an Islamic State: Maẓālim under the Baḥrī Mamlūks, 662/1264–789/1387* (Istanbul: Nederlands Historisch-Archaeologisch Instituut, 1985), 104–9; David O. Morgan, "The 'Great *Yāsā* of Chingiz Khān' and Mongol Law in the Īlkhānate," *Bulletin of the School of Oriental and African Studies* 49 (1986), 163–76 を見よ。

✤13 Jonathan P. Berkey, "The Muḥtasibs of Cairo under the Mamluks: Toward an Understanding of an Islamic Institution," in *The Mamluks in Egyptian and Syrian Politics and Society*, ed. Amalia Levanoni and Michael Winter (Brighton: Sussex Academic Press, 2002) を見よ。ムフタスィブの義務を描写した論考は幾つか出版されており、最も利用しやすいのは Ibn al-Ukhuwwa, *Ma'ālim al-qurba fi aḥkām al-ḥisba*, ed. and trans. Reuben Levy (Cambridge: Cambridge University Press, 1938) (E. J. W. Gibb Memorial Trust, vol. 12) であろう。

✤14 この点については、Bulliet, *Patricians of Nishapur*, 25–6 を見よ。マザーリムとシャリーアの執行に関する一般的議論は Nielsen, *Secular Justice in an Islamic State*, eps. 95–104, 114–121 においてなされている。

✤15 Bahā' al-Dīn ibn Shaddād, *al-Nawādir al-sulṭāniyya wa'l-maḥāsin al-yūsufiyya*, trans. D. S. Richards, *The Rare and Excellent History of Saladin* (Aldershot: Ashgate, 2001), 23; Ibn Faḍl Allāh al-'Umarī, *Masālik al-abṣār fi mamālik al-amṣār* (Cairo: Institut Français d'Archéologie Orientale du Caire, 1985), 36–7.

✤16 Hans Kofler, "Handbuch des islamischen Staats- und Verwaltungsrechtes von Badr-al-dīn

ibn Djamā'ah," *Islamica* 6 (1933), 6: 361. マザーリムに関しては、Nielsen, *Secular Justice in an Islamic State*, passim; Nasser O. Rabbat, "The Ideological Significance of the Dār al-Adl in the Medieval Islamic Orient," *International Journal of Middle East Studies* 27 (1995), 3–28, および *EI*$^2$, art. "Maẓālim" (by J. S. Nielsen) を見よ。

第 23 章

✤1 Richard Bulliet, *The Patricians of Nishapur: A Study in Medieval Islamic Social History* (Cambridge, Massachusetts: Harvard University Press, 1972), 47. これらの問題に関するより一般的な議論は、Jonathan Berkey, *The Transmission of Knowledge: A Social History of Islamic Education* (Princeton: Princeton University Press, 1992), および Michael Chamberlain, *Knowledge and Social Practice in Medieval Damascus, 1190–1350* (Cambridge: Cambridge University Press, 1994) を見よ。チェンバレンはイルムという概念を「文化資本」(cultural capital) として詳しく論じている。

✤2 George Makdisi, *The Rise of Colleges: Institutions of Learning in Islam and the West* (Edinburgh: Edinburgh University Press, 1981), 128–9; idem, "Ṣuḥba et riyāsa dans l'enseignement médiéval," in *Recherches d'Islamologie: Recueil d'articles offerts à Georges Anawati et Louis Gardet par leurs collègues et amis* (Louvain: Editions Peeters, 1978), 207–21; Berkey, *The Transmission of Knowledge*, 21–43; Chamberlain; *Knowledge and Social Practice*, 69–90, 108–25; Daphna Ephrat, *A Learned Society in Transition: The Sunni 'Ulamā' of Eleventh-Century Baghdad* (Albany, N.Y.: SUNY Press, 2000), 75–85, 101–4.

✤3 Berkey, *The Transmission of Knowledge*, 44–94.

✤4 Berkey, *The Transmission of Knowledge*, 161–81; and idem, "Women and Education in the Mamluk Period," in *Women in Middle Eastern History: Shifting Boundaries in Sex and Gender*, ed. Nikki Keddie and Beth Baron (New Haven: Yale University Press, 1992), 143–57.

✤5 Chamberlain, *Knowledge and Social Practice*, 135–48.

✤6 Berkey, *The Transmission of Knowledge*, 142–60, 182–218.

✤7 もちろん、例外も存在する。例えば上エジプトについて言えば、マムルークらによって設立された宗教・教育施設のネットワークがシーア派に帰依する地元住民に対する抵抗運動へと人々を動かした例が確認される。その具体例は、Jean-Claude Garcin, *Un centre musulman de la Haute-Égypte médiévale: Qūṣ* (Cairo: Institut Français d'Archéologie Orientale du Caire, 1976) の各所において挙げられている。

✤8 Berkey, *The Transmission of Knowledge*, 95–127. また、Chamberlain, *Knowledge and Social Practice*, 91–107 においては若干異なる見解が提示されている。

✤9 口頭によるテクストの伝承はイスラームの宗教的知識と教育に関するあらゆる研究において中心的なテーマとなっている。例えば、Chamberlain, *Knowledge and Social Practice*, esp. 133–51, and Berkey, *The Transmission of Knowledge*, 24–31 などを見よ。

✤10 Ibn Jamā'a, *Tadhkirat al-sāmi' wa'l-mutakallim fi adab al-'ālim wa'l-muta'allim* (Hyderabad: Dā'irat al-Ma'ārif al-'Uthmāniyya, 1935), 163–7.

✤11 Al-Khaṭīb al-Baghdādī, *Taqyīd al-'ilm*, 2nd edition (n.p.p.: Dār Iḥyā' al-Sunna al-Nabawiyya, 1974).

✤12　Richard Bulliet, *Islam: The View from the Edge* (New York: Columbia University Press, 1994), 21.

✤13　Norman Daniel, *Islam and the West: The Making of an Image* (Edinburgh: Edinburgh University Press, 1960).

✤14　例えば、George Saliba, *A History of Arabic Astronomy: Planetary Theories during the Golden Age of Islam* (New York: New York University Press, 1994). Cf. Sonja Brentjes, *"Orthodoxy", Ancient Sciences, Power, and the Madrasa ("College") in Ayyubid and Early Mamluk Damascus* (Berlin: Max-Planck-Institut für Wissenschaftsgeschichte, Preprint 77, 1997) などを見よ。

✤15　Ibn Kathīr, *al-Bidāya wa'l-nihāya* in 14 vols. (Cairo: Maṭbaʿat al-Saʿāda, 1932–9), 13: 148. *Knowledge and Social Practice*, 83–4 において、チェンバレンは多少異なった結論を導き出している。だが、彼が引用している典拠は、合理主義的・宗教的諸学の間の緊張関係と前者の（失墜ではなく）周縁化を反映しているように読むことも可能である。

第 24 章

✤1　この見方をとる古典的研究としては、Fazlur Rahman, *Islam*, 2nd edition (Chicago: University of Chicago Press, 1979), 137–40, および W. Montgomery Watt, *The Faith and Practice of al-Ghazālī* (London: George Allen and Unwin, 1953), 11–15 を見よ。ジョージ・マクディスィー George Makdisi は "Hanbalite Islam," in *Studies on Islam*, ed. Merlin Swartz (New York: Oxford University Press, 1981), 242–6 においてこの伝統的見方を批判している。

✤2　Paul Nwyia, *Ibn ʿAṭāʾ Allāh (m. 709/1309) et la naissance de la confrérie šāḏilite* (Beirut, 1972).

✤3　Georges C. Anawati, "Un aspect de la lutte contre l'hérésie au XVème siècle d'après un inédit attribué à Maqrīzī," *Colloque internationale sur l'histoire du Caire* (Cairo, 1969), 23–36, および Michael Winter, *Society and Religion in Early Ottoman Egypt: Studies in the Writings of ʿAbd al-Wahhāb al-Shaʿrānī* (New Brunswick, N.J.: Transaction Books, 1982), 165–7. 中期後半におけるイブン・アラビー論争を扱った論考としては、Eric Geoffroy, *Le soufisme en Égypte et en Syrie sous les derniers Mamelouks et les premiers Ottomanes: orientations spirituelles et enjeux culturelles* (Damascus: Institut Français, de Damas 1995), 451–76, Alexander Knysh, *Ibn ʿArabī in the Later Islamic Tradition: The Making of a Polemical Image in Medieval Islam* (Albany, N.Y.: SUNY Press, 1999) を見よ。イブン・アラビーに関する現代の研究文献は数多く、そのほとんどが彼に共感する内容である。なかでもまず初めに参照すべきなのは、Michel Chodkiewicz, *An Ocean without Shore: Ibn ʿArabī, the Book, and the Law*, trans. David Streight (Albany, N.Y.: SUNY Press, 1993) である。

✤4　R. A. Nicholson, *Selected Poems from the Dīvāni Shamsi Tabrīz* (Cambridge: Cambridge University Press, 1898), 125; idem, *The Mystics of Islam* (London: Routledge & Kegan Paul, 1963), 105, 161.

✤5　Marshall Hodgson, *The Venture of Islam: Conscience and History in a World Civilization*, in 3 vols. (Chicago: University of Chicago Press, 1974), vol. 2: *The Expansion of Islam in the Middle Periods*, 201–4.

✤6　Tāj al-Dīn al-Subkī, *Ṭabaqāt al-shāfiʿiyya al-kubrā*, 2nd edition, in 10 vols. (Cairo: Hajar,

1992), 7: 161. また、S. D. Goitein, “A Jewish Addict to Sufism in the Time of the Nagid David II Maimonides,” *Jewish Quarterly Review*, n.s. 44 (1953–4), 37–49, and idem, “Abraham Maimonides and his Pietist Circle,” in *Jewish Medieval and Renaissance Studies*, ed. Alexander Altmann (Cambridge, Mass. achusetts: Harvard University Press, 1967), 145–64 も見よ。

✤7 Speros Vryonis, Jr., *The Decline of Medieval Hellenism in Asia Minor and the Process of Islamization from the Eleventh through the Fifteenth Century* (Berkeley: University of California Press, 1971), 386–91.

✤8 J. S. Trimingham, *The Sufi Orders in Islam* (Oxford: Clarendon Press, 1971), 133–7 と Seyyed Hossein Nasr, “Le shiʿisme et le soufisme: leurs relations principelles et historiques,” in *Le Shiʿisme Imamite: Colloque de Strasbourg (6–9 mai 1968)* (Paris: Presses Universitaires de France, 1970), 215–33 を比較せよ。

✤9 F. de Jong, *Ṭuruq and Ṭuruq-linked Institutions in Nineteenth-Century Egypt: A Historical Study in Organizational Dimensions of Islamic Mysticism* (Leiden: E. J. Brill, 1978), 76–7.

✤10 John Walbridge, *The Leaven of the Ancients: Suhrawardī and the Heritage of the Greeks* (Albany, N.Y.: SUNY Press, 2000), 201–10. 例としてスーフィーのアイヌルクダートが挙げられる。状況から、彼はその神秘主義的思想がイスマーイール派の表現であるとの疑いを政治権力によってかけられ、ゆえに政治的脅威になりうるとして処刑されたと考えられる。詳しくは Carl Ernst, *Words of Ecstasy in Sufism* (Albany, N.Y.: SUNY Press, 1985), 110–15 を参照のこと。

✤11 Richard Bulliet, *The Patricians of Nishapur: A Study in Medieval Islamic Social History* (Cambridge, Massachusetts: Harvard University Press, 1972), 41–3; Daphna Ephrat, *A Learned Society in Transition: The Sunni ʿUlamāʾ of Eleventh-Century Baghdad* (Albany, N.Y.: SUNY Press, 2000), 48–9; Jonathan Berkey, *The Transmission of Knowledge in Medieval Cairo: A Social History of Islamic Education* (Princeton: Princeton University Press, 1992), 57.

✤12 ʿAbd al-Raḥmān ibn Rajab, *al-Dhayl ʿalā ṭabaqāt al-ḥanābila*, 2 vols. (Cairo: Maṭbaʿat al-Sunna al-Muḥammadiyya, 1952–3), 1: 303–5; Jacqueline Chabbi, “La fonction du ribat à Bagdad du V[e] siècle au début du VII[e] siècle,” *Revue des études islamiques*, 42 (1974), 113.

✤13 George Makdisi, “Hanbalite Islam,” in *Studies on Islam*, ed. Merlin Swartz (New York: Oxford University Press, 1981), 246–51; idem, “Ibn Taimīya: A Ṣūfī of the Qādirīya Order,” *American Journal of Arabic Studies* 1 (1974), 118–29. ハンバル派と最初期の神秘主義者たちとの関係という、より複雑な問題に関しては、Christopher Melchert, “The Ḥanābila and the Early Sufis,” *Arabica* 48 (2001), 352–67 を見よ。

✤14 トゥルクの諸形態については、Trimingham, *The Sufi Orders in Islam*, 1–66, および現段階では特に *EI*[2], art. “Ṭarīḳa” and “Ṭāʾifa” (both by E. Geoffroy) を見よ。

✤15 ズィクルの発展に関しては、Annemarie Schimmel, *Mystical Dimensions of Islam* (Chapel Hill: University of North Carolina Press, 1975), 167–78; L. Gardet, “La mention du nom divin dans la mystique musulmane,” *Revue thomiste* 52 (1952), 641–79 and 53 (1953), 197–216, および *EI*[2], art. “Dhikr” (by L. Gardet) が優れた概論である。

✤16 Jean Michot, *Musiqe et danse selon Ibn Taymiyya: Le Livre du Samāʿ et de la Danse (Kitāb al-Samāʿ waʾl-Raqṣ)* (Paris: J. Vrin, 1991), 82–3, 126.

✤17 Ibn al-Jawzī, *Talbīs iblīs* (Beirut: Dār al-Rāʾid al-ʿArabī, n.d.), 238.

✤18 Abū Ḥāmid al-Ghazālī, *Iḥyāʾ ʿulūm al-dīn*, 5 vols. (Cairo: al-Ḥalabī, 1967), 2: 385, 390. サマーウとそれに対する批判については、Michot, *Musique et danse*; Louis Pouzet, "Prises de position autour du *samāʿ* en Orient musulman au VII^e^/XIII^e^ siècle," *Studia Islamica* 57 (1983), 119–34; Arthur Gribetz, "The *Samāʿ* Controversy: Sufi vs. Legalist," *Studia Islamica* 74 (1991), 43–62; Jean During, *Musique et extase: L'audition spirituelle dans la tradition soufie* (Paris: Albin Michel, 1988); *EI*$^2$, art. "Samāʿ" (by J. During); Geoffroy, *Le soufisme en Égypte et en Syrie*, 411–22 を見よ。

✤19 Michael Winter, *Society and Religion in Early Ottoman Egypt: Studies in the Writings of ʿAbd al-Wahhāb al-Shaʿrānī* (New Brunswick, N.J.: Transaction Books, 1982), 90.

✤20 Jean-Claude Garcin, *Un centre musulman de la Haute-Égypte médiévale: Qūṣ* (Cairo: Institut Français d'Archéologie Orientale du Caire, 1976), 213–21; idem, "Histoire et hagiographie de l'Égypte musulmane à la fin de l'époque mamelouke et au début de l'époque ottomane," in *Hommages à la mémoire de Serge Sauneron*, vol. 2: *Égypte post-pharaonique* (Cairo: Institut Français d'Archéologie Drientale du Caire, 1979), 287–316; Catherine Mayeur-Jaouen, *al-Sayyid Aḥmad al-Badawī: un grand saint de l'islam égyptien* (Cairo: Institut Français d'Archéologie Orientale, 1994).

✤21 Hodgson, *The Venture of Islam*, 2: 210–22.

✤22 Al-Hujwīrī, *Kashf al-Maḥjūb*, trans. R. A. Nicholson (London: Luzac & Co., 1936) (E. J. W. Gibb Memorial Series, 17), 416.

✤23 Ibn al-Ḥājj, *Madkhal al-sharʿ al-sharīf*, 4 vols. (Cairo: al-Maṭbaʿa al-Miṣriyya, 1929), 3: 93.

✤24 Abū Ḥafṣ ʿUmar al-Suhrawardī, *Kitāb ʿawārif al-maʿārif* (Cairo: al-Ḥalabī, 1968), 5: 115–17; Chabbi, "La fonction du ribat," 102.

✤25 Leonor Fernandes, *The Evolution of a Sufi Institution in Egypt: The Khanqah* (Berlin: Klaus Schwarz Verlag, 1988).

✤26 Chabbi, "La fonction du ribat," esp. 111–12, 114–20.

✤27 Berkey, *The Transmission of Knowledge*, 47–50 and 56–60.

✤28 フトゥーワとナースィルによる改革、彼の政綱におけるその後の役割に関しては、Claude Cahen, "Mouvements populaires et autonomisme urbain dans l'Asie musulmane de moyen âge," *Arabica* 5 (1958), 225–50, 6 (1959), 25–56, 233–65; *EI*$^2$, art. "Futuwwa" (by Claude Cahen and Fr. Taeschner) and "al-Nāṣir li-Dīn Allāh" (by Angelika Hartmann) を見よ。

✤29 Chabbi, "La fonction du ribat," 116f.

✤30 この職についての概要は、Fernandes, *The Evolution of a Sufi Institution*, 51–4 を見よ。

✤31 ʿAbd al-Wahhāb al-Shaʿrānī, *al-Ṭabaqāt al-ṣughrā* (Cairo: Maktabat al-Qāhira, 1970), 42.

✤32 Louis Pouzet, "H̱adir ibn Abī Bakr al-Mihrānī (m. 7 muḥ. 676/11 juin 1277), ṣayḫ du sultan mamelouk Al-Malik az-Ẓāhir Baïbars," *Bulletin d'études orientales* 30 (1978), 173–83.

✤33 Ibn Iyās, *Badāʾiʿ al-zuhūr fī waqāʾiʿ al-duhūr*, 3rd edition (Cairo: al-Hayʾa al-Miṣriyya al-ʿĀmma liʾl-Kitāb, 1984), 5: 85–6; Jean-Claude Garcin, "Deux saints populaires du Caire au début du XVI^e^ siècle," *Bulletin d'études orientales* 29 (1977), 131–43; Winter, *Society and Religion in Early Ottoman Egypt*, 19, 100. スーフィー・シャイフと支配エリート全般については、

Geoffroy, *Le soufisme en Égypte et en Syrie*, 120–8 を見よ。

✤34　Geoffroy, *Le soufisme en Égypte et en Syrie*, 439–43; Th. Emil Homerin, *From Arab Poet to Muslim Saint: Ibn al-Fāriḍ, His Verse, and His Shrine* (Columbia, South Carolina: University of South Carolina Press, 1994), 55–75.

✤35　Richard Bulliet, *Islam: The View from the Edge* (New York: Columbia Universtiy Press, 1994) 173–4 の意見は説得力がある。

✤36　ʿAbd al-Wahhāb al-Shaʿrānī, *al-Ṭabaqāt al-kubrā*, 2 vols. (Cairo: Muhammad ʿAlī Ṣubayḥ, 1965), 2: 19. ウンミーのシャイフについては、Geoffroy, *Le soufisme en Égypte et en Syrie*, 299–307, および Winter, *Society and Religion*, 192–5 を見よ。

✤37　Taqī ʾl-Dīn Aḥmad al-Maqrīzī, *al-Mawāʿiẓ waʾl-iʿtibār bi-dhikr al-khiṭaṭ waʾl-athār*, 2 vols. (Bulaq, A.H. 1270), 2: 432–3.

✤38　al-Suhrawardī, *ʿAwārif al-maʿārif*, 100, 101. カランダリーヤおよび類似する諸運動について最も包括的な研究は、アフメト・カラムスタファ Ahmet Karamustafa による *God's Unruly Friends: Dervish Groups in the Later Islamic Middle Period, 1200–1500* (Salt Lake City: University of Utah Press, 1994) である。彼はこれらの現象が基本的なイスラームとスーフィーの原理と完全に継続していると力説している。また 34–6 頁においてはスフラワルディーの一節を議論している。

✤39　M. Fuad Köprülü, *Influence du chamanisme turco-mongol sur les ordres mystiques musulmans* (Istanbul: Mémoires de l'Institut de turcologie de l'Université de Stamboul, 1929), and idem, *Islam in Anatolia after the Turkish Invasion*, trans. Gary Leiser (Salt Lake City: University of Utah Press, 1993); Irène Mélikoff, "Les origines centre-asiatiques du soufisme anatolien," *Turcica* 20 (1988), 7–18.

✤40　中期アナトリアのスーフィズムにおける「シーア派化」については、Claude Cahen, "Le problème du Shiʿisme dans l'asie mineure turque préottomane," in *Le Shiʿisme Imamite: Colloque de Strasbourg (6–9 mai 1968)* (Paris: Presses Universitaires de France, 1970), 115–29; Marijan Molé, "Les kubrawiya entre sunnisme et shiʿisme aux huitième et neuvième siècles de l'hégire," *Revue des études islamiques* (1961), 61–142 を見よ。また前の注で引用した研究文献も参照のこと。

第 25 章

✤1　Joseph Somogyi, "Adh-Dhahabi's Record of the Destruction of Damascus by the Mongols in 699–700/1299–1301," *Ignace Goldziher Memorial Volume*, ed. Samuel Löwinger and Joseph Somogyi (Budapest, 1948), 361.

✤2　例えば Boaz Shoshan, *Popular Culture in Medieval Cairo* (Cambridge: Cambridge University Press, 1993), esp. 6–8（「民間宗教」というカテゴリーについて）、40–51（ナウルーズについて）; Jonathan P. Berkey, "Tradition, Innovation, and the Social Construction of Knowledge in the Medieval Islamic Near East," *Past & Present* 146 (1995), 38–65（逸脱をめぐる議論について）を見よ。

✤3　J. S. Trimingham, *The Sufi Orders in Islam* (Oxford: Clarendon Press, 1971), 199–200 における議論である。

✤4 Jean-Claude Garcin, "Histoire et hagiographie de l'Égypte musulmane à la fin de l'époque mamelouke et au début de l'époque ottomane," in *Hommages à la mémoire de Serge Sauneron*, vol. 2: *Égypte post-pharaonique* (Cairo: Institut Français d'Archéologie Drientale du Caire, 1979), 287–316; Leonor Fernandes, "Some Aspects of the *zāwiya* in Egypt at the Eve of the Ottoman Conquest," *Annales islamologiques* 19 (1983), 9–17; Eric Geoffroy, *Le soufisme en Égypte et en Syrie sous les derniers Mamelouks et les premiers Ottomanes: orientations spirituelles et enjeux culturelles* (Damascus: Institut Français de Damas, 1995), 166–75.

✤5 具体例の幾つかは Jonathan P. Berkey, *Popular Preaching and Religious Authority in the Medieval Islamic Near East* (Seattle: University of Washington Press, 2001), 24–6 を見よ。

✤6 Jean-Claude Garcin, "Histoire, opposition politique et piétisme traditionaliste dans le *Ḥusn al-Muḥādarat* de Suyūṭī," *Annales islamologiques* 7 (1967), 39–40; Elizabeth Sartain, *Jalāl al-Dīn al-Suyūṭī*, vol. 1: *Biography and Background* (Cambridge: Cambridge University Press, 1975), 109–12.

✤7 執り成しを求めて墓参を行う行為は、Christopher S. Taylor, *In the Vicinity of the Righteous: Ziyāra and the Veneration of Muslim Saints in Late Medieval Egypt* (Leiden: E. J. Brill, 1999), esp. 127–67 に詳しい。調停者としての預言者ムハンマドについては、まずアンネマリー・シンメル Annemarie Schimmel による *And Muhammad is His Messenger: Veneration of the Prophet in Islamic Piety* (Chapel Hill: University of North Carolina Press, 1985) からあたるとよいだろう。また、*EI*², art. "Shafā'a" (A. J. ウェンスィンク Wensinck と D. ジマレ Gimaret による解説、およびシンメルによる解説の双方）にも簡潔にまとめられている。

✤8 Jean-Claude Garcin, "Deux saints populaires du Caire au début du XVI^e^ siècle," *Bulletin d'études orientales* 29 (1977), 134–5. また、Daniella Talmon Heller, "The Shaykh and the Community: Popular Hanbalite Islam in 12th–13th Century Jabal Nablus and Jabal Qaysūn," *Studia Islamica* 79 (1994), 111–15 も見よ。

✤9 Ibn al-Ḥājj, *Madkhal al-shar' al-sharīf*, 4 vols. (Cairo: al-Maṭba'a al-Miṣriyya, 1929), 2: 56, 58–9, 323.

✤10 Muhammad Umar Memon, *Ibn Taimiya's Struggle against Popular Religion* (The Hague: Mouton, 1976), 195.

✤11 Memon, *Ibn Taimiya's Struggle*, 206, 213.

✤12 Speros Vryonis, Jr., *The Decline of Medieval Hellenism in Asia Minor and the Process of Islamization from the Eleventh through the Fifteenth Century* (Berkeley: University of California Press, 1971), 487–9, and idem, "The Experience of Christians under Seljuk and Ottoman Domination, Eleventh to Sixteenth Century," in *Conversion and Continuity: Indigenous Christian Communities in Islamic Lands, Eighth to Eighteenth Centuries*, ed. Michael Gervers and Ramzi Jibran Bikhazi (Toronto: Pontifical Institute of Mediaeval Studies, 1990) (Papers in Mediaeval Studies 9), 195.

✤13 この議論に関しては、Berkey, "Tradition, Innovation, and the Social Construction of Knowledge" を見よ。

✤14 Ibn al-Ḥājj, *Madkhal*, 2: 11, 16. 中期近東におけるムーリドとそれが広く祝われる

ようになったプロセスについては、N. J. G. Kaptein, *Muhammad's Birthday Festival: Early History in the Central Muslim Lands and Development in the Muslim West until the 10th/16th Century* (Leiden: E. J. Brill, 1993) を見よ。

✤15　Ibn al-Jawzī, *Kitāb al-quṣṣāṣ wa'l-mudhakkirīn*, ed. and trans. Merlin Swartz (Beirut: Dar al-Machreq, 1986), 142 (Eng. trans., 226).

✤16　Ibn al-Ḥājj, *Madkhal*, 2: 14; Berkey, *Popular Preaching*, 31–2. また Huda Lutfi, "Manners and Customs of Fourteenth-Century Cairene Women: Female Anarchy versus Male Shar'ī Order in Muslim Prescriptive Treatises," in *Women in Middle Eastern History: Shifting Boundaries in Sex and Gender*, ed. Nikki R. Keddie and Beth Baron (New Haven: Yale University Press, 1991), 99–121 を参照せよ。

✤17　Louis Pouzet, *Damas au VII^e/XIII^e siècle: Vie et structures religieuses d'une métropole islamique* (Beirut: Dar al-Machreq, 1988), 222–26; Michael Chamberlain, *Knowledge and Social Practice in Medieval Damascus, 1190–1350* (Cambridge: Cambridge University Press, 1994), 130–3.

✤18　Berkey, *Popular Preaching*, 70–87.

✤19　Memon, *Ibn Taimiya's Struggle*, 207–8.

✤20　Abū Bakr al-Ṭurṭūshī, *Kitāb al-Ḥawādith wa'l-bida'* (Beirut: Dār al-Gharb al-Islāmī, 1990), 276–84, esp. 282.

✤21　Berkey, *Popular Preaching*, 54–5.

✤22　Ira Lapidus, *Muslim Cities in the Later Middle Ages* (Cambridge, Mass achusetts.: Harvard University Press, 1967), 104.

✤23　Ibn Baṭṭūṭa, *Travels*, trans. H. A. R. Gibb (Publications of the Hakluyt Society, v. 110) (Cambridge: Cambridge University Press, 1958), 1: 135–5. ただしこの事件に関しては Donald P. Little, "Did Ibn Taymiyya Have a Screw Loose?" *Studia Islamica* 41 (1975), 93–111 を参照せよ。

✤24　Berkey, *Popular Preaching*, 24–5 を見よ。この点に関する一般的な議論としては、同著者による "Tradition, Innovation, and Social Construction of Knowledge" も参照されたい。

✤25　Ibn al-Ḥājj, *Madkhal*, 2: 23. 墓参一般とそれに関するウラマー間の議論については、Taylor, *In the Vicinity of the Righteous* を見よ。

✤26　リチャード・ビュリエ Richard Bulliet の *Islam: The View from the Edge* (New York: Columbia University Press, 1994), 173–4 における議論と比較せよ。

✤27　Ibn al-Ḥājj, *Madkhal*, 2: 4–7ff and 141–3.

✤28　具体的事例は Karamustafa, *God's Unruly Friends: Dervish Groups in the Later Islamic Middlle Period, 1200–1500* (Sait Lake City: University of Utah Press, 1994); Berkey, *Popular Preaching*, および Taylor, *In the Vicinity of the Righteous* において議論されている。

## 結部《エピローグ》　第26章

✤1　G. E. von Grunebaum, *Medieval Islam: A Study in Cultural Orientation* (Chicago: University of Chicago Press, 1953), 1–2.

✤2　オスマン家と辺境における聖戦との関係については、多くの議論がなされている。

例えば、Cemal Kafadar, *Between Two Worlds: The Construction of the Ottoman State* (Berkeley: University of California Press, 1995) を見よ。

✤3 R. C. Repp, *The Mufti of Istanbul: A Study in the Development of the Ottoman Learned Hierarchy* (London: Ithaca Press, 1986); Colin Imber: *Ebu's-su'ud: The Islamic Legal Tradition* (Stanford: Stanford University Press, 1997).

✤4 Imber, *Ebu's-su'ud*, 98–111.

✤5 オスマン時代のウラマー間の複雑な緊張関係が論じられている文献としては、Rudolph Peters, "The Battered Dervishes of Bab Zuwayla: A Religious Riot in Eighteenth-Century Cairo," in *Eighteenth-Century Renewal and Reform in Islam*, ed. Nehemia Levtzion and John O. Voll (Syracuse: Syracuse University Press, 1987), 93–115 を見よ。イスタンブルのウラマーとアラブ諸州におけるウラマーの差異については、R. C. Repp, "Some Observations on the Development of the Ottoman Learned Hierarchy," in *Scholars, Saints, and Sufis: Muslim Religious Institutions in the Middle East Since 1500*, ed. Nikki R. Keddie (Berkeley: University of California Press, 1972), 17–32 と Afaf Lutfi al-Sayyid Marsot, "The Ulama of Cairo in the Eighteenth and Nineteenth Centuries," in *ibid.*, 149–65 を比較されたい。

✤6 Michael Winter, "A Polemical Treatise by 'Abd al-Ghānī al-Nābulusī against a Turkish Scholar on the Religious Status of the *Dhimmīs*," *Arabica* 35 (1988), 92–103; Abraham Marcus, *The Middle East on the Eve of Modernity: Aleppo in the Eighteenth Century* (New York: Columbia University Press, 1989), 39–48; Bruce Masters, *Christians and Jews in the Ottoman Arab World: The Roots of Sectarianism* (Cambridge: Cambridge University Press, 2001).

✤7 Masters, *Christians and Jews*, 61–5; Benjamin Braude, "Foundation Myths of the *Millet* System," in *Christians and Jews in the Ottoman Empire: The Functioning of a Plural Society*, ed. Benjamin Braude and Bernard Lewis (New York: Holmes and Meier, 1982), 1: 69–88; Amnon Cohen, "On the Realities of the *Millet* System: Jerusalem in the Sixteenth Century," in *ibid.*, 2: 7–18; $EI^2$, art. "Millet" (by M. O. H. Ursinus).

✤8 サファヴィー朝の起源に関しては、Michel M. Mazzaoui, *The Origin of the Ṣafawids: Shī'ism, Ṣūfism, and the Gulāt* (Wiesbaden: Franz Steiner, 1972); Said Arjomand, *The Shadow of God and the Hidden Imam: Religion, Political Order and Societal Change in Shi'ite Iran from the Beginning to 1890* (Chicago: University of Chicago Press, 1984), 66–84 を見よ。

✤9 Andrew J. Newman, "The Myth of the Clerical Migration to Safawid Iran: Arab Shiite Opposition to 'Alī al-Karakī and Safawid Shi'ism," *Die Welt des Islams* 33 (1993), 66–112; Devin Stewart, "Notes on the Migration of 'Āmili Scholars to Safavid Iran," *Journal of Near East Studies* 55 (1996), 81–103; Kathryn Babayan, "The Safavid Synthesis: From Qizilbash Islam to Imamite Shi'ism," *Iranian Studies* 27 (1994), 135–61.

✤10 アフバール学派とウスール学派の議論については、Arjomand, *The Shadow of God*, 122–59; Andrew J. Newman, "The Nature of the Akhbārī/Uṣūlī Dispute in Late Ṣafawid Iran. Part 1: 'Abdallāh al-Samāhījī's *'Munyat al-Mumārisīn',*" *Bulletin of the School of Oriental and African Studies* 55 (1991), 22–51, 250–61; Etan Kohlberg, "Aspects of Akhbari Thought in the Seventeenth and Eighteenth Centuries," in *Eighteenth-Century Renewal and Reform in Islam*, 133–60; Juan Cole, "Shī'ī Clerics in Iraq and Iran, 1722–1780: The Akhbārī-Uṣūlī Conflict

Reconsidered," in *Iranian Studies* 18 (1985), 3–34; Devin Stewart, *Islamic Legal Orthodoxy: Twelver Shiite Reponses to the Sunni Legal System* (Salt Lake City: University of Utah Press, 1998), eps. 179–89 を見よ。また、*EI*[2], art. "Ṣafawids," part IV: "Religion, Philosophy, and Science" (by Andrew Newman) も見よ。

✤11 Cf. Richard Bulliet, *Islam: The View from the Edge* (Columbia University Press, 1994), 185f.

✤1　例えばアブラハムはヘブライ語聖書（旧約）がその事績を伝え、ギリシア語聖書（新約）が言及し、イスラームの聖典クルアーンもその物語を伝える人物であり、三宗教の共通の始祖とされるが、これらは「アブラハム的一神教」というカテゴリーでも括られる。さらにキリスト教で「キリスト」（救い主）、「神の子」とされるイエスは、イスラームでは預言者となる。

✤2　この見方は、R. Bulliet, *The Case of Islamo-Chiristian Civilization* (New York: Columbia University Press, 2004) にある。

✤3　M. G. S. Hodgson, *The Venture of Islam: Conscience and History in a World Civilization*, 3 vols (Chicago: University of Chicago Press, 1974).

✤4　ピーター・ブラウンの古代末期史観は、まず *The World of Late Antiquity* (London: Norton, 1971) において明らかにされた。邦訳に宮島直機訳『古代末期の世界——ローマ帝国はなぜキリスト教化したか？』改訂版（刀水書房、2006; 初版は 2001）がある。ピーター・ブラウンの古代末期への視点と、ローマ帝国の「滅亡」の評価をめぐる、その変遷については、戸田聡「ピーター・ブラウンの古代末期理解をめぐって——訳者あとがきに代えて」、ピーター・ブラウン『貧者を愛する者——古代末期におけるキリスト教的慈善の誕生』（戸田聡訳、慶應義塾大学出版会、2012）、253–84 所収。これは優れたレヴュー論文であり、多くを学ばせていただいた。

✤5　『新ケンブリッジ・イスラーム史』第 1 巻での例としては、C. F. Robinson, "Introduction" and "Conclusion," in *The New Cambridge history of Islam*, vol. 4: *The Formation of the Islamic World, Sixth to Eleventh Centuries*, ed. C. F. Robinson (Cambridge: Cambridge University Press, 2010), 1–15, 683–95 を見よ。概説書としては、例えば、E. H. Cline and M. W. Graham, *Ancient Empires: From Mesopotamia to the Rise of Islam* (Cambridge: Cambridge University Press, 2011); P. Sarris, *Empires of Faith: The fall of Rome to the Rise of Islam, 500–700* (Oxford: Oxford University Press, 2011) などを見よ。

✤6　「中期」の用法については、Hodgson, *The Venture of Islam*, 2: 3–11 を見よ。

✤7　Richard Bulliet, *Islam: The View from the Edge* (New York: Columbia University Press, 1994), passim.

✤8　マムルーク期の女性と教育の問題については、著名による "Women in Medieval Islamic Society," in *Women and Medieval Culture*, ed. Linda E. Mitchell (Garland Publishing Co., 1999), 95–111 に詳しい。民間説教については著者紹介で挙げた『中世近東における民間説教』に加え、その概要が "Storytelling, Preaching, and Power in Mamluk Cairo," *Mamluk Studies Review* 4 (1999), 53–73 において簡潔にまとめられている。

✤9　「正統」と「逸脱」をめぐるより詳細な議論については、著者の "Tradition, Innovation and the Social Construction of Knowledge in the Medieval Islamic Near East," *Past & Present* 146 (1995), 38–65 を参照されたい。

✤10　詳しくは Hodgson, *The Venture of Islam*, 2: 293–94, 484–93 を見よ。

✤11　著者は現在『粉々のモザイク——イスラーム出現以降の中東』（*Shattered Mosaic:*

*The Middle East Since the Rise of Islam*）（仮題）を執筆中である。次回作の内容について著者に確認をしたところ、2012年5月2日付で野元宛に寄せられた書簡によれば、本書が初期イスラーム史に関心を寄せる大学院生以上を対象とし、近年の研究動向を踏まえた学術的な内容であるのに対し、『粉々のモザイク』は20世紀初頭までを概説的に扱った一般書であるため、まったく性格の異なる内容を予定しているとの回答があったことも付記しておく。

# 文献案内

以下は本書で引用されている文献を余すところなく挙げた参考文献の一覧ではなく、一般読者が読み進めていく上でまず参照すべき研究書の一部をまとめたものである。本書で引用されている文献については、註を参照されたい。

**第Ⅰ部　イスラーム以前の近東**


Bagnall, Roger S., *Egypt in Late Antiquity* (Princeton: Princeton University Press, 1993)

Bowersock, Glen, *Hellenism in Late Antiquity* (Ann Arbor: University of Michigan Press, 1990)

Brown, Peter, *The World of Late Antiquity, AD 150–750* (New York: Harcourt Brace Jovanovich, 1976)

*The Cambridge History of Iran*, vol. 3: *The Seleucid, Parthian and Sasanian Periods*, ed. Ehsan Yarshater (Cambridge: Cambridge University Press, 1983)

Feldman, Louis H., *Jew and Gentile in the Ancient World: Attitudes and Interactions from Alexander to Justinian* (Princeton: Princeton University Press, 1993)

Fowden, Garth, *Empire to Commonwealth: Consequences of Monotheism in Late Antiquity* (Princeton: Princeton University Press, 1993)

Frankfurter, David, *Religion in Greco-Roman Egypt: Assimilation and Resistance* (Princeton: Princeton University Press, 1999)

Haldon, J. F., *Byzantium in the Seventh Century: The Transformation of a Culture* (Cambridge: Cambridge University Press, 1990)

Herrin, Judith, *The Formation of Christendom* (Princeton: Princeton University Press, 1987)

Kaegi, Walter, *Byzantium and the Early Islamic Conquests* (Cambridge: Cambridge University Press, 1992)

Lane Fox, Robin, *Pagans and Christians* (New York: Knopf, 1987)

Lieu, Samuel N. C., *Manichaeism in Mesopotamia and the Roman East* (Leiden: E. J. Brill, 1994)

Lieu, Samuel N. C., *Manichaeism in the Later Roman Empire and Medieval China*, 2nd edition (Tubingen: J. C. P. Mohr, 1992)

Morony, Michael G., *Iraq after the Muslim Conquest* (Princeton: Princeton University Press, 1984)

Neusner, Jacob, *Talmudic Judaism in Sasanian Babylonia* (Leiden: E. J. Brill, 1976)

Newby, Gordon Darnell, *A History of the Jews of Arabia from Ancient Times to Their Eclipse under Islam* (Columbia, South Carolina: University of South Carolina Press, 1988)

Schäfer, Peter, *Judeophobia: Attitudes Towards Jews in the Ancient World* (Cambridge, Massachusetts: Harvard University Press, 1997)

Sharf, Andrew, *Byzantine Jewry from Justinian to the Fourth Crusade* (New York: Schocken Books, 1971)

Widengren, Geo, *Mani and Manichaeism* (New York: Holt, Rinehart, and Winston, 1965)

### 第Ⅱ部　イスラームの出現（600—750年）

Choksy, Jamsheed K., *Conflict and Cooperation: Zoroastrian Subalterns and Muslim Elites in Medieval Iranian Society* (New York: Columbia University Press, 1997)

Crone, Patricia, *Meccan Trade and the Rise of Islam* (Oxford: Blackwell, 1987)

Crone, Patricia, *Slaves on Horses: The Evolution of the Islamic Polity* (Cambridge: Cambridge University Press, 1980)

Crone, Patricia, and Michael Cook, *Hagarism: The Making of the Islamic World* (Cambridge: Cambridge University Press, 1977)

Crone, Patricia, and Martin Hinds, *God's Caliph: Religious Authority in the First Centuries of Islam* (Cambridge: Cambridge University Press, 1986)

Donner, Fred, *The Early Islamic Conquests* (Princeton: Princeton University Press, 1981)

Donner, Fred, *Narratives of Islamic Origins: The Beginnings of Islamic Historical Writing* (Princeton: Darwin Press, 1998).

Grabar, Oleg, *The Formation of Islamic Art* (New Haven: Yale University Press, 1973)

Hawting, G. R., *The First Dynasty of Islam: The Umayyad Caliphate AD 661–750* (Carbondale and Edwardsville: Southern Illinois University Press, 1987)

Hawting, G. R., *The Idea of Idolatry and the Emergence of Islam: From Polemic to History* (Cambridge: Cambridge University Press, 1999)

Hodgson, Marshall, *The Venture of Islam: Conscience and History in a World Civilization*, in 3 volumes (Chicago: University of Chicago Press, 1974)

Hoyland, Robert G., *Seeing Islam as Others Saw It: A Survey and Evaluation of Christian, Jewish and Zoroastrian Writings on Early Islam* (Princeton: Darwin Press, 1997)

Humphreys, R. Stephen, *Islamic History: A Framework for History*, revised edition (Princeton: Princeton University Press, 1991)
Madelung, Wilferd, *Religious Trends in Early Islamic Iran* (Albany: Bibliotheca Persica, 1988)
Madelung, Wilferd, *The Succession to Muḥammad: A Study of the Early Caliphate* (Cambridge: Cambridge University Press, 1997)
Morony, Michael G., *Iraq after the Muslim Conquest* (Princeton: Princeton University Press, 1984)
Newby, Gordon Darnell, *A History of the Jews of Arabia from Ancient Times to Their Eclipse under Islam* (Columbia, South Carolina: University of South Carolina Press, 1988)
Shaban, M. A., *Islamic History, A.D. 600–750 (A.H. 132): A New Interpretation* (Cambridge: Cambridge University Press, 1971)
Sharon, Moshe, *Black Banners from the East* (Jerusalem: Magnes Press, 1983)
Watt, W. Montgomery, *The Formative Period of Islamic Thought* (Edinburgh: Edinburgh University Press, 1973)
Watt, W. Montgomery, *Muhammad at Mecca* (Oxford: Clarendon Press, 1953)
Watt, W. Montgomery, *Muhammad at Medina* (Oxford: Clarendon Press, 1956)

## 第Ⅲ部　イスラームの基礎確立（750—1000 年）

Bulliet, Richard, *Conversion to Islam in the Medieval Period* (Cambridge, Massachusetts: Harvard University Press, 1979)
Bulliet, Richard, *The Patricians of Nishapur: A Study in Medieval Islamic Social History* (Cambridge, Massachusetts: Harvard University Press, 1972)
Calder, Norman, *Studies in Early Muslim Jurisprudenc*e (Oxford: Clarendon Press, 1993)
*The Cambridge History of Egypt*, vol. 1: *Islamic Egypt, 640–1517*, ed. Carl Petry (Cambridge: Cambridge University Press, 1998)
*The Cambridge History of Iran*, vol. 4: *The Period from the Arab Invasions to the Saljuqs*, ed. Richard N. Frye (Cambridge: Cambridge University Press, 1975)
Cooperson, Michael, *Classical Arabic Biography: The Heirs of the Prophet in the Age of al-Ma'mūn* (Cambridge: Cambridge University Press, 2000)
Daftary, Farhad, *The Isma'ilis: Their History and Doctrines* (Cambridge: Cambridge University Press, 1990)
Daniel, Elton, *The Political and Social History of Khurasan under Abbasid Rule, 747–820* (Minneapolis: Bibliotheca Islamica, 1979)
Kennedy, Hugh, *The Prophet and the Age of the Caliphate* (London: Longman,

1986)
Kraemer, Joel, *Humanism in the Renaissance of Islam: The Cultural Revival during the Buyid Age* (Leiden: E. J. Brill, 1986)
Lambton, A. K. S., *State and Government in Medieval Islam: An Introduction to the Study of Islamic Political Theory: The Jurists* (Oxford: Oxford University Press, 1981)
Madelung, Wilferd, *Religious Trends in Early Islamic Iran* (Albany, NY: Bibliotheca Persica, 1988)
*Mediaeval Isma<sup>c</sup>ili History and Thought*, ed. Farhad Daftary (Cambridge: Cambridge University Press, 1996)
Melchert, Christopher, *The Formation of the Sunni Schools of Law, 9th and 10th Centuries C.E.* (Leiden: E. J. Brill, 1997)
Momen, Moojan, *An Introduction to Shi<sup>c</sup>i Islam: The History and Doctrines of Twelver Shi<sup>c</sup>ism* (New Haven: Yale University Press, 1985)
Mottahedeh, Roy, *Loyalty and Leadership in an Early Islamic Society* (Princeton: Princeton University Press, 1980)
Newman, Andrew J., *The Formative Period of Twelve Shī<sup>c</sup>ism: Ḥadīth as Discourse Between Qum and Baghdad* (London: Curzon, 2000)
Sabari, Simha, *Mouvements populaires à Bagdad à l'époque <sup>c</sup>abbaside, ix<sup>e</sup>–xi<sup>e</sup> siècles* (Paris: Librairie d'Amérique et d'Orient, 1981)
Schacht, Joseph, *An Introduction to Islamic Law* (Oxford: Clarendon Press, 1964)
Schacht, Joseph, *On the Origins of Muhammadan Jurisprudence* (Oxford: Clarendon Press, 1950)
Sadighi, Gholam Hossein, *Les mouvements religieux iraniens au II<sup>e</sup> et au III<sup>e</sup> siècle de l'hégire* (Paris: Les Presses Modernes, 1938)
Stewart, Devin, *Islamic Legal Orthodoxy: Twelver Shiite Reponses to the Sunni Legal System* (Salt Lake City: University of Utah Press, 1998)
Wheatley, Paul, *The Places Where Men Pray Together: Cities in Islamic Lands, Seventh Through the Tenth Centuries* (Chicago: University of Chicago Press, 2001)
Zaman, Muhammad Qasim, *Religion and Politics under the Early <sup>c</sup>Abbasids: The Emergence of the Proto-Sunni Elite* (Leiden: Brill, 1997)

### 第Ⅳ部　中期のイスラーム（1000—1500年）

Berkey, Jonathan, *Popular Preaching and Religious Authority in the Medieval Islamic Near East* (Seattle: University of Washington Press, 2001)
Berkey, Jonathan, *The Transmission of Knowledge: A Social History of Islamic Education* (Princeton: Princeton University Press, 1992)

Bulliet, Richard, *Islam: The View from the Edge* (New York: Columbia University Press, 1994)

Cahen, Claude, *Pre-Ottoman Turkey* (New York: Taplinger, 1968)

*The Cambridge History of Iran*, vol. 5: *The Saljuq and Mongol Periods*, ed. J. A. Boyle (Cambridge: Cambridge University Press, 1968)

Chamberlain, Michael, *Knowledge and Social Practice in Medieval Damascus, 1190–1350* (Cambridge: Cambridge University Press, 1994)

Ephrat, Daphna, *A Learned Society in Transition: The Sunni ᶜUlamāᵓ of Eleventh-Century Baghdad* (Albany, NY: SUNY Press, 2000)

Geoffroy, Eric, *Le soufisme en Égypte et en Syrie sous les derniers Mamelouks et les premiers Ottomanes: orientations spirituelles et enjeux culturelles* (Damascus: Institut Français, 1995)

Hodgson, Marshall, *The Order of Assassins: The Struggle of the Early Nizārī Ismāᶜīlīs Against the Islamic World* (The Hague: Mouton, 1955)

Holt, P. M., *The Age of the Crusades: The Near East from the Eleventh Century to 1517* (London: Longman, 1986)

Humphreys, R. Stephen, *From Saladin to the Mongols: The Ayyubids of Damascus* (Albany, NY: SUNY Press, 1977)

*Islamic Civilisation, 950–1150*, ed. D. S. Richards (Oxford: Cassirer, 1973)

Karamustafa, Ahmet, *God's Unruly Friends: Dervish Groups in the Later Islamic Middle Period, 1200–1500* (Salt Lake City: University of Utah Press, 1994)

Laoust, Henri, *Essai sur les doctrines sociales et politiques de Takī-d-dīn Aḥmad b. Taimīya* (Cairo: Institut Français d'Archéologie Orientale, 1939)

Lapidus, Ira, *Muslim Cities in the Later Middle Ages* (Cambridge, Massachusetts: Harvard University Press, 1967)

Makdisi, George, *Ibn ᶜAqīl et la résurgence de l'Islam traditionaliste au xiᵉ siècle (vᵉ siècle de l'Hégire)* (Damascus: Institut Français de Damas, 1963)

Makdisi, George, *The Rise of Colleges: Institutions of Learning in Islam and the West* (Edinburgh: Edinburgh University Press, 1981)

*Mediaeval Ismaᶜili History and Thought*, ed. Farhad Daftary (Cambridge: Cambridge University Press, 1996)

Morgan, David, *Medieval Persia, 1040–1797* (London: Longman, 1988)

Petry, Carl, *The Civilian Elite of Cairo in the Later Middle Ages* (Princeton: Princeton University Press, 1981)

Pouzet, Louis, *Damas au viiᵉ/xiiiᵉ siècle: vie et structures religieuses d'une métropole islamique* (Beirut: Dar al-Machreq, 1988)

Sartain, Elizabeth, *Jalā al-Dīn al-Suyūṭī*, 2 vols. (Cambridge: Cambridge University Press, 1975)

Shoshan, Boaz, *Popular Culture in Medieval Cairo* (Cambridge: Cambridge University Press, 1993)

Sivan, Emmanuel, *L'Islam et la croisade: Idéologie et propagande dans les réactions musulmane aux croisades* (Paris: Librairie d'Amérique, 1968)
Stewart, Devin, *Islamic Legal Orthodoxy: Twelve Shiite Reponses to the Sunni Legal System* (Salt Lake City: University of Utah Press, 1998)
Trimingham, J. S., *The Sufi Orders in Islam* (Oxford: Clarendon Press, 1971)
Winter, Michael, *Society and Religion in Early Ottoman Egypt: Studies in the Writings of 'Abd al-Wahhāb al-Sha'rānī* (New Brunswick, NJ: Transaction Books, 1982)

結部

Arjomand, Said, *The Shadow of God and the Hidden Imam: Religion, Political Order and Societal Change in Shi'ite Iran from the Beginning to 1890* (Chicago: University of Chicago Press, 1984)
*Christians and Jews in the Ottoman Empire: The Functioning of a Plural Society*, ed. Benjamin Braude and Bernard Lewis (New York: Holmes and Meier, 1982)
*Eighteenth-Century Renewal and Reform in Islam*, ed. Nehemia Levtzion and John O. Voll (Syracuse: Syracuse University Press, 1987)
Imber, Colin, *Ebu'ˀs-Suᶜud: The Islamic Legal Tradition* (Stanford: Stanford University Press, 1997)
Itzkowitz, Norman, *Ottoman Empire and Islamic Tradition* (Chicago: University of Chicago Press, 1980)
Kafadar, Cemal, *Between Two Worlds: The Construction of the Ottoman State* (Berkeley: University of California Press, 1995)
Marcus, Abraham, *The Middle East on the Eve of Modernity: Aleppo in the Eighteenth Century* (New York: Columbia University Press, 1989
Mazzaoui, Michel, *The Origin of the Ṣafawids: Shīᶜism, Ṣūfism, and the Ġulāt* (Wiesbaden: Franz Steiner, 1972)
Masters, Bruce, *Christians and Jews in the Ottoman Arab World: The Roots of Sectarianism* (Cambridge: Cambridge University Press, 2001)
Repp, R. C., *The Mufti of Istanbul: A Study in the Development of the Ottoman Learned Hierarchy* (London: Ithaca Press, 1986)
*Safavid Persia: The History and Politics of an Islamic Society*, ed. Charles Melville (London: I. B. Tauris, 1996)
Savory, Roger, *Iran Under the Safavids* (Cambridge: Cambridge University Press, 1980)
*Scholars, Saints, and Sufis: Muslim Religious Institutions in the Middle East Since 1500*, ed. Nikki R. Keddie (Berkeley: University of California Press, 1972)

Shaw, Stanford, *History of the Ottoman Empire and Modern Turkey*, vol. 1: *Empire of the Gazis: Rise and Decline of the Ottoman Empire, 1280–1808* (Cambridge: Cambridge University Press, 1977)

## 日本語文献案内

### 前近代近東（中東）史概説

佐藤次高、鈴木董（編）『都市の文明イスラーム』（講談社現代新書―新書イスラームの世界史 1）（講談社、1993 年）。

鈴木董（編）『パクス・イスラミカの世紀』（講談社現代新書―新書イスラームの世界史 2）（講談社、1993 年）。

佐藤次高『イスラーム世界の興隆』（世界の歴史 8）（中央公論社、1997 年）。

永田雄三、羽田正『成熟のイスラーム社会』（世界の歴史 15）（中央公論社、1998 年）。

佐藤次高（編）『西アジア史（１）アラブ』（新版世界各国史 8）（山川出版社、2002 年）。

永田雄三（編）『西アジア史（２）イラン・トルコ』（新版世界各国史 9）（山川出版社、2002 年）。

佐藤次高（編）『イスラームの歴史（１）イスラームの創始と展開』（宗教の世界史 11）（山川出版社、2010 年）。

小杉泰（編）『イスラームの歴史（２）イスラームの拡大と変容』（宗教の世界史 12）（山川出版社、2010 年）。

前嶋信次『イスラム世界』（河出文庫―世界の歴史 8）（河出書房新社、1981 年）。

余部福三『イスラーム全史』（勁草書房、1991 年）。

ジョン・L・エスポジト（小田切勝子訳）『オックスフォードイスラームの歴史』1 巻～ 3 巻、（共同通信社、2005 年）。

タミム・アンサーリー（小沢千重子訳）『イスラームから見た「世界史」』（紀伊國屋書店、2011 年）。

### イスラーム概論

井筒俊彦『イスラーム文化―その根柢にあるもの』（岩波文庫）（岩波書店、1991 年）。

山内昌之、大塚和夫（編）『イスラームを学ぶ人のために』（世界思想社、1993 年）。

小杉泰『イスラームとは何か―その宗教、社会、文化』（講談社現代新書）（講談社、1994 年）。

中村広治郎『イスラム教入門』（岩波新書）（岩波書店、1998 年）。

### 研究の手引き

三浦徹、東長靖、黒木英充（編）『イスラーム研究ハンドブック』（講座イスラーム世界別巻）（栄光教育文化研究所、1995 年）。

小杉泰、林佳世子、東長靖（編）『イスラーム世界研究マニュアル』（名古屋大学出版会、2008 年）。

### 事（辞）典

片倉もとこ（編）『イスラーム世界事典』（明石書店、2002 年）。

日本イスラム協会（編）『新イスラム事典』（平凡社、2002 年）。

大塚和夫、小杉泰、小松久雄、東長靖、羽田正、山内昌之（編）『岩波イスラーム辞典』（岩波書店、2002 年）。

# グロッサリー

このグロッサリーはアラビア語に不慣れな読者の便宜を図るものである。これらの単語やフレーズの多くは複雑かつ複数の意味を有しており、ここで紹介されている意味は本書における用法に合わせたものであるため、これらの用語の完全な定義については『イスラーム百科事典』第二版（Gibb, H. A. R. et al. (eds. ), *The Encyclopaedia of Islam* (Second Edition), Leiden, 1960-2004. 本文においては"*EI* [2]"と略記）を参照されたい。

〔あ行〕

アシュラーフ（ashrāf）
「シャリーフ」の項を見よ。

アスハーブ・アル＝ハディース（aṣḥāb al-ḥadīth）
ハディースの徒。つまり法的権威の源泉としてハディースを強調する人々。

アスハーブ・アッ＝ラアイ（aṣḥāb al-raʾy）
法を形成する上で人間理性の行使を擁護する人々。

アタベク（atabeg）
軍事的後見人、保護者の意。中期の軍事諸体制において一般に用いられた称号。

アフバール（aḥbār）
クルアーンの用語で、ラッバーニーユーンと同じく、ラビをはじめとするユダヤ教の宗教的権威を指す。

アフル・アッ＝ズィンマ（ahl al-dhimma）
「ズィンミー」の項を見よ。

アフル・アル＝バイト（ahl al-bayt）
「お家の人々」、すなわち預言者の家族を指す。

アミール（amīr）
「司令官」、すなわち中期において一般に用いられた軍事的支配者の称号。

イジャーザ（ijāza）
著者、もしくは学者から学生に対して発行される、その学生の権威においてテクストを伝達することを許可する免状。

イジュティハード（ijtihād）
「努力」の意。様々な法源から法学者たちが有効な法判断を下すためのプロセス。

「タクリード」の反対語。

イジュマー（ijmāʿ）

共同体もしくは法学者たちによる合意。イスラーム法の基礎を成し、法源の一つとされる。

イスナード（isnād）

学生から教師、教師の教師へと遡ることでテクスト（特にハディース）の著者や情報源へと結びつく、権威の連鎖。

イスラーイーリーヤート（isrāʾīliyyāt）

聖書に登場し、クルアーンに言及されている人々に関する物語や伝承。クルアーン内に言及の乏しい物語を補完し、脈絡を与える役割を果たしたが、後に多くのウラマーによって疑問視された。

イッティハード（ittiḥād）

複雑な神学上の用語。一部のスーフィーは神との精神的「合一」の意で用いた。

イマーム（imām）

礼拝指導者。共同体の指導者を指す用語。特にシーア派において正当な指導者と認識されている預言者の一族に属する人々を指す。

イルム（ʿilm）

知識。特に宗教的知識、すなわち宗教諸学の内容を指す。

ウィラーヤ（wilāya）

（シーア派がイマームに与えられると考えるような）統治権や権威。または特にスーフィーの議論に見られる、聖者としての地位（より正確にはワラーヤ（= walāya）という）。

ウスール（uṣūl）

特にイスラーム法学における「原理」、「基礎」。

ウラマー（ʿulamāʾ）

単数形：アーリム = ʿālim。知識のある者、すなわちイスラーム諸学の学者。

ウルフ（ʿurf）

慣習。

ウンマ（umma）

ムスリムの共同体。

〔か行〕

カアバ（kaʿba）

マッカにある前イスラーム期の神殿。ムスリムの伝承ではアブラハムに結びつけられる。

カーイム（qāʾim）

「立ち上がる者」の意味。シーア派において頻繁に用いられるタームで、正統性のない体制に対して神の正義を回復するメシア的人物を指している。

ガーズィー（ghāzī）

聖戦士。

ガズウ（ghazw）

軍事遠征、あるいは襲撃。

カーディー（qāḍī）

イスラーム法廷における裁判官。

キブラ（qibla）

礼拝の際に顔を向ける方角。

グラート（ghulāt）

「極端派」。特に異端的教説を支持していると批判されたシーア派諸派を指す。

〔さ行〕

ザーウィヤ（zāwiya）

スーフィー・シャイフによって、または彼のために設立された、通常小規模な宗教施設。

サマーウ（samāʿ）

原義は「聞くこと」。広義ではスーフィーの音楽や宗教的な演奏を聴くこと。

ザンダカ（zandaqa）

異端的な信仰全般。特にマニ教を指す。

シーア（shīʿa）

アリーの「党派」の意。シーア派では、共同体の指導権がムハンマドからアリーへ、そして彼の子孫へと継承されるべきと考えられている。

ジズヤ（jizya）

通常、ムスリム統治下に暮らす非ムスリムに対して課せられた人頭税。

ジハード（jihād）

神の道において奮闘すること。その一形態としての「聖戦」を含む。

シャイフ（shaykh）

「年輩者」の意だが、スーフィーの導師、教師など、宗教的権威のある人物を指す。

シャヒード（shahīd）

殉教者。

ジャーヒリーヤ（jāhiliyya）

イスラーム到来以前の「無明時代」。

シャファーア（shafāʿa）

特に神に対する執り成し。

ジャマーア（jamāʿa）

「集団」、すなわち集合体としてのムスリム。

シャリーフ（sharīf）（複数形：アシュラーフ＝ashrāf）

「高貴な」人。イスラームの文脈では、預言者ムハンマドに連なる家系やその子孫であると主張する人々。

シャラフ（sharaf）

高貴な生まれ。シャリーフの資格。

ジン（jinn）

クルアーンに言及されている、超自然的存在、もしくは精霊。

ズィクル（dhikr）

想起すること。神の御名を想起する行為。スーフィーの実践において最も一般的なものの一つである。

スィーラ（sīra）

預言者の生涯に関する伝記的記述。

スィルスィラ（silsila）

スーフィー・シャイフの宗教的権威、あるいは宗教的な系譜の連鎖。

ズィンディーク（zindīq）

自由思想者、無神論者。特にマニ教徒を指す。

ズィンミー（dhimmī）

「アフル・アッ＝ズィンマ」、すなわち「保護契約を交わした人々」の単数形。ムスリム体制のもと、保護を受けて暮らす非ムスリムを指す。

ズフド（zuhd）

現世的欲望を放棄すること。

スフバ（ṣuḥba）

「仲間」あるいは「師弟関係」を意味する。教師と近しい学生間の関係を表す用語。

スーラ（sūra）

クルアーンの章。

スルターン（sulṭān）

（政治的）権威を行使する者。中期ムスリムの統治者を指す一般的な語〔トルコ語では「スルタン」〕。

スンナ（sunna）

預言者と教友たちの規範的慣行で、ハディースを通じて知られる。

スンニー（sunnī）

歴代カリフの正統性と権威を認めるムスリム。

ソフタ（softa）

オスマン朝期イスタンブルのマドラサで学ぶ低位の学生。

〔た行〕

ダアワ（daʿwa）
「呼びかけ」、「招集」の意。様々な宗教的・政治的伝道・教宣活動を指すために用いられた。

ダウラ（dawla）
字義どおりでは「転換すること」。統治者の交代、変更という含みをもち、拡大解釈により、アッバース朝などの王朝を意味するようになった。

タクリード（taqlīd）
特に法学の領域における「模倣」。法のある事項について、先行する法的合意に規定されるあり方。

タサウウフ（taṣawwuf）
スーフィズムのこと。

タリーカ ṭarīqa（複数形：トゥルク＝ṭurq）
宗教的な規律において認められているスーフィー的「道程」。広義では様々な神秘主義教団を指す。

ディーワーン（dīwān）
名簿、名前の記録。特に初期イスラーム政体において、征服を通じ戦利品として得られた富の分け前に対する権利をもつ人々のリスト。

〔な行〕

ナッス（naṣṣ）
指名。特にシーア派において後継者を指名する行為。

〔は行〕

ハカム（ḥakam）
イスラーム以前のアラビアにおける紛争の調停者。

バッカーウーン（bakkāʿūn）
逐語では「泣く人々」。特に初期ムスリムの禁欲者、悔悛者の集団を指す。

ハッジ（ḥajj）
マッカおよび近郊の聖地に対するムスリムの巡礼。

ハディース（ḥadīth）
ムハンマドと彼の教友たちの言行録。

**ハニーフ（ḥanīf）（複数形：フナファー＝ḥunafāʾ）**

真の一神教に帰依する者。しばしば前イスラーム期アラビア半島の一神教徒たちを指す。

**ハニーフィーヤ（ḥanīfiyya）**

ハニーフたちの宗教。

**バーバー（bābā）**

トルコ語、ペルシア語において「父」を意味する尊称。尊敬を受けたスーフィー・デルヴィーシュを指すこともあった。

**バラカ（baraka）**

恩寵。特に敬虔な個人や行為と結びつく宗教的な力を指す。

**ハーリジー（khārijī）**

字義どおりには「出ていく人」。イスラーム最初期における主要な党派のメンバーを指す。

**ハリーファ（khalīfa）**

カリフ、すなわちスンナ派ムスリム共同体の指導者。より正確には「ハリーファ・ラスール・アッラー＝khalīfa rasūl allāh」つまり「神の預言者の代理人」だが、さらに議論を呼ぶ用語として「ハリーファ・アッラー＝khalīfa allāh」、すなわち「神の代理人」という表現がその職の保持者に対して用いられたこともあった。

**ハルカ（ḥalqa）（複数形：ハラク＝ḥalaq）**

「輪」の意。教授と学生たちによって成る教育を目的とした輪〔全員で車座になることに由来する〕。

**ハーンカー（khānqāh）**

スーフィーの修道場。

**ヒジュラ（hijra）**

ムハンマドと彼の教友たちがマッカからヤスリブ／マディーナまで「逃れた」こと。この出来事は最初のムスリム共同体の設立とヒジュラ暦の開始を意味する。

**ヒスバ（ḥisba）**

「善を命じ、悪を禁じる」というクルアーンにおける規定。あるいはムフタスィブの職。

**ビドア（bidʿa）**

逸脱。スンナの対義語。

**ヒヤル（ḥiyal）**

特に商行為の分野において、イスラーム法によって制限される教義を回避するために法学者たちが発展させた「潜脱手段」。

**ピール（pīr）**

アラビア語の「シャイフ」に相当するペルシア語の術語で「年輩者」を意味するが、特にスーフィーの間で精神的な導きとして認知された人物を指すのに用いられた。

ヒルカ（khirqa）

スーフィー・神秘主義者の貧しさを象徴する継ぎ接ぎされたぼろ服。

ファキーフ（faqīh）（複数形：フカハー = fuqahā'）

イスラーム法学者。

ファキール（faqīr）（複数形：フカラー = fuqarā'）

貧しい人。スーフィーを指す用語。

ファトワー（fatwā）

資格を有する法学者によって出される法勧告。

ファナー（fanā'）

「融滅」。スーフィーが精神的恍惚状態を指すために用いた用語。

ファルド・アイン（farḍ ʿain）

ムスリム個人に課せられる法的義務。

ファルド・キファーヤ（farḍ kifāya）

ムスリム共同体全体として課せられる法的義務。

フィクフ（fiqh）

イスラーム法学。

フィトナ（fitna）

字義どおりでは「誘惑」。初期においてイスラーム政体の一体性を脅かした一連の内戦を指す。

フシュダーシーヤ（khushdāshiyya）

マムルーク軍人と彼らのパトロンとの間の忠誠に基づく特別な紐帯。

フッジャ（ḥujja）

「証明」の意。イスマーイール派の宗教的ヒエラルヒーにおける権威者を指す。

フトゥーワ（futuwwa）

字義どおりでは「若者らしさ」。都市における友愛に基づく諸組織を指す。

フトバ（khuṭba）

金曜正午のムスリムの集団礼拝で行われる公式の説教。

〔ま行〕

マアリファ（maʿrifa）

知識、特に神秘的洞察から得られる直感的な知識を指し、「イルム」とは区別される。

マウラー（mawlā）（複数形：マワーリー = mawālī）

複雑な意味をもつ用語だが、ここでは一義的に「クライアント」、つまり初期の非アラブ系改宗者の法的に従属的な立場を指す。

マウリド（mawlid）

誕生日、特に預言者の誕生日〔口語では「ムーリド（mūlid）」〕。

マズハブ（madhhab）（複数形：マザーヒブ = madhāhib）

字義どおりには「道」。スンナ派において法学派として認知されている学派。

マドラサ（madrasa）

イスラーム法学が主要教授科目となっている学校。

マフディー（mahdī）

「（神によって）正しく導かれた者」。この用語はメシア的含蓄をもつようになり、正義を回復し共同体をあるべき道へと戻す、待望される救世主を指すようになった。

マムルーク（mamlūk）

奴隷。特に軍人として仕えるための訓練を受けた奴隷。

ミシュナー（mishnā）

ユダヤ教の口伝法集成で、紀元3世紀初頭に最終形態をとった。

ミッレト（millet）

アラビア語の「ミッラ（= milla）」のトルコ語形で「宗教」を意味し、拡大解釈では宗教共同体を意味するが、18—19世紀には特にオスマン帝国内の非ムスリム共同体の政治構造を指した。

ミフナ（miḥna）

「審問」。とりわけカリフ・マアムーン指導のもと、表向きはクルアーン被造説を強調するために行われた。

ムジャーヒド（mujāhid）

ジハードを行う者。

ムダッリス（mudarris）

教授、特にマドラサにおいて法やそれに付随する諸科目を教える教授。

ムハッディス（muḥaddith）

ハディースの伝承者。

ムフタサル（mukhtaṣar）

法学書の要約版。

ムフタスィブ（muḥtasib）

特に都市の市場においてヒスバを執行する役人。「市場監督官」と呼ばれる。

ムフティー（muftī）

法勧告（ファトワー = fatwā）を発布する資格をもつ法学者。

ムーリド（mūlid）

「マウリド」の項を見よ。

ムルク（mulk）

王権、または権威。しばしば前イスラーム期や非イスラーム的な政治権力の概念を指し、正当なハリーファのそれとは区分される。

〔ら行〕

ラジュア（raj῾a）

　「帰還」。姿を消した（あるいは亡くなった）英雄が再臨すること。

ラッバーニーユーン（rabbānīyūn）

　「アフバール」の項を見よ。

ラッブ（rabb）

　「主」。クルアーンにおいて神を意味する一般的な語。

ラーフィディー（rāfiḍī）

　「拒絶する者」を意味し、最初の三人のカリフの権威を否定する者、すなわちシーア派、アリーの支持者たちを指す。

リッダ（ridda）

　「戻ること」、広義では「背教」を意味する。特にイスラームへのアラブ系改宗者がムハンマドの死後、盟約を破棄しようとした行為。

リバート（ribāṭ）

　辺境の要塞。後世にはスーフィーの修道場の一形態を指す。

〔わ行〕

ワクフ（waqf）（複数形：アウカーフ＝awqāf）

　イスラーム法に即して設立された寄進。ある家系や宗教施設、その他の宗教的な目的に資するよう行われた。

ワリー（walī）（複数形：アウリヤー＝awliyā᾿）

　神に「近しい」者、すなわち神の「友」、聖者。

［著者］

**ジョナサン・バーキー**（Jonathan P. Berkey）
デイヴィッドソン大学歴史学科教授（学科長）。1981年にウィリアムズ大学を卒業後、プリンストン大学で歴史学の博士号を取得（1989年）。中世イスラーム社会史を専門とし、イスラームにおける教育、民間信仰、説教、女性などの観点からマムルーク朝期のアラブ諸都市で活躍するウラマーおよび民衆の実態を照射するとともに、イスラームにおける「正統」と「逸脱」の相克、権威の諸形態を考察する論考を数多く発表している。
著書に *The Transmission of Knowledge in Medieval Cairo: A Social History of Islamic Education*, Princeton University Press, 1992 や、*Popular Preaching and Religious Authority in the Medieval Islamic Near East*, University of Washington Press, 2001 がある。

［訳者］

**野元晋**（のもと　しん）　［第Ⅰ部、第Ⅲ部］
2000年マッギル大学（カナダ、モントリオール）大学院博士課程修了。Ph.D.　現在、慶應義塾大学言語文化研究所教授。専門は、イスラーム思想史（ことにシーア派諸派の思想）。
主要論文・著書に、"Early Ismāʿīlī Thought on Prophecy According to the *Kitāb al-Iṣlāḥ* by Abū Ḥātim al-Rāzī (d. ca. 322/934-5)"（Ph. D. dissertation, McGill University, Montréal, 1999）、「イブン・ルシュド」『哲学の歴史』第3巻『神との対話［中世］』（内山勝利・小林道夫・中川純男他編。中川純男責任編集（第3巻）、中央公論新社、2008年）、"An Early Ismāʿīlī-Shīʿī Thought on the Messianic Figure (the Qāʾim) according to al-Rāzī (d. ca. 322/933-4)", *Orient* 44 (2009)、「イスマーイール派の預言者論——初期の新プラトン主義学派を中心に」『イスラーム哲学とキリスト教中世』第Ⅲ冊『神秘哲学』（竹下政孝・山内志朗編、岩波書店、2012年）など。

**太田（塚田）絵里奈**（おおた（つかだ）えりな）　［第Ⅱ部、第Ⅳ部］
慶應義塾大学大学院文学研究科後期博士課程。2007年慶應義塾大学大学院文学研究科修士課程修了。2008年～2011年エジプト・アラブ共和国立カイロ大学大学院文学研究科留学。専門は、前近代イスラーム史、アラブ社会史。
主要論文に「後期マムルーク朝社会におけるワーイズの実像——人気説教師クドゥスィーの場合」『西南アジア研究　71』（2009年）、「中世アラブ社会におけるワアズとワーイズ——その教育的側面を中心に」『アジアにおける「知の伝達」の伝統と系譜』（山本正身編、慶應義塾大学出版会、2012年）、"A Popular Preacher in Late Mamlūk Society: A Case Study of a Prominent Wāʿiẓ, Abū al-ʿAbbās al-Qudsī", *Orient* 48, 2013.　翻訳にフサーム・ムハンマド・アブドゥル＝ムウティー著「オスマン朝時代のアレクサンドリア——923－1213／1517－1798年」（アラビア語）『ナイル・デルタの環境と文明　Ⅱ』（長谷部史彦編、早稲田大学イスラーム地域研究機構、2013年）など。

イスラームの形成
——宗教的アイデンティティーと権威の変遷

2013年5月10日　初版第1刷発行

著者 ———— ジョナサン・バーキー
訳者 ———— 野元晋、太田（塚田）絵里奈
発行者 ——— 坂上 弘
発行所 ——— 慶應義塾大学出版会株式会社
〒108-8346　東京都港区三田2-19-30
TEL〔編集部〕03-3451-0931
〔営業部〕03-3451-3584〈ご注文〉
〃　03-3451-6926
FAX〔営業部〕03-3451-3122
振替　00190-8-155497
URL　http://www.keio-up.co.jp/
装丁 ———— 中垣信夫＋川瀬亜美［中垣デザイン事務所］
印刷・製本 —— 萩原印刷株式会社
カバー印刷 —— 株式会社太平印刷社


Printed in Japan　ISBN 978-4-7664-2033-3